# 现代物流概论（第三版）

Introduction to Logistics

王健 等编著

## 图书在版编目(CIP)数据

现代物流概论/王健等编著. —3版. —北京:北京大学出版社,2019.9
21世纪经济与管理规划教材·物流管理系列
ISBN 978-7-301-29994-4

Ⅰ. ①现… Ⅱ. ①王… Ⅲ. ①物流—高等学校—教材 Ⅳ. ①F252

中国版本图书馆CIP数据核字(2018)第236079号

| | |
|---|---|
| 书　　名 | 现代物流概论（第三版） <br> XIANDAI WULIU GAILUN (DI-SAN BAN) |
| 著作责任者 | 王　健　等编著 |
| 责任编辑 | 周　莹 |
| 标准书号 | ISBN 978-7-301-29994-4 |
| 出版发行 | 北京大学出版社 |
| 地　　址 | 北京市海淀区成府路205号　100871 |
| 网　　址 | http://www.pup.cn |
| 微信公众号 | 北京大学经管书苑（pupembook） |
| 电子邮箱 | 编辑部 em@pup.cn　总编室 zpup@pup.cn |
| 电　　话 | 邮购部 010-62752015　发行部 010-62750672　编辑部 010-62752926 |
| 印 刷 者 | 北京圣夫亚美印刷有限公司 |
| 经 销 者 | 新华书店 |
| | 787毫米×1092毫米　16开本　18印张　399千字 <br> 2005年9月第1版　2012年9月第2版 <br> 2019年9月第3版　2023年12月第6次印刷 |
| 印　　数 | 17001—20000册 |
| 定　　价 | 43.00元 |

未经许可,不得以任何方式复制或抄袭本书之部分或全部内容。
**版权所有,侵权必究**
举报电话:010-62752024　电子信箱:fd@pup.cn
图书如有印装质量问题,请与出版部联系,电话:010-62756370

# 丛书出版说明

教材作为人才培养重要的一环，一直都是高等院校与大学出版社工作的重中之重。"21世纪经济与管理规划教材"是我社组织在经济与管理各领域颇具影响力的专家学者编写而成的，面向在校学生或有自学需求的社会读者；不仅涵盖经济与管理领域传统课程，还涵盖学科发展衍生的新兴课程；在吸收国内外同类最新教材优点的基础上，注重思想性、科学性、系统性，以及学生综合素质的培养，以帮助学生打下扎实的专业基础和掌握最新的学科前沿知识，满足高等院校培养高质量人才的需要。自出版以来，本系列教材被众多高等院校选用，得到了授课教师的广泛好评。

随着信息技术的飞速进步，在线学习、翻转课堂等新的教学/学习模式不断涌现并日渐流行，终身学习的理念深入人心；而在教材以外，学生们还能从各种渠道获取纷繁复杂的信息。如何引导他们树立正确的世界观、人生观、价值观，是新时代给高等教育带来的一个重大挑战。为了适应这些变化，我们特对"21世纪经济与管理规划教材"进行了改版升级。

首先，为深入贯彻落实习近平总书记关于教育的重要论述、全国教育大会精神以及中共中央办公厅、国务院办公厅《关于深化新时代学校思想政治理论课改革创新的若干意见》，我们按照国家教材委员会《全国大中小学教材建设规划（2019—2022年）》《习近平新时代中国特色社会主义思想进课程教材指南》《关于做好党的二十大精神进教材工作的通知》和教育部《普通高等学校教材管理办法》《高等学校课程思政建设指导纲要》等文件精神，将课程思政内容尤其是党的二十大精神融入教材，以坚持正确导向，强化价值引领，落实立德树人根本任务，立足中国实践，形成具有中国特色的教材体系。

其次，响应国家积极组织构建信息技术与教育教学深度融合、多种介质综合运用、表现力丰富的高质量数字化教材体系的要求，本系列教材在形式上将不再局限于传统纸质教材，而是会根据学科特点，添加讲解重点难点的视频音频、检测学习效果的在线测评、扩展学习内容的延伸阅读、展示运算过程及结果的软件应用等数字资源，以增强教材的表现力和吸引力，有效服务线上教学、混合式教学等新型教学模式。

为了使本系列教材具有持续的生命力,我们将积极与作者沟通,争取按学制周期对教材进行修订。您在使用本系列教材的过程中,如果发现任何问题或者有任何意见或建议,欢迎随时与我们联系(请发邮件至 em@pup.cn)。我们会将您的宝贵意见或建议及时反馈给作者,以便修订再版时进一步完善教材内容,更好地满足教师教学和学生学习的需要。

最后,感谢所有参与编写和为我们出谋划策提供帮助的专家学者,以及广大使用本系列教材的师生。希望本系列教材能够为我国高等院校经管专业教育贡献绵薄之力!

北京大学出版社<br>经济与管理图书事业部

# 前　言

自 1999 年 4 月我作为留学回国的高层次人才被引进到福州大学工作后,始终致力于物流学科人才培养体系的构建、学术研究和教学工作,与同事们一起开拓性地构筑了从本科生到硕士研究生、再到博士研究生的高层次物流管理人才培养的完整体系。为了满足在校学生和相关人员对物流专业知识的需求,我于 2005 年 9 月在北京大学出版社出版了《现代物流概论》一书,该书在社会上产生了较大影响,并陆续被许多高等院校物流专业和相关专业选为教材,获得了一致好评,共印刷 9 次。本书还于 2009 年荣获福建省第八届社会科学优秀成果二等奖。

在过去的教学科研岁月里,物流的理论、方法、技术、管理等发展迅猛,不断地变化更新,我于 2012 年对本书进行了第一次修订,出版了《现代物流概论》(第二版)。该书于 2014 年入选教育部第二批"十二五"普通高等教育本科国家级规划教材,目前已印刷 6 次。近年来,物流的理论研究和实践发展新成果不断涌现,使我下决心再次对本书进行修订,对上一版做必要的删减和改动,增加近几年来物流理论研究和实践的新动态,力求做到观念新、概念新、内容新、结构新,使本书新版本得以保持一种鲜活的时代特色,成为折射当代物流理论和实践成果、展现 21 世纪现代物流发展变化的窗口,希望广大读者能够从中得到有益的启示。

本书承蒙北京大学出版社周莹编辑的帮助得以出版,在此致以真心的谢意。

本书在修订过程中,参考了国内外大量的文献资料,吸收并借鉴了众多专家学者的研究成果;福州大学庄倩玮老师、梁红艳老师,福建工程学院胡永仕老师、许明星老师,以及福州大学博士研究生曾丽华、吴桐雨等提出了很好的建议,帮助收集了许多资料。谨此一并致谢。

鉴于学术水平所限,书中不足之处恳请读者不吝指正。

王　健

2018 年秋

# 目 录

第一章 现代物流概念与内涵 ... 1
 第一节 物流概念 ... 2
 第二节 物流学科 ... 11
 第三节 物流价值 ... 14
 第四节 国内外现代物流发展 ... 21

第二章 运输配送 ... 29
 第一节 运输概述 ... 30
 第二节 配送概述 ... 36
 第三节 运输配送技术创新 ... 41

第三章 储存 ... 51
 第一节 储存概述 ... 52
 第二节 仓储业务 ... 57
 第三节 储存保管技术 ... 63

第四章 装卸搬运 ... 73
 第一节 装卸搬运概述 ... 74
 第二节 装卸搬运技术和设备 ... 79
 第三节 装卸搬运管理 ... 85

第五章 现代包装 ... 95
 第一节 现代包装概述 ... 96
 第二节 现代包装技术 ... 100
 第三节 现代包装管理 ... 105

第六章 流通加工 ... 114
 第一节 流通加工概述 ... 115
 第二节 流通加工技术 ... 119
 第三节 流通加工产业 ... 123

## 第七章　物流信息 … 132
### 第一节　物流信息概述 … 133
### 第二节　物流信息技术 … 136
### 第三节　物流信息网络 … 151

## 第八章　物流系统 … 164
### 第一节　系统概述 … 165
### 第二节　物流系统 … 169
### 第三节　物流系统决策优化 … 175

## 第九章　物流网络系统 … 182
### 第一节　物流网络系统概述 … 183
### 第二节　流通中心 … 188
### 第三节　共同配送 … 195

## 第十章　企业物流 … 204
### 第一节　企业物流概述 … 205
### 第二节　生产企业物流 … 206
### 第三节　流通企业物流 … 212

## 第十一章　第三方物流 … 224
### 第一节　第三方物流概述 … 225
### 第二节　第三方物流企业 … 229
### 第三节　物流外包 … 235

## 第十二章　现代物流发展动态 … 242
### 第一节　物流金融 … 243
### 第二节　智慧物流 … 248
### 第三节　冷链物流 … 257
### 第四节　电子商务物流 … 264

## 主要参考书目 … 275

21世纪经济与管理规划教材

物流管理系列

第一章

# 现代物流概念与内涵

**知识要求**

通过本章的学习,能够

- 重点掌握物流的概念及其内涵的演进
- 重点掌握物流的六大功能
- 一般掌握物流的经典学说
- 一般掌握物流的价值
- 一般掌握物流的分类
- 了解物流学科的基本知识
- 了解国内外现代物流发展的特征

**技能要求**

通过本章的学习,能够

- 认识物流学科体系的基本框架
- 认识物流基本功能及其价值体现

## 第一节 物流概念

### 一、物流的基本概念

1. 物的概念

物流中"物"的概念是指一切可以进行物理性位置移动的物质资料。物流中所指"物"的一个重要特点,是其必须可以发生物理性位移,而这一位移的参照系是地球。因此,固定了的设施等,不是物流研究的对象。

有许多对"物"的称谓,需要明确辨析。

(1)物资。它泛指全部物质资料,较多指工业品生产资料。它与物流的"物"的区别在于:"物资"包含相当一部分不能发生物理性位移的生产资料,这一部分不属于物流学研究的范畴,例如建筑设施、土地等。另外,属于物流对象的各种生活资料,又不能包含在作为生产资料理解的"物资"概念之中。

(2)物料。它是我国生产领域中的一个专门概念。生产企业习惯将最终产品之外的,在生产领域流转的一切材料(无论其来自生产资料还是生活资料)、燃料、零部件、半成品、外协件和生产过程中必然产生的边角余料、废料及各种废物统称为物料。

(3)货物。它是我国交通运输领域中的一个专门概念。交通运输领域将其经营的对象分为两大类,一类是人,一类是物;除人之外,"物"的这一类统称为货物。

(4)商品。它和物流的"物"的概念是互相交叉的。商品中的一切可发生物理性位移的物质实体,即凡具有可运动要素及物质实体要素的商品,都是物流研究的"物"。因此物流的"物"有可能是商品,也有可能不是商品。商品实体仅是物流中"物"的一部分。

(5)物品。国家标准《物流术语》(GB/T 18354-2006)对物品(Goods)的定义是:"经济与社会活动中实体流动的物质资料。"物流中的"物",就是通常所称的物品。

2. 流的概念

物流中的"流",指的是物理性运动。其在不同领域的表现形式不一。

(1)流通领域。物流的"流"经常被人误解为"流通",事实上"流"的含义和流通概念是既有联系又有区别的。其联系在于,流通过程中,物的物理性位移常伴随交换而发生,这种物理性位移是最终实现流通不可缺少的物的转移过程。物流中"流"的一个重点领域是流通领域,不少人甚至只研究流通领域,因而干脆将"流"与"流通"混淆起来。"流"和"流通"的区别主要有两点:一是涵盖的领域不同。"流"不仅涵盖流通领域,也涵盖生产、生活等领域,凡是有物发生物理性位移的领域都是"流"的领域。而"流通"中的"流"从范畴来看只是全部"流"的一个局部。二是"流通"并不以其整体作为"流"的一部分,而是以其实物物理性运动的局部构成"流"的一部分。流通领域里商业活动中的交易、谈判、契约、分配、结算等所谓的"商流"活动和贯穿于其间的信息流等都不能纳入物理性运动。

（2）生产领域。物流中的"流"可以理解为生产的"流程"。生产领域中的物料是按工艺流程要求进行运动的，这个流程的水平高低、合理与否对生产的成本和效益以及生产规模影响颇大，因而生产领域"流"的问题是非常重要的。

（3）生活领域。在生活和工作中，"流"的含义是生活用品、办公用品等在家庭及办公室中放置位置的不断变换，是各种物品服务于人们需要所发生的伴生性运动，甚至包括家庭生活及工作过程中所发生的废弃物丢弃或再生过程中所发生的运动。

（4）军事领域。军事领域的物流是军事后勤的重要组成部分，主要包括：各个不同的军事工业产业领域进行生产活动所引发的生产资料、军工原料供应等相关物流活动，战时对战争前线和各个战场的军事后勤保障以及平时的军事后勤准备所发生的相关物流活动，处理军工生产废弃物以及军事物资报废、销毁所形成的废弃物的相关物流活动等。

3. 物流的定义

国家标准《物流术语》（GB/T 18354-2006）对物流的定义是："物品从供应地向接收地的实体流动过程。根据实际需要，将运输、储存、装卸、搬运、包装、流通加工、配送、回收、信息处理等基本功能实施有机结合。"

定义的前半部分明确地指出了物流的特定范围，起点是"供应地"，终点是"接收地"。只要是符合这个条件的实体流动过程都可以看成是物流，这充分表达了物流的广泛性。定义的后半部分明确地指出了物流所包含的功能要素，对于这些功能要素，物流应当做的事情是"实施有机结合"。

定义的关键词是"有机结合"。物流的基本功能要素之间互相关联、密不可分。将物流的基本功能要素实施有机结合，体现了系统化、一体化管理的思想。

## 二、物流内涵的演进

现代物流内涵的发展依次经历了20世纪初的实物配送阶段、20世纪80年代的军队后勤阶段、21世纪的供应链管理阶段，物流理论实现了从一个窄小领域向一个广阔领域的飞跃。

1. 实物配送阶段

19世纪末至20世纪初，美国迎来了大量生产、大量流通、大量消费的时代，出现了直接进入流通领域的制造商，开始涉及实物配送或物资配送（Physical Distribution，PD）活动领域。1915年，阿奇·萧（Arch W. Shaw）认为Distribution是"与创造需要不同的一个问题，物资经过时间和空间的转移会产生附加价值"。1924年，弗莱德·克拉克（Fred E. Clerk）认为流通功能是由交换功能、实物供给功能和辅助功能构成的，指出实物供给功能作为市场营销的一个要素，由运输和保管组成。阿奇·萧和弗莱德·克拉克等人的研究成果表明，作为经济管理的一个基本功能或基本领域，物流经历了从实物供给到实物配送的过程,标志着PD成为最早的物流概念。

1956年,为解决由战略资源贫乏与发展空间狭窄带来的经济发展速度减缓及企业运作效率降低等问题,日本政府组织"流通技术专门视察团"赴美考察,发现PD涉及大量的流通技术,对提高流通的劳动生产率很有好处,于是在其1958年发表的《流通技术专门视察团报告书》中引入了PD的概念,并把它作为"流通技术"来加以理解,随后直接用PD表达。PD这一概念引起了日本社会的重视,1964年日本通商产业省把"物的流通"政策作为政府产业政策的一个重要组成部分,第一次把PD用"物的流通"来表达,物流是"物的流通"的简称。1965年,日本政府发表的第二次运输白皮书的副标题为"近代化过程中的物的流通",认为"物的流通是把制品从生产者手里物理性地转移到最终需要者手里所必要的各种活动。具体来讲,即包装、装卸、运输、通信等活动"。20世纪70年代,日本产业构造审议会对PD下的定义是"物的流通,是有形、无形的物质资料从供给者手里向需要者手里物理性地流动,具体是指包装、装卸、运输、保管及通信等活动。这种物的流通与商流相比,是为创造物质资料的时间性、空间性价值做出贡献"。结合日本对PD的两个权威定义,本书认为PD是在连接生产和消费的过程中,对物资履行保管、运输、搬运、包装、流通加工等功能,以及发挥与这些功能相关联的信息功能,它在物资流动过程中起了桥梁作用。

综上所述,物流涉及保管、运输、搬运、包装、流通加工和信息活动领域,它们是物流活动的六个基本活动(功能、元素):① 运输配送活动,指在不同地域范围之间,以改变"物"的空间位置为目的的活动;② 仓储保管活动,指在一定的时期和场所,以适当的方式维持物资质量和数量等的储存活动;③ 装卸搬运活动,指在同一场所内,对物品进行水平移动为主的物流作业;④ 现代包装活动,指为在流通过程中保护产品、方便储运、促进销售,按一定技术方法并采用容器、材料和辅助物等对物品进行包装作业;⑤ 流通加工活动,指物流过程中对物资进行加工、组合、包装、粘贴条形码标签等一系列具有附加价值的活动;⑥ 物流信息活动,指包括订单、制造、库存、出库和管理等在内的信息收集与处理的活动。六个基本活动中,运输配送活动和仓储保管活动是物流的关键性活动,物流信息活动是物流的基础性活动,其余则是物流的支持性活动。

PD的物流概念主要考虑从生产者到消费者的"实物配送"问题,物流的作用表现在从时间和空间两个方面支持物权转移,保证顾客在希望进行消费的时间和地点获取商品,创造商品的时间价值和空间价值。实物配送涉及产品从制造商到顾客(批发商、零售商等)的外向流动,包含运输、保管、搬运、包装、订单和信息等活动,其目的是以最低的总成本提供顾客服务,满足顾客需求,最终实现企业利润。实物配送过程中,制造商、批发商、零售商联系在一起,形成实物配送系统。

由企业生产的产品的价值可分为形态价值、时间价值、空间价值和占有价值,其中时间价值和空间价值的基础是形态价值,目的是占有价值。因此,PD的物流概念只是单纯地考虑时空价值,即从制造商到顾客的实物流动问题,没有考虑形态价值,即产品生产所需要的从供应商到制造商的原材料流动,以及制造过程中材料、零部件、制品等的流动。

2. 军队后勤阶段

企业为了满足消费者定时、定点消费产品的需求,物流应该始于从供应商那里装运材料或零部件,终于将产品交付给最终用户。因此,物流应具有使企业与其顾客和供应商相结合的能力,构成一条从供应商、制造商、批发商、零售商到最终用户的流通网络。这时,传统的物流概念的局限性就暴露出来了。进入20世纪60年代,人们开始重新探讨和认识物流的概念与内涵,认为物流的范畴应扩大到从原材料产地到最终消费地的物资流动全过程。

1963年成立的美国物资配送管理协会(National Council of Physical Distribution Management,NCPDM)对"Physical Distribution"进行过多次定义,1976年最后修订为:"PD是为了计划、实施和控制原材料、半成品及产成品从起源地到消费地的有效率的流动而进行的两种或多种活动的集成。这些活动可能包括但不限于顾客服务、需求预测、交通、库存控制、物料搬运、订货处理、零件及服务支持、工厂及仓库选址、采购、包装、退货处理、废弃物回收、运输、仓储管理。"这个PD概念的物流范围从销售物流扩大到采购物流,不仅包括产品从生产商的生产组装流水线起,经过批发、零售,最终到消费者手里的终点移动,还包括原材料和零部件等从供应商到生产商生产组装流水线的始点流动。

从物流实践发展角度来看,第二次世界大战期间,Logistics作为美国军队使用的军事术语,指军队的后勤保障系统,包括物资、人员和设备的获得、维护和运输,如同汉语中的"兵站"之意。美国军事领域Logistics活动的开展引发了学界对Logistics活动的研究以及实业界对Logistics活动的重视。20世纪50年代,通用汽车公司(GM)在追求从遍布各地的零部件工厂采购运输零部件到组装工厂的物流合理化和效率化过程中,第一次引入Logistics概念,把军事用语的Logistics作为企业一个新的管理思想、理念和技术引入企业经营管理。

企业通过Logistics对物资流动进行系统管理,意味着人们开始关注企业的产品流入和流出活动,力图构建合理、高效的物流系统。自20世纪70年代开始,Logistics术语大量出现在文献上,与PD的物流概念出现了很大区别,也不是PD的物流概念所能包含的。不同的学者专家和研究机构对Logistics展开研究,由此产生的定义各有不同。美国物流管理协会(The Council of Logistics Management,CLM)作为国家物流协会,是最早开展Logistics研究的权威机构,其所做的定义具有代表性。比较美国物流管理协会不同时期对Logistics所做的定义,有助于我们从历史的角度深刻认识物流的本质,加深对物流内涵的理解。

1985年,美国物资配送管理协会改名为美国物流管理协会,将Logistics定义为:"Logistics是为了满足顾客需求而对原材料、半成品、产成品及相关信息从产出地到消费地的有效率、有效益的流动和储存所进行的计划、实施与控制过程。"将其与美国物资配送管理协会1976年的PD定义相比较,两者的共同点表现为:① 物流范围从销售物流扩大到采购物流、生产物流和销售物流;② 物流包括管理与实施两个行为,其中管理由计划和控制构成。两者的不同点表现为：① 前者强调"有效率、有效益的流动"，后者强调"有效率的流动"；② 前者的目的是"满足顾客需求"，后者的目的是"有效率的流动"；③ 前者的物流对象不仅包含原材料、半成品、产成品，还包含信息，后者的物流对象仅仅包含原材料、半成品及产成品；④ 前者的物流一体化扩大到企业内部的各项物流功能的集成，后者的物流一体化仅局限于某几种物流基本功能的集成。

根据美国物流管理协会 1998 年的最新定义，Logistics 是"供应链流程的一部分，是为了满足顾客需求而对物品、服务及相关信息从产出地到消费地的有效率、有效益的正向和反向流动及储存所进行的计划、实施与控制过程"。美国物流管理协会在 Logistics 的最新定义中提出了 Reverse Logistics（逆向物流，也称反向物流、静脉物流或回收物流），进一步拓展了物流的内涵和外延；强调"物流是供应链流程的一部分"，反映了人们对物流的认识更加深入。Logistics 范围从动脉物流扩大到动脉物流和静脉物流，物流发展进入供应链物流阶段，供应链上的企业成为战略伙伴，彼此进行物流协作，共同追求物流系统的整体最优。

综上所述，Logistics 在物流概念的发展中扮演着重要的角色。Logistics 的概念扩大了 PD 的概念。物流领域已涵盖了从原材料产地到最终消费地的物资流动全过程，体现了信息活动的重要性，强调进行一体化管理及全面综合地提高经济效益。物流用一体化的方法来管理产品和服务从采购到消费的不间断活动，包括顺流和逆流两个方向的流动。产品或服务从厂商运送到流通中心，再从流通中心运送到零售地点，然后消费者从商家得到该产品或服务的这一过程的物流，被称为顺向物流（正向物流或动脉物流）。它以生产、供给、销售和消费为主体，由采购物流（涉及原材料、零部件等从供应商到制造商的内向流动）、生产物流（涉及原材料、零部件等在制造过程中的流动，贯穿产品生产工艺流程的全过程）和销售物流（涉及产品从制造商到最终消费者的外向流动）组成。产品因过期、损坏或出现故障需要从消费者手中回收到供应地进行维修或废弃处理的这一过程的物流，被称为逆向物流。国家标准《物流术语》（GB/T 18354-2006）对逆向物流（Reverse Logistics）的定义是："物品从供应链下游向上游的运动所引发的物流活动。"逆向物流也被称为反向物流、静脉物流或回收物流，它以回收、废弃物处理、再生利用为主题，是以环境保护为目的的绿色物流（见图 1-1）。

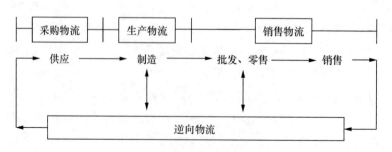

图 1-1　Logistics 的物流概念

3. 供应链管理阶段

进入21世纪,物流的理论和实践又有了一个新的进展——在发达社会的经济构筑中,供应链管理已成为公认的趋势。2005年1月1日,美国物流管理协会正式更名为美国供应链管理专业协会,这标志着全球物流已进入了供应链管理时代,21世纪的物流发展趋势将是供应链整合管理。事实上,供应链管理(Supply Chain Management,SCM)的研究最早是从物流管理开始的。人们在研究物流问题时发现了库存控制、物资供应、物资分销等环节的研究价值,正是在研究这些问题的基础上产生了供应链的概念,进而提出了供应链管理的思想和方法。在新的经济格局下,物流业找到了新的定位:物流成为供应链的一部分或者供应链的主体。

## 三、现代物流

1. 物流内涵的各阶段比较

为了进一步认识现代物流的内涵,有必要对 Logistics 与 PD、Logistics 与 SCM 进行比较。

Logistics 与 PD 相比,两者的基本功能都是由保管、运输、搬运、包装、流通加工、信息活动等构成的,但其差异也很明显,其中最根本的差异是其出发点、管理思想截然不同:Logistics 以消费者为起点,以市场需求和满足需求为中心,实施采购、生产、销售一体化战略;PD 以生产为起点,以市场商品供给为中心,重在对商品物理性流动的管理。具体来讲,Logistics 与 PD 的区别可以从以下几个方面体现:在物流涉及的领域中,前者包含动脉物流和静脉物流,覆盖产品的采购、生产、流通、销售、消费和回收的整个管理过程,而后者仅涉及动脉物流中的生产物流、销售物流,只覆盖生产、流通和消费的管理过程。在物流目标上,前者追求综合经济效益,包括解决环境污染等社会问题,把物流作为系统工程追求整体的最优化组合,而后者着重强调降低成本,注重局部活动的最优化。在物流功能上,前者重点在于创造需求与整合物流,而后者重点在于满足需求。在物流理念上,前者注重价值理念和整合理念,而后者注重效率理念或成本理念(见表1-1)。因此,Logistics 与 PD 在深度和广度上都具有显著的区别,表明人们对物流概念认识的不断深化,也反映了物流概念的不断完善。

表1-1 Logistics 与 PD 的比较

| 项目 | Logistics | PD |
| --- | --- | --- |
| 领域 | 采购物流、生产物流、销售物流、回收物流 | 生产物流、销售物流 |
| 目标 | 提高效益 | 降低成本 |
| 功能 | 创造需求、整合物流 | 满足需求 |
| 理念 | 价值理念、整合理念 | 效率理念 |

供应链是指产品生产和流通过程中所涉及的原材料供应商、生产商、批发商、零售商

和最终消费者组成的供需网络,即由物料获取、物料加工、运送成品给用户这一过程所涉及的企业和企业部门组成的一个网络。SCM是利用计算机信息网络实现信息共享,把整个供应链中的采购、生产、流通等活动联系起来,进行一体化管理,追求整体价值最大化。供应链概念产生于20世纪80年代,供应链理论源于物流研究,因此供应链的产生背景不可分割地与物流联系在一起。无论是在理论上还是在实践上,对供应链和物流、供应链管理与物流管理的概念与内涵的比较研究都很多,问题认识的侧重点也不一样。

国家标准《物流术语》(GB/T 18354-2006)分别对物流和物流管理做了定义,其中对物流管理(Logistics Management)的定义是:"为达到既定的目标,对物流的全过程进行计划、组织、协调与控制。"但是,美国物流管理协会对Logistics所做的定义包含了国家标准《物流术语》诠释的物流管理含义,认为SCM对应的应当是Logistics,比较分析的对象应当是SCM与Logistics,而不应该把Logistics分解为"物流"与"物流管理",并与供应链、供应链管理进行比较分析。

Logistics与SCM都体现了一体化管理的思想,其反映的管理本质和趋向是一样的,但是两者之间的差异是明显的:① Logistics把供应链上的节点企业作为一个点,以点到点为目的;SCM把供应链上的所有节点企业作为一个整体,涵盖整个物流过程。② Logistics涉及领域仅局限于物资流通过程的活动,不涉及生产制造过程的活动;SCM包括物流活动和制造活动。③ Logistics是为最终消费者提供物品和服务的活动网络,即商品供给网络(Supply Network),是面向整个社会的"社会物流";SCM的对象是企业间供需网络,其仅是社会物流的一个通道(Channel)。④ Logistics追求企业效益和社会效益,现代物流系统超越了企业行为空间,覆盖了整个社会组织,政府、企业、个人都与物流活动息息相关;SCM通过企业间的有效合作,获得成本、时间、效率等方面的最佳效果,涉及范围是企业构成的供需网络(见表1-2)。

表1-2 Logistics与SCM的比较

| 项目 | Logistics | SCM |
| --- | --- | --- |
| 概念产生时间 | Logistics概念产生于20世纪70年代 | SCM概念产生于20世纪90年代;SCM理论源于物流研究,是其延伸与扩展 |
| 概念外延 | 仅涉及流通领域;Logistics包含于SCM,但包含供应链中的物流管理 | 同时涉及生产领域、流通领域;SCM包含Logistics,但供应链中的物流管理是Logistics的一部分 |
| 概念内涵 | Logistics是SCM的一个子集,是对物品、服务及相关信息从产出地到消费地的有效率、有效益的正向和反向流动及储存所进行的计划、实施与控制过程 | SCM将商流、物流、信息流等功能跨越企业间的界限整合在一起,进行一体化管理 |
| 一体化管理程度 | Logistics一体化管理分为内部一体化和外部一体化,目前正处于从内部一体化向外部一体化过渡的阶段 | SCM一体化管理程度高,对相关企业的经营资源进行集成和一体化 |
| 目的 | 实现企业效益与社会效益 | 实现供应链整体价值最大化 |

2. 现代物流的特点

现代物流与传统物流的区别，主要在于现代物流有了计算机网络和信息技术的支撑，并应用了先进的管理技术和组织方式，将原本分离的商流、物流、信息流与采购、运输、仓储、代理、配送等环节紧密联系起来，形成了一条完整的供应链（见表1-3）。

表1-3 传统物流与现代物流的比较

| 项目 | 传统物流 | 现代物流 |
| --- | --- | --- |
| 物流服务 | 各种物流功能相对独立；无物流中心；无供应链全面管理模式；地区内的物流服务；短期合约；服务模式单一 | 强调物流功能的系统化整合；设立物流中心；供应链的全面管理；跨区域的物流服务；第三方物流的普遍应用；长期战略伙伴关系；增值物流服务；定制化物流服务 |
| 物流信息技术 | 无 | 条形码、射频识别、电子数据交换、全球定位系统、地理信息系统等信息技术和信息系统的综合应用 |
| 物流管理 | 分散管理 | 现代化、信息化管理；系统管理；全面质量管理 |

现代物流的特点可以总结为以下几点：

（1）系统化。系统化是现代物流最主要的特点，物流的科学形态就是建立在系统化基础之上的。把各个独立的活动组合成一个物流系统，需要系统化的组织技术和装备技术。系统化技术在物流领域比比皆是，是构筑物流生产力的主体技术。

（2）网络化。物流系统化的一个重要形式是物流网络化。物流资源地域分散的特点，要求它必须成为一个网络才能够贯通起来；物流需求地域分散的特点，也要求物流能够通过网络的形式将分散的用户联系起来。铁路、公路、水路等都要形成网络才能够覆盖广大的经济区域，它们之间又需要形成综合性的网络才能够使物流过程得以优化。

（3）精益化。后工业化社会，随着工业生产领域出现的轻、薄、短、小的发展趋势，派生了多批次、小批量、多品种的物流需求。与过去大批量生产相适应的大宗物流形式，在多数情况下，越是接近末端，当渠道变得细而密的时候，就越会出现成本迅速增高和效率迅速降低的现象。因此，物流的组织方式和运作方式必然要发生变革，以适应"多批次、小批量、多品种"的需求。

（4）信息化。信息化最能体现现代物流的特点，在物流全球化、远程化、精益化的背景下，对于时刻处于流动状态的物流活动，要想对它进行有效的控制和管理，使它成为系统性的活动，就必须依靠信息技术的支持。

## 四、现代物流的分类

如图1-2所示，根据现代物流涵盖的系统范畴、性质及活动的空间范围，现代物流可进行如下分类：

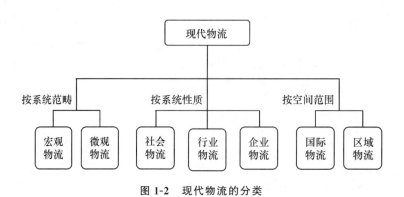

图 1-2　现代物流的分类

1. 按物流涵盖的系统范畴分类

（1）宏观物流。宏观物流是指社会再生产总体的物流活动，是从社会再生产总体角度认识和研究的物流活动。在我们经常提到的物流活动中，社会物流、国民经济物流、国际物流等应属于宏观物流。宏观物流研究的主要特点是综观性和全局性，主要研究内容是物流总体构成、物流与社会的关系、物流与经济发展的关系、社会物流系统和国际物流系统的建立和运作等。

（2）微观物流。生产者、销售者、消费者个人或企业所从事的实际的、具体的物流活动属于微观物流，如企业物流、生产物流、供应物流、销售物流、回收物流、废弃物物流、生活物流等。微观物流研究的特点是具体性和局部性。微观物流是更贴近具体企业、具体产品和具体环节的物流，由于其多样性和复杂性，因此该研究领域十分广阔。

2. 按物流系统性质分类

（1）社会物流。社会物流是指超越一家一户的，以一个社会为范畴的且面向社会的物流，它是宏观物流的一种。这种社会性很强的物流往往是由专门的物流企业（机构）承担的。社会物流的范畴是社会经济的大领域。社会物流研究再生产过程中随之发生的物流活动及国民经济中的物流活动，研究如何形成服务于社会、面向社会又在社会环境中运行的物流，研究社会中物流体系的结构和运行，因此带有综观性和广泛性。

（2）行业物流。在一个行业内部发生的物流活动被称为行业物流。在一般情况下，同一行业中的企业是市场上的竞争对手，但是在物流领域中，企业常常相互协作，共同促进行业物流系统的合理化。在行业的物流活动中，有共同的运输系统和零部件仓库以实行统一的集体配送；有共同的新旧设备及零部件的流通中心；有共同的技术服务中心对本行业的维护人员进行培训；企业采用统一的设备机械规格和商品规格，遵守统一的法规政策，并制定统一的报表等。行业物流系统化可使行业内的各个企业都获得相应的利益。

（3）企业物流。从企业的角度来看，与之有关的物流活动就是企业物流。企业物流是具体的、微观的物流活动，可划分为以下几个不同的典型物流活动：① 供应物流，即企业为保证本身生产的节奏，不断组织原材料、零部件、燃料、辅助材料供应的物流活动；② 生产物流，即企业在生产供应中的物流活动；③ 销售物流，即企业为保证本身的经营效益,伴随销售活动,将产品所有权转移给用户的物流活动;④ 废弃物物流,即对企业生产和人民生活产生的无用物进行运输、装卸、处理等的物流活动;⑤ 逆向物流或回收物流。

3. 按物流活动的空间范围分类

(1) 国际物流。国际物流是伴随和支撑国际经济交往、贸易活动和其他国际交流所发生的物流活动。它是国内物流的延伸和进一步扩展,是跨国界的、流通范围扩大的物的流通,是国际贸易的重要组成部分。数十年来,随着跨国公司的飞速发展和全球供应链的形成,国际物流已成为现代物流研究的一个热点问题。

(2) 区域物流。相对于国际物流而言,一个国家范围内的物流、一个城市范围内的物流往往受相同文化及社会因素的影响,处于同一法律、规章、制度之下,具有相同的科技水平和装备水平,因而有一定的共性,但不同区域之间往往存在诸多差异。研究不同区域、不同国家的物流,找出其共性及差异所在,是研究不同区域、不同国家物流活动的重要基础。区域物流研究的一个重点是城市物流。

## 第二节 物流学科

### 一、物流学科主要内容

随着经济社会的发展,物流活动的形式由简单到复杂,范围由小到大,技术水平由低到高。在物流实践不断发展的基础上,研究物流的科学随之产生,经过不断积累,便形成了相对完善和独立的物流学科。物流学科的研究将促进物流人才培养,提高物流从业人员的综合素质,从而推动物流产业的快速发展和竞争力提升。物流学科是以物流全过程为对象,研究物品实体流动的概念、理论、规律、技术和方法的学科,其主要内容表现在以下四个方面:

1. 物流作为新兴学科要研究的一些基本问题

物流学科是新兴学科,需要研究的问题包括该学科的研究对象、研究内容、学科性质、研究目的、研究方法、基本假设、基本概念、基本原理、理论体系、基本技术,以及物流学科与其他学科的联系等。物流学科的研究旨在建立物流学科体系,并就其中比较关键的问题发表看法,深入探讨关于建立物流学科体系的其他问题。

2. 围绕对物流的认识而要研究的问题

物流理论发展得非常快,涉及物流的新概念层出不穷,往往是一个概念的内涵和外延还没有弄清,就出现一个可能会代替它的新概念。在物流学科建设的初期,亟须对下列问题进行研究:物流的概念,物流在国民经济中的作用,物流的宏观管理,物流对生产、流通和消费的影响,物流的本质特征,物流与传统储运的区别,物流涉及的行业,物流产业的发展前景,物流的结构与功能分析,物流中心或者配送中心的规划、设计与管理等。

3. 围绕物流要素而要研究的问题

从物品的角度来看,需要研究的问题有:不同商品的物流特性,不同商品的保管、养护技术与方法,商品的检验与鉴定技术,商品的识别技术,商品的物理、化学、生物特性对于运输、储存、装卸、包装、流通加工、物流信息处理的影响和要求,商品的品种结构与企业经营的关系等。从载体的角度来看,需要研究的内容主要有:载体的数量与结构优化,载体的最优化配置,载体网络布局与优化等。从流向的角度来看,主要研究内容包括:物流的流向规律,物流流向的组织与优化,物流流向的控制技术等。从流量的角度来看,主要研究如何在物流过程中以尽可能少的流量,尤其是尽可能少的中间库存(在库库存和在途库存),满足末端消费者的需求,因而要研究零库存技术、准时制技术以及其他与库存控制有关的技术。在流程方面,要配合生产资源的配置、销售网络的布局来研究如何使物流流程最短,尤其是在给定的物流网络情况下,如何使物流路径最短。从物流各要素的协调来看,主要研究内容包括:物流各要素的关系,物流要素的集成与协调技术等。

4. 围绕建立物流系统而要研究的问题

物流集成是现代物流与传统储运的本质区别,要将储存、运输等物流系统所包含的各个具体功能集成起来不是一件容易的事。物流学科要研究物流系统界定的原则与标准,物流系统的功能、资源、组织、运作等的集成规律,如集成的条件、模式、技术及具体措施等。当物流系统能够很好地集成之后,还要对物流系统与商流系统、制造系统、客户服务系统等进行集成,越是能够在更大的范围内进行集成,意义就越大。围绕该集成所形成的研究对物流学科体系的建立就越具有战略意义。

## 二、物流学科体系框架

物流学科体系的基本框架可分为四个层次(见图1-3)。

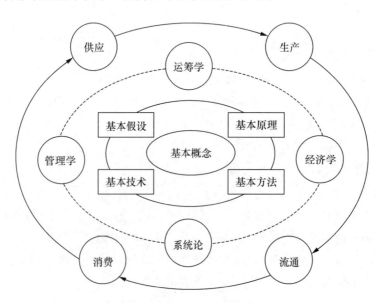

图1-3 物流学科的体系框架

第一层次：物流学科体系的核心——基本概念。要理解物流，必须借助于与物流相关的一系列基本概念，如物流、配送、物流中心、配送中心等。物流学科体系的所有其他组成部分都是通过这些概念来表现并由此而展开。这些概念是人类在逐步归纳和综合几千年社会实践的基础上抽象出来的，当这些概念足够稳定，其内涵和外延能够被准确地表达时，说明以这些概念体系为基础演绎出一个学科的时机已经成熟。这一层次是物流学科体系的基本内核。

第二层次：物流学科体系的四大支柱——基本假设、基本原理、基本技术和基本方法。这四大支柱与物流学科体系的核心概念一起演绎出物流学科体系的基本框架。物流的核心概念与这四大支柱组成了物流学科体系的主要理论。这一层次是物流学科体系的基本内涵。

第三层次：物流学科体系的理论基础——系统论、运筹学、经济学和管理学。物流学科的建立依赖于其他已经成熟的学科作为其理论基础，物流理论就是在这些理论的基础上发展起来的，这也是物流与其他相关学科联系的具体反映。其中，与物流学科构成最紧密联系的理论主要有四类：系统论、运筹学、经济学与管理学。系统论提供物流学科最根本的思维方法和逻辑；运筹学提供实现物流系统优化的技术与工具，是系统论在物流中应用的具体方法；经济学提供物流系统资源配置的基本理论，物流系统资源配置服从经济学的假设、原理和规律；管理学提供物流系统具体运作的基本假设、原理和规律。

第四层次：物流学科体系还以其他一些学科理论为支撑，这些相关学科构成了物流学科体系的第四个层次。现代物流的运作和管理都依赖于现代化的技术手段和条件，研究这些技术或手段的学科就成为物流学科体系的相关学科，如电子、电气及信息类学科对现代物流的作用已越来越显著。

以上四个层次形成的物流学科体系框架与供应、生产、流通和消费四大环节具有紧密的联系，因为物流活动发生在供应、生产、流通和消费所有环节，所以物流研究的研究对象就是供应、生产、流通和消费活动中的物流问题。

### 三、物流学科基本属性

根据物流学科的研究内容和基本框架，可以看出物流学科属于经济学、管理学、工学和理学等互相交叉的新兴学科。

1. 经济学属性

物流学科研究大量的物流资源配置优化、物流市场的供给与需求、政府对物流的管理、物流的发展与增长等问题，而解决这些问题靠的是经济学理论在物流中的具体应用。物流学科涉及许多经济学类专业，如产业经济学、国际经济和贸易等。

2. 管理学属性

物流活动是由物流组织来完成的，而管理是一切组织的根本，企业的物流系统规划与设计、物流业务的具体运作、物流过程的控制、物流效益的考核与评估等都是管理,需要管理学理论的指导。物流学科与许多管理类专业有关,如工程管理、工业工程、信息管理、市场营销、会计学、财务管理等。

3. 工学属性

现代物流是一个技术含量很高的产业。国外大型配送中心一般都配备高度自动化的物流设施,建设前需要大量的工程技术人员进行分析和设计,建成后需要工程技术人员进行维护和管理。物流系统分析、设计和管理都涉及大量的工程和技术,因此物流学科涉及工学类的许多专业,如机械、建筑、材料、交通运输等。

4. 理学属性

物流的流体是商品,各种商品的物理、化学、生物特征不完全相同。在物流活动过程中,商品的检验、养护、鉴定、流通加工等作业环节都需要诸如数学、物理、化学等的指导。

物流学科还与其他许多学科有关,如哲学、法学等,但就物流学科整体而言,它是具有以上四种属性的新型交叉学科,而不能轻易地说清物流学科属于哪一种属性。既然是交叉型学科,就必然具有多学科属性,而不同的学科属性是从不同的侧面来分析的,也就是说确定了一个讨论问题的侧重点,可以将物流学科的属性与研究的重点联系起来讨论。例如,从宏观管理的角度来看,物流学科的主要属性应该是经济学属性;从企业管理层面来看,其主要属性应该是管理学属性;从运作层面来讲,其主要属性应该是工学属性。

物流学科将以系统科学的基本原理作为贯穿始终的方法之一,其四种属性决定了物流学科的研究方法。例如,经济学和管理学的研究方法侧重于实证分析、规范分析、案例分析、图表分析、经济计量、系统分析等;工学和理学的研究方法侧重于采用模拟、试验、观察与观测、公式、定理等。

## 第三节 物流价值

### 一、物流经典学说

1. 商物分离(商物分流)

商物分离是物流学科赖以存在的先决条件。所谓商物分离,是指流通中的两个组成部分——商业流通和实物流通从过去的统一概念和统一运动之中分离出来,各自按照自己的规律和渠道独立运动的现实。商物分离中的"商"指商流,是商品所有权的转让;"物"指物流,是商品实体的流动。

在商品社会初期,商流和物流是紧密结合在一起的,进行一次交易,商品易手一次,商品实体便发生一次运动。物流和商流是相伴而生、形影相随的,两者共同运动,只是运动形式不同而已。在现代社会诞生之前,流通大多采取这种形式,时至今日,这种情况仍不少见。商物分离使我们有可能把物流作为一个单独的主体进行研究,并促进其发展,进而形成了今天规模如此庞大、涉及范围如此广泛的现代物流(见图1-4)。

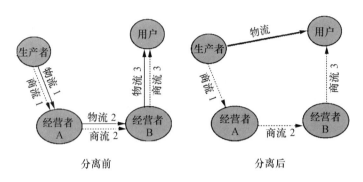

图1-4 商物分离示意

商物分离实际是流通过程中的专业分工和职能分工,是通过分工实现大生产式的社会再生产的产物,是物流科学中重要的理论基础。

2. "黑大陆"说

1962年,美国著名管理学者彼得·德鲁克(Peter Druck)在《财富》杂志上发表了"经济的黑色大陆"一文,指出"流通是经济的黑暗大陆"。"黑大陆"主要是指尚未认识、尚未了解、尚未开发的领域,德鲁克在文中泛指的是流通,但由于流通领域中物流活动的模糊性尤其突出,人们对其认识尚不清楚,所以"黑大陆"说法现在主要针对物流而言。

"黑大陆"说是对物流本身全面、客观的评价:这个领域未知的东西还很多,理论和实践的认识都有待于进一步拓展、深化。

3. "物流冰山"说

日本早稻田大学的西泽修教授的"物流冰山"说从物流成本核算的角度,具体地说明了德鲁克的"黑大陆"说。西泽修教授在研究物流成本时发现,财务会计制度和会计核算方法都不能反映物流费用的实际情况,企业在计算盈亏时,销售费用和管理费用项目所列的"运输费用"和"保管费"的金额一般只包括企业支付给其他企业的运输费用和仓库保管费用,而这些外付费用不过是企业整个物流成本的"冰山一角"(见图1-5)。

物流成本之所以可以用冰山学说来解释,一般认为主要有以下三个方面的原因:其一,物流成本的可计算范围太宽,包括供应物流、生产物流、销售物流、返品物流、回收物流和废弃物流;其二,物流运作环节太多,包括包装、装卸、运输、储存、流通加工、配送、物流信息和物流管理等。其三,物流成本的支付形态太复杂,除了对外支付的费用,还有多种内部支出形态,如材料费、人工费、设备设施的折旧费、维护修理费、燃料费、管理费等,这几乎涵盖了会计核算中的所有支付形态。正是由于上述原因,物流成本难以计算,更何况我们看到的仅仅是物流成本的一部分。

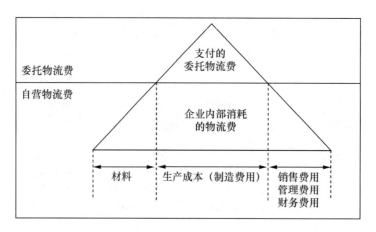

图 1-5　物流冰山示意

**4."第三利润源"说**

"第三利润源"是研究物流经济效益时使用的物流专业术语,也是由西泽修教授在1970年提出的。从历史发展来看,人类社会经济的发展曾经出现过两个比较重要的提供大量利润的领域——物质资源与人力资源领域、销售领域。

在物质资源与人力资源领域,企业通过降低制造成本来谋求利润的提高,人们习惯将这两者称为"第一利润源"。使用先进的营销技术来提高企业的销售额,从而为企业带来丰厚的利润,成为企业经营的"第二利润源"。

随着科学技术、营销手段的不断进步以及市场机制的日臻完善,第一利润源和第二利润源已日趋枯竭。人们将目光从生产领域投向了流通领域。物流成为企业的"第三利润源"是由其自身的特点以及它在经济领域中发挥的作用所决定的。要更好地挖掘企业的"第三利润源",就应该从物流系统获得战略优势的长远角度出发,设计和配置出性能良好的物流系统,降低企业物流成本,提高综合服务质量,进而增强企业竞争力。

**5."效益背反"说**

"效益背反"是物流领域中很普遍的现象,是这一领域中内部矛盾的反映和表现。

物流中的"效益背反"现象主要表现在以下两个方面:① 物流基本活动之间的成本冲突,即某一活动要想降低成本,其他相关活动就不得不提高成本。例如,减少库存量可以减少企业的仓储费用,但为了避免商品脱销,就不得不提高补充库存的频率,增加运输配送次数,从而增加运输配送成本(见图 1-6)。② 服务水平和成本控制之间的冲突,即提高物流系统的服务水平往往要增加物流成本。例如,小批量、高频率的运输配送服务,会带来相应活动成本的上升,这与提高效益相冲突。

这种思想在不同国家的不同学者中的表述是不同的。例如,美国学者用"物流森林"的结构概念来表述物流的整体观点,指出物流是一种"结构",对物流的认识不能只见功能要素而不见结构,即不能"只见树木,不见森林"。即使是和森林一样多的树木,如果各树木孤立存在,就无法呈现森林的整体效果,即物流的结构性效果就无法显现了。归纳成一

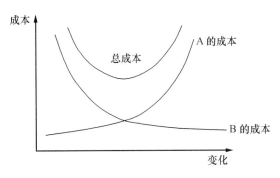

图 1-6 效益背反原理

句话:"物流是一片森林而非一棵棵树木。"

对这种总体观念的描述还有许多的提法,诸如物流系统观念、多维结构观念、物流一体化观念、综合物流观念等,都是这种思想的另一种提法或是同一思想的延伸和发展。

6. 成本中心说

成本中心说的含义是,物流在整个企业战略中,只对或者主要对企业营销活动的成本产生影响。物流活动是企业成本的重要产生点,因而,解决物流的问题,并不主要是为了要搞合理化、现代化,也不在于支持保障其他活动,而是通过物流管理和与之相关的一系列活动降低成本。显然,成本中心说没有将物流放在企业的主要位置,尤其是没有放在企业发展战略的主角地位。

7. 利润中心说

利润中心说的含义是,物流可以为企业提供大量直接和间接的利润,是形成企业经营利润的主要活动。不仅如此,物流也是国民经济中创利的主要活动。物流也因这一作用,被表述为"第三利润源"。

8. 服务中心说

服务中心说代表了美国和欧洲一些国家的学者对物流的认识。这种说法认为,物流活动的最大作用,并不在于获得了为企业自身节约消耗、降低成本或增加利润等微观利益,而在于提高了企业对用户的服务水平,进而提高了企业的竞争力,使企业能够在残酷的竞争环境中生存下去并获得进一步发展。因此,他们选择"Logistic"一词来描述物流,特别强调其服务保障的职能,很明显,这是带有战略色彩的更高层次的提法。通过物流的服务保障,企业以其整体能力来压缩成本、增加利润,从而形成战略发展的能力。

9. 战略说

战略说将物流和企业的生存和发展直接联系起来,是当前非常盛行的说法,对促进物流的发展具有重要意义。该学说主张,企业不应追求物流的一时一事的效益,而应着眼于总体,着眼于长远。于是物流本身的战略性发展也被提到议事日程上来,战略性的规划、战略性的投资和战略性的技术开发是最近一些年促进物流现代化发展的重要原因。

## 二、物流效用

### 1. 物流的时间效用

时间效用表现为,通过物流各个活动克服商品生产和消费时间上的不一致,即消除"物"从供给者到需求者之间存在的时间差。具体表现在以下两个方面:

(1) 缩短时间。加快物流速度,缩短物流时间,可以减少物流损失、降低物流消耗、加速物流周转、节约物流资源等。卡尔·马克思(Karl Marx)早在《马克思恩格斯全集》中指出:"流通时间等于零或趋近于零,资本的职能越优越,资本的生产效率就越高,它的自行增殖就越大。"这里,马克思所说的流通时间可以理解为物流时间,物流周期的结束是资本周转的前提。因此,物流时间越短,资本周转越快,资本增殖速度越高。

(2) 改变时间差。经济社会中,供给与需求之间存在时间上的不一致。这种不一致的表现有多种情况,如农产品之类的商品只能间断性生产而必须连续消费,又如一些时令性或集中性消费商品的生产又是长期连续的,其供给与需求之间就存在一定的时间差。因此,物流的基本活动,如储存、保管等可以解决这种时间矛盾,实现其时间效用。

### 2. 物流的空间效用

空间效用是指同种物品由于空间场所不同,其使用价值的实现程度则不同,效益的实现也不同。由于改变空间场所而最大化地发挥使用价值,最大限度地提高了产出投入比,因而其又被称为"场所效用"。空间效用表现为,通过物流各个活动克服商品生产和消费在地理空间上的分离,即消除"物"从供给者到需求者之间存在的空间差。物流创造空间效用是由现代社会产业结构、社会分工所决定的,主要原因是商品在不同的地区具有不同的价值,通过物流将商品从低价值区转到高价值区,便可获得空间效用。具体表现在以下两个方面:

(1) 从集中生产场所流入分散场所创造价值。现代化大生产往往通过集中的、大规模的生产提高生产效率、降低成本。在一个小范围内集中生产的产品通过物流可以覆盖大面积的需求地区,有时甚至可覆盖一个国家乃至若干国家,从而创造物流的空间效用。

(2) 从分散生产场所流入集中需求场所创造价值。例如,在各个不同地区分散生产出来的粮食,在大城市相对大规模地集中消费;分布在各地生产的汽车零配件,集中在一个厂装配,等等。此时,物流可以解决分散生产和集中需求之间的场所差。

## 三、物流价值发现

### 1. 物流系统功能价值

由物流的内涵可知,物流并非是各功能、各环节的简单相加,而是各功能、各环节相互联系、整体运作的综合体。早在第二次世界大战期间,美国军队为了有效提高战时的物资保障能力,将托盘、叉车等后勤设备的使用贯穿了军事物资从单元组合(集装)的装卸活动到搬运、运输、储存、再运输搬运,直到按军事目标到达目的地为止的整个过程。它把效率最低的装卸、搬运一体化,与运输、储存顺畅连接起来,将军用物资的生产、筹措、储存、运输、分发等活动作为一个整体进行统筹安排、全面管理,为战争提供了有效的后勤支持。这就促使人们认识到作为一种系统活动的物流能够实现以往由许多活动才能完成的各项功能,是人们认识物流系统价值的开始。物流系统功能的核心和本质是整合和优化,实现运输、储存、配送等环节整体最优化、物流总体服务水平最大化、物流成本最小化。

2. 物流经济活动价值

第二次世界大战以后,大量军事技术和军事组织方式转移到民间的经贸往来活动中,物流系统的思想方法和相关技术、相关管理方式也成功地实现了"军转民"。这就使人们认识到,物流不仅有非常重要的军事价值,而且也具备非常重要的经济活动价值,可以在经济领域广泛地采用,为企业增加一些新的管理思想和结构模式。这样,物流由在战争期间形成的形态,成功地实现了向经济领域的转移,从军事活动价值转变为经济活动价值。

3. 物流利润价值

第二次世界大战以后,主要国家的经济发展面对的是一个无限的市场,只要能够快速地、顺利地实现产品向客户转移就能获取利润。企业界采用物流技术和物流管理方式之后,能够有效地增强企业的活力,提高企业的效率和效益,从而增加企业利润。在产业革命之后,经济领域对于原材料消耗、劳动生产率提高这两个利润源的挖掘已经有了100多年的历史,虽然在现代社会中仍然可以用新的方式来进一步开发这两个利润源,但寻找新的利润源已变得越来越迫切。物流作为"第三利润源"就是在这种情况下被发现的,是对物流效益价值的发现。

4. 物流成本价值

在1973年第一次石油危机之前,石油、矿石、煤炭等资源一直保持廉价稳定供给,重生产、轻流通的现象普遍存在,企业把主要精力都放在技术革新、设备改造、扩大产品数量上,对物流的认识并不充分;即便重视也是从保证销量的目的出发,把它作为辅助性工作。20世纪70年代初,爆发了席卷全球的第一次石油危机,世界范围内原材料价格的猛涨和人工费用支出的不断增加使传统的第一、第二利润源已经变成了企业的成本负担,在这样的背景下,物流成为企业节约费用的重要领域。企业界和经济界通过充分利用物流系统技术和物流管理方式,有效地缓解了原材料、能源、人力资本上扬的压力,从而使人们认识到物流领域确实有非常大的降低成本的空间。

5. 物流环境价值

物流合理化在有效降低成本的同时,能够节省物流设备,实现资源优化配置。物流系统化使物流装备可以得到全面的、系统的开发,装备的效率大大提高,同时能耗大大降低。因此,物流对改善环境、降低污染、实现可持续发展有重大作用,这就使饱受现代城市病之苦的许多工业化城市十分重视物流系统这种经济形态,借此改善分立的、混乱的交通,减少由交通阻塞带来的运输损失,降低环境污染,优化企业外部供应环境。

6. 企业发展战略价值

这个发现实际上是对物流服务价值和客户经济价值的发现。20 世纪 80 年代后,企业普遍从过去那种狭窄的、短期的、微观的视野,即从当前的利益和当前的成本考虑,转向了长期的、战略性发展的考虑。这种战略性发展有两个非常重要的支持因素:一是有效的供应链,以增强企业的本体能力;二是贴近客户的服务,即远远超过所谓售后服务水平的全面客户服务。在物流领域,出现了广泛配送方式、流通加工方式以及更进一步的准时供应系统、零库存系统等,这些新的物流服务系统都成功地使企业获得了更长远的战略发展能力。

7. 国民经济价值

1997 年,东南亚爆发了经济危机。危机过后,人们在分析和总结东南亚各国(地区)的情况时发现,以物流为重要支柱产业的新加坡、中国香港具有较强的抗御经济危机的能力。例如,1998 年受金融风暴影响较大的马来西亚经济增长为 －6.8%,泰国为 －8%,东盟为 －9.4%;与之相比较,中国香港情况相对较好,为 －5%,而新加坡当年实现了 1.5% 的正增长。这个发现的重要性在于,它说明了物流不仅对于微观企业有非常重要的意义,而且对于一个国家、一个地区的经济发展也有非常重要的意义。实践证明,物流作为一个产业,在国民经济中具有非常重要的地位,能够起到改善结构、提高国民经济总体质量和抵御危机的作用。

8. 新经济价值

20 世纪 90 年代,全球经济发展进入信息经济时代,电子商务作为一种综合技术,是对传统面对面的交易方式的严峻挑战。它运用计算机技术、网络通信技术、自动控制技术、数据库技术和多媒体技术等,借助互联网进行联系,有效地组织商务贸易活动,实现了整个交易过程的电子化,给各国(地区)和世界经济带来了巨大的变革并产生了深远的影响。但是,电子商务只能完成商流、信息流和资金流在网上的交互。所有的商务谈判、企业决策、商品销售或拍卖都可以在线上进行,但作为这些交易背后的物资流通,网络是无能为力的,仍需依靠传统的运输工具在线下进行作业,这就需要一个健全、有力的物流系统加以保证。物流效率的低下必将导致电子商务效率的低下。例如,1999 年圣诞节,号称"电子商务之父"的亚马逊(Amazon),其 1/5 的网上订单由于缺乏物流的保证未能够在圣诞节之前送达指定地点。电子商务的兴起与受挫,使人们发现了物流对新经济的价值所在。

## 第四节 国内外现代物流发展

### 一、美日欧物流发展特征

现代物流作为一种先进的管理思想、管理理念和管理技术,受到世界各国政府、企业和学术界的高度重视。事实上,作为 Logistics 意义上的现代物流是在科学信息技术革命、政府管制放松、质量创新理念推广、企业战略联盟兴起等的基础上建立并发展起来的。这些因素相互影响、相互联系,促使企业决策者探寻新技术、新手段、新思想,加快现代物流发展进程,推动物流各种基本要素的集成。文献研究表明,美国是在 20 世纪 50 年代至 60 年代间把 Logistics 作为"企业商务物流"运用于企业经营管理实践中,从 70 年代开始全面走向现代物流;日本全面导入现代物流是在 80 年代以后的事。现代物流的发展历史至今不过半个世纪,但是现代物流在以美国、日本和欧洲为首的西方发达国家和地区已经进入了成熟期,现代物流的技术运用日益广泛,现代物流的思想理念深入人心,现代物流的概念内涵不断丰富,体现了美国、日本和欧洲的现代经济和现代管理的风貌特征。

1. 美国强调企业物流

美国在发展物流过程中,一直把物流作为企业战略的核心组成部分予以高度重视,将企业物流列为举足轻重的位置加以发展。20 世纪 50 年代后,现代市场营销观念改变了美国企业经营管理的行为,促使企业意识到客户满意是实现企业利润的唯一手段,是保障企业生存发展的唯一路径;现代的客户满意是企业可持续发展所必需的行为规范,并作为企业经营管理行为的理念和哲学而被赋予时代使命。因此,美国企业特别强调物流的服务保障职能,并通过物流的服务保障增强企业竞争力,增加企业利润。以客户满意为理念的企业物流深刻地影响了美国物流的研究和实践,使美国的物流发展史成为一部以企业物流发展为核心的历史。1963 年成立的美国物资配送管理协会在 1985 年改名为美国物流管理协会,其称谓离不开物流管理,这从侧面说明了美国物流是始终围绕企业物流理念的升级和企业物流技术的进步发展起来的,是在追求客户服务竞争的企业物流管理的基础上发展起来的。

2. 日本强调物流系统

日本物流概念的形成比美国晚得多,但是在政府和企业的共同推动下,物流理念的提升和物流功能的整合进程很快,现代物流发展十分迅速,并形成了自身独特的经验和方法,成为现代物流领域的先进国家。20 世纪 50 年代中后期,日本在从美国导入物流概念的过程中,把物流理解为"各种活动综合体",包含了运输、配送、保管、库存、装卸、包装、流通加工和信息活动等基本活动。60 年代,日本通产省发表了《关于流通活动系统化》,提出为了适应流通活动高度化和效率化,把整个流通活动作为一个系统来考虑,把物流基本功能作为一个整体来把握;70年代,日本运输省发表了《走向物流系统化的道路》,认为物流系统是经济社会的子系统,提出构建理想的物流系统的思路。从此,日本从政府层面到行业层面、再到企业层面开始全面构建物流系统。在政府层面,日本有专门的行政部门,即原来的通产省和运输省来行使物流行政管理职能,制定物流政策和法令,如《综合物流政策大纲》(1997年4月)、《新综合物流政策大纲》(2001年7月)等。在行业层面,1970年成立的日本物流管理协会(Japanese Council of Logistics Management,JCLM)和日本物的流通协会(Japan Physical Distribution Management Association,JPDMA)于1992年合并为日本物流系统协会(Japan Institute of Logistics Systems,JILS),突出物流系统的观念。在企业层面,日本企业高度重视物流,积极投资物流体系的建设,构筑与大量生产、大量销售相适应的物流设施,如80年代通运、大和运输等一些较大的物流企业都在日本全国各地设立了分公司、子公司,并面向国内外开展第三方物流业务,形成了多渠道、多层次、多形式的综合物流网络体系。

3. 欧洲强调综合物流

欧洲物流始终强调综合的观念,重视发展社会化、专业化物流,提倡第三方物流服务的理念。成本中心说的理念带来欧洲供应链管理的盛行,供应链理论和技术应用相当出色,提高采购、生产、销售各个环节之间的效率成为欧洲物流发展的重点。欧洲的许多企业通过直接控制供应链来降低物流成本和提高物流效益;通过把供应链上的物流和其他企业经营管理要素纳入一个整体的思考系统,进行系统规划,促使"功能性"的物流系统成为重要部门,大大提高了物流一体化程度,综合物流成为欧洲物流发展的重要特征;通过把供应链管理和有效客户反应(Efficient Consumer Response,ECR)作为企业"价值创造链"的核心信念,强化供应链竞争力的物流因素的作用。随着欧盟的诞生和欧洲共同市场的形成,欧洲物流呈现出企业物流社会化、国际化的趋势,第三方物流的应用水平高于美国和日本。在大型物流企业规模扩张的趋势中,一个以市场需求为导向,以客户需求为中心,供应商、制造商、中间商和相关服务商有机结合的完整网链结构正在欧洲形成。

综上所述,现代物流在以美国、日本和欧洲国家为首的西方发达国家呈现出不同的发展轨迹,其特征与风貌各有千秋,可供发展中国家借鉴的经验主要有三点:① 现代物流体现的是系统化的思想,追求的是系统最优,实现的是企业效益和社会效益;② 现代物流活动是企业行为,第三方物流成为现代物流发展的动力;③ 在现代物流发展过程中,政府的作用是举足轻重的,政府的物流发展政策措施指导现代物流发展的方向。

## 二、中国物流发展历史沿革

我国对物流概念、物流理论的研究是从20世纪70年代末引进西方发达国家有关物流理念开始展开的。作为经济管理的一个基本领域、基本功能,物流是经济社会发展的产物,物流活动和物流管理在我国经受了半个世纪多的洗礼。我国物流的发展先后经历了计划经济下的发展阶段、有计划的商品经济下的发展阶段和在社会主义市场经济体制建立过程中的发展。

1. 计划经济下的物流（建国初期至 20 世纪 80 年代初）

这一时期，我国实行的是高度集中的计划经济管理体制，国家的整个经济运行处于计划管理之下。国家对各种商品特别是生产资料和主要消费品，实行指令性计划生产、分配和供应，商品流通企业的主要职责是保证指令性分配计划的实现。为了节省商品流通领域的费用，政府努力综合发展各种运输方式，合理布局物资储运点，建立合理库存，编制并不断修改主要物资的合理流向图，提倡综合利用各种运输方式及发展联运，但总体上是按计划生产、储存和运输，实现计划分配与供应。特别是 1963 年物资部门实现统一管理中转供销仓库以后，全国物流活动基本上由各种物资储运公司和商业储运公司来承担。物资储运公司遵循"以收抵支，收支平衡"的原则，无论中转次数多少，只向用货单位按国家规定的收费标准收取一次性管理费用，物资系统内部调拨物资不收取管理费用。国家要求物资企业发挥蓄水池的作用，导致社会物资库存量不断上升，物资周转缓慢。工业消费品的储存和运输按三级批发的供销体制进行，即对应一、二、三级商品批发供应站设立相应的商业储运公司，分别承担三级批发过程中的储运业务。当时的商品零售业主要是由国有百货商店、粮店、副食店和各种物资供应站构成的，它们成为物流的终点，而且普遍规模不大，内部物流活动主要是储存。与此相对应，企业生产按计划安排，物资供应按计划调拨，产品销售按计划分配，交通运输按计划执行，几乎所有的生产资料和消费资料都是由各级政府按部门、按行政区域通过计划手段进行分配和供应的。涉及物流的各个环节，包括采购、运输、仓储、包装、加工、配送等，均完全通过计划手段进行管理和控制，企业基本没有自主经营的空间。计划经济体制下形成的物流管理方式，在生产规模小、产业结构简单、基础设施短缺、物资供应匮乏的经济发展阶段，虽然使政府比较容易掌握当时的社会物资供应状况，能在一定范围内调剂余缺，保持社会供应的相对稳定，但却导致条块分割，自成体系，机构重叠，生产、流通、销售等环节互相分离，社会库存量大，物资周转缓慢，资金占用较多，给社会资源造成极大的浪费。

可以说，这个时期中国尚未引入物流的概念，更没有现代物流的理念。资源分配和组织供应是按部门、行政区划进行的，物流活动的主要目标是保证国家指令性计划分配指标的落实，物流的经济效益目标被放到了次要位置。物流活动仅限于对商品的储存和运输，各物流环节相互割裂，系统性差，整体经济效益低下。

2. 有计划的商品经济下的物流（20 世纪 80 年代初至 90 年代初）

这个时期，中国引入了物流的概念，物流发展进入部分一体化管理阶段。我国经济开始从计划经济逐步向市场经济过渡，随着产品和服务的商业化和市场化，市场竞争日益加剧，各类企业开始意识到现代物流的重要作用，不仅流通部门加强了物流管理，生产部门也开始重视物流问题；不仅国有物流企业的建设有所加强，同时一些集体和个体物流企业也有了发展，物流业已打破部门、地区的界限，向社会化、专业化的方向发展。但是，这个时期还没有真正意义上的现代物流运作和现代物流企业。

这个时期，我国实行了"对内搞活、对外开放"的政策，宏观经济环境发生了变化，企业经营自主权增加，多种经济成分进入市场，国民经济步入高速发展时期。与此同时，我国的物资分配体制、商品流通体制、交通运输体制也发生了重大变化，政府逐步放开了对企业生产、物资、价格的管理，工业企业自主决定其原材料的采购和产品的生产与销售；商贸企业根据流通体制改革和物资供应方式的调整变化，建设配送中心，开展商品物流配送服务；交通运输企业突破传统的观念，把业务范围向运输前后的两头延伸；货运代理企业作为托运人与承运人之间的桥梁与纽带，开办了代理货物托运、接取送达、订舱配载、联运服务等多项业务。国外先进的物流概念和物流管理方式开始进入我国，影响渗透着我国物流活动的各个领域。

这个时期，由于经济活动已向商品经济转变，物流业开始注重经济效益。物流活动已不仅仅局限于被动的仓储和运输，而开始注重系统运作，即考虑包括运输、仓储、包装、装卸、流通加工在内的物流系统的整体效益。按系统化思想，推出了仓库一次性作业、集装单元化技术、自动化立体仓库、各种运输方式综合利用和联合运输等系统应用形式，用系统思想对物流全过程进行优化，使物流总费用最低，物流的经济效益和社会效益有所提高。

3. 社会主义市场经济下的物流（20 世纪 90 年代初至 90 年代末）

1993 年，党的十四届三中全会通过了《关于建立社会主义市场经济体制若干问题的决定》，我国加快了经济体制改革的步伐，经济建设开始进入一个新的历史发展阶段。科学技术的迅速发展和信息技术的普及应用，消费需求个性化、多元化趋势的加强，竞争机制的建立，使得我国工商企业，特别是中外合资企业，为了提高竞争力，不断提出新的物流需求，我国开始把物流发展提上了重要议事日程。国家逐渐加大力度对一些老的仓储、运输企业进行改革、改造和重组，使它们不断提供新的物流服务，与此同时出现了一批适应市场经济发展需要的现代物流企业。

4. 新经济发展形势下的物流（20 世纪 90 年代末至今）

新经济的表现形式之一是网络经济。20 世纪 90 年代兴起的电子商务，让人们转而聚焦物流这个"瓶颈"，并意识到网络经济发展的基础是物流；新经济的表现形式之二是信息经济；表现形式之三是全球经济一体化。新经济背景迫使中国企业不得不重视物流这一"第三利润源"。2017 年，全国电子商务交易额达到 29.16 万亿元，与电商消费相关的快递业务量和业务收入达到 400.6 亿件和 4 957.1 亿元。

进入 21 世纪，随着改革开放的深入和经济增长方式的转变，我国政府高度重视并切实推进现代物流的发展。2001 年，国家经济贸易委员会、铁道部、交通部、信息产业部、对外贸易经济合作部、国家民航总局联合印发《关于加快我国现代物流发展的若干意见》的通知；同年，国家标准《物流术语》（GB/T 18354-2001）正式出台；2004 年，国家发展改革委、商务部、公安部、铁道部、交通部、海关总署、税务总局、民航总局、工商总局九部委联合制定的《关于促进我国现代物流业发展的意见》经国务院批准印发；2005 年，国务院颁布

《关于促进流通业发展的若干意见》;同年,建立全国现代物流工作部际联席会议制度,联席会议成员单位为国家发展改革委、商务部、铁道部、交通部、信息产业部、民航总局、公安部、财政部、海关总署、工商总局、税务总局、质检总局、国家标准委、中国物流与采购联合会、中国交通运输协会共15个部门和单位;2006年,我国《国民经济和社会发展第十一个五年规划纲要》中明确指出要"大力发展现代物流业",正式确定现代物流业的产业地位,是我国物流发展的里程碑;同年,新版国家标准《物流术语》(GB/T 18354-2006)修订出台;2009年,国务院发布《物流业调整和振兴规划》,对我国物流业发展产生重大而深远的影响。

"十二五"以来,我国政府密集出台物流发展规划,例如,2013年的《全国物流园区发展规划》、2014年的《物流业发展中长期规划(2014—2020年)》、2016年的《全国电子商务物流发展专项规划(2016—2020年)》、2017年的《商贸物流发展"十三五"规划》。其中,国务院出台的《物流业发展中长期规划(2014—2020年)》指出,物流业是融合运输、仓储、货代、信息等产业的复合型服务业,并把物流业定位于支撑国民经济发展的基础性、战略性产业。与此同时,我国地方政府为落实国家规划,纷纷制定物流相关规划和行动计划,提出物流发展目标、发展重点和发展任务,加强物流规划布局,出台具体的支持物流业发展政策措施。例如,《浙江省物流业发展"十三五"规划》提出,到2020年,力争在物流降成本、补短板上取得突破性成效,物流园区和基础设施网络体系更加健全,物流产业协同共享体系更加完善,智慧物流生态体系基本形成,建成高水平服务于全面小康社会的现代物流服务体系。《福建省加快物流业发展实施方案(2016—2020年)》提出,到2020年,物流业增加值超过3 000亿元,占地区生产总值比重达7.7%,成为支撑我省国民经济发展的新兴主导产业。

这一阶段,我国物流发展迅猛,需求不断上升,市场规模持续扩大,成为全球最具成长性的物流市场。2017年,我国社会物流总额近252.8万亿元,物流业总收入达8.8万亿元,货运量为472亿吨,其中公路货运量、铁路货运量、港口货物吞吐量稳居世界第一位。物流需求结构加快调整,快递物流、电商物流、冷链物流等生活消费性物流快速增长,工业物流需求总体下滑。"十二五"时期,与消费相关的单位与居民物品物流总额年均增速接近30%,2016年更是保持40%以上的高速增长态势。物流市场主体加速分化,物流企业通过兼并重组、联盟合作等方式,提高市场集中度,出现了一批实力雄厚的大型物流企业。2015年,全国A级物流企业总数达到3 500多家,其中5A级物流企业214家,"中国物流企业50强"的第50名入选企业的主营业务收入达到18.8亿元。"互联网+物流"创新发展,推动经营模式不断创新,新的商业模式不断涌现,菜鸟网络、卡行天下等一批企业打造平台模式,整合物流资源,不断推进跨界融合、平台整合,加快线上线下协同发展。区域物流一体化进程加速,国际物流网络建设提速。2011年渝新欧班列首次全程运行,截至2017年4月,中欧班列已累计开行3 682列,成为国际陆路运输骨干通道;中外运、中远物流等国内企业积极开拓国际市场,阿里巴巴等企业积极完善海外仓储设施。物流基础设施网络不断完善,2017年我国高速公路和高速铁路达到13.6万公里和2.5万公里,双双位居世界第一位。物流园区发展取得新进展,2017年全国共有符合中国物流与采购联合会调查要求的物流园区1638家,以物流园区为支撑的产业生态圈逐步形成。

## 延伸阅读一

### 欧洲物流业发展的经验与启示

物流产业在欧洲是一个正在快速发展的新兴服务领域,对欧洲各国经济发展产生了重要影响。

**1. 物流产业发展需要政府的参与和必要的政策支持**

(1) 协调政府的管理职能,为物流产业发展提供良好的制度环境。一是欧盟在促进欧洲统一市场形成的过程中,制定和大力推行的统一贸易政策、运输政策、关税政策、货币政策等,极大地促进了货物在全欧洲范围内的自由流动。二是欧洲各国政府积极地为本国物流产业发展营造良好的制度环境。

(2) 打破垄断,减少政府干预,创造充分竞争的市场环境。近年来,欧洲各国政府实施了一些打破垄断、放松管制的政策措施,对促进各国物流产业发展有积极的影响。

(3) 加强基础设施的投入,为物流产业健康发展提供运行平台。这方面的政策包括:以最大限度地发挥各种运输方式效率为中心的基础设施协调发展政策,以及促进大型货运枢纽、物流基地、物流中心和公共配送中心等新型物流基础设施发展的政策。

(4) 推进物流产业的标准化进程。一是针对物流基础设施、装备制定的基础性和通用性标准;二是针对安全和环境制定的强制性标准;三是支持行业协会对各种物流作业和服务制定相关的行业标准。

(5) 支持物流知识和技术的创新与推广,加快物流产业的现代化进程。

(6) 制定必要的导向性政策,引导和鼓励物流产业发展。

**2. 物流行业协会组织在物流产业发展中作用显著**

(1) 引导和促进作用。如欧洲物流协会组织的物流企业问卷调查,跟踪和分析整个欧洲物流产业发展状况,结合世界物流产业的发展趋势,引导和促进整个行业的发展。

(2) 咨询服务作用。如荷兰国际物流配送协会,专门提供配送中心选址、规划、经营等方面的咨询和信息,帮助成员企业降低成本、提高效率,促进其发展。

(3) 教育和培训作用。目前,欧洲各国的物流协会的物流课程设置和教学大纲基本上采用的是欧洲物流协会开发和制定的物流教育培训标准,并形成了相应的物流从业资格制度。

(4) 行业规范作用。如欧洲物流协会与欧洲标准化委员会及各种标准化研究机构合作,参与制定了多种物流行业标准,并合作编写物流词典,规范物流用语。

(5) 联络和交流作用。一是利用研讨会、组织专项研究活动等,促进物流产业内部的交流和合作;二是建立与欧盟组织和各国政府的对话机制和交流渠道,反映行业的呼声和利益诉求,积极寻求政府对物流产业发展的支持。

3. 国际经验给我国物流产业带来的借鉴与启示

(1) 建立协调统一的管理制度,为物流产业发展营造良好的政策环境。鉴于我国物流管理体制中存在着条块分割现象,对物流产业发展形成了一定程度的制约,近期有必要成立政府职能部门和行业管理部门参加的协调机构,专门负责研究、制定和协调物流产业发展的相关政策。在此基础上,结合政府当前的政策取向,在物流基础设施建设与物流装备更新的融资政策、物流基地的土地使用政策、物流服务及运输价格政策以及工商登记管理政策等方面,研究制定有利于物流产业发展的支持性措施。

(2) 改变基础设施分散规划、投资的格局,注重新型物流基础设施的规划和建设。改变目前按不同运输方式和行业管理部门进行规划和投资的方式,将政府在基础设施规划和投资方面的职能适当集中,以统筹规划和布局各种基础设施,促进基础设施之间的配套和协调发展。同时,中央政府应当加强对物流基地、物流中心等新型物流基础设施的规划,并注意协调地区之间、城市之间的物流发展规划。

(3) 打破行业、地区界限,促进全国统一物流市场的形成。一方面,要制定全国统一的贸易、运输管理政策,进一步放宽政府的干预和管制,促进全国统一市场的形成和货物在全国范围内的自由流动。另一方面,要在规范市场准入的基础上,鼓励物流企业进入不同运输服务领域,为物流产业发展创造公平的市场竞争环境。

(4) 采取积极的措施,推进物流标准化的进程。协调行业主管部门、行业协会,加快物流用语、计量标准、技术标准、数据传输标准、物流作业和服务标准等的制定工作。同时,清理和规范已有的与物流活动相关的各种国家标准、行业标准。

(5) 重视物流技术的研究和应用推广工作,加快物流人才的培养。政府应积极支持和鼓励物流技术的研究和应用,一方面要支持和资助大学及科研机构在物流方面的研究和创新活动,提高我国物流理论和技术的整体水平;另一方面要鼓励企业建立物流研究机构,鼓励企业与大学和研究机构合作,以加强应用性物流技术的开发和应用。在物流人才培养方面,应促进多层次、多样化的物流教育体系的形成。

(6) 关注物流行业协会组织的成长和发展,发挥物流行业协会的积极作用。要尽快培育中国的物流行业协会,一是促进商业、物资、运输、外贸等行业协会中各物流专业委员会之间的合作,以尽快形成全国性的物流行业组织;二是参考欧盟的做法,赋予协会一些职责和权力,在制定和推广物流行业标准、物流教育规范等方面发挥协会的作用。

资料来源:中国物流与采购网,www.chinawuliu.com.cn,2010-10-27。

## 本章提要

现代物流内涵的演进经历了20世纪初的PD阶段到20世纪80年代的Logistics阶段,再到21世纪的Supply Chain阶段,物流理论实现了从一个狭窄领域向一个广阔领域的飞跃。

物流学科是以物流全过程为对象,研究物品实体流动的概念、理论、规律、技术和方法的学科,属于经济学、管理学、工学和理学等互相交叉的新兴学科。

在对物流的认识发展过程中,出现了商物分离、"黑大陆"说、"物流冰山"说、"第三利润源"说、"效益背反"说等经典学说。物流效用包括时间效用和空间效用,物流价值体现在物流系统功能价值、物流经济活动价值、物流利润价值、物流成本价值、物流环境价值、企业发展战略价值、国民经济价值和新经济价值。

美日欧物流发展有其各自的特征:美国强调企业物流,日本强调物流系统,欧洲强调综合物流。中国物流的发展先后经历了计划经济下的发展阶段、有计划的商品经济下的发展阶段和在社会主义市场经济体制建立过程中的发展。

**练习与思考**

1. 现代物流内涵的演进经历了哪几个阶段?
2. Logistics 包括的物流内容是什么?
3. 比较 PD 与 Logistics 的物流内涵的不同。
4. 物流的六大功能是什么?
5. 物流产生了哪些效用?
6. 关于物流有哪些经典学说及其代表人物?

21世纪经济与管理规划教材
物流管理系列

第二章

# 运 输 配 送

**知识要求**

通过本章的学习,能够
- 掌握运输的相关概念和不同运输方式的特点
- 掌握配送的相关概念和不同配送方式的特点
- 了解目前运输配送中的技术创新

**技能要求**

通过本章的学习,能够
- 判断运输的合理性并进行优化
- 判断配送的合理性并进行优化

## 第一节 运 输 概 述

### 一、运输概念

1. 运输的内涵

国家标准《物流术语》(GB/T 18354-2006)对运输(Transportation)的定义是:"用专用运输设备将物品从一地点向另一地点运送,其中包括集货、分配、搬运、中转、装入、卸下、分散等一系列操作。"

在现代物流过程中,运输是实现物品空间效用的主要手段,已成为现代物流的主要功能要素。运输是人和物的载运及输送,是在不同空间、不同地点使运输主体发生位移,以达到改变物品的空间位置目的的活动。运输作为社会生产力的有机组成部分,主要通过完成社会物品的流转表现出来。现代运输的发展一般可划分为五个阶段,即水上运输阶段(从原始社会到19世纪20年代)、铁路运输阶段(从19世纪30年代到20世纪30年代)、公路、航空和管道运输阶段(从20世纪30年代到50年代)、综合运输阶段(20世纪50年代以后)、集装箱运输阶段(20世纪50年代中叶以后)。随着运输的发展,各地之间、各个国家乃至世界范围内的联系越来越密切,物流的发展进一步深入。

2. 运输的功能

(1) 产品转移功能,即通过运输实现产品远距离的位置移动,创造产品的空间效用。

通过运输活动,将物品从效用价值低的地方转移到效用价值高的地方,使物品的使用价值得到更好的实现,即实现物品的最佳效用价值。商品生产的目的是消费,一般来说,商品生产与消费的位置是不一致的,即存在位置背离,只有消除这种背离,商品的使用价值才能实现,这就需要运输。人们在日常生活中,由于搬家、旅游、送礼等活动,也会出现物品所处位置与消费位置之间的矛盾,也要通过运输来消除这种矛盾。

运输的主要功能是产品在价值链中的来回移动,事实上,只有当运输确实提高了产品价值时,该产品的移动才是有效的。

(2) 产品临时储存功能,是指运输能够创造时间效用,因此具有一定的储存功能。

通过储存保管,将产品从效用价值低的时刻延迟到效用价值高的时刻再进入消费过程,使产品的使用价值得到更好的实现。在运输中,由于货物实际是储存在运输工具内的,为避免产品损坏或丢失,还必须为运输工具内的货物创造一定的储存条件,这在客观上创造了产品的时间效用。在中转供货系统中,产品经过运输节点(如车站、码头)时,有时需要做短时间的停留,此时,利用运载工具作为临时仓库进行短时间的储存是合理的。

3. 运输的作用

(1) 运输可以实现物品的空间效用和时间效用。运输通过改变物品的地点或位置创造空间价值,并保证物品能够在适当的时间到达消费者手中,创造时间价值。

（2）运输可以扩大商品的市场范围。企业的商品能够顺利送达市场，必须借助于商品运输过程，企业可以通过运输扩大其商品的市场范围，增加企业发展机会。

（3）运输能够促进社会分工的发展。运输是生产和销售之间不可缺少的联系纽带，只有运输才能真正实现生产和销售的分离，促进社会分工的发展。

（4）运输是"第三利润源"的主要源泉。从运费来看，它在物流总成本中占据最大的比例；一般综合分析计算社会物流费用，运输费在其中占近50％的比例，因此节约的潜力非常大。

4. 运输的基本原理

（1）规模经济原理。它指随着装运规模的扩大，每单位重量的运输成本下降。例如，整车装运（即利用车辆的整个运输能力进行装运）的每吨成本低于零担装运（即利用车辆的部分运输能力进行装运）的每吨成本。也就是说，诸如火车或轮船之类运输能力较大的运输工具，其每单位重量的费用要低于诸如汽车或飞机之类运输能力较小的运输工具的每单位重量的费用。

运输规模经济之所以存在，是因为转移一票货物有关的固定费用按整票货物的重量分摊时，一票货物越重，分摊到单位重量上的成本就越低。

与货物转移有关的固定费用中包括接受运输订单的行政管理费、定位运输工具装卸的费用、设备费用等。这些费用之所以被认为是固定的，是因为它们不随装运的数量而变化。换句话说，管理1吨货物装运的固定费用与管理1 000吨货物装运的固定费用一样多。例如，管理一票货物装运的固定费用为100元，那么装运1吨货物的每单位重量的成本为100元，而装运1 000吨货物的每单位重量的成本则为0.1元。由此可见，1 000吨货物的装运中就存在着规模经济。

整车运输由于利用了车辆的整个运输能力，因而单位重量货物的运输成本也低于零担运输。既然单位重量货物的运输成本与运输工具的一次装载量有关，那么在运载工具容积一定的情况下，货物密度也会影响运输成本：密度低的货物可能无法达到运载工具的额定载重量，单位重量的货物运输成本就高。通过包装来增加货物密度可以解决低密度货物运输成本高的问题。

（2）距离经济原理。它指每单位距离的运输成本随运输距离的增加而减少。例如，在货物重量相同的情况下，800公里的一次装运成本要低于400公里的两次装运成本之和，即运输成本与一次运输的距离有关。需要说明的是：① 在运输距离为零时，运输成本并不为零。这是因为存在一个与货物提取及交付有关的固定费用。② 运输成本的增长随运输距离的增长而降低，这被称为递减原理，即费率或费用随距离的增加而逐渐减少。这是因为随着运输距离的增加，分摊到单位运输距离上的与货物提取及交付有关的固定费用就会降低。

根据距离经济原理，长途运输的单位运输成本低，短途运输的单位运输成本高。

## 二、运输方式

1. 铁路运输

铁路运输(Railway Transportation)是使用铁路设备、设施运送客货的一种运输方式。铁路运输可分为车皮运输和集装箱运输,主要承担长距离、大批量的原材料(如煤、圆木和化工品)和价值低的制成品(如食品、纸张和木制品)的运输。在没有水运条件的地区,几乎所有大批量货物都是依靠铁路,在干线运输中起主力军作用。

铁路运输的优点主要表现在:① 适应性强。铁路运输是在自己的专用轨道上行驶,受自然条件限制少,具有较高的连续性和可靠性。② 运载量大。铁路运输依靠大动力机车牵引,可以运送大批量物品。③ 速度快。在长距离运输中其送达速度仅次于航空运输(但在过短距离,则又不及公路运输)。④ 安全程度高。在不同运输方式中,按所完成的货物吨计算的事故率,铁路运输是最低的。⑤ 能耗小、污染少。铁路运输在轨道上行驶,接触面积较小,行驶阻力较小,能耗较少;铁路运输特别是电气化铁路,对环境和生态平衡的影响程度较小。但是,铁路运输也有不足之处,由于铁路轨道的建设是固定的,运输只能在固定线路上实现,所以需要以其他运输手段配合和衔接,在衔接的过程中会带来很多不便,如运输速度减缓、装卸时货物损失等。一般认为,铁路运输的经济里程在200公里以上。

2. 公路运输

公路运输(Highway Transportation)是使用公路设备、设施运送客货的一种运输方式,在整个运输领域中尤其是在国内运输领域中占有非常重要的地位。公路运输可分为自用卡车运输和营业用卡车运输,主要承担近距离、小批量的货运,水路、铁路运输难以到达地区的货运,大批量货运,以及水路、铁路运输优势难以发挥的短途运输。

公路运输的优点主要表现在:① 灵活性强,实现"门到门"运输。汽车不仅是其他运输方式的接运工具,还可以直达运输,不需转运或反复装卸搬运。② 投资少,资金周转快。公路建设期短,汽车车辆购置费较低,原始投资回收期短。③ 受自然条件限制小。由于灵活方便、送达速度快,且对不同的自然条件适应性较强,公路运输有利于保持货物运输质量。但是,公路运输也具有一定的局限性,如载重量小,不适宜装载重件、大件货物,不适宜走长途运输;车辆运行中震动较大,易造成货损货差事故;运输成本费用较水路运输和铁路运输高。公路运输的经济半径一般在200公里以内。

3. 水路运输

水路运输(Waterway Transportation)简称水运,是使用船舶在通航水道进行客货运输的一种运输方式。水路运输可分为内河运输、沿海运输、近海运输和远洋运输,主要承担大批量、长距离的运输,是在干线运输中起主力作用的运输形式。在内河及沿海,水运也常作为小型运输工具使用,担任补充及衔接大批量干线运输的任务。

水路运输的优点主要表现在:① 运载量大、运输成本低。船舶的运载量大,运输里程远,路途运行费用低。② 投资少。水路运输利用天然航道,节省投资。③ 劳动生产率高。水路运输因运输能力大,其劳动生产率较高。但是,水路运输的缺点也是比较明显的,如水运适用性低,它受港口、水位、季节、气候影响较大,一年中中断运输的时间较长,且必须靠其他运输手段加以配合和衔接;船舶在水中行驶,水流阻力大,水运速度较慢。

4. 航空运输

航空运输(Airline Transportation)简称空运,是使用飞机运送客货的一种运输方式。航空运输的单位成本很高,因而主要适合运载的物品有两类:① 价值高、运费承担能力很强的物品,如贵重设备的零部件、高档产品等;② 紧急需要的物品,如救灾抢险物品等。

航空运输的优点主要表现在:① 速度快。航空运输是速度最快的运输方式。② 灵活性强。航空运输不受地形、地貌、山川、河流的障碍,对于交通不发达地区或在自然灾害的紧急救援中,均可采用飞机空投方式。③ 安全程度较高。航空运输平稳、安全,货物在运输中受到的震动、撞击等均小于其他运输方式。④ 航空运输建设周期较短,回收快。航空运输建设主要包括飞机、机场和其他辅助保证设施。一般来说,修建机场比修建铁路周期短,投资回收快。航空运输的缺点是运输成本、运费高,载运量小。

5. 管道运输

管道运输(Pipe Transportation)是利用管道输送气体、液体和粉状固体的一种运输方式。其机理是运输物品在管道内顺着压力方向不断流动,以实现输送目的。管道运输与其他运输方式最大的不同是:管道设备是静止不动的,管道既是运输工具,又是运输通道,驱动方式是用机泵给货物以压能,使物品本身连续不断地被运送。管道运输适合于石油及其制品、天然气、煤气以及生产用水和民用水等流体货物的运输。

管道运输的优点主要表现在:① 载运量大。管道运输能够进行不间断的输送,输送连续性强,不产生空驶,运输量大。② 管道运输建设工程比较单一。管道占用土地少,建设周期短,回收快。同时,管道还可以通过河流、湖泊、铁路、公路、甚至翻越高山、横跨沙漠、穿越海底等,易取捷径,缩短运输里程。③ 损耗少。由于采用密封设备,在运输过程中可避免散失、丢失等损耗,也不存在其他运输设备本身在运输过程中消耗动力所形成的无效运输问题。④ 污染少。管道运输不产生噪音,货物漏失污染少;不受气候影响,可以长期安全、稳定地运行。但是,管道运输本身工程结构上的特点,决定了其适用范围的局限性。管道运输适用于长期定向、定点输送,如果输送量范围较窄,输送量变换幅度过大,则管道运输的优越性难以发挥。

6. 其他运输分类

前面所述主要是根据运输设备及运输工具的不同,对运输方式进行的分类。除此之外,表 2-1 列举了其他运输方式。

表 2-1 其他运输方式

| 标准 | 运输方式 | 主要内容 |
| --- | --- | --- |
| 运输范畴 | 干线运输 | 主要承担主干线路上的大批量、长距离运输任务 |
| | 支线运输 | 主要承担从供应商到运输干线上的集结点，以及从干线上的集结点到配送站的运输任务 |
| | 二次运输 | 主要承担干、支线运输到站后将货物由站点运至指定交货地点的运输任务 |
| | 厂内运输 | 主要承担大型工业企业内车间与车间、车间与仓库间的运输任务 |
| 运输作用 | 集货运输 | 将分散的货物汇集集中的运输 |
| | 配货运输 | 按客户要求将配好的货分送到各个客户的运输 |
| 运输换载 | 直达运输 | 运输过程中不经过换载、入库保存，直接到达目的地的运输 |
| | 中转运输 | 运输过程中需要进行转运换装的运输 |
| 运输形式 | 整车运输 | 托运人一次托运货物的数量、性质、形状和体积在 3 吨以上的运输 |
| | 零担运输 | 托运人一次托运货物量不足 3 吨的运输 |
| | 集装运输 | 使用集装器具或利用捆扎方法，把裸装物品、散粒物品、体积较小的成件物品，组合成为一定规格的集装单元进行的运输 |

## 三、运输合理化

1. 不合理运输

不合理运输是指违背"及时、准确、安全、经济"总要求的运输。目前一般存在的不合理运输形式有：

（1）返程或起程空驶。货源计划不周，不采用运输社会化而形成的空车无货载行驶，是不合理运输的表现。

（2）对流运输。又称"相向运输""交错运输"，指同一种货物，或彼此间可互相代用的货物，从不同的发货点发出，在同一线路上或平行线路上做相对方向的运送，与对方运程的全部或一部分发生重叠交错的运输。

（3）迂回运输。舍近取远的一种运输，即不选取短距离路线，却选择较长距离路线进行运输的一种不合理形式。

（4）重复运输。增加了非必要的中间环节，这就延缓了流通速度，增加了费用，增大了货损。

（5）倒流运输。货物从销售地或中转地向生产地或起运地回流的一种运输现象。

（6）过远运输。调运物资舍近求远，近处有资源不调而从远处调，这就造成可采取近程运输而未采取，拉长了货物运距的浪费现象。

（7）运力选择不当。未利用各种运输工具优势，因选择运输工具不正确造成的不合理现象。

（8）托运方式选择不当。对于货主而言，可以选择最好的托运方式而未选择，造成运力浪费及费用支出加大的一种不合理运输。

**2. 合理运输的要素**

运输合理化的影响因素很多,起决定性作用的有以下五方面的因素,称作合理运输的"五要素":

(1) 运输距离。在运输过程中,运输时间、运输货损、运费、车辆或船舶周转等运输的若干技术经济指标,都与运距有一定的比例关系,运距长短是运输合理与否的一个最基本因素。缩短运输距离从宏观、微观方面都会带来好处。

(2) 运输环节。每增加一次运输,不但会增加起运的运费和总运费,而且会增加运输的附属活动,如装卸、包装等,各项技术经济指标也会因此下降。所以,减少运输环节,尤其是同类运输工具的环节,对合理运输具有促进作用。

(3) 运输工具。各种运输工具都有其使用的优势领域,对运输工具进行优化选择,按运输工具特点进行装卸运输作业,最大限度地发挥所用运输工具的作用,是运输合理化的重要一环。

(4) 运输时间。运输时间通常是指货物从起点运输到终点所耗费的平均时间。运输时间,尤其对远程运输来说,在整个物流时间中占绝大部分,因此运输时间的缩短对整个流通时间的缩短具有决定性作用。此外,运输时间短,有利于运输工具的加速周转利用,充分发挥运力作用,有利于货主资金的周转,有利于运输线路通过能力的提高,对运输合理化有很大贡献。

(5) 运输费用。对托运人来讲,运输服务的费用就是运输货物的在途运费加上提供额外服务的所有附加费或运输端点费用。前文已言及运费在全部物流费中占很大比例,运费高低在很大程度决定了整个物流过程的竞争力。实际上,运输费用的降低,无论对货主企业来讲还是对物流经营企业来讲,都是运输合理化的一个重要目标。

**3. 合理运输的方法**

(1) 提高运输工具实载率。实载率有两个含义:一是单车实际载重与运距之乘积和标定载重与行驶里程之乘积的比率,这在安排单车、单船运输时,是作为判断装载合理与否的重要指标;二是车船的统计指标,即一定时期内车船实际完成的货物周转量(以吨/公里计)占车船载重吨位与行驶公里之乘积的百分比。在计算时,车船行驶的公里数不但包括载货行驶,也包括空驶。

提供实载率的意义在于:充分利用运输工具的额定能力,减少车船空驶和不满载行驶的时间,减少浪费,从而求得运输的合理化。

(2) 发展社会化的运输体系,推进共同运输。运输社会化的含义是发展运输的大生产优势,实现转移分工,打破一家一户自成运输体系的状况。实现运输社会化,可以统一安排运输工具,避免对流、倒流、空驶、运力不当等多种不合理形式,不但可以追求组织效益,而且可以追求规模效益,所以发展社会化的运输体系是运输合理化非常重要的措施。当前火车运输的社会化运输体系已经较为完善,而在公路运输中,小规模生产方式非常普遍,所以公路运输是目前建立社会化运输体系的重点。

（3）配载运输。配载运输是充分利用运输工具的载重量和容积，合理安排装载的货物及载运方法以求得合理化的一种运输方式。配载运输也是提高运输工具实载率的一种有效形式。配载运输往往是轻重商品的混合配载，在以重质货物运输为主的情况下，同时搭载一些轻泡货物。例如，海运矿石、黄沙等重质货物时，在舱面捎运木材、毛竹等；铁路运矿石、钢材等重质货物时，在上面搭运轻泡农、副产品等。这样，在基本不增加运力投入和不减少重质货物运输情况下，解决了轻泡货物的搭运，因而效果显著。

（4）尽量发展直达运输。这主要指运输部门尽量减少货物运输的中间环节，把货物由产地直接运送给客户，它是交通运输部门组织的主要形式。直达运输是追求运输合理化的重要形式，其对合理化追求的要点是缩短货物运输时间，通过减少中转换载提高运输速度，节省装卸费用，降低中转货损。直达的优势，尤其是在一次运输批量和用户一次需求量达到一整车时表现最为突出。此外，在生产资料、生活资料运输中，通过直达建立稳定的产销关系和运输系统，用最有效的技术来实现这种稳定运输，提高运输的计划水平，从而大大提高运输效率。

（5）"四就"直拨运输。"四就"直拨是减少中转运输环节，力求以最少的中转次数完成运输任务的一种形式。一般批量到站或到港的货物，首先要进分配部门或批发部门的仓库，然后再按程序分拨或销售给用户。这样一来，往往出现不合理运输。"四就"直拨，首先是由管理机构预先筹划，然后就厂、就站（码头）、就库、就车（船）将货物分送给用户，而无须再入库了。

（6）发展特殊运输技术和运输工具。依靠科技进步是运输合理化的重要途径。例如，专用散装罐车解决了粉状、液状物运输损耗大、安全性差等问题；袋鼠式车皮、大型半挂车解决了大型设备整体运输问题；"滚装船"解决了车载货的运输问题，集装箱船比一般船能容纳更多的箱体，集装箱高速直达车船加快了运输速度等，都是通过先进的科学技术实现运输合理化。

## 第二节　配　送　概　述

### 一、配送概念

国家标准《物流术语》(GB/T 18354-2006)对配送(Distribution)的定义是："在经济合理区域范围内，根据客户要求，对物品进行拣选、加工、包装、分割、组配等作业，并按时送达指定地点的物流活动。"配送的目的在于最大限度地压缩流通时间，降低流通费用，提高客户服务水平，降低社会的总成本，实现资源的最优配置。

在现代物流活动中，配送是其中一种较特殊的综合的活动形式，几乎包括了所有的物流功能要素，是物流的一个缩影或在某小范围内物流全部活动的体现。一般配送集装卸、包装、保管、配送运输于一身，通过一系列活动完成将货物送达的目的。特殊的配送还要以加工活动为支撑，所以涉及方面更广。配送的主体活动是末端或支线运输及分拣配货,其中分拣配货是配送的独特要求,也是配送中有特点的活动,以送货为目的的末端或支线运输则是最后实现配送的主要手段。

如图2-1所示,配送一般具有进货、储存、分拣、配货、备货、配装、输送等基本功能要素。但是,并不是所有的配送都按同样的流程进行,如生鲜产品往往增多了流通加工程序,燃料油配送没有配货、分拣、配装程序。

图 2-1　配送的一般流程

从配送活动的实施过程上看,配送主要包括两方面要素:"配"是对货物进行集中、分拣和组配;"送"是以各种不同的方式将货物送达指定地点或用户手中。因此,配送不是单纯的运输或输送,而是运输与其他活动共同构成的有机体。配送中所包含的那一部分运输活动在整体输送过程中是处于"二次运输""支线运输""末端运输"的位置,其起点是物流据点,终点是用户。同时,配送也不是一般概念的送货,此外还有配货、分货、分割、组配等活动,是一种专业化的分工方式(见表2-2)。

表 2-2　运输、配送、送货的区别

| 项目 | 主要业务 | 一般特点 |
| --- | --- | --- |
| 运输 | 集货、送货、运输方式和工具选择、路线和行程确定、车辆调度 | 干线、中长距离、少品种、大批量、少批次、长周期的货物移动 |
| 配送 | 分货、配货、送货、运输方式和工具选择、路线和行程确定、车辆调度 | 支线、市场末端、短距离、多品种、小批量、多批次、短周期的货物移动 |
| 送货 | 由生产企业承担,中转仓库的送货只是一项附带业务 | 简单的货物输送活动,技术装备简单 |

在发达国家和地区,配送不但广为实行,而且成为企业经营活动的重要组成部分,对优化经济结构、节约社会劳动及充分发挥物流功能起到了巨大的作用。具体表现在:① 配送有利于降低整个社会物资的库存水平。实现高水平配送后,生产企业只需保持少量保险储备而不必留有经常储备。② 配送有利于物流活动实现合理化。③ 配送有利于完善运输和整个物流系统。采用配送方式,从范围来讲将支线运输及小搬运统一起来,可以解决运力利用不合理、成本过高等问题。④ 配送有利于增加末端物流效益。采用配送方式,通过增大经济批量来进行进货,以及将各用户的商品集中一起统一发货,使末端物流经济效益得以提高。⑤ 配送有利于提高供应保证程度。采用配送方式,配送中心比任何单位企业的储备量都大,使用户免去短缺之忧。⑥ 配送有利于简化事务、方便用户。采用配送方式,大大减轻了用户工作量和负担,也节省了事务开支。

## 二、配送方式

1. 商流、物流一体化的配送模式

这种配送结构模式又称为配销模式,其模式结构如图 2-2 所示。

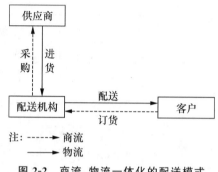

图 2-2 商流、物流一体化的配送模式

在这种配送模式下,配送的主体通常是销售企业或生产企业,也可以是生产企业的专门物流机构。这些配送主体不仅参与物流过程,同时还参与商流过程,而且将配送作为其商流活动的一种营销手段和策略,即参与商品所有权的让渡和转移,在此基础上向客户提供高水平的配送服务。其主要经营行为是商品销售,配送是实现其营销策略的具体实施手段,主要目的是通过提供高水平的配送服务来促进商品销售和提高市场占有率。

商流、物流一体化的配送模式对于行为主体来说,由于其直接组织货源及商品销售,因而能够在配送活动中形成资源优势,扩大业务范围和服务对象,同时也便于向客户提供特殊的物流服务,满足客户的不同需求。但这种模式对于组织者的要求较高,需要大量资金和管理技术的支持。

2. 商流、物流相分离的配送模式

商流、物流相分离的配送模式结构如图 2-3 所示。在这种配送模式下,配送的组织者不直接参与商品交易活动,即不参与商流过程,它只是专门为客户提供货物的入库、保管、加工、分拣、送货等物流服务,其业务实质上属于"物流代理",从组织形式上看,其与物流

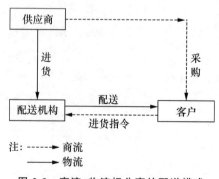

图 2-3 商流、物流相分离的配送模式

活动是分离的,分属于不同的行为主体。

这种配送模式的特点有:① 配送企业的业务活动单一,有利于专业化的形成,进而提高物流服务水平;② 占用资金相对较少,易于扩大服务范围和经营规模;③ 只提供物流代理服务,企业收益主要来自服务费,经营规模较小。这种配送模式也存在缺点:① 配送机构不直接掌握货源,其调度和调节能力较差;② 对客户的依赖性强,容易随客户的销售不畅而导致自身配送规模的下降,经营主动性较差。

3. 其他配送模式分类

上述是依据配送对象数量的不同,对配送模式进行分类。表 2-3 列示了其他配送模式分类及内容。

表 2-3　其他配送模式分类及内容

| 标准 | 配送方式 | 主要内容 |
| --- | --- | --- |
| 配送对象数量 | 线路配送 | 配送企业对长期合作的客户或者客户群进行的一对一的专线配送 |
| | 协同配送 | 为使物流合理化,在几个有定期运货需求的合作下,由一个卡车运输业者使用一个运输系统进行的配送 |
| 配送组织 | 商店配送 | 配送组织者是商品或物资的零售网点 |
| | 生产企业配送 | 配送组织者是生产企业,尤其是进行多品种生产的生产企业 |
| | 节点配送 | 配送组织者是专职从事配送的配送中心、一般仓库等节点 |
| 配送商品 | 少品种、大批量配送 | 当客户所需的商品品种较少,需求量较大、较稳定时实行的配送模式 |
| | 多品种、小批量配送 | 按客户要求,将所需的各种商品配备齐全,凑整装车后由配送节点送达客户的配送模式 |
| | 配套成套配送 | 为满足企业的生产需要,按其生产进度,将装配的各种零配件、部件、成套设备定时送达生产线进行组装的配送模式 |
| 配送时间及数量 | 定时配送 | 按规定时间间隔进行配送 |
| | 定量配送 | 按规定的批量进行配送 |
| | 定时定量配送 | 按规定的准确配送时间和固定配送数量进行配送 |
| | 定时定量定点配送 | 按确定的周期、确定的商品品种和数量、确定的客户进行配送 |
| | 定时定线配送 | 在确定的运行路线上制定到达时间表,按运行时间表进行配送 |
| | 即时配送 | 按客户提出的时间、商品品种和数量的要求,即时进行配送 |
| 配送经营形式 | 销售配送 | 配送企业是销售性企业,或销售企业进行的促销型配送 |
| | 供应配送 | 由企业或企业集团组建配送节点,集中组织大批量进货,然后向本企业配送或向本企业集团的若干企业配送 |
| | 销售供应一体化配送 | 企业在销售自己产品的同时,对于基本固定的客户和基本确定的配送产品执行有计划的供应 |
| | 代存代供配送 | 客户将属于自己的货物委托配送企业代存、代供或代订,然后由配送企业组织配送 |

### 三、配送合理化

1. 不合理配送

目前存在的不合理配送形式主要有:

(1) 资源筹措不合理。它主要表现在不进行批量配送、配送量计划不准、在资源筹措时不考虑建立与资源供应者之间长期稳定的供需关系等。

(2) 库存决策不合理。它主要表现在集中库存总量高于各用户分散库存总量;储存量不足,不能保证随机需求。

(3) 价格不合理。它主要表现在配送价格普遍高于用户自己的进货价格,损害了用户利益;价格制定得过低,使配送企业在无利或亏损状态下运营。

(4) 配送与直达决策不合理。它主要表现在可以直接大批量进货(费用较配送中转送货低)时,不直接进货而通过配送中转。

(5) 不合理运输。不合理运输的若干表现形式在配送中都可能出现,从而使配送变得不合理。

(6) 经营观念不合理。它使配送优势无从发挥,并损坏了配送的形象。

2. 合理配送的标志

判断配送合理化与否,是配送决策系统的重要内容。一般来说,合理配送的标志有以下七方面:

(1) 库存标志。库存是判断配送合理与否的重要标志,具体包括两方面。① 库存总量。在一个配送系统中,配送中心库存数量加上各用户在实行配送后库存量之和应低于实行配送前各用户库存量之和。② 库存周转。由于配送企业的调剂作用,以低库存保持高的供应能力,库存周转一般总是快于原来各企业的库存周转。

(2) 资金标志。它具体包括三方面:① 资金总量。用于资源筹措所占用的流动资金总量,随储备总量的下降及供应方式的改变必然有一个较大的下降。② 资金周转。从资金运用来讲,同样数量的资金,过去需要较长时期才能满足一定的供应要求,配送之后,在较短时期内就能达到此目的。③ 资金投向。实行配送后,资金必然从分散投入改为集中投入,以增强调控作用。

(3) 成本和效益标志。总效益、宏观效益、微观效益、资源筹措成本都是判断配送合理化的重要标志。对于不同的配送方式,可以有不同的判断侧重点,可以具体到储存、运输等配送环节。

(4) 供应保证标志。它具体包括三方面:① 缺货次数。实行配送后,对各用户来讲,缺货次数应下降。② 配送企业集中库存量。对每一个用户来讲,其库存量所形成的保证供应能力应高于配送前单个企业的保证程度。③ 即时配送的能力及速度。这一能力必须高于未实行配送前用户的紧急进货能力及速度才算合理。

(5) 社会运力节约标志。末端运输是目前运能、运力使用不合理,浪费较大的领域,合理配送可解决这些问题。

（6）用户企业仓库、供应、进货人力物力节约标志。实行配送后，各用户库存量、仓库面积、仓库管理人员，以及用于订货、接货、供应的人员应减少。

（7）物流合理化标志。它具体包括是否降低了物流费用；是否减少了物流损失；是否加快了物流速度；是否发挥了各种物流方式的最优效果；是否有效衔接了干线运输和末端运输；是否不增加实际的物流中转次数；等等。

3. 合理配送的方法

（1）推行一定综合程度的专业化配送。通过采用专业设备、设施及操作程序，取得较好的配送效果并降低配送过度综合化的复杂程度及难度，从而追求配送合理化。

（2）推行加工配送。通过加工和配送相结合，充分利用本来应有的中转，而不增加新的中转以求得配送合理化。同时，加工借助于配送，使加工目的更明确，与用户联系更紧密，避免了盲目性。这两者的有机结合，使得投入没有增加太多却可以追求两个优势、两种效益，这是配送合理化的重要经验。

（3）推行共同配送。共同配送可以以最近的路程、最低的配送成本完成配送，从而实现配送合理化。

（4）实行送取结合。配送企业与用户建立稳定、密切的协作关系。配送企业不仅是用户的供应代理人，而且承担用户储存据点的作用，甚至成为产品的代销人。在配送时，将用户所需的物资送达，再将该用户生产的产品用同一车运回，这种产品也成了配送中心的配送产品之一，或者作为代存代储，免去了生产企业的库存包袱。这种送取结合，使运力充分利用，也使配送企业的功能有更大的发挥，从而追求配送合理化。

（5）推行准时配送系统。准时配送是配送合理化的重要内容。只有配送做到准时，用户才可以放心地实施低库存或零库存，有效地安排接货的人力、物力，以追求最高效率的工作。另外，供应能力的保证，也取决于准时供应。从国外的经验来看，准时供应配送系统是现在许多配送企业追求配送合理化的重要手段。

## 第三节 运输配送技术创新

### 一、运输方式创新

1. 多式联运

国家标准《物流术语》（GB/T 18354-2006）对多式联运（Multimodal Transportation）的解释是："联运经营者受托运人、收货人或旅客的委托，为委托人实现两种或两种以上运输方式的全程运输，以及提供相关运输物流辅助服务的活动。"

多式联运是在集装箱运输基础上发展起来的一种综合性运输方式，可以在不同运输方式间自由变换运输工具。与单一运输方式相比，它具有手续简便、责任明确、安全准确、运送迅达、节省费用及提早收汇等特点,是实现"门到门""门到港""场、站到门"运输的有效途径。

### 2. 共同配送

国家标准《物流术语》(GB/T 18354-2006)对共同配送(Joint Distribution)的解释是:"由多个企业联合组织实施的配送活动。共同配送是指为了促使一个地区物流合理化,几个具有定期运货需求的货主共同合作使用一个运输系统进行的配送。"共同配送一方面促进货物配送的集约化,实现运输工具和物流基础设施使用的共同化,减少城市内卡车交通量,减少能源消费,缓解交通堵塞,改善环境质量;另一方面有助于企业达到配送作业的经济规模,提高物流作业的效率,降低企业营运成本。

### 3. 集装箱运输

集装箱运输(Container Transportation)是以集装箱作为运输单位进行货物运输的一种先进运输方式,目前已成为货物运输中一种重要的运输方式。它使货物流通过程各环节发生重大改变,促使运输生产走向机械化、自动化,被称为运输革命。集装箱运输具有许多优点,如:提高装载效率,减轻劳动强度;避免货物倒载,防止货损货差;为货物装卸、堆码的机械化和自动化创造条件,加快货物送达速度;节省大量包装费用,简化检验手续;使换装环节设施的效能大大提高,减少营运费用;有利于组织综合运输等。

集装箱运输已有六十多年发展历史,是世界上货物运输的主要方式。标准集装箱最早是一种各种地面运输服务中通用的设备(管道运输除外),很快便成为水运的一种有效形式。第一艘集装箱船是美国于1957年用一艘货船改装而成的,它的装卸效率比常规杂货船大10倍,停港时间大为缩短,并减少了运货装卸中的货损量。从此,集装箱船得到了迅速发展,世界集装箱船舶运力大幅增加,集装箱船舶从2000TEU的第二代集装箱船舶发展到目前的第六代集装箱船(6000TEU)、第七代集装箱船(7000TEU)以及7000TEU以上的超大型集装箱船。

## 二、运输工具创新

### 1. 地下物流

地下物流是为了减少大城市地面交通拥挤而在地下修建的一种专门铁道,开辟了城市物流发展的新方向。地下物流线路类似地下铁路,其运行方式以短程线路为主体,部分线路可延伸至郊外,与机场、港口、高速公路出入口、区域流通中心等物流节点衔接;地下物流节点如同地下铁路的车站,在布局配置上充分利用沿途高楼大厦、百货公司等的地下设施,重视地下物流不同线路,以及地下物流线路与地下铁路线路、地上运输线路交汇处的枢纽节点的建设。

地下物流一般都用电力机车牵引,可有效地解决经济发展与环境污染、道路拥挤之间的矛盾,提高城市居民的生活质量。1863年,伦敦出现了第一条地下物流,在解决城市交通拥挤和保障交通安全方面起了很好作用,随后纽约、巴黎、东京、莫斯科等大城市纷纷建设了地下物流。例如,1999年荷兰阿姆斯特丹市建设地下物流,以解决城市交通堵塞、环境污染等问题;日本东京地下物流网络系统的可行性研究表明,如果地下物流承担30%的城市货物运输,$NO_x$排出量将减少到76%,能源消费量将减少到80%。

2. 高速铁路运输

高速铁路(最高时速的200公里以上的铁路)是区域经济社会发展和科学技术进步的产物,它的出现使代表传统轮轨系统的陆上运输工具进入了新的发展阶段。

作为新型交通方式,高速铁路有着其他运输方式不可比拟的优势,其试验速度已经超过500公里/小时,最高运行时速度超过300公里,在300—700公里范围内是速度最快的交通工具(小汽车一般在200公里/时以内,高速公路一般限速120公里/时,机场一般远离市区,飞机速度计算包括往来机场和登记时间在内);此外,它运量大、能耗少、污染小、安全性和舒适性高、占地少。1964年,日本修建了从东京到大阪全长515.4公里的东海道新干线,它以超过210公里/时的速度运营成功,揭开了世界铁路高速化序幕。之后,日本又陆续建成了山阳、东北、上越、长野四条新干线,成为日本陆地交通网的重要支柱;法国也相继建成了巴黎东南线、大西洋高速铁路和北部高速铁路,让高速铁路的发展走上了一个新台阶。

2014年年初,我国高铁快递(CRH Express)在京沪高铁上试运行;同年4月1日起,高铁快递正式运营;2015年,我国高速铁路分别达到1.9万公里,位居世界第一。目前,中铁快运在150多个城市开办高铁快递业务,初步形成我国的高铁快递网络。

3. 浮动公路运输

浮动公路运输又称为车辆渡船方式(Car-float),是利用一段水运衔接两段陆运,衔接方式采用将车辆开上船舶,以整车货载完成这一段水运,到达另一港口后,车辆开下继续利用陆运的联合运输形式。它是一种现代化运输方式,通过两种运输工具的有效衔接,具有运输方式转换速度快,在转换时不触碰货物,有利于减少或防止货损等特点。

在国际物流中,海运是主要运输方式,浮动公路运输利用"滚上滚下"装卸搬运、"汽车渡船"(Vehicle Ferry)、"火车渡船"(Train Ferry)等方式,实现了海运向陆运及陆运向海运的转换。例如,英国与欧洲大陆的海上联系主要靠英吉利海峡的车辆渡船,海峡上有几条短程航线,分别通往法国、比利时、英国三国,共有60艘渡船来往穿梭;韩国、日本一般利用釜山港与福冈港之间的渡船进行海上联系。

4. 大陆桥运输

国家标准《物流术语》(GB/T 18354-2006)对大陆桥运输(Land Bridge Transport)的定义是:"用横贯大陆的铁路或公路作为中间桥梁,将大陆两端的海洋运输连接起来的连贯运输方式。"大陆桥运输是多式联运的一个重要组成部分,具有速度快、风险小、费用低、提供"门到门"服务等特点,给各国贸易带来便利。目前世界上开通的西伯利亚大陆桥

(Siberian Landbridge)、北美大陆桥(North American Landbridge)和新亚大陆桥(New Eurasian Landbridge)三条主要大陆桥,比传统的海运路线缩短1/3—1/2,节省了大量的在途运输时间。例如,在远东与欧洲之间的国际贸易运输中,西伯利亚大陆桥运输逐渐取代了单一海运,其航程较绕行好望角缩短50%,比经苏伊士运河缩短1/3,运价较全程海运低25%左右;从日本东京到欧洲鹿特丹港采用全程水运(经巴拿马河或苏伊士运河)约需5—6周,而采用北美大陆桥运输仅需3周左右。

## 延伸阅读一

### 打通长江物流大通道,渝沪携手打造汽车水运集装箱运输

2017年6月13日,重庆长安民生物流股份有限公司、重庆果园集装箱码头有限公司和上海泛亚航运有限公司在重庆两江新区签署了10万台乘用车水运集装箱运输的协议。

一个是国内汽车年产量最大的城市——重庆的龙头企业,一个是央企中远海运集团上市旗舰中远海控(601919.SH)所属——中远海运集装箱运输有限公司的全资子公司,后者每年承运集装箱量占整个集团集装箱业务板块的1/3以上,航线覆盖中国干支线的全部主要港口。

作为国家级新区,重庆两江新区集聚了重庆大部分汽车产业及零配件配套产业,该区党工委员、管委会副主任何友生说:"渝沪携手港航联动,不仅促进了长江沿线汽车运输方式的多元化发展,更重要的是助推了长江经济带和'一带一路'的衔接互动。"

他期待,渝沪同在长江经济带上,下一步在运输方式上有更高层次的合作。

1. 四种运输方式互补

2017年6月13日上午11时,重庆果园港25区-1,穿着连体衣的装卸工正按作业标准将4辆白色长安逸动一辆辆开进集装箱内。

一个40尺的标准集装箱如何装下4辆小轿车?《21世纪经济报道》记者在现场看到,装箱前,在码头的工作人员对待装的长安逸动轿车的外观、底盘做了进一步质量检查后,着白色工作服的驾驶员进驾驶室铺上干净的脚垫和脚套,将车开进集装箱门口,一层陆续停进去两辆。当他驾驶第三辆汽车靠近集装箱时,专用的进箱叉车将一金属支架先放进集装箱。然后,驾驶员倒车将车尾朝里开进集装箱。驾驶员出来时,装卸工开始用绑扎带加固轮胎,同时用三角木垫底。

一切固定好后,只见叉车把车架辅助抬升提高,一个斜面的支架撑起,集装箱瞬间变成上下两层,各停放两辆轿车。

整个装箱过程只用了15分钟。

这是2017年长安民生物流和中远海运集装箱运输有限公司合作后,通过长江黄金水道,用集装箱从重庆发运到武汉的一批长安逸动XT车型,一共36台。早在4月和5月,

长安民生物流已通过水路运输,用同样的装箱方式将58台长安CX70汽车和长安逸动车型运至上海。

"集装箱装箱效率平均在20—30分钟/箱。车辆在运输过程中很安全,没有产生一起质量投诉。"长安民生物流国际货运公司总经理杨明公开表示。

"这很大程度上源于技术创新。"大连中远海运物流有限公司内贸物流部汽车物流中心总经理杨继敏说:"中远海运研制集装箱车架始于2008年,2012年定型,这是在吸收日本专利技术基础上的独立研发。车架由278个单组零件构成,单体重量1.24吨,使用寿命13年,可以重复使用。"他说,该车架早在两年前就用于中远海运的集装箱班轮国际航线,2017年才用于内贸航线长江支线。

"除了安全和装卸高效,如何解决发运的时效和成本控制的矛盾,是整车企业必须考虑的。"杨明说,2017年,汽车市场整体销量增速放缓。随着海外市场的变化,当前汽车整车出口向小批量、多批次、定制化方向发展,与另一种水路运输相比,整车水运集装箱运输不仅批量灵活,还节约了时间。

他经过测算,长安汽车从重庆运到上海,采用江运灌装的运输方式需要9—11天,其中在武汉过闸就得花去2天;整车水运集装箱运输因全程直达,只需7—9天。按一箱四车的装运量,在运输成本上,集装箱运输和江运灌装基本一致。

据《21世纪经济报道》记者了解,集装箱车架单价在1.7万元左右,一个车轮用一个绑扎带,单价30元,四辆车总计480元;此外,三角木每个几十元。对集装箱运输产生的物料成本,杨继敏在接受《21世纪经济报道》记者采访时说,这些辅助设备可以反复使用,每年只要使用频率8—10次,就可以摊销掉成本。另外,车架随空集装箱一起运到码头,不会产生额外的运费。

事实上,中国作为汽车生产大国,公路运输占比高达80%。

"在运输时效上,集装箱水路运输没法和公路运输比,同样从重庆到上海,后者只需要3天左右。但从运输成本上,水路运输比公路运输降低了30%以上。"杨明说。

泛亚航运的有关负责人补充道,随着全国公路禁超和GB1589新标准对轿运车车型标准和载运量的规范要求,公路运输的成本居高不下。2016年9月21日起,原来一辆板车装载上下两层各两排、运量多达20—24辆轿车的情况一去不复返。2017年7月1日,超长单排轿运车将被全面禁止,运量又缩减20%。从2018年7月1日起,合规的轿运车只能运输6—8辆车。

据业内统计,作为大宗货物运输方式的铁路运输,占商品车总运量的10%左右,与水路运输占比相同。重庆港务物流集团有关负责人说,与铁路运输相比,整车集装箱水路运输更加灵活,可以实现小批量、定制化,4—5名操作人员就可完成装卸。

泛亚航运分析后认为,在运距超过1000公里后,集装箱运输的单车运输成本对比公路、铁路两种运输模式的成本而言,优势十分明显。

目前,除了长安民生物流和中远海运签下10万台乘用车水运集装箱运输大单,武汉港金口港埠有限公司已用集装箱装车3 800台,东风乘用车公司整车物流室也和中远海运签下常州—沈阳、常州—漳州和常州—东莞的集装箱整车运输协议。

"汽车水运集装箱化运输的新模式将和传统模式形成良性互补,以更好地发挥长江经济带物流大通道的作用。"张家港保税港区港务有限公司副总经理龚道斌告诉《21世纪经济报道》记者,为缓解库存压力,在该港区的集装箱码头,甚至可以为企业免费提供10天左右的整车堆存期。

2. 公路、铁路、水路联运借道"渝新欧"?

水运集装箱运输的具体运作方式是,承运单位按主机厂发运指令约定时间到达主机厂的商品车仓库,将商品车通过轿运车短驳至码头堆场。通常情况下,商品车可在当天完成装箱作业,装船运至不同目的港。商品车分别运抵目的港后,在码头堆场完成拆箱作业,并送抵4S店。

杨继敏介绍,目前该运输方式中涉及车辆出厂到码头和码头到4S店的公路运输部分,现由集装箱运输企业来承担。但以后将把公路运输交出去,这也是从保证安全方面考虑。

换句话说,就四种运输方式而言,多式联运在所难免。

《21世纪经济报道》记者注意到,重庆果园港区是重庆港务物流集团有限公司下属公司,它是一个国家级的铁路、公路、水路多式联运综合交通枢纽。它通过"渝新欧"铁路大通道连接大西北、中亚及欧洲地区,向东通过长江实现江海联运,向南、向北通过高速公路和铁路实现对云、贵、川、陕货物的聚集和辐射。何友生说,重庆的定位是国家"一带一路"战略和长江经济带的连接点,而重庆自贸区的核心区果园港正是枢纽。

能否借助新的运输方式,让国内汽车沿江而上,到重庆果园港后实行多式联运,借道"渝新欧"铁路促进汽车出口?

何友生说,2016年,重庆是全国唯一汽车产量超过300万辆的城市,生产整车316万辆,占全国整车产量的11%。仅重庆两江汽车城就聚集了包括长安汽车在内的7家整车企业,形成年产370万辆的整车产能,且已布局100万台变速箱和450万台发动机。2016年,汽车产业年产值逾5 000亿元,重庆已具备了汽车出口的基础。

"渝新欧"国际铁路从重庆出发,向西经新疆阿拉山口出境,穿越哈萨克斯坦、俄罗斯、白俄罗斯、波兰,抵达德国杜伊斯堡,全长11 179公里,平均运行时间16天左右,比传统的江海联运、铁海联运节省了20多天。

"渝新欧"在成本上也在不断降低。2011年"渝新欧"开通首年只开行17班。截至2016年年底,已累计开行910班,运行成本比开行之初下降45%。去程货源已从笔记本电脑等IT产品拓展到汽车整车及零配件、机械设备、咖啡豆等多个品类;回程货物也覆盖欧洲多国的汽车整车及零配件、机械设备及化妆品、啤酒、药品等。

但汽车整车出口还是太少。6月7日在重庆召开的2017全球汽车论坛上,原商务部对外投资和经济合作司商务参赞陈林指出,2016年,中国品牌汽车出口总量为70万辆,相较当年1 400万辆的汽车产销量而言,这一出口规模并不大。但借势"一带一路",中国品牌汽车未来的出口形势将一片大好。

资料来源:21世纪经济报道,2017-06-14。

## 延伸阅读二

### 菜鸟布局快递数据的五大动作

1. 物流预警雷达

必杀技:迎战"双11",高峰期预测订单流量流向。

阿里巴巴到目前为止,最成功的营销就是创造了"双11"这个电商购物节。自2010年开始,连续五年,一次比一次疯狂,缔造全球纪录的单日交易额也产生了巨大的订单和包裹量。在经历了2010年和2011年"双十一"的物流洗礼后,阿里巴巴从2012年开始,启动了物流预警雷达系统,旨在帮助快递合作伙伴提前预测订单的流量和流向,从而有效避免爆仓。

然而,2012年天猫"双11",物流预警雷达系统运行对服务器的压力较大,由于未对网点做预测,网点积压问题表现得尤为突出,尽管当时的雷达线路预测准确率达到80%以上,但因为对系统压力预估不足,导致部分数据同步延迟了20多个小时。

学费总是要交的。在2013年菜鸟网络成立后,原阿里物流事业部与菜鸟网络整合,物流数据平台初步打通,物流预警雷达也开始进行升级和改造,新增了区域和网点预测等诸多功能。

付出总有回报。在2013年和2014年的"双11"大考验中,菜鸟物流预警雷达可以说发挥了巨大的作用,且深受快递公司追捧。全新的物流数据雷达不仅可以监控中转站,还可以监控到行政县区和服务网点的层面,监控范围从"主动脉"覆盖到"毛细血管",这些数据将帮助电商平台和快递公司做决策,通过线路预测帮助各大快递公司分拨点避免爆仓,并有利于提升快递"最后一公里"的服务质量。商家也可以通过数据雷达对物流订单实施管理,揽收率、在途率、签收率等数据一目了然。

这是菜鸟在快递大数据方面第一个成功的产品和应用。

2. 电子面单平台

必杀技:串联商家数据,提升发货速度。

2014年5月,菜鸟网络联合"三通一达"等14家主流快递公司推出了电子面单平台。各大快递公司和商家都可申请免费接入使用。据菜鸟网络表示,这是其联合快递公司推进快递行业使用大数据的一个努力,受到了各快递公司的热捧。

申通快递总裁陈小英曾明确对外表示,"菜鸟网络的大数据平台为快递企业和行业服务水平及效率的提升提供了很多帮助,希望能加深与菜鸟战略合作的广度和深度,特别是在电子面单等数据上实现无缝对接。"

中通快递更是全力拥抱与菜鸟网络联手推出的大数据产品,在全体系内全力推广电子面单,据菜鸟网络统计的数据显示,中通快递一半的淘宝、天猫订单都已经使用了电子面单,并在此基础上与菜鸟网络进一步开展大数据的应用合作。韵达等快递公司也在不遗余力地推广电子面单。

区别于传统纸质面单,电子面单是一种高效率、环保的信息化面单。通过数据的流转,网络电子面单系统可以串联快递公司、商家与消费者的数据信息。从各快递企业的数据显示,使用电子面单后的发货速度能提升30%以上。

3. 物流APP——"裹裹"

必杀技:能查能寄,统一快递流量入口。

2015年5月28日,菜鸟网络成立两周年之际召开的首届江湖大会上,菜鸟科技总裁童文红在介绍其五大战略的时候,正式对外推出了这款升级版的物流APP——"裹裹"。

对于裹裹,童文红这样描述:"这将是帮助亿万消费者连接起来的APP。"童文红表示,当时做这个APP的时候也犹豫过,觉得消费者应该属于大家,菜鸟网络好像不应该去做这个APP。"但是后来我们觉得,因为消费者是不会因为今天用了申通快递就去下个申通快递的APP,用了圆通快递就下个圆通快递的APP,这是很窄的。我们希望消费者在处理所有物流相关业务时就下载一个APP,这是我们大家的APP,希望更多的公司能够跟我们的APP形成快速的互动。"在她看来,未来末端的多样性分层服务,很多时候也可以通过这个APP实现。

据驿站观察,全峰、优速、宅急送、圆通、快捷、百世汇通等快递公司都已经明确表态接入"裹裹"APP。通过"裹裹",消费者不但可以查询所有快递信息,还能够通过搜索附近的驿站寄发快递或者自提快递。

对于菜鸟网络推出的这一终端杀器,递易智能CEO邹建华认为:"这是商业竞争的结果,由于淘系掌握70%左右的上端货源,在终端推出轻应用就会很强势,可以预见,所谓的'快递100''查快递'等等纯粹终端快递信息的第三方公司将被'裹裹'灭杀。"

汇通天下总裁翟学魂则提出:"淘宝已经是七八成的快递流量入口了,再来个APP是要做到100%?"

不管众评如何,"裹裹"的面世,必将掀起新一轮的快递界移动入口之争。

4. 大数据路由分单

必杀技:取代人工分单,提升中转分拣效率。

菜鸟网络赵剑介绍说,目前人工记忆分拣的正确率在95%左右,菜鸟网络运用了大数据分析,结合高德地图的空间定位技术,可用数据实现包裹跟网点的精准匹配,准确率达98%以上,随着大数据的沉淀,可逐渐接近100%。

根据目前快递企业收件路径,来自全国各地的大量包裹先集中到分拨中心,再按照收货地址将包裹归类后分往下一个网点。分拨中心流水线上会有大量的分拣员,他们需要看着包裹上的地址信息,凭记忆确定包裹下一站到达哪个网点。每个包裹需要3—5秒的时间来判断下一个路径并进行分拣,快递公司启用大数据路由分单后,只需1—2秒即可完成这个动作。

此外,凭人工记忆分单,不仅耗时、耗力,也容易出错。不少消费者查看包裹物流详情时,也许会发现自己的包裹明明已经到达本市,却好几天才收到。赵剑表示,这很有可能是由包裹被分拨错了网点造成的。一个城市少则几十万,多则数百万个地址,全靠人脑来记忆,难免会出点差错。"用大数据代替人力劳动,不仅可以大大提高效率,更能够降低出错率。"

靠人工记忆分拣,分拨中心分拣员变得非常核心,他们通常需要培训半年才能上岗,一个大型分拨中心网点,会有200名以上专门处理分单信息的分拣员。这类人才在"双11"这类"大促"的时候很难大量招聘,所以每逢"大促",快递企业时常因人手不足导致快件积压。

未来随着自动化分拣设备的投入,大数据路由分单可以完全将人力从这部分工作中解脱出来,这意味着快递公司分拨中心的人力成本将大大降低。

5. **高德地图制导末端配送**

必杀技:精确地址库,提供更精准的线路规划和配送分派。

对于这个产品,菜鸟网络目前还没有做过多的表述。但是从已透露的信息我们仍然能够清晰地看到这个产品的强大:联合高德地图以及大数据处理产生的四级地址库可以匹配消费者的配送地址到结构化的乡镇/街道。有了这些架构化的地址信息,就可以提供更精准的线路规划和配送分派,通过大数据的方式,有效帮助各快递公司提升服务。

资料来源:中国物流与采购网,www.chinawuliu.com.cn,2015-08-03。

## 本章提要

运输是用设备和工具,将物品从一地点向另一地点运送的物流活动,其中包括集货、分配、搬运、中转、装入、卸下、分散等一系列操作。运输的方式包括铁路、公路、水路、航空和管道运输等。运输的距离、环节、工具、时间和费用是合理运输的"五要素"。

配送是在经济合理区域范围内,根据客户的要求,对物品进行拣选、加工、包装、分割、组配等作业,并按时送达指定地点的物流活动。配送的方式包括商流、物流一体化的配送模式和商流、物流相分离的配送模式等。库存、资金、成本和效益、供应保证、社会运力节约、用户企业仓库、供应、进货人力物力节约和物流合理化标志是判断配送合理化与否的七大标志。

目前,运输配送的技术创新主要体现为运输方式和运输工具的创新。

**练习与思考**

1. 请阐述运输在物流中的功能和作用。
2. 降低运输成本的基本原理是什么？
3. 试对比不同运输方式的优缺点及其适用范围。
4. 目前存在的不合理运输形式主要有哪些？运输的合理性标志及其合理化方法是什么？
5. 请阐述配送的概念及其在物流功能中的地位。
6. 试述如何判断配送合理化与否。

21世纪经济与管理规划教材

物流管理系列

# 第三章

# 储　　存

**知识要求**

通过本章的学习,能够
- 掌握储存的概念、作用及其分类
- 掌握库存控制的方法
- 了解储存保管的作业原则
- 认识常见的储存保管技术

**技能要求**

通过本章的学习,能够
- 判断储存的合理性并进行优化
- 熟悉储存作业流程
- 科学地进行储存作业管理

## 第一节 储存概述

### 一、储存概念

1. 储存的内涵

国家标准《物流术语》(GB/T 18354-2006)对储存(Storing)的定义是:"保护、管理、贮藏物品"。

运输是以改变物品的空间位置为主要目的的活动,储存是以改变物品的时间状态为主要目的的物流活动。在物流学科体系中,经常涉及库存、储备及储存这几个概念,而且经常被混淆。其实,三个概念虽有共同之处,但仍有区别,认识它们之间的区别有助于理解物流中"储存"的含义,也有利于今后对"零库存"概念的把握。

(1) 库存。国家标准《物流术语》(GB/T 18354-2006)对库存(Stock)的定义是:"储存作为今后按预定的目的使用而处于闲置或非生产状态的物品。广义的库存还包括处于制造加工状态和运输状态的物品。"库存指的是仓库中处于暂时停滞状态的物资,这里要明确两点:① 物资所停滞的位置,不是在生产线上,不是在车间里,也不是在非仓库中的任何位置,如汽车站、火车站等类型的流通节点上,而是在仓库中;② 物资的停滞状态可能由任何原因引起,而不一定是某种特殊的停滞。

(2) 储备。储备是一种有目的的储存物资的行动,其目的是保证社会再生产连续不断地、有效地进行。储备和库存的区别在于:① 库存明确了停滞的位置,而储备这种停滞所处的地理位置远比库存广泛得多,储备的位置可能在生产及流通中的任何节点上,可能是仓库中的储备,也可能是其他形式的储备;② 储备是有目的的、能动的、主动的行动,而库存有可能不是有目的的,而是完全盲目的。

(3) 储存。储存是指在一定的时期和场所,以适当的方式维持物资质量和数量等的储存活动,是包含了库存和储备在内的一种广泛的经济现象。储存作为社会再生产各环节之中以及社会再生产各环节之间的"物"的停滞,是供求之间的缓冲器,保证了物流的可得性(客户的商品需求),创造了物资的时间价值。

从上述分析可以看出,储存是以改变"物"的时间状态为目的的活动,从克服供需之间的时间差异获得更好的效用。

2. 储存的作用

(1) 降低运输成本、提高运输效率。大规模、整车运输会带来运输经济性,通过储存将运往同一地点的小批量的商品聚集成较大的批量,到达目的地后再小批量送到不同客户手中,这样可以大大降低运输成本,提高运输效率。

(2) 协调供应和需求。一般来说,生产和消费不可能是完全同步的,它们之间存在着时差,通过储存可以消除这种时间性的需求波动,提高产品的时间效用,保证供求协调。

(3)满足生产需要。储存活动可以被看成是生产过程的一部分,如一些产品(奶酪、葡萄酒等)在制造过程中,需要储存一段时间,满足生产需求。

(4)满足营销需要。储存活动通过加快交货时间,支持企业的销售活动,使产品适时地到达客户手中,改善客户服务。企业在储存过程中可以对商品进行二次加工(如配套、组合、二次包装),满足客户的个性化需求。

## 二、储存方式

1. 公共仓储

公共仓储是指企业通常租赁为一般公众提供营业性服务的公共仓库进行储存。其优点主要在于:① 公共仓储不要求企业对其设施和设备做任何投资,企业只需支付相对较少的租金即可得到储存服务,避免了资本投资和财务风险;② 公共仓储没有仓库容量限制,能够满足企业在不同时期对储存空间的需求,尤其是库存高峰时大量额外的库存需求;③ 公共仓储可以避免管理上的困难,如解决了对于产品需要特殊搬运或具有季节性的企业来说很难进行的员工系列培训和专门管理等问题;④ 公共仓储为众多企业储存大量库存,会产生自有仓储难以达到的规模效益,带来货主仓储成本的降低,同时它采用更有效的先进设备,可以提供更好的服务;⑤ 公共仓储的合同是短期的,当市场、运输方式、产品销售或企业财务状况发生变化时,企业能灵活地调整仓库的位置、空间、员工等;⑥ 公共仓储便于企业确定其可变成本和固定成本的变化情况,控制保管和搬运成本。

但是,企业使用公共仓储进行储存活动时,必须对货物进行保护性包装,从而会增加包装成本;在控制库存方面,使用公共仓储比使用自有仓储将承担更大的风险。

2. 自有仓储

企业利用自有仓储进行储存活动主要包括四方面:① 自有仓储使企业拥有所有权,能够对储存实施更大程度的控制,易于协调整个分销系统;② 自有仓储具有灵活性,企业可以按照产品特点对仓储地进行设计和布局;③ 自有仓储长期储存保管大量货物,其成本将低于公共仓储的成本;④ 自有仓储为企业树立良好形象,给客户一种企业长期持续经营的良好印象,有助于提高企业的竞争优势。

但是,并不是所有企业都适合使用自有仓储。自有仓储存在一些缺点,如其固定的容量和成本使得企业的一部分资金将被长期占用,不能随着市场的大小、市场的位置和客户的偏好等变化进行灵活配置;自有仓储是一项有风险的长期投资,且因其专业性而难以出售。

3. 第三方仓储

第三方仓储是指企业将储存活动转包给外部公司,由外部公司为企业提供综合物流服务。它不同于一般公共仓储,不仅提供存储服务,而且还可为货主提供一整套物流服务。第三方仓储的优势在于:① 第三方仓储比自有仓储更能有效处理季节性产业普遍存在的产品淡、旺季存储问题,更有效地利用设备、空间等资源;② 第三方仓储能通过设施的网络系统扩大企业的市场覆盖范围,降低人力成本;③ 第三方仓储可以考察产品的市场需求,具有测试新市场的灵活性,加强客户服务;④ 第三方仓储处理不同货主的大量产品,经过拼箱作业后可大规模运输,大大降低了运输成本。但是,第三方仓储也存在一些不利因素,如企业对第三方仓储的运作过程和雇用员工等控制较少,这成为产品价值较高的企业利用第三方仓储的最大障碍。

4. 其他储存分类

上述分类是依据储存经营主体的不同。表 3-1 列示了其他储存方式分类及内容。

表 3-1　其他储存方式分类及内容

| 标准 | 方式 | 主要内容 |
| --- | --- | --- |
| 储存保管对象 | 普通物品型 | 在储存中不需要特殊条件的物品仓储(如一般生产物质、生活用品、普通工具等杂货类物品) |
| | 特殊物品型 | 在储存中有特殊要求和需要满足特殊条件的物品仓储(如危险品、粮食、冷冻品等) |
| 储存功能 | 储备型 | 物品较长时间存放的储存 |
| | 物流中心型 | 为实现有效物流管理,对物流的过程、数量、方向进行控制的环节,为实现物流的时间效用的储存 |
| | 配送型 | 商品在配送交付消费者之前所进行的短期储存 |
| | 运输转换型 | 衔接不同运输方式的运输转换的储存 |
| 储存物品处理方式 | 存储型 | 以储存物品原样保持不变的方式所进行的储存 |
| | 加工型 | 在保管期间根据存货人的要求对储存物品进行一定加工的储存 |
| | 消费型 | 保管人在接受储存物品时,同时接受储存物品的所有权,保管人在仓储期间有权对储存物品行使所有权;在仓储期满,保管人将同种类、品种和数量的替代物交还给存货人所进行的储存 |
| 储存集中程度 | 集中型 | 储存以一定的数量集中在一个场所之中 |
| | 分散型 | 储存在地点上形成较广区域的分布,每个储存点的储存数量相对较低 |
| | 零库存型 | 某一领域不再保有库存,以无库存(或很低库存)作为生产或供应保障的一种方式 |
| 储备在社会再生产中的作用 | 生产储备 | 工矿企业为了保持生产的正常进行而保有的物品准备。这种储备是在生产领域中,已脱离了流通领域但尚未投入生产过程 |
| | 消费储备 | 消费者为了保持消费的需要而保有的物品准备。这种储备是在最终消费领域中,已脱离了流通领域但尚未进入消费过程 |
| | 流通储备 | 社会再生产中为保证再生产的正常而保持在流通领域中的"物"的暂时停滞。这种储备进入了流通领域但尚未进入再生产和消费过程 |
| | 国家储备 | 国家有关机构代表国家出于全国性的特殊原因所建立的物品准备 |

### 三、储存合理化

1. 不合理储存

不合理储存是在现有条件下可以达到的仓储水平而未达到,从而造成了仓储资源浪费、储存时间增加、结构失衡等问题的储存形式。目前一般存在的不合理储存形式有以下几种：

(1) 储存时间过长。从"时间效用"角度来考察，储存一定时间，效用可能增大，时间继续增加，效用增加的趋势就会减缓甚至降低。对绝大多数物品而言，储存时间过长都会影响总效益。

(2) 储存数量过大。储存数量的增加会引起储存损失增加，而管理能力却不能按比例增加，甚至还可能出现储存量增加到一定程度损失陡增的现象。

(3) 储存数量过低。储存数量过低，会严重降低储存对供应、生产、消费的保证能力，当储存量低到一定程度，由其带来的损失将远远超过库损、利息支出损失等。

(4) 储存条件不足或过剩。储存条件不足往往造成储存物品的损失；储存条件大大超过需求，会使储存物品不得不负担高的储存成本，出现亏损。

(5) 储备结构失衡。储备结构失衡包括几个方面：① 储存物品的类型、品种、规格失调；② 储存物品不同类型、品种、规格的储存期失调、储存量失调；③ 储存物品的储存地域失调。

2. 合理储存的标志

储存合理化的含义是用最经济的办法实现储存功能，一般来说，合理储存的标志有以下六个方面：

(1) 质量标志。保证储存物品的质量，是完成储存功能的根本要求，在储存中增加了多少时间效用或得到了多少利润，都是以保证质量为前提的。因此，在储存合理化的主要标志中，为首的应当是反映使用价值的质量。

(2) 数量标志。在保证功能实现前提下，应有一个合理的数量范围。目前管理科学的方法已能在各种约束条件下，对合理数量范围做出决策，但是较为实用的还是在消耗稳定、资源及运输可控的约束条件下所形成的储存数量控制方法。

(3) 时间标志。在保证功能实现的前提下，寻求一个合理的储存时间。这是和数量有关的问题，储存量越大而消耗速率越慢，则储存的时间必然长，相反则必然短。在具体衡量时往往用周转速度指标来反映时间标志，如周转天数、周转次数等。

(4) 结构标志。结构标志是从储存物品不同类型、品种、规格等的储存数量比例关系对储存合理性的判断，尤其是相关性很强的各种物资之间的比例关系更能反映储存合理与否。

(5) 分布标志。分布标志是不同地区储存的数量比例关系，以此判断当地需求比和对需求的保障程度，也可以此判断储存对整个物流的影响。

(6) 费用标志。仓租费、维护费、保管费、损失费、资金占用利息支出等，都能从实际费用上判断储存的合理与否。

3. 储存合理化的途径

(1) 将静态仓储变为动态仓储。首先，加快仓储的周转速度。周转速度加快，会带来一系列的好处，如资金周转快、资本效益高、货损降低、仓库吞吐能力增加、成本下降等。

在网络经济时代,信息技术、现代管理技术和现代科技手段都可以有效地促进库存周转的加快。另外,应把视野从仓库仓储放大到整个物流系统。在整个物流系统的运行过程中,许多物资被动态地存在运输车辆或搬运装卸的过程中。我们可以把这看成一种动态的仓储。只要存在有效的信息管理技术的支持,这些动态的仓储完全可以起到一般仓储的作用,从而取代静态的库存。

(2) 实施重点管理。仓储是一个相当繁杂的经济活动。工业企业总是要处理上万种供应品和销售品的物流问题。仓储这么庞杂的体系,对于企业供应、企业经营和企业销售的影响是不同的,对于企业经济效益的贡献也是不同的。任何一个企业,即使采用最先进的信息技术和计算机管理手段,管理力量由于受到管理成本的约束,毕竟是有限的。所以,采取重点管理的方法是使复杂物流系统实现合理化的手段之一。

(3) 适度集中库存。所谓适度集中库存,是指利用仓储的规模优势,以适度集中仓储代替分散的小规模仓储来实现合理化。若仓储过分分散,每一处仓储的保证对象十分有限,难以互相调度调剂,则每一处都需要按其保证对象的要求确定库存量。而集中仓储易于调度调剂,使得集中仓储总量可大大低于分散仓储的总量和。但过分集中仓储,又会使仓储点与用户之间的距离拉长,运费支出加大,在途时间增加,导致周转储备增加。所以,适度集中主要是指当仓储费和运输费这两方面取得最优效果时的集中程度。

(4) 提高仓储密度,提高仓容利用率。这种做法的主要目的是减少仓储设施的投资,提高单位存储面积的利用率,以降低成本、减少土地占用。具体有以下三种方法:① 采取高垛的方法,增加仓储的高度,如采用高层货架仓库、集装箱等。② 缩小库内通道宽度以增加仓储的有效面积。采用窄巷道式货架,配上轨道装卸机械,以减少机械运行所要求的宽度;采用侧叉车、推拉式叉车,以减少叉车转弯所需的宽度。③ 减少库内通道数量以增加仓储的有效面积。具体方法有采用密集型货架、可进车的可卸式货架、各种贯通式货架和不依靠通道的桥式吊车装卸技术等。

(5) 采用有效的仓储定位系统。仓储定位的含义是被储物位置的确定。如果定位系统有效,则不仅能大大节约寻找、存放和取出的时间,减少很多物化劳动及活劳动,而且能防止差错,减少仓储空位,提高仓储系统的利用率。采取计算机仓储定位系统,尤其对于存储品种多、数量大的大型仓库而言,已成为必不可少的手段。

(6) 虚拟仓库和虚拟库存。采用虚拟库存的方式,可以避免实际库存带来的一切弊端。与此同时,它可以有效地实现仓储的功能,实现仓储对于社会生产、社会流通的保证作用。在网络经济时代,虚拟仓库是信息技术、网络技术和市场经济条件下买方市场环境结合起来的一个创新,不但有利于解决仓储问题,而且对优化整个物流系统都有重大意义。

## 第二节　仓储业务

### 一、仓库概述

仓库是储存的载体,是储藏保管物品设施的总称。一般使用建筑物作为仓库,但也有使用车辆、船舶、集装箱等设备,甚至直接利用地面或水面作为仓库。仓库的主要功能除了物品的储存,还兼有供需调节、运输发送、流通加工等其他功能。如表3-2所示,对仓库可从多个角度进行分类。

表3-2　仓库分类

| 标准 | 类型 | 主要内容 |
| --- | --- | --- |
| 营运形态 | 营业仓库 | 为货主代管货物的仓储企业所有的货物仓库 |
| | 自营仓库 | 由企业或各类组织自营自管,为自身提供储存服务的仓库 |
| | 公共仓库 | 面向社会提供物品储存服务,并收取费用的仓库 |
| | 国有仓库 | 国家或地方政府所有的仓库,如粮食仓库等 |
| | 保税仓库 | 经海关批准,在海关监管下,专供存放为办理关税手续而入境或过境货物的场所 |
| 储存形态 | 普通仓库 | 在常温下存放大量物品的仓库 |
| | 冷藏仓库 | 在低温下存放、冷冻保存物品的仓库 |
| | 水上仓库 | 利用港湾或河川等,在水面周围建堤或用其他作业物将其围起来,用于存放需要在水面上保存的物品的仓库 |
| | 露天仓库 | 露天堆码、保管的室外仓库 |
| | 危险品仓库 | 储存危险品的仓库,如存放石油等液体的储油罐 |
| 功能形态 | 储藏仓库 | 以储存为主要功能的仓库 |
| | 流通仓库 | 兼具储存、配送、流通加工等功能的仓库 |
| | 专用仓库 | 专门保管煤炭、钢铁、粮食等某些特定物品的仓库 |
| | 专属仓库 | 只为某些特定用户办理业务的仓库 |
| | 其他 | 如原材料仓库、零部件仓库、成品仓库、商品仓库等 |
| 库内形态 | 地面型仓库 | 一般仅为平地面的仓库,多使用非货架型的保管设备 |
| | 货架型仓库 | 采用多层货架保管的仓库 |
| | 自动化立体仓库 | 出入库用运送机器存放取出,用移动吊车等设备进行机械化、自动化作业的高层货架仓库 |
| | 斜坡道型仓库 | 在多层仓库的层与层之间设置升降坡道的仓库 |

### 二、仓储作业流程

国家标准《物流术语》(GB/T 18354-2006)对仓储(Warehousing)的定义是"利用仓库及相关设施设备进行物品的入库、存储、出库的活动。"仓储作业过程是从仓库接受储存任务开始,在仓库准备、接收货物、堆存、保管、交付的整个过程中,仓库所要处理的事务、承办的工作和承担的责任。仓库作业过程既有装卸、搬运、堆垛等劳动作业过程,也有货位安排、理货检验、保管、货物记账、统计报表等管理过程,以及接货交接、交货交接、残损处理等商务作业。

(1) 入库过程,根据计划和发运单位、承运单位的发货或到达通知,进行货物的接收及提取,并为入库保管做好一切准备工作。入库过程包括以下几项内容:① 发货单位、承运单位的联络工作;② 制订接货计划;③ 办理接货手续;④ 到货处理;⑤ 验收,对到货进行核证、检查、检验等;⑥ 入库。

(2) 保管过程,根据物品本身特性以及进出库的计划要求,对入库物资进行保护、管理的工作环节。保管过程包括以下几项内容:① 与接货单位及用货单位的联络工作;② 根据对象特点,制订保管计划;③ 堆垛、储存保管;④ 办理入库、出库手续。

(3) 出库过程,根据客户要求进行货物的发送工作。出库过程包括以下几项内容:① 向已知的提货人发出提货通知;② 备货工作,主要有包装整理、标志重刷、货物组合、托盘成组等;③ 出库交接;④ 销账、存档。

### 三、仓储作业原则

企业在进行储存保管作业时一般遵循以下九个原则:

(1) 面向通道原则。为了方便物品在仓库内移动、存放和取出,需将物品面向通道储存保管。

(2) 分层堆放原则。为了提高仓库的利用效率,同时也为了保证作业的安全性、防止物品受损,需要利用货架等保管设备进行分层堆放保管。

(3) 先进先出原则。它是指先入库的物品应先发货送出。先进先出原则是为了防止储存物品因保管期过长而发生变质、损耗、老化等现象,特别是对于感光材料、食品等保质期较短的商品来说,这一原则非常重要。

(4) 周转频率对应原则。它是指依据物品进货、发货的频率来确定物品的存放位置。比如,进货、发货次数频繁的物品应放置在靠近仓库进出口的位置。

(5) 同一性原则。它是指相同类型的物品需存放在相同的位置,便于提高物流的效率。

(6) 相似性原则。它是指相似的物品需存放在相邻的位置,便于提高物流的效率。

(7) 重量对应原则。它是指根据物品的重量确定物品存放的位置和保管方法。具体来说,从方便搬运和安全作业的角度出发,比较重的物品应放置在地上或货架的底层,比较轻的物品应放置在货架的上层。

(8) 形状对应原则。它是指根据物品的形状确定物品存放的位置和保管方法。包装标准化的物品应放置在货架上保管,非标准化的物品对应于形状进行保管。企业可通过特殊的保管机械或设备尽量使非标准化的物品(特殊形状的物品)成为标准化物品(包装上的标准化),以便提高储存保管效率。

(9) 明确表示原则。它是指对物品的品种、数量及保管位置(如货架编号、层次等)清楚明晰地表示。这样可以使作业人员容易找到物品存放的位置,从而提高物品存放、分拣等作业的效率。

### 四、仓库系统布局

仓库系统布局是储存保管作业管理的首要硬件条件,其合理与否直接关系着储存保管作业的效率。它包括仓库布局和仓库设备两个方面的管理。

1. 仓库布局

国家标准《物流术语》(GB/T 18354-2006)对仓库布局(Warehouse Layout)的定义是:"在一定区域或库区内,对仓库的数量、规模、地理位置和仓库设施、道路等各要素进行科学规划和总体设计。"仓库布局是进行高效率、安全仓储管理的前提条件,它包括仓库的位置及仓库内部空间的安排与利用两个方面(见表3-3)。

表3-3 仓库布局

| 项目 | 主要原则及内容 |
| --- | --- |
| 仓库位置选择 | 考虑客户条件、自然条件、运输条件、用地条件、法规条件等因素,仓库布局模式包括辐射型仓库布局(仓库设在分散客户的中心位置)、吸收型仓库布局(仓库设在分散的生产据点的中心位置)、聚集型仓库布局(四周分散的仓库集中向中心用户密集的经济区域服务)、扇形仓库布局(仓库设在用户的一侧而不是中心) |
| 仓库内部布局 | 考虑仓库的主要功能、储存任务、保管对象、货位布置及固定与否、机械化程度、通道与货架占用空间、平面或立体布局、分拣作业要求、仓库环境要求等因素 |

2. 仓库设备

仓库设备是进行储存保管作业的重要工具与手段,其配置齐全与否直接影响着储存保管及整个物流过程的效率,因而需要根据仓库的功能、储存对象要求等确定主要设施、设备的配置(见表3-4)。

表3-4 仓库设备配置

| 功能要求 | 设备类型 |
| --- | --- |
| 存货、取货 | 货架、叉车、堆垛机械、起重运输机械等 |
| 分拣、配货 | 分拣机、托盘、搬运车、传输机械等 |
| 验货、养护 | 检验仪表、工具、养护设施等 |
| 防火、防盗 | 温度监视器、防火报警器、监视器、防盗报警设施等 |
| 控制、管理 | 计算机及辅助设备等 |
| 流通加工 | 所需的作业机械、工具等 |
| 配套设施 | 站台(货站)、轨道、道路、场地等 |

## 五、库存控制方法

库存控制是为了满足一定时期的商品需要而保持合理的库存量,即在保障供应的前提下,为使储存物品的数量最少所进行的有效管理的经济技术措施。其功能主要表现在:① 防止库存量过小、供货不及时及发生销售断档;② 保证适当的库存量,节约库存费用;③ 降低物流成本;④ 保证生产的计划性和平衡性;⑤ 储备性能。

### (一) 库存控制的基本方法

**1. ABC 分类法**

国家标准《物流术语》(GB/T 18354-2006)对 ABC 分类法(ABC Classification)的定义是:"将库存物品按照设定的分类标准和要求分为特别重要的库存(A 类)、一般重要的库存(B 类)和不重要的库存(C 类)三个等级,然后针对不同等级分别进行控制的管理方法。"

这是从 ABC 曲线转化而来的一种管理方法。ABC 曲线又称帕累托曲线。意大利经济学家帕累托(Pareto)在 1879 年研究人口与收入的关系问题时,经过对一些统计资料的分析,提出了一个关于收入分配的法则:社会财富的 80% 是掌握在 20% 的人手中,而余下的 80% 的人只占有 20% 的财富。帕累托原则,即所谓"关键的少数和次要的多数"的哲理,也就是人们平时所提到的 80/20 法则。

最早在库存管理中运用 ABC 分类法的是美国通用电气公司。时至今日,ABC 分类法所带来的事半功倍的效果已经得到了企业界的公认。企业中库存物资种类繁多,每个品种的价格、数量也不等,为了使有限的人力、物力、财力得到有效利用,必须对物资进行分类管理,把管理的重点放在重要的物资上,进行分类管理和控制(见表 3-5)。

表 3-5 货品 ABC 分类表

| 类别 | 品目数 | 资金占用额 |
| --- | --- | --- |
| A 类 | 5%—15% | 60%—80% |
| B 类 | 20%—30% | 20%—30% |
| B 类 | 60%—80% | 5%—15% |

ABC 分类法认为对于关键的少数(A 类)和次要的多数(B 类、C 类)应采取不同的库存控制方法:对 A 类库存要特别注意,慎重处理,进行重点管理;现场管理要更加严格,应将其存放在更安全的地方;为了保持库存记录的准确性,还要经常进行检查和盘点。对 B 类库存也应比较重点地加以处理,进行次重点管理;现场管理不必投入比 A 类库存更多的精力;库存检查和盘点的周期可以比 A 类库存更长一些。而对 C 类库存仅予以一般管理,现场管理可以更粗放一些。但是由于此类库存品种多,出现差错的可能性也比较大,因此也必须定期进行库存检查和盘点,周期可以比 B 类库存长一些。

2. 定量订货法

国家标准《物流术语》(GB/T 18354-2006)对定量订货法(Fixed-Quantity System, FQS)的定义是:"当库存量下降到预定的库存数量(订货点)时,立即按经济订货批量进行订货的一种库存管理方式。"

定量订货法主要靠控制订货点和订货批量两个参数来控制订货,以达到既能最好地满足库存需求,又能使总费用最低的目的。定量订货法的原理是:事先确定一个订货点,平时随时检查库存,当库存下降到订货点时,立即进行订货,订货数量为经济批量。

(1) 订货点。所谓订货点,就是库存物料必须订货的警戒点。到了订货点,如果不订货,就会出现缺货。因此,订货点也就是订货的启动控制点,是库存物料发出订货的时机,它控制了库存量的水平。

一般在定量订货法中,我们把订货点等同于订货提前期的需求量。所谓订货提前期,就是从仓库管理人员订货时起到订货成交并且把所订物料从对方仓库运送到自己仓库入库为止的整个时间阶段。它包括企业内部的订货准备时间、订单传送时间、供应商物流准备时间、运输时间和物料入库前的验收时间。订货提前期的需求量就是在整个订货提前期内出库消耗的物料总量。

(2) 经济订货批量。国家标准《物流术语》(GB/T 18354-2006)对经济订货批量(Economic Order Quantity, EOQ)的定义是:"通过平衡采购进货成本和保管仓储成本核算,以实现总库存成本最低的最佳订货量。"经济订货批量是平衡购买成本、订货成本和仓储持有成本,使库存总费用为最小时的订货批量。对于企业而言,如果每次订货的数量越大,订货次数就会减少,相应的订货成本就会降低,而存储成本会增加;相反地,如果每次订货的数量越少,订货次数就会增加,相应的订货成本就会上升,而存储成本会降低。因此,就需要用费用权衡方法来确定经济订货批量。

3. 定期订货法

国家标准《物流术语》(GB/T 18354-2006)对定期订货法(Fixed-interval System, FIS)的定义是:"按预先确定的订货间隔期进行订货的一种库存管理方式。"在定期订货制中,不使用经济订货批量,而是按固定的订货时间间隔订货。如每周隔3天订1次,或1个月订2次。通常,订货时间间隔又称为订货周期,是指相邻两次订货之间的时间间隔。在定量订货法中,订货周期是变化的,而每次订货数量保持不变;在定期订货法中恰好相反,即每次订货数量变化而订货周期不变。

定期订货法是一种基于时间的订货控制方法,它主要通过设定订货周期和最高库存量以达到库存控制量的目的。只要订货周期和最高库存量控制得当,就能既不造成缺货,又能节省库存费用。

定期订货法的原理是,事先确定一个订货周期和一个最高库存量,周期性地检查库存,确定检查时刻的实际库存量、已订货但还没到达的物料数量(即在途物料量),以及已发出出货通知但还没出货的物料量(即延期出货量),计算出每次出货量,组织订货。该方法的关键是确定订购周期和最大库存量。

(二)库存控制的新方法

1. 物料需求计划

国家标准《物流术语》(GB/T 18354-2006)对物料需求计划(Material Requirements Planning,MRP)的定义是:"制造企业内的物料计划管理模式。根据产品结构各层次物品的从属和数量关系,以每个物品为计划对象,以完工日期为时间基准倒排计划,按提前期长短区别各个物品下达计划时间先后顺序的管理方法。"

MRP采用了独立需求和相关需求的概念,把原料和零部件的需求看成是最终产品的需求的派生需求。它的基本原理是,由主生产计划、主产品结构文件和产品库存信息逐个地求出主产品所有零部件的生产时间和生产数量。这个计划叫作物料需求计划。其中,如果零部件靠企业内部生产,需根据各自生产时间长短来提前安排投产时间,形成生产作业计划;如果零部件需外购,则要根据各自的订货提前期确定提前发出各自订货的时间、订货数量,形成采购计划(见图3-1)。

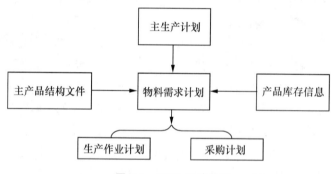

图3-1 MRP系统流程

MRP系统的目的可归纳为:在保证客户需要或生产需要的同时,能够立即提供足量的原材料、零部件、产成品;保持尽可能低的库存水平;合理安排采购、运输、生产等活动,使各车间生产的零部件、采购的外购件与装配要求在时间和数量上精确匹配。

2. 准时生产方式

准时生产方式(Just In Time,JIT)是起源于日本丰田汽车公司的一种管理方法。它的基本思想是杜绝浪费,只在需要的时候按需要的量生产所需要的产品。JIT生产方式作为一种管理哲理和管理思想,在库存控制中主要应用于订货管理,即在采购管理中形成一种先进的采购模式——准时化采购,即在恰当的时间、恰当的地点,以恰当的数量、恰当的质量提供恰当的物品。JIT采购不但可以减少库存,还可以加快库存周转,缩短提前期,提高进货质量,取得满意的交货效果等。

JIT采购的特点是:① 采用较少的供应商,甚至单源供应;② 对供应商的选择须进行综合评价;③ 对交货准时性的要求严格;④ 对信息交流的需求更强;⑤ 采取小批量采购策略。

### 3. 供应商管理库存

国家标准《物流术语》(GB/T 18354-2006)对供应商管理库存(Vendor Managed Inventory, VMI)的定义是:"按照双方达成的协议,由供应链的上游企业根据下游企业的物料需求计划、销售信息和库存量,主动对下游企业的库存进行管理和控制的库存管理方式。"

VMI是供应链管理理论出现以后产生的一种新的库存管理方式,是供应商管理核心企业库存的一种库存管理模式,是对传统的由核心企业自己从供应商购进物资、自己管理、自己消耗、自负盈亏的模式的一种革命性变动。这种库存管理模式是以零售商和供应商双方都获得最低成本为目的,在一个共同的协议下由供应商管理库存,并不断监督协议执行情况和修正协议内容,使库存管理得到持续性改进的合作性策略。

VMI的实施对供需双方来说是"双赢"的策略。对需求方的好处自不必多说,它能使需求方从繁重的库存管理中解脱出来,能够集中更多的资金、人力、物力用于提高其核心竞争力。VMI对供应商也有很多好处,主要包括:① 使供应商掌握的需求信息更加稳定,不必准备大量的缓冲库存来应对突然增加的订单,防止库存积压;② 使供应商可以根据自身情况提高送货的装载率,优化路线,从而降低运输成本;③ VMI降低了缺货率,消除了因匆忙补货带来的低质量问题,从而提升了服务水平,提高了客户满意度;④ 使供应商能够更加接近市场,获得以前根本不可能获得的需求方的销售信息,从而更好地管理新产品的研发和上市,更快地响应市场的需求,更准确地把握市场时机。

## 第三节 储存保管技术

### 一、自动化立体仓库技术

国家标准《物流术语》(GB/T 18354-2006)对自动化立体仓库(Automatic Storage and Retrieval System, AS/RS)的定义是:"由高层货架、巷道堆垛起重机(有轨堆垛机)、入出库输送机系统、自动化控制系统、计算机仓库管理系统及其周边设备组成,可对集装单元物品实现机械化自动存取和控制作业的仓库。"

自动化立体仓库一般由固定式多层立体货架、用于安放和取出物品的能上下左右移动的下垂式升降吊车、出入库搬运的自动化移动装置(传送带)以及管理和控制用的电子计算机组成。它的优点主要表现在三个方面:① 节省人力,降低劳动强度,能准确、迅速地完成出入库作业;② 确保储存保管作业的安全性,防止在作业过程中损坏货物;③ 及时、清楚地知道储存物品品种、数量、金额、位置、出入库时间等信息,为物流现代化管理提供保障。

自动化立体仓库将仓库功能从单纯地进行物品的储存保管,发展到承担物资的接收、分类、计量、包装、分拣、配送和存档的多种功能。1963年,美国伊里诺伊州第阿费尔特的Kitchens of Saro Lee公司首先在立体仓库中采用电子计算机控制,之后自动化仓库的研制和技术日益受到人们的关注。

## 二、箱柜委托租赁保管技术

箱柜委托租赁保管业务(Trunk Room)是仓库业者以一般城市居民和企业为服务对象,向他们出租体积较小的箱柜来保管非交易物品的一种仓库业务。它主要面向一般居民,主要以家庭的贵重物品,如金银首饰、高级衣料、古董、艺术品等为对象来提供保管服务;面对企业则主要以法律或规章制度等规定必须保存一定时间的文书资料、磁带记录资料等物品为对象提供保管服务。

箱柜委托租赁保管业务强调安全性和保密性,是一种城市型储存保管业务。它具有以下几个方面的特点:① 注重储存物品的保密性。在保管的企业资料中,有许多涉及企业的营业秘密,仓库有责任保护企业秘密,防止被保管的企业资料流失到社会中去。② 注重物品储存保管的安全性。企业的这些资料如账目发票、交易合同、会议记录、产品设计资料、个人档案等需要保管比较长的时间,在长时间的保管过程中必须防止发生储存物品损坏变质的情况。③ 注重快速服务反应。企业需要调用或查询保管资料时,仓库能迅速、准确地调出所要资料,及时地送达企业。

## 三、货架储存技术

1. 层架

层架由立柱、横梁、层板构成,层间用于存放物品。它简单、适用性强,有利于提高空间利用率,方便作业的存取,是人工作业仓库的主要存储设备。层架结构的应用非常广泛,按层架存放货物的重量可以分为重型层架和轻型层架,一般轻型层架主要适合人工存取作业。按结构特点可以分为层格式层架和抽屉式层架,层格式货架主要用于存放规格复杂多样、必须隔开的物品;抽屉式层架主要用于存放比较贵重或须防尘土、防潮的小件物品。

2. 托盘货架

托盘货架专门用于存放堆码在托盘上的物品。其基本形态与层架类似,但承载能力和每层空间适于存放整托盘货物。其结构多采用杆件组合,不仅拆卸容易,层间距还可依据码货高度调整。托盘货架具有如下特点:结构简单,可调整组合,安装简易,费用经济;出入库不受先后顺序限制;储物形态为托盘装载货物,配合升降式叉车存取等。

3. 阁楼式货架

阁楼式货架是将储存空间做上、下两层规划,利用钢架和楼板将空间间隙隔为两层,下层货架结构支撑上层楼板。它可以有效地增加空间使用率,通常上层适用于存放轻型物品,不适合重型搬运设备行走,上层物品搬运需要配备垂直输送设备。

4. 悬臂式货架

悬臂式货架是在立柱上装设杆臂构成的,悬臂常用金属材料制造,其尺寸一般根据所存放物料尺寸的大小确定。为防止物料损伤,常在悬臂上加垫木质衬垫或橡胶带以起到保护的作用。悬臂式货架为开放式货架,不便于机械化作业,需配合跨距较宽的设备。

5. 移动式货架

移动式货架底部装有滚轮,通过开启控制装置,滚轮可沿道轨滑动。货架结构可以设计成普通层架,也可以设计成托盘货架。控制装置附加有变频控制功能,用来控制驱动、停止时的速度,以维持货架的货物稳定,同时还设有确定位置的光电感测器及制动电动机,以提高启动或停止时的稳定度和精确度。移动式货架平时密集相接排列,存取货物时通过手动或电荷驱动装置使货架沿轨道水平移动,可以大幅度减少通道面积,地面使用率可达 80%,而且可直接存放每一方向的货物,不受先进先出的限制。但相对来说,机电装置较多,建造成本较高,维护也比较困难。

6. 重力式货架

重力式货架的基本结构与普通层架类似,不同的是其层间间隔由重力滚轮组成的滚筒输送装置组成,并且与水平面成一定的倾斜角度,低端作为出货端,而高端作为入货端。这样托盘或箱装货物便会由重力作用自动向低端移动,还可以在滚轮下埋设充气软管控制倾斜角度,以调整货物移动的速度。重力式货架通常呈密集型配置,能够大规模密集存放货物,减少了通道数量,有效地节约了仓库面积;重力式货架能保证先进先出,并且方便拣货,普遍应用于配送中心作业,其拣货端与入货端分离,能提高作业效率和作业的安全性。重力式货架还可根据需要设计成适合托盘、纸箱、单件货物储存的结构和形式。

7. 驶入、驶出式货架

驶入、驶出式货架为钢质结构,钢柱上有向外伸出的水平的突出构件或悬轨,叉车将托盘送入,由货架两边的悬轨托住托盘及货物。货架上无货时可方便叉车及人出入。驶入式货架只有一端可以出入,驶出式货架则两端均可出入。驶入、驶出式货架属高密度配置,高度可达 100 米,库容利用率可高达 90% 以上,适用于大批量、少品种的配送中心使用,但不太适合太长或太重的物品。驶入式货架存取货物时受先后顺序限制。

8. 贯通式货架

贯通式货架,又称通廊式货架或驶入式货架。其排列密集,有极高的空间利用率,是托盘式货架的两倍,但货物种类必须是少品种、大批量型,且先进后出。贯通式货架取消了两排货架之间的巷道,将所有货架合并在一起,使得同一层、同一列的货物相互贯通,叉车可以直接驶入货架,在存货通道内作业,适用于同类大批量货物的储存。

9. 旋转式货架

旋转式货架是将货架上的货物送到拣货点,再由人或机械将所需要的货物取出。它的优点主要表现在三个方面:① 拣货路线短,操作效率高;② 占地面积小,储存密度大;③ 易于管理。它适用于以分拣为目的的小件物品的存取,尤其是多品种的货物。

## 四、堆码苫垫技术

1. 物资堆垛技术

由于物资性质不同，外形各异，因此堆码时就形成了各种不同的垛形，具体有以下几种堆码方法：

（1）重叠式。逐件、逐层向上重叠码高，特点是货垛各层的排列方法一致。尤其适用于钢板、箱装材料等质地坚硬、占地面积较大而不会倒塌的物品。

（2）纵横交错式。对于狭长且长短规格一致的物品或其包装箱体，将上一层物资横放在下一层物资的上面，纵横交错地上码，形成方形垛。

（3）仰伏相间式。一层仰放、一层伏放，仰伏相间、相扣，使堆垛稳固。

（4）衬垫式。在每层或每隔两层物品之间夹进衬垫物，使货垛的横断面平整，物品间互相牵制，增强了货垛的稳定性。

（5）串联式。利用物品之间的管道或孔，用绳子或其他工具按一定数量串联起来，再逐层上码。

（6）栽柱式。在货垛两旁各栽上两至三棍木柱或钢棒，然后将材料平铺。每层或隔几层在两侧相对应的柱子上用铁丝拉紧，以防倒塌。

（7）压缝式。将垛底排列成正方形、长方形或环形，然后沿脊背压缝堆码。

2. 物资苫盖衬垫技术

（1）苫盖。在露天存放物品时，为防止物品受风吹雨淋及日光曝晒等危害，垛上须加适当的苫盖物。仓库中常用的苫盖物有芦席、油毡、油布、苫布、铁皮等。

（2）衬垫。在物品堆垛时，按照垛形的尺寸和负重情况，先在垛底放上适当的衬垫物，减少地面潮气对物品的影响，使物品与地面互有间隔，有利于垛底通风。衬垫物种类很多，最普遍的是枕木、垫板、水泥块、石墩等。

## 五、物品检验技术

1. 计量技术

（1）液压传感器。一种以液体压力传导来反映物品重量的衡器。

（2）电子秤。由传感器和晶体管电位差计组成。电子秤将传感器挂在起重机吊钩上，再由它的称重挂钩挂装被称物品。

（3）电子汽车衡。可对各种载货车辆进行称量的计量设备。它采用的是称重传感器和限位器等，称重台面的结构形式有钢结构和钢筋混凝土结构两种。

（4）天平。用于称量范围小、计量精度要求高的物品，如贵金属，单位一般用"克"或"毫克"。

（5）案秤。准确度较高,称量范围较小,最大称量为10千克和20千克。它有等臂式和不等臂式两种。

（6）轨道衡。如大型有轨式地下磅秤。

2. 质检技术

物资的物理、化学试验是在专业理化试验室进行的。试验室的设备取决于待验物资的品种、价值和使用的重要性。物资理化性能检验设备主要有：

（1）金相组织观察用的显微镜。

（2）材料力学试验用的各种试验机,如拉力试验机、压力试验机、弯曲试验机、硬度试验机、冲击试验机、磨耗试验机、疲劳试验机等。

（3）无损探伤仪,如超声波和磁性探伤仪等。

（4）电气性能的测量仪表,如电压、电流、电阻测量仪等。

（5）其他理化性能试验辅助设备,如热处理炉等。

3. 盘点技术

物资的盘点与检查是为了能及时掌握库存物资的变化情况,避免发生短缺和长期积压,保证卡、账、物相符的重要手段。盘点形式主要有：

（1）永续盘点。又称动态盘点,即保管员每天对有收发状态的物资盘点一次,以便及时发现问题,防止收发差错。

（2）循环盘点。即保管员对自己所保管的物资,根据其性质特点,分轻重缓急,做出月盘点计划,然后按计划逐日轮番盘点。

（3）定期盘点。即指在月末、季末、年中及年末按计划进行对物资的全面清查。

（5）重点盘点。即指根据季节变化或工作需要,为某种特定目的而进行的盘点工作。

## 六、温度湿度控制技术

1. 温湿度观测技术

一般采用干湿球温度计、毛发湿度表、电子湿度表等。为了准确地测定库房的温湿度,通常要根据库房面积的大小、物资性质特点及季节气候情况,适当确定安置温湿度计的地方和数量。

2. 温湿度调节技术

（1）通风。根据空气的流动规律,有计划地组织库内外空气的交换,以达到调节库内温湿度的目的。通风操作简单,对降低库内温湿度可以起到一定的效果,同时还可以排除库内污浊空气。通风可采用自然通风、机械通风和两者结合的方式,其设备主要有轴流式局部扇风机、离心式通风机等。

（2）吸潮。利用吸潮设备或吸潮剂吸附空气中的水蒸气,以达到降低空气湿度的目的。利用机械吸潮(如空气去湿机等),效率高、操作简单、无污染;利用吸潮剂吸潮,吸潮剂主要有生石灰、氯化钙、硅胶等。

(3) 密封。采用一定的方式将物资尽可能地封闭起来,防止或减弱外界空气的不良影响,以达到安全保管的目的。密封的方法常与通风和吸潮的方法结合使用,主要有货架密封、货垛密封、库内小室密封及整库密封等。

## 延伸阅读一

### 耐克的绝密仓库

雄心万丈的本土体育用品品牌李宁、安踏们一直梦想着在中国市场超越耐克,现在耐克为这项挑战赛又增加了一个新难度。耐克在江苏太仓的物流中心(CLC)是其全球第七个、第二大物流中心。当耐克在大中国区的年销售额达到18.64亿美元(财报披露2009年12月至2010年11月数据),什么是它现在首要应该做的事?不是品牌,不是营销,而是一个能够高效管理库存和快速补货的强大的物流支持系统。

以下数字,足以让李宁、安踏们艳羡。这个巨型方盒的建筑面积达20万平方米,拥有超过10万个货品托盘,年吞吐能力超过2.4亿个件次,同时可满足79个集装箱货车装卸货。更重要的是,耐克将借此缩短15%的交货时间——一件货品从门店下单到发货将只需要数个小时。

这里就像是一个巨型的中央处理器。所有商品的分拣和管理都依赖于强大的数字化采集和处理能力。所有货品都嵌入了电子标签,并逐一扫描,工人们根据电子显示屏上的信息来分拣配送货品,其信息通过专门数据端口与耐克全球连接,每天都会有完整的共享数据反馈给相关部门。信息如此之多,以至于计算机所需要的编码数量几乎与全球最大的购物网站亚马逊一样多——这里是物流专家们把对数字和技术的热爱转化为成果的乐园。

"这座全球顶级水准的物流仓库采用了业内最领先的技术,很多技术是耐克首创并独有的。"耐克全球营运技术副总裁汉斯·范·阿尔比克(Hans van Alebeek)对《环球企业家》说。包括总长达9公里的传送带、顺序拣货机、无线射频扫描仪、自动化仓库管理系统等在内的诸多物流技术与装备,让这座仓库在分配效率、吞吐力、弹性力三项指标上均达到了全球最高水准。

这座耐克在中国的第一家大型物流中心有两幢建筑,分别储存鞋类和服装类货品,两者之间通过传送带装置接驳。仓储区被分为整箱区和托盘区两大单元,散装托盘区分布其间。如果有大订单,整箱区即可直接配送;小订单补货则可以直接从托盘区散装货品中抽取。根据配送分拣需求,服装配送楼层被分割为三层:顶层是拥有4.5万个设置了独立编码的货架区，二层则是两套自动分拣系统，一层为打包和装车配送区。

出人意料的是，拥有4.5万个独立编码的顶层货架区的编码其实并无规律可言，这主要是为了避免操作员因频繁操作会熟记编码，从而产生误操作。取货操作员运用机器语音系统与计算机对话，核对存货信息——取货前自动控制系统会告知操作员取货区域，操作员到达后，通过麦克风和耳机向电脑系统报告货架区编码以及取货数量进行确认。这套语音识别系统由耐克独立研发完成，它可以识别各国语言，甚至包括方言，系统会事先采集记录每一个操作员的音频信息。为以防万一，耐克另配备了一套应急装置，一旦语音识别系统发生故障，取货员可以用手持扫描设备救急，这也是货架编码的另一用途。

同时，这些货架安放的角度按照人体工程学设计，最大限度地避免员工腰肌劳损。耐克规定，在货架充裕的情况下货品必须先存放在中间层，方便员工取货。在货架最下端，底层货架与地板的间隙可以容纳临时扩充的货架，便于其在发货高峰期存放物料。

CLC三楼顶层的仓储区高度超过10米，为了最大限度地提高空间使用率、增加货品容量，耐克采用了窄巷道系统，货架之间的巷道宽度也被压缩到最低，与叉车的宽度相差无几。耐克在地板下方安装了用于叉车牵引的特殊磁力导线系统。这套智能引导系统可以令驾驶员在磁力线的自动引导下，以最精确的行车姿态进入取货巷道，完全避免任何碰撞。在自动引导取货时，叉车只能沿着磁导线的分布前后直来直往，而不会左右摇摆；取货小车装运完毕，关掉磁导线开关，货车方可左右拐弯。

CLC配送货品的一般流程是：接到订单，区分订单大小，仓储区取货。仓储区整箱订单货品通过传送带运至二楼分拣区，操作员和传送带会进行两次核对分拣；订单货品的余额件数由三楼操作员人工补货，自动分拣机验货、装箱后，再运至一楼，进行扫描核对、装车及发运。

作业过程中，最关键的是精确。以服装分拣为例，当三楼仓储区的整箱货品通过传送装置送到二楼时，操作员会通过手持扫描设备进行标签扫描。所有货品标签的贴放位置和高度都有严格规定，以提高核对效率。核对无误后，在传送带送至一楼的过程中，沿途每隔数米均有扫描设备对包装箱条码进行扫描，记录下位置信息。这些信息又与分布于物流中心各功能区的自动化分拣设备相连，使产品可以快速地被传送至不同的操作区。一旦分拣有误，传动带会自动将错误货品甩出，进入特殊通道交由专人处理。

当货品经过层层校验，从分拣来到打包环节时，CLC的系统会自动打印一张货品标签单，清楚地标明货品编号和件数。电脑还能估算出货物体积，并提示操作员大概选用何种型号的包装箱最为合适。

装箱操作员除了核对货品件数和编码，另一项重要工作就是要把货品发货标签贴到规定位置，便于下一个环节的机器或人工再次抽查核对。在装车发货之前，仓储管理系统再次进行信息甄别，根据订单的时间配送要求，采用不同的交通工具和多级物流网络，确保产品高效、准确、及时并以最低成本送达。

发生火灾怎么办？CLC 在设计之初就考虑到了这一点，并做了针对性的安全设计。这里一共安装了超过 220 个空气探测器，一旦失火，自动报警系统会响应，并启动喷水灭火系统。在仓储区之外，耐克还设立了"防火墙"，即便发生火灾，楼层只会朝着特定方向倒塌，保证另一个独立区域安然无恙。在两道墙壁中央，CLC 专门设置了消防人员救援通道和避难通道，后者还有特制的正压送风系统，只会依照特定风道排放烟雾，不会伤害人身安全。

资料来源：中国物流与采购网，www.chinawuliu.com.cn，2012-1-20。

##  延伸阅读二

### 探秘京东"亚洲一号"：物流将成电商竞争新焦点

国内最大的单体物流中心——京东"亚洲一号"，这个位于上海嘉定区的物流仓库 90% 的操作均实现了自动化，达到世界先进水平。

走进"亚洲一号"，第一感觉是"高、大、上"：

——由于仓储实现了自动化，"亚洲一号"的仓储高度达到 24 米，而用叉车装卸的普通仓库一般只有 9 米高。

——"亚洲一号"建筑面积接近 10 万平方米，光储物区就有七八层，每一层都是百米长的长廊，两边货架上根据标号不同，摆放着笔记本电脑、显示屏、厨房电器等各类产品。

——更炫目的在于"亚洲一号"的自动化程度。工人只需将货物放到机器托盘上，机器就会自动将货物摆放到指定位置。储物区每层楼只需要一名工作人员，当需要发货时，工人会收到作业指示，将指定货物从货架取下，扫码后放到自动传送带。自动传送带将货物高速送入打包区，经电脑精密计算，包裹会自动配送到空闲的打包工位。而后，工人扫描包裹，机器自动打印出物流配送信息及发票，完成打包。为了缓解工人长期站立的疲劳，京东还在每个打包点的地面贴了一层特制软垫。

接下来你将会看到类似电影《摩登时代》的场景：完成打包的商品重回流水线，经高低错落的传送轨道最终交叉汇聚至自动分拣系统。系统扫描识别配送地点，然后自动将包裹传送至对应的货道，例如无锡地区的包裹就会传送至标注着"无锡"的轨道，然后由工人用自动托运车走走。而无论商品在哪个环节，都会经过一次扫码，让消费者随时随地了解到商品的物流配送信息。

"'亚洲一号'的分拣处理能力每小时能达到 1.6 万件，而且是全自动化作业，已达到目前全球领先水平，'剁手党'完全不用担心暴力分拣。"京东首席物流规划师侯毅说。

据介绍，京东上海"亚洲一号"的仓库管理系统、仓库控制系统、分拣和配送系统等整个信息系统均由京东自主开发，拥有自主知识产权，所有从国外进口的世界先进的自动化设备均由京东进行总集成。

业内人士认为，随着电子商务规模和业态趋于完善，消费者体验的重要性日益突出，物流有可能成为电商下一轮竞争的焦点。

中国电子商务研究中心主任曹磊认为,电商市场主要包括一二线城市、三四线城市、乡镇、农村四个层面,过去大家更关注一二线城市,但未来的机遇更多在后面三个层次的市场,渠道下沉就很重要,而本地化的仓储配置和物流配置体系网络的完善就成为电商的核心竞争力。"谁能够更好地掌握渠道优势,谁自然就能更快地占领市场先机。"

"当购买不成问题的时候,物流就成了竞争的焦点。"万擎咨询 CEO 鲁振旺说。他告诉记者,网购对于拉动消费的变化原来体现在一二线城市,后来延伸到三四线城市,目前拉动五六线区域的消费才是战略重点,县城和乡镇是未来的市场重点。在人人都有智能手机的时代,过去没办法网购的人群现在都可以拿起手机来网购。县城和乡镇的市场争夺,或许会成为阿里巴巴、京东等电商巨头下一步"火拼"的焦点。

中国供应链联盟理事黄刚、复旦大学电子商务研究中心主任黄丽华等专家认为,京东作为电商自建物流的代表,其发展可能会代表中国电商物流形态的演变轨迹——从轻资产到重资产,从"烧钱""出血点"变成核心竞争力和盈利点,未来的电商物流开放平台可能会逐步整合。

记者了解到,目前京东上海"亚洲一号"仅是一期,随着未来二期物流中心的建成,物流产能还会扩大。目前,除了广州、沈阳、武汉在建的"亚洲一号",京东在北京、成都、西安等多地的"亚洲一号"项目也在规划和建设筹备当中。京东集团创始人兼首席执行官刘强东透露,随着物流产能的释放,京东计划在不久的将来可以将"亚洲一号"开放给第三方卖家使用。

资料来源:中国物流与采购网,www.chinawuliu.com.cn,2015-06-15。

**本章提要**

储存是指在一定的时期和场所,以适当的方式维持物资质量和数量等的储存活动,是包含了库存和储备在内的一种广泛的经济现象。储存的方式有公共仓储、自有仓储和第三方仓储等。储存合理化与否有六方面的标志:质量标志、数量标志、时间标志、结构标志、分布标志和费用标志。

仓储作业流程包括入库过程、保管过程和出库过程。企业在进行储存保管作业时一般遵循九大原则。仓库系统布局包括仓库布局和仓库设备两个方面,其合理与否直接关系着储存保管作业的效率。在库存量方面,应通过 ABC 分类法、定量订货法或定期订货法等库存控制的基本方法对库存进行合理的控制;同时,目前还出现了一些库存控制的新方法,如物料需求计划(MRP)、准时生产方式(JIT)和供应商管理库存(VMI)等。

储存保管技术包括自动化仓库技术、箱柜委托租赁保管技术、货架储存技术、堆码苫垫技术、物品检验技术和温度湿度控制技术。

**练习与思考**

1. 储存在物流中的地位如何？
2. 试区别库存、储备及储存的不同。
3. 请对比不同储存方式的优缺点。
4. 试述如何判断储存保管的合理性，如何优化。
5. 对库存进行控制有哪些方法？
6. 请简要描述仓储作业流程。
7. 储存作业应遵循哪些原则？

21世纪经济与管理规划教材

物流管理系列

# 第四章

# 装 卸 搬 运

**知识要求**

通过本章的学习,能够
- 掌握装卸搬运的概念及其在现代物流中的地位
- 熟悉装卸搬运的几种方式
- 认识一些常见的装卸搬运技术

**技能要求**

通过本章的学习,能够
- 判断装卸搬运的合理性并进行优化
- 根据实际需要合理选择配套装卸搬运机械
- 科学地确定装卸搬运人员及线路

## 第一节 装卸搬运概述

### 一、装卸搬运概念

**1. 装卸搬运的内涵**

国家标准《物流术语》(GB/T 18354-2006)对装卸(Loading and Unloading)的定义是"物品在指定地点以人力或机械装入或卸出运输工具的作业过程"。它一般是以垂直位移为主的实物运动形式,其作用结果是物品从一种支撑状态以一定的空间垂直位移变化转变为另一种状态。装卸是从原材料输送给工厂开始,到生产领域或商品消费者手中的全部流通过程中,伴随包装、保管、运输所必须进行的活动。

国家标准《物流术语》(GB/T 18354-2006)对搬运(Handling/Carrying)的定义是"在同一场所内,对物品进行空间移动的作业过程"。它一般是在区域范围内(通常指在某一物流节点,如仓库、车站或码头等)物品所发生的短距离、以水平方向为主的位移。搬运的"运"与运输的"运"的区别在于:搬运是在同一地域的小范围内发生的;运输则是在较大范围内发生的,两者是量变到质变的关系,中间并无一个绝对的界限。

在实际物流操作中,装卸与搬运是密不可分的,两者是伴随在一起发生的。因此,在物流学科中并不过分强调两者的差别,而是把它们作为一种活动来对待,即把某一物流节点范围内进行的,以改变物料的存放状态和空间位置为主要内容和目的的活动,统称为装卸搬运。

**2. 装卸搬运的特点**

在现代物流过程中,装卸搬运活动是不断出现和反复进行的,它出现的频率高于其他物流基本活动,每次装卸搬运活动都要花费很长时间,往往成为决定物流速度的关键。装卸搬运的特点具体表现在以下四个方面。

(1) 装卸搬运是附属性、伴生性的活动。装卸搬运是物流每一项活动开始及结束时必然发生的活动,有时会被人忽视,有时则被看作其他操作时不可缺少的组成部分。例如,一般而言的"交通运输",实际就包含了相伴的装卸搬运,仓库中泛指的保管活动,也含有装卸搬运活动。

(2) 装卸搬运是支持性、保障性活动。装卸搬运的附属性不能理解成被动的,实际上,装卸搬运对其他物流活动有一定决定性作用。装卸搬运会影响其他物流活动的质量和速度,例如,装车不当,会引起运输过程中的损失;卸放不当,会引起货物转换成下一步运动的困难。许多物流活动在有效的装卸搬运支持下,才能实现高效率。

(3) 装卸搬运是衔接性活动。在任何其他物流活动互相过渡时,都是以装卸搬运来衔接,因而,装卸搬运往往成为整个物流的"瓶颈",是物流各功能之间能否形成有机联系和紧密衔接的关键,而这又是一个系统的关键。建立一个有效的物流系统,关键看这一衔接是否有效。比较先进的系统物流方式——联合运输方式就是为着力实现这种衔接而出现的。

（4）装卸搬运是安全性活动。装卸搬运作业需要人与机械、货物、其他劳动工具相结合，工作量大，情况变化多，很多作业环境复杂，这些都导致装卸搬运作业中存在着不安全的因素和隐患。装卸搬运的安全性，一方面直接涉及人身，另一方面涉及物资。装卸搬运与其他物流环节相比，安全系数较低，因此也就要更加重视装卸搬运的安全生产问题。

## 二、装卸搬运方式

1. 单件作业方式

单件、逐件的装卸搬运是人工装卸搬运阶段的主导方式，但是，当装卸机械涉及各种装卸搬运领域时，单件、逐件装卸搬运方式也依然存在。比如：① 某些物品出于它本身特有的属性，采用单件作业方式更有利于安全；② 某些装卸搬运场合，没有设置装卸搬运机械或难以设置而被迫单件作业；③ 某些物品由于体积过大、形状特殊，即使有机械也不便于采用集装化作业，只能采用单件作业。

2. 集装作业方式

集装作业方式是指将物品先进行集装，再对集装件进行装卸搬运的方法。

（1）集装箱作业方式。集装箱的装卸搬运作业分为垂直装卸和水平装卸两类。垂直装卸方式在港口按与岸边集装箱起重机配套的机械类型又可分为跨车方式、轮胎龙门起重机方式、轨道龙门起重机方式等；水平装卸方式即"滚上滚下"方式，在港口是以拖挂车和叉车为主要装卸设备，而在铁路车站主要是采用叉车或平移装卸机的方式。

（2）托盘作业方式。托盘作业是用叉车作为托盘装卸搬运的主要机械。水平装卸搬运托盘主要采用搬运车辆和辊子式输送机；垂直装卸采用升降机、载货电梯等。

（3）其他集装件作业方式。货捆单元化的货物，可以使用叉车、门式起重机和桥式起重机进行装卸搬运作业。带有与各种框架集装化货物相配套的专用吊具的门式起重机和叉车等是配套的装卸搬运机械。集装袋和其他网袋集装化物品，由于体积小、自重轻、回送方便、可重复使用，是备受欢迎的作业方式。

3. 散装作业方式

煤炭、建材、矿石等大宗货物历来都采用散装装卸方式。谷物、水泥、化肥、原盐、食糖等随着作业量增大，为提高装卸搬运效率，也日益走向散装装卸。

（1）重力法作业方式。重力法作业是利用货物的位能来完成装卸搬运作业的方法。例如，重力法卸车是指底开门车或漏斗车在高架线或卸车坑道上自动开启车门，煤或矿石依靠重力自行流出的卸车方式。

（2）倾翻法作业方式。倾翻法作业是将运载工具载货部分倾翻，而将货物卸出的方法。例如，铁路敞车被送入翻车机，夹紧固定后，敞车和翻车机一起翻动，货物倒入翻车机下面的受料槽。

（3）气力输送方式。气力输送是利用风机在气力输送机的管内形成单向气流，依靠气体的流动或气压差来输送货物的方法。

（4）机械作业方式。机械作业是指采用专门的工作机械，通过舀、抓、铲等作业方式，达到装卸搬运的目的。

4. 其他装卸搬运分类

上述主要是根据装卸搬运作业对象的不同，对装卸搬运方式进行的分类。表4-1列举了其他装卸搬运方式的分类及内容。

表4-1 其他装卸搬运方式的分类及内容

| 标准 | 方式 | 主要内容 |
| --- | --- | --- |
| 装卸搬运场所 | 仓库装卸搬运 | 在仓库、堆场、物流中心等处的装卸搬运活动，以堆垛、上架、取货等操作为主 |
| | 站台装卸搬运 | 在车站、仓库外的装卸站台上进行的装卸搬运活动，以装车、卸车、集装箱装卸搬运为主 |
| | 港口装卸搬运 | 包括码头前沿的装船、后方的支持性装卸搬运 |
| | 车间装卸搬运 | 在车间内部工序间进行的装卸搬运活动，以原材料、半成品、产成品等的取放、分拣、包装、堆码、输送为主 |
| 作业手段、组织水平 | 人工作业 | 完全依靠人力和人工使用无动力器械来完成装卸搬运的方式 |
| | 机械作业 | 以各种装卸搬运机械，采用多种操作方法来完成物品装卸搬运的方式 |
| | 综合作业 | 要求作业机械设备和作业设施、作业环境的理想配合，要求对装卸搬运系统进行全面的组织、管理、协调，并采用自动化控制手段的装卸搬运方式 |
| 设备作业特点 | 间歇作业 | 装卸搬运作业过程中有重程和空程两个阶段，即在两次作业中存在一个空程准备过程的作业方式 |
| | 连续作业 | 装卸搬运作业过程中设备不停地作业，物资可连绵不断、持续流水般地进行装卸搬运作业 |
| 机械作业方式 | 吊上吊下 | 采用各种起重机械从货物上部起吊，依靠起吊装置的垂直移动实现装卸，并在吊车运行的范围内或回转的范围内实现搬运或依靠搬运车辆实现小搬运 |
| | 叉上叉下 | 采用叉车从货物底部托起货物，并依靠叉车的运动进行货物位移，搬运完全靠叉车本身，货物可不经中途落地直接放置到目的处 |
| | 滚上滚下 | 港口装卸的一种水平装卸方式，利用叉车或半挂车、汽车承载货物，连同车辆一起开上船，到达目的地后再从船上开下 |
| | 移上移下 | 在两车之间（如火车及汽车）进行靠接，然后利用各种方式，不使货物垂直运动，而靠水平移动从一个车辆上移到另一车辆上 |
| 堆垛、拆垛作业 | 堆放作业 | 把货物从预先放置的场所，移动到卡车之类的货物装运设备或仓库之类的固定设备的指定位置，再按要求的位置和形态放置货物的作业 |
| | 拆垛作业 | 堆放作业的逆作业 |
| | 高垛作业 | 在仓库等固定设施的入库作业中，堆垛高度在2米以下的作业 |
| | 高垛取货作业 | 高垛作业的逆作业 |

(续表)

| 标准 | 方式 | 主要内容 |
|---|---|---|
| 分拣、配货作业 | 分拣作业 | 在堆垛、拆垛作业的前后或在配货作业之前发生的作业 |
| 分拣、配货作业 | 配货作业 | 向卡车等输送设备装货前和从仓库等保管设施出库装卸前发生的作业 |
| 搬运、移送作业 | 搬送作业 | 为了进行上述作业而发生的、以进行这些作业为主要目的的移动作业 |
| 搬运、移送作业 | 移送作业 | 搬送作业中,从设备、距离、成本等方面衡量,移动作业的比重较高的作业 |

### 三、装卸搬运合理化

1. 不合理装卸搬运

不合理装卸搬运是在现有条件下可以达到的装卸搬运水平而未达到,从而造成了无效装卸搬运(消耗于有用货物必要装卸劳动之外的多余装卸搬运活动)。目前一般存在的不合理装卸搬运形式有:

(1) 过多的装卸搬运次数。物流过程中,货损发生的主要环节是装卸环节,而在整个物流过程中,装卸又是反复进行的,从发生的频数来讲,超过任何其他活动,因此过多的装卸次数必然导致损失的增加。从发生的费用来看,一次装卸费用相当于几十公里的运输费用,每增加一次装卸,费用就会有较大比例的增加。此外,装卸又会大大延缓整个物流速度,是影响物流速度的重要因素。

(2) 过大的包装装卸。包装过大、过重,在装卸搬运时会反复在包装上消耗较大的劳动,这一消耗不是必需的,因而形成无效装卸搬运。

(3) 无效物资的装卸。进入物流过程的货物,有时混杂着没有使用价值或对用户来讲使用价值不对路的各种掺杂物,如煤炭中的矸石、矿石中的水分、未烧熟的石灰及过烧石灰等,在装卸搬运时,这些无效物资会反复消耗劳动,形成无效装卸搬运。

2. 合理装卸搬运的标志

与运输配送、储存保管相比,装卸本身不产生新的效用或价值。但在采购物流、生产物流、销售物流等整个物流供应链过程中,装卸作业所占的比重较大。装卸作业质量的好坏和效率的高低不仅会影响物流成本,还与物品在装卸过程中的损坏、污染等造成的损失成本及保护物品的包装成本相关,并与是否能及时满足客户服务要求相关联。因此,装卸作业的合理化是实现物流活动效率化、客户服务高度化的重要手段之一。其合理化标志有以下几个方面:

(1) 装卸搬运次数最少。仓库应通过良好的组织和妥善的安排,使物品装卸搬运次数最少,消除无效装卸搬运。为此需要准确掌握物品的流通动向,排除重复装卸搬运。

(2) 装卸搬运移动距离最短。在装卸搬运作业中,清理作业现场,妥善调度车辆等运输工具,使装卸搬运距离最近。尽可能使运载车辆、搬运工具接近货物存放位置,或进入装卸搬运作业区,到达装卸作业设备能直接进行作业的位置,尽可能消除完全采用人力的水平搬运。

(3) 各作业环节衔接要好。装卸搬运是伴随进行的,如果两者脱节会使作业量大幅增加。直接从车辆、船舶卸到搬运设备上,运到堆场堆垛,装卸搬运作业量会减少。

(4) 库存物品的装卸搬运活性指数较高、可移动性强。装卸搬运活性是指从物的静止状态转变为装卸搬运运输状态的难易程度。如果很容易转变为下一步的装卸搬运而不需要过多装卸搬运前的准备工作,则活性高,反之亦然。

3. 装卸搬运合理化的措施

(1) 防止和消除无效作业。所谓无效作业,是指消耗于有用货物的必要装卸搬运作业劳动之外的多余劳动消耗。防止和消除无效作业应注意以下几方面:

第一,尽量减少装卸搬运次数。在很多情况下,搬运本身可能成为玷污、损坏货物的原因。因此,除非必要,尽量不要移动货物,尽量减少搬运的次数,这样既可以节约劳动,又可以减少货损。

第二,避免对无效物质的装卸搬运。在流通过程中,某些货物里可能混杂着没有使用价值的物质,如煤炭中的矸石,因此要注意保持货物的纯度,以避免对其中无效掺杂物进行反复的装卸搬运,浪费劳力和动力。

第三,避免过度包装。包装可以起到保护商品的作用,但是,过大、过厚的包装会增加装卸搬运过程中的劳动消耗。所以,不影响商品保护功能前提下轻便包装有助于减少装卸搬运中的无效作业。

第四,尽量缩短搬运距离。在条件允许的情况下,要选择搬运距离最短的搬运路线。

(2) 提高作业对象的"活性"。所谓"活性",是指作业对象从静止状态转变为装卸搬运状态的难易程度,也即对其进行装卸搬运作业的难易程度(见表4-2)。从理论上讲,活性指数越高越好,但也必须考虑到实施的可能性。

表 4-2 货物的装卸搬运"活性"级别

| 装卸搬运"活性"级别 | 货物状态 |
| --- | --- |
| 0 级 | 货物杂乱地堆在地面上 |
| 1 级 | 货物已被捆扎或装箱 |
| 2 级 | 捆扎过的货物或箱子下面放有枕木或衬垫,便于叉车或其他机械进行作业 |
| 3 级 | 被置于台车或起重机械上,可以即刻移动 |
| 4 级 | 货物已被移动,正在被装卸或搬运 |

(3) 充分利用重力和消除重力影响。在进行装卸搬运时,可以利用货物本身的重量进行有一定落差的装卸搬运,从而达到节省动力的目的。例如,从卡车上卸货时,利用卡车与地面或与小型搬运车之间的高度差,借助溜槽或溜板等简单工具,使货物自动从高处滑到低处,此时就无须消耗动力。

与此相反,在某些情况下需要消除重力的影响,才能达到节约动力消耗的目的。例如,两种运输工具进行换装时,如果从一种运输工具上将货物搬下,再搬上另一种运输工具,则要消耗动力以克服重力的影响。因此,若能设法使两种运输工具靠接,仅是货物做水平移动,就可以消除重力的影响,节约劳力。

(4) 实现机械化作业。使用装卸搬运作业能够将作业人员从重体力劳动中解放出来,实现人力的节省。同时,机械化作业易于实现规模化,也有助于实现标准化,进而提高装卸搬运的作业效率。

(5) 尽量使装卸搬运单元化。在装卸搬运作业中,对于包装成件的货物,应尽量对其进行"集装处理",即按照一定的原则将一定数量的货物汇集起来,成为一个装卸搬运单元,以便充分利用机械进行操作。装卸搬运单元化的优点有:装卸搬运单位大,作业效率高,可以节省作业时间;操作单元的尺寸一致,有利于实现标准化;不必用手触及作业对象,可以避免或减少货损。

(6) 创建"复合终端"。"复合终端"是指在不同运输方式的终端装卸场所集中建设不同的装卸设施,以实现合理配置装卸搬运机械、有效连接各种运输方式的目的。例如,在"复合终端"内集中设置水运港、铁路站场、汽车站场等。

"复合终端"对于装卸搬运合理化,乃至物流系统合理化的意义在于:一方面,它取消了各种运输工具的中转搬运,减少了装卸搬运次数,加快了物流速度;另一方面,"复合终端"集中了各种装卸搬运场所,可以实现设备的共同利用,并可以利用规模优势进行技术改造,提高作业效率。

## 第二节 装卸搬运技术和设备

### 一、起重技术

起重技术是靠人力或动力使物资做上下、左右、前后等间歇、周期性运动的转载技术,主要用于起重、运输、装卸、机器安装等作业。

1. 轻小型起重机

轻小型起重机是指仅有一个升降运动的起重机,如滑车、手动或电动葫芦等。其中,电动葫芦是在工字钢下翼缘运行的起重机械,一般由带制动器的锥形异步电机驱动。为了减少外形尺寸,它一般采用行星减速机,并安排电机、减速机和钢绳卷筒呈同轴布置。运行轨道可以按照工艺路线的需要进行布置,一般由直线或曲线的工字钢组成。

2. 桥式类起重机

桥式类起重机是可在矩形场地及空间进行作业的起重机。它用一个横跨空间的横梁或桥架支撑起重机构、运行机构,完成起重作业。主要类型有桥式起重机、龙门起重机等。

(1) 桥式起重机。桥式起重机是横架于车间、仓库及露天货场上方用来吊运各种物品的机械设备,通常称为"桥吊""天车"或"行车"。它放置在固定的两排钢筋混凝土栈桥上,可沿栈桥上的轨道纵向移动,起重小车可在桥架上的小轨道上做横向移动。这样,起重机可以在一个长方体的空间内作业。常用的桥式起重机有桥式吊钩起重机、桥式抓斗起重机、桥式电磁起重机、三用桥式起重机、双小车桥式起重机和电葫芦双梁桥式起重机。

(2) 龙门起重机。龙门起重机又称龙门吊或门式起重机,它是因支承在两条刚性或一刚一柔支腿上的主梁构成的龙门框架而得名。龙门起重机的起重小车在主梁的轨道上行走,而整机则沿着地面轨道行走。为了增加作业面积,主梁两端可以具有外伸悬臂。龙门起重机具有场地利用率高、作业范围大、适应面广、通过性强等特点,在仓库、货场、车站、港口、码头等场所担负着生产、装卸、安装等作业过程中的货物装卸搬运任务。

3. 臂架类起重机

臂架类起重机是可在环形场地及其空间作业的起重机,主要由可以旋转和变幅的臂架支撑,完成起重作业。常用的类型有门座起重机、汽车起重机、轮胎起重机等。

(1) 门座起重机。门座起重机又称门机,是有轨运行的臂架类移动式起重机。它的额定起重能力范围很宽,工作机械具有较高的运动速度,使用效率高。同时,它的结构是立体的,所占面积很小,具有高大的门架和较长距离的伸臂,因而具有较大的起升高度和工作幅度,能满足港口码头船舶和车辆的机械化装卸、转载以及充分利用场地的要求。门座起重机的回转机构能使臂架做360°回转,其变幅机构能使臂架俯仰,改变起吊点至回转中心的距离,并且在变幅过程中保持货物的离地高度不变,由起升机构完成起吊作业。

(2) 汽车起重机。汽车起重机是安装在标准的或专用的载货汽车底盘上的全旋转臂架起重机,其车轮采用弹性悬挂,行驶性能接近于汽车。一般在车头部设有司机室,绝大多数还在转台上设有起重司机室。汽车起重机行驶速度高、越野性能好、作业灵活、可迅速改变作业场地,特别适合于流动性大、不固定的作业场所。汽车起重机作业时一般放下支腿,不能负荷行驶,且不能配套双绳抓斗使用,因此其使用受到一定局限。

(3) 轮胎起重机

轮胎起重机是安装在具有专用底盘上车辆上的全旋转臂架起重机。这种车辆上的轮距和轴距配合适当,稳定性好,并能在平坦的地面上吊货行驶,但走行速度较低,所以适合固定在一个货场内作业。轮胎起重机的起重量大、稳定性好,在一定的起重范围内可以不用支腿作业,灵活方便,且能配套双绳抓斗进行散货作业。

4. 堆垛起重机

堆垛起重机是可以在自动化仓库高层货架之间或高层码垛货场完成取送、堆垛、分拣等作业的起重机。其突出的特点是在可以升降的载货台上装有可以伸缩的货叉机构,能方便地在指定的货格或位置上放、取单元化货物。

二、装卸搬运车辆

装卸搬运车辆是依靠机械本身的运行和装卸机构的功能,实现物品的水平搬运和装卸、码垛(小部分车辆无装卸功能)的车辆。

1. 叉车

国家标准《物流术语》(GB/T 18354-2006)对叉车(Fork Lift Truck)的定义是："具有各种叉具,能够对物品进行升降和移动以及装卸作业的搬运车辆。"叉车又名叉车装卸机,它以货叉作为主要的取物装置,依靠液压起升机构实现货物的托取、码垛等作业,由轮胎运行机构实现货物的水平运输。按性能和功用分类,有平衡重式叉车、侧面式叉车、前移式叉车、插腿式叉车、集装箱式叉车、伸缩臂式叉车、低位拣选叉车、高位拣选叉车、托盘式叉车、多方向堆垛叉车等。

(1) 平衡重式叉车。平衡重式叉车的工作装置位于叉车的前端,货物载于前端的货叉上,为了平衡前端货物的重量,需要在平衡式叉车的后部装有平衡重。前轮为驱动轮,后轮为转向轮。平衡重式叉车可以由司机单独操作完成货物的装卸、搬运和堆垛作业,并且通过变换属具扩大叉车的使用范围并提升作业效率。

(2) 侧面式叉车。侧面式叉车的门架、起升机构位于叉车的中部,可以沿着横向导轨移动。货叉位于叉车的侧面,侧面还有一个货物平台。当货叉沿着门架上升到大于货物平台高度时,门架沿着导轨缩回,降下货叉,货物便放在叉车的货物平台上。侧面式叉车的门架的货叉在车体一侧。车体进入通道,货叉面向货架或货垛,装卸作业不必先转弯再作业。这种叉车适用于窄通道作业,且有利于条形、长尺寸物品的装卸搬运。

(3) 前移式叉车。前移式叉车具有两条前伸的支腿,支腿较高,支腿前端有两个轮子。叉车的门架可以带着起升机构沿着支腿内侧轨道前移,便于叉取货物。叉完货物,起升一小段高度后,门架又沿着支腿内侧轨道回到原来的位置。前移式叉车起重量较小,采用电动机进行驱动。前移式叉车具有平衡重式叉车和电动堆垛机的共同特征,具有操作灵活和高荷载的优点,同时体积和自重不会增加很多,可以节省空间,适用于通道较窄的室内仓库作业。

(4) 插腿式叉车。插腿式叉车前方带有小轮子的支腿,能与货叉一起伸入货物底部,由货叉托起货物。货物重心位于前后车轮所包围的支撑平面内,稳定性好,不必再设平衡重。它的作业特点是起重量小、车速低、结构简单、外形尺寸小、行走轮直径小、对地面要求较高,适用于通道狭窄的仓库和室内堆垛、搬运作业。

(5) 集装箱式叉车。集装箱式叉车采用柴油发动机作为动力,是集装箱码头和堆场上常用的一种集装箱专用机械,主要用于堆垛空集装箱等辅助性作业,也可在集装箱吞吐量不大的综合性码头和堆场进行装卸与短距离搬运。

(6) 伸缩臂式叉车。伸缩臂式叉车是一种具有越野性能、带伸缩臂的多用途叉车,伸缩臂式叉车标配一副货叉。除了货叉,伸缩臂式叉车还可以配装不同的属具。伸缩臂式叉车的多功能性,就是通过成百上千种属具来实现的。针对不同的工况,使用不同的属具,达到高效、安全、经济的作业目的。与平衡重式叉车相比,伸缩臂式叉车具有三个优点:① 适用的作业范围广;② 稳定性有所改善;③ 前方视野良好。

(7) 低位拣选叉车。低位拣选叉车平台一般离地 200 毫米左右,支撑脚轮直径较小,仅适合在车间平坦路面上行驶。低位拣选叉车的主要特点就是操作者能够跟随装卸装置一起在车上进行拣货作业,在进行少批量、多品种的拣货作业时,这种叉车通常与高层货架配合。

(8) 高位拣选叉车。高位拣选叉车主要在物流中心或配送中心的高架仓库内完成货物的存取作业。其特点是货叉可以向前、向左、向右三个方向旋转,通常在高层货架区的窄通道内进行货物的存取作业。起升高度一般为 4—6 米,最高可达到 13 米,提高了仓库的空间利用率。

(9) 托盘式叉车。托盘式叉车又称托盘搬运车,是以搬运托盘为主的搬运车辆。它包括手动托盘叉车和电动托盘式叉车。与平衡重式叉车相比,托盘式叉车体型小、重量轻。采用人工操作时,其负载不能太大。在物流活动中,手动托盘式叉车主要用于区域装卸,当搬运距离加大时,应采用电动托盘式叉车。

(10) 多方向堆垛叉车。多方向堆垛叉车在行进方向两侧或一侧作业,货叉能旋转 180°,向前、向左、向右三个方向进行叉货作业。该叉车通常在高层货架区的窄通道内进行货物的存取作业,提高了仓库的空间利用率。

2. 搬运车

搬运车是一种用于载货、主要在物流据点内进行水平搬运的车辆。小车上的载荷平台有固定式和升降式。其中,升降式搬运车的载荷平台较低,可以伸入货架或托盘底部,托起货架或托盘后进行搬运。

地面无人搬运系统是 20 世纪 60 年代出现的搬运技术,它是随着工厂自动化和柔性制造系统(Flexible Manufacturing System,FMS)的诞生而发展起来的,现广泛运用于物流产品流程系统中,有利于提高物流效率。地面无人搬运系统类型很多,主要有拖链小车无人搬运系统、无人搬运车系统和自动导引搬运车(Automated Guided Vehicle,AGV),其中国际上无人搬运车的需求量自 20 世纪 80 年代起一直稳定增长。随着导向可靠性的提高,无人搬运车的速度已经提高到 6 000 公里/时。它可以短距离离开导向线位置,完成一定装卸作业后再返回导向线,离开的距离最远可达 18 米,大大减少了导向线的总长。无人搬运车系统的装卸手段日趋完善,既可在装卸点设置自动装卸机械转载,又可在小车上装设货叉、摩擦轮或倾翻式平台等自动装卸货物,装载量已经提高到 500—2 000 千克,提升高度可达 12 米。

3. 牵引车和挂车

牵引车是具有机动运行和牵引装置,但本身不能载货的车辆;而挂车是无动力的车辆,必须由牵引车拖车运行。当牵引车和挂车配合使用时,构成牵引列车,在较长的距离内搬运货物,具有较好的经济性和较高的效率。

### 三、连续输送技术

连续输送技术是一种可以将在一定的输送线路上的物资,从装载起点到卸载终点以恒定的或变化的速度进行输送的技术。

1. 带式输送机

带式输送机既是一种输送带作业牵引构件,同时又是作业承载构件的连续运输机。一般进行水平或较小倾角的物资输送,可以连续装载散装物资或包装好的成件物品。其整个输送带都支承在托辊上,并且绕过驱动滚筒和张紧滚筒。

2. 斗式输送机

斗式输送机是用于在竖直方向和较大倾角时运送散粒或碎块物资,也能运送成件的物品。它的主要构造为:固接着一系列料斗的牵引构件(胶带、链条)环绕在提升机的头轮与底轮之间闭合运转,利用料斗的装载机倾卸实现竖直方向上的物资输送。

3. 悬挂输送机

悬挂输送机将装载物资的吊具通过滑架,悬挂在架空轨道上,滑架受牵引构件(链条等)牵引,沿着架空轨道悬空输送。它可以输送装入容器的成件物品,也用于企业成品和半成品的输送。

4. 辊子输送机

辊子输送机是一系列以一定间距排列的辊子组成的,用于输送成件物品或托盘货物的输送设备。它的结构简单,运转可靠,布置灵活,输送平稳,使用方便,经济节能。它与生产过程和装卸搬运系统能很好地衔接和配置,利用多种功能,组成流水作业,可并排组成大宽度的输送机,以运送大型成件物品,在仓库、港口、货场得到了广泛的应用。

5. 螺旋输送机

螺旋输送机将带有螺旋叶片的转轴装在封闭的料槽内旋转,利用螺旋面的推力使散料物资沿着轴向输送的一种连续输送机械。螺旋输送机分为固定式和移动式两种。固定式输送机一般属于慢速输送机,可以进行距离不太远的水平输送或低倾角的输送,通常用于车间内。移动式输送机一般属于快速输送机,可以完成垂直或高倾角输送,通常用于物料出库、装卸、灌包等作业。

6. 滚柱输送机

滚柱输送机是一种装有一系列相邻且顺序排列的滚柱和支架组成的输送机。它主要运送成型、成件的物资。滚柱可以在直线上,也可以在弯曲线路上布置。滚柱有动力驱动和人力驱动两种。

7. 振动输送机

振动输送机是利用某一形式的激振器(机械式或电磁式)使运料槽体沿某一方向产生振动,从而将物资由一端运送至另一端。

8. 链条输送机

最简单的链条输送机是由两根套筒辊子链条组成的,链条由驱动链轮牵引,链条下面有导轨、支承着链节的套筒辊子。货物直接压在链条上,随着链条的运动而向前移动。

### 9. 气力输送装置

气力输送装置是借助于具有一定能量的气流(通常采用空气流),沿着一定管路将散状、颗粒状或粉状物从一处送到另一处目的地的装置。气力输送机结构简单,能保护环境不受污染,被广泛应用于装卸粮食、水泥等物料。在大多数气力输送机系统中,物料颗粒处于悬浮状态。这种悬浮式系统有三类,即吸送式、压送式和混合式。吸送式气力输送系统供料简单、方便,可以从多处同时吸料,但只能在一处卸料,输送距离较短;压送式气力输送系统只能在一处供料,但可以在多处卸料,适合长距离输送,生产率较高;混合式气力输送系统由吸送部分和压送部分组成,兼有吸送式输送系统和压送式输送系统的优点。

## 四、散装装卸技术

这是一种具有装卸搬运和运输两种功能的组合机械,主要以装卸搬运散装物资为主。

### 1. 装载机、卸载机

装载机是以装载、运输为主,将物资由货场取出,通过运输系统装车或装船等的机械。典型的装载机有装车机、装船机等。卸载机是以卸载、运输为主,将物资从车或船中取出,运往货场或仓库的机器。装载机、卸载机一般由几种输送机组合而成,具有作业效率高、节省人力等优点。

(1) 干散货装船机。干散货装船机主要有移动式、弧形式和直线式三种类型。移动式装船机可沿泊位全长行走,可在任意舱门和落点装船,适用于多泊位、各种船型的装船作业。弧线式装船机一端固定,另一端沿弧线型轨道摆动,适合于多方位泊位,装船机不沿岸线移动,降低了水工建筑投资。直线型装船机除了具有弧线式装船机的优点,它的投资更省,能缩短码头岸线长度,增加作业面积。

(2) 干散货卸车机。干散货舱快速卸车是加快车船周转、保证高速转运和装船的重要环节。目前国际上卸车主要采用翻车机和底开门自卸车等卸车设备。

(3) 干散货卸船机。干散货卸船机作业一直是装卸作业中的薄弱环节。目前,国际上普遍采用间歇式抓斗机、桥式抓斗卸船机和连续式卸船机。

### 2. 翻车机

翻车机是使货车翻转倾倒,将物资卸入地下运输系统的一种大型机械,它一般需要设置重车推入和空车牵出等辅助机械配合使用。翻车机具有卸车效率高、生产能力大、机械化程度高等特点,适用于大型专业化散货码头或货场。

### 3. 堆取料机

堆取料机是既能从货场上挖取散状物资输送到指定地点,又能将散料物资通过运输系统送入货物堆放的大型机械。按照其功能可分为取料机、堆料机和堆取料机三种。

## 第三节　装卸搬运管理

### 一、装卸搬运机械选择

在物流各个环节,选择装卸搬运机械主要依据以下五个条件:

(1) 作业性质。明确是单纯的装卸或单纯的搬运,抑或需要更为机动一些的装卸搬运多功能机具。

(2) 作业运动方式。根据作业场地,确定作业运动方式。一般典型的运动方式有三种,即水平运动、垂直运动和斜面运动。

(3) 作业速率。按物料进出量要求,确定是高速作业还是平速作业,是连续作业还是间歇作业。

(4) 作业对象体形及重量。按作业对象体形可分为粉粒体、液体、散块体、包装体等,包装体又分为袋装体、箱装体、罐装体等不同类型,这些都是选择机械及工作方式的依据。

(5) 搬运距离。一般搬运距离在 500 米以下。可按不同的距离范围选择不同搬运能力的机具。

表 4-3 和表 4-4 分别列出了在不同条件下对装卸搬运机械和输送机的选择。

**表 4-3　装卸搬运机械选择**

| 作业运动方式 | 物品重量（千克） | 搬运距离（米） | 手车 | 手推车 | 搬运车 | 电动搬运车 | 手推平板车 | 电动平板车 | 步行操纵叉车 | 叉车 | 侧面升降叉车 | 电动自动装卸车 | 动力牵引车 |
|---|---|---|---|---|---|---|---|---|---|---|---|---|---|
| 水平（间歇） | 5—15 | 5—15 | √ | | | | | | | | | | |
| | | 5—50 | | √ | | | | | | | | | |
| | 100—250 | 5—50 | | | √ | √ | | | | | | | |
| | | 50—200 | | | √ | √ | √ | √ | | | | | |
| | 250—500 | 5—15 | | | | | | | | √ | √ | √ | |
| | | 5—50 | | | √ | √ | √ | √ | √ | √ | | √ | |
| | | 50—200 | | | | √ | | √ | | √ | | √ | |
| | 500—1 500 | 5—50 | | | | √ | | √ | √ | √ | | √ | √ |
| | | 50—200 | | | | √ | | √ | | √ | | √ | |
| | | 200 以上 | | | | | | | | | | | √ |
| | 1 500—8 000 | 15—200 | | | | √ | | | | √ | √ | √ | |
| | | 200 以上 | | | | | | | | | | √ | √ |

表 4-4 输送机选择

| 作业运动方式 | | 物品重量（千克） | 搬运距离（米） | 输送机 | | | | | | | | | | |
|---|---|---|---|---|---|---|---|---|---|---|---|---|---|---|
| | | | | 移动混式输送机 | 算盘式输送机 | 滚轮输送机 | 带移动车轮传送带 | 板条输送带 | 固定设备传送带 | 辊子输送机 | 链式输送机 | 吊运输送机 | 盘式输送机 | 台式输送机 |
| 水平（连续） | 单件 | 1—10 | 3—10 | √ | √ | √ | √ | √ | √ | √ | | | √ | |
| | | | 10—50 | | | | | | √ | √ | | | √ | |
| | | 10—30 | 3—10 | √ | | | √ | √ | √ | √ | | | √ | |
| | | | 10—50 | | | | | | √ | √ | | | √ | |
| | | 30—500 | 50—500 | | | | | | | √ | | √ | | √ |
| | | 500—10 000 | | | | | | | | √ | √ | | | √ |
| | 集装 | 300—1 500 | 50—500 | | | | | | | √ | √ | | √ | √ |
| 斜面（连续） | 单件 | 1—10 | 3—10 | | | √ | √ | | | | | | | |
| | | | 10—50 | | | | | | √ | | | | √ | |
| | | 10—30 | 3—10 | | | | √ | √ | | | | | | |
| | | | 10—50 | | | | | | √ | | | | | |
| | | 30—500 | 50—500 | | | | | | | | √ | √ | | √ |
| | | 500—10 000 | | | | | | | | | | √ | √ | √ |
| | 集装 | 300—1 500 | 50—500 | | | | | | | | | √ | | √ |

## 二、装卸搬运机械配套

在一个大型的货场中，装卸搬运作业往往靠一两台机械设备是不能胜任的，因此在采用几台相同设备或数台不同类型的设备协同作业时，机械设备如何做到配套成龙便成为一个非常重要的课题。

1. 配套原则

（1）装卸搬运机械必须要相互联系、相互补充、相互衔接，促使物流顺畅进行。例如，叉车、汽车起重机及其他各种运输机械，配合门式起重机作业，在许多仓库、车站被广泛采用。

（2）装卸搬运机械在作业吨位上的配套，可以使每台机械设备的能力都得到充分的发挥。这样，在单位时间里可以使装卸搬运作业量达到最大值。

（3）装卸搬运机械在作业时间上的紧凑，首先应合理安排机械的运行距离，使前一个装卸搬运作业过程与下一个装卸搬运作业过程的速率相同。例如，采用传动带进行装卸搬运作业，其作业活动由输送带上的移动、输送带两端的装卸等环节以同一速率进行，否则作业就不能达到协调和高效。

2. 配套方法

（1）按装卸搬运作业量和被装卸搬运物品的种类进行机械配套。在确定各种机械生产能力的基础上,按每年装卸搬运 1 万吨货物需要的机械台数、每台机械所担任装卸搬运物品的种类及每年完成装卸搬运货物的吨数进行配套(见公式 4-1)。

$$Z^* = (Q_1\eta - Q_2)Z_1 \tag{4-1}$$

其中,$Z^*$ 为配套机械台数;$Q_1$ 为装卸搬运总作业量;$\eta$ 为某种货物占 $Q_1$ 的百分数;$Q_2$ 为货主或地方单位承担的装卸量;$Z_1$ 为每年装卸搬运 1 万吨需要的机械台数。

(2) 运用线性规划方法设计装卸搬运作业机械的配套方案。运用线性规划方法是指根据装卸搬运作业现场的要求,列出数个线性不等式,并确定目标函数,然后求其最优解(见公式 4-2)。

$$\min G = \sum_{i=1}^{n} g_i x_i$$

$$\begin{cases} \sum_{i=1}^{n} r_i x_i \geqslant Q \\ \sum_{i=1}^{n} t_i x_i \leqslant T_e \\ \sum_{i=1}^{n} u_i x_i \leqslant U_e \\ x_i \leqslant Y \\ x_i \geqslant 0 \end{cases} \tag{4-2}$$

其中,$x_i$ 为设计方案中的各种机械设备;$g_i$ 为各种设备的作业费用;$r_i$ 为各种设备的日作业量;$Q$ 为现场要求的日最低装卸搬运作业量;$t_i$ 为各种设备的电耗定额;$T_e$ 为现场耗电指标;$u_i$ 为各种设备的油耗定额;$U_e$ 为现场耗油指标;$Y$ 为对 $i$ 种设备的限定台数。

(3) 运用综合费用比较法来确定装卸搬运机械的配套方案。运用综合费用比较法的原则是先比较初步方案的作业费用,再比较初步方案的利润情况,最后选出最佳方案。

### 三、装卸搬运人员及线路确定

1. 人员

对于自动化、机械化程度较低的装卸搬运作业,需要大量使用人力,人员的安排是物流企业管理的重要方面。装卸搬运作业的人力工种有设备操作、辅助设备作业、打码作业、人力装卸搬运作业。① 设备操作人员与设备为一体,根据设备操作的需要确定人员,若采用换班的停工不停机方式运行设备,就需要相应的多套操作人员。设备操作人员必须具有设备操作资格。② 辅助设备作业则是根据设备作业的需要,对设备作业进行挂钩、脱钩、扶持、定位等人力作业。人数因设备不同而具有不同要求。③ 打码作业是为设备作业服务的人力作业,一般一个打码组由 3—5 名人员组成,一个作业点设一个打码队。作业效率很高的龙门吊等可以安排 2—3 个打码组。④ 人力装卸搬运作业是需要较多人员的人力作业,作业效率极低,只有在特殊环境下采用,如设备损坏时的应急、冷库内的作业等,人力作业尽可能采用人力机械作业。

### 2. 作业线路

作业线路应符合五点要求：① 应该尽可能使作业线路最短；② 选择的作业线路应能保证搬运设备的顺畅运行；③ 作业线路尽可能没有大幅度、大角度转向；④ 同时进行的不同作业的作业线路不交叉，并保持同一方向运行；⑤ 作业线路不穿过其他正在进行的作业现场。

## 延伸阅读一

### 北京九州通医药公司的物流设施改造

#### 一、引言

北京九州通医药有限公司（以下简称"北京九州通"），是经北京市药品监督管理局批准成立的一家医药批发物流企业，经营业务以药品批发、物流配送和医药电子商务为主，前身是北京丰科城医药有限公司，成立于2001年3月。公司现注册资金6 000万元人民币，现有员工1 000余人，专营各类中药材、中药饮片、中成药、西药制剂、二类精神药、化学原料药、保健品、卫生用品、医疗器械、医疗商品等，品种规格达8 500多种。

公司现经营地址为北京市大兴经济开发区广平大街9号，场地开阔，环境优雅，已经建成国内一流的现代化的物流中心。公司仓库总面积为27 000平方米，营业场所与办公区域总面积为5 000平方米，公司总建筑面积达50 000平方米，严格按照国家《药品经营质量管理规范》要求和《北京市开办药品批发企业暂行规定》进行规划设计。这个医药物流中心可储存药品35万箱，年存吐量可达到1 000万箱，订单处理能力达5 000行/小时，出库准确率可达到99.999%。然而，这一切成绩的取得，都源于九州通开展了提升医药物流能力的成功实践，对物流设施设备和技术进行了卓有成效的创新。北京九州通于2005年7月正式启动了北京九州通达电子商务有限公司物流配送中心建设项目，2008年7月，该项目正式上线，并于同年8月完成验收。

#### 二、北京九州通物流中心物流设施改造实践

北京九州通运用先进物流技术对物流设施进行了改造，包括全面提前拣选、创新性地应用移动台车、PDA（无线手持终端）拣货、出库自动化分拣设备、自动化立库与储备拣选设备、零货内复核台自动分配设备、月台笼车、自动补货等设施设备与实用技术，显著提高了公司医药物流的现代化水平。

##### 1. 全面提前拣选

为实现拣货的同步性，北京九州通在系统中实现了拆零提前拣选的设计，与传统的拆零作业相比，电子标签全面拣选实现了无纸化，提高了拣选的准确率和效率。同一药品，可根据批号的不同分别设置货位，任何人都可以进行正确的拣选，保证了拣选的连续性与出库的及时性，有效降低了差错率。

2. 移动台车的创新性应用

在入库时使用移动台车进行收货,通过扫描枪扫描托盘条码后,系统能记录托盘,并且可通过电脑输入药品,将药品与托盘相对应。电脑通过无线网络将商品和托盘信息传至服务器,服务器通过LMIS(物流管理信息系统)对立体仓库下达指令,立体仓库输送线上的PDA读取托盘条码后,将该条码的托盘送至所分配的货位。

3. PDA的广泛应用

在拆零拣货上创新地应用了PDA拣货和纸单拣货相结合的模式,规避了纸单拣货、电子标签拣货、单种拣货模式存在的缺点,使作业的效率和作业的同步性增强。在补货上架时,用PDA扫描补货架上商品的条码,系统自动调出该商品的目的货位号,再用PDA扫描目的货位条码,扫描货位和需补货上架货位不符时PDA鸣叫报警,上架完成后在PDA上做补货上架确认。

4. 出库自动化分拣设备的应用

分拣系统分为复核分拣机(88条滑道)及出库分拣机(19条滑道)两部分:拆零拣选周转箱通过复核分拣机自动分拣至对应复核台进行包装复核作业。整箱与零货拼箱在二楼至四楼拣货完成后通过输送线在一楼出库分拣机进行集货分拣,共使用19条滑道,分拣能力可达2800箱/时,日出库箱数可达25 000箱,集货滑道上方设置LED显示屏,提示每张作业订单的执行状态。输送线全长3 000米,分为滚筒输送线、皮带输送线,输送线上配置移载机、BCR(固定式扫描仪)、光电开关等,将各库区连成有机的整套输送系统,实现了全仓库无连接死点的运作。

5. 自动化立库与储备拣选合一

应用自动化立体库与普通仓库相比,除了具备基本的存储货物功能,还具有显著的优越性。自动化立体仓库不仅能起到保管好物品的作用,更能满足及时、快速、高效的配送功能。通过电瓶叉车、双层输送线、9层螺旋输送线、16台AGV、8台堆垛机、8个巷道立体仓库托盘货架等设备的使用及ECS(电气控制系统)的实时监控,保证了高效率、高密度的专业化存储作业运作。

6. 零货内复核台自动分配

当某个订单任务到达包装复核区时,通过BCR扫描周转箱条码,LMIS读取并带出该周转箱所在订单所包含的信息。按照"复核台设备模式分配原则进行判断,依次按照复核台空闲暂存位数少优先、复核台总工作量少优先、复核台最后更新时间早优先、复核台编号小优先"原则分配实际复核台,经输送线自动分配到对应的复核台暂存位上。

7. 月台笼车管理

月台应用笼车全面实行精细化管理。在自提区,所有笼车必须加放挡板,相对而言增加了原有的货位数量,在配送区,笼车折叠后其底架端空出,以使其他笼车层叠靠集中放置,由此大大减少了占地空间,增加了月台的使用空间,提高了月台的周转率和空间的使用效率,为配送带来了极大的方便。

8. 自动补货

系统根据商品的库存上下限设定,按设置的自动产生补货任务时间点,定时发出对整件和零货的主动补货任务，作业人员根据系统补货信息，将需要补货的商品搬放至相应的补货输送线上，由输送线系统自动将商品运送到需要补货的货位，完成补货作业。自动补货系统能快速地反映市场变化和用户需求，同时可以降低库存量、改善库存周转。在配送中心建设并投入使用该设备后，北京配送中心实现储存40万箱、日均吞吐15 000箱、峰值吞吐25 000箱的能力，营销网络覆盖北京及周边地区，订单配送时间控制在12—24小时，出库差错率控制在万分之三至万分之四。

### 三、北京九州通物流能力提升的效果分析

通过实施设施设备改造，加强物流管理技术创新。北京九州通物流能力取得了明显的提升，经济效益和社会效益非常明显（见表4-5）。

表4-5　项目实施效果分析

| 实施目的 | 经济效益 | 社会效益 |
|---|---|---|
| 实现人均年物流吞吐量由目前的3 600个SKU提高为7 200个SKU | 按年销售收入40亿元人民币计算，物流作业量约为320万个SKU*（平均1 250元/SKU），所需物流人员由889人降至445人，减少人数444人，按人均成本2万元/年计，可节约人力成本888万元 | 1. 提高了劳动生产率，节能降耗，保护环境<br>项目使用机电一体化技术，改变商品的传输方式，节省了电能消耗；技改项目使用光电识别技术和无线传输技术，节省了纸张消耗，保护了森林资源，从而也保护了环境<br>2. 保障北京地区乃至华北地区人民的用药安全<br>北京地区乃至华北地区医药消费水平高，平均每年以18%以上的速度增长，而大型现代医药物流配送中心设施缺乏，项目实施后，公司的现代医药物流中心则可以为北京地区乃至华北地区人民的用药提供安全保障<br>3. 项目采用的物流技术和现代化设备极大地提高了医药物流现代化水平<br>该医药物流中心采用的物流技术和设施设备达到国际领先水平，其巨大的吞吐量和高效率，为北京地区成为环渤海经济圈的医药物流龙头打下了坚实的基础，同时也为中国的现代物流行业树立了一个典范<br>4. 减轻劳动强度，改善工作环境<br>医药物流中心建成之后，由于采用了一系列的自动化设施设备，由人工作业变为机械作业，员工的劳动强度大大降低，工作环境和劳动条件也得到了改善 |
| 分拣差错率由现有的千分之一降至十万分之一 | 按年销售收入40亿元人民币计算，分拣差错额将由原有的400万元降至4万元 | |
| 盘存差错率由现有的百分之一降至千分之一 | 按年销售额40亿元人民币、年周转次数12次计算，库存额为3.33亿元，则盘存差错额将由原有的333万元降至33.3万元 | |
| 节约日常纸张消耗 | 实施前采用纸单操作，实施后全部采用电子信息传输，年节约用纸消耗108万元，客观上为国家环保事业做出了积极贡献 | |
| 降低能耗 | 采用感应系统，传输装置由原来的全程作业传输改为感应分段作业传输，节省电能1/3以上 | |
| 增加仓储容量 | 高架库共12层、16排，每排75个货位，每个货位平均可存放16个SKU，可存储货物23万个SKU，加上分拣中心仓库可存放的15万个SKU，共可存储货物38万个SKU，可支撑年销售额40亿元以上 | |
| 直接配送比例由60%提高到80% | 按年销售额40亿元人民币计算，直接配送额由24亿元上升到32亿元，增加了8亿元；由于直接配送可增加销售毛利率约1%，可增加销售毛利约800万元 | |

\* SKU为库存量单位，即库存进出计量的单位，可以是以件、盒、托盘等为单位。

资料来源：中国物流与采购联合会，中国物流学会.中国物流管理优秀案例集[M].北京：中国物资出版社，2011。

## 延伸阅读二

### 从亚马逊物流系统看未来物流发展方向

亚马逊是最早玩转物流大数据的电商企业,它在业内率先使用了大数据、人工智能和云技术进行仓储物流的管理,还创新地推出了预测性调拨、跨区域配送、跨国境配送等服务,不断给全球电商和物流行业带来惊喜。下面介绍亚马逊的十大先进物流技术。

#### 1. 亚马逊的智能机器人 Kiva 技术

亚马逊于 2012 年斥资 7.75 亿美元收购了机器人制造商 Kiva Systems,大大提升了亚马逊的物流系统效率。据悉时至 2015 年亚马逊已经将机器人数量增至 10000 台,用于北美的各大运转中心。Kiva 系统作业效率比传统的物流作业提升了 2—4 倍,机器人每小时可跑 30 英里,准确率达到 99.99%。

Kiva 机器人作业颠覆了传统电商物流中心作业"人找货、人找货位"的模式,通过作业计划调动机器人,实现"货找人、货位找人"的模式,整个物流中心库区实现无人化,各个库位在 Kiva 机器人的驱动下自动排序到作业岗位。

#### 2. 无人机送货

早在 2013 年 12 月,亚马逊就发布了 PrimeAir 无人快递,客户在网上下单,如果重量在 5 磅以下,可以选择无人机配送,享受 30 分钟内快递到家服务。在该过程中,无人机在物流中心流水线末端自动取件,直接飞向顾客。2014 年,亚马逊首席执行官公开表示,亚马逊正设计第八代送货无人机,将采用无人机提供 AmazonFresh 生鲜配送服务。

#### 3. 订单与客户服务中的大数据应用

亚马逊是第一个将大数据推广到电商物流平台运作的企业。电商完整端到端的服务可分为五大类,即浏览、购物、仓储运营、配送和客户服务等。

(1) 用户浏览。亚马逊有一套基于大数据分析的技术来帮助精准分析客户的需求。具体方法是,后台系统会记录客户的浏览历史,据此把客户感兴趣的库存放在离他们最近的运营中心,这样方便客户下单。

(2) 购物便捷下单。这方面可以帮助客户不管在哪个角落,都可以快速下单,也可以很快知道他们喜欢的选品。

(3) 仓储运营。大数据驱动的仓储订单运营非常高效,在中国亚马逊运营中心最快可以在 30 分钟之内完成整个订单处理,也就是下单之后 30 分钟内可以把订单处理完并使商品出库,从订单处理、快速拣选到快速包装、分拣等一切活动都由大数据驱动,且全程可视化。由于亚马逊后台的系统分析能力非常强大,因此能够实现快速分解和处理订单。

(4) 配送。精准送达对于当前电商物流来说,绝对是一个技术活。电商物流的快物流不是本事,真正高技术的电商物流服务是精准的物流配送。亚马逊的物流体系会根据客户的具体需求时间进行科学配载,调整配送计划,实现用户定义的时间范围的精准送达;美国亚马逊还可以根据大数据的预测,提前发货,在与线下零售正面交锋中拥有绝对的竞争力。

(5) 大数据驱动的亚马逊客户服务。据悉亚马逊中国提供的是 7×24 小时不间断的客户服务,首次创建了技术系统识别和预测客户需求,根据用户的浏览记录、订单信息、来电问题,定制化地向用户推送不同的自助服务工具,大数据可以保证客户可以随时随地通过电话联系对应的客户服务团队。

### 4. 智能入库管理技术

在亚马逊全球的运营中心,可以说是把大数据技术应用得淋漓尽致,从入库这一时刻就开始了。

(1) 在入库方面采用独特的采购入库监控策略,亚马逊基于自己过去的经验和所有历史数据的收集,了解什么样的品类容易坏、坏在哪里,然后给它进行预包装。这都是在收货环节提供的增值服务。

(2) 亚马逊的 Cubi Scan 仪器会对新入库的中小体积商品测量长宽高,根据这些商品信息优化入库。这给供应商提供了很大方便。此外,客户不需要自己测量新品,从而能够大大提升新品上升速度;同时亚马逊数据库可以存储下这些数据,在全国范围内共享,这样其他库房就可以直接利用这些后台数据,再把这些数据放到合适的货物里可以收集信息,有利于后续的优化、设计和区域规划。

### 5. 大数据驱动的智能拣货和智能算法

(1) 智能算法驱动物流作业,保障最优路径。在亚马逊的运营中心,不管是什么时间点,基本上在任何一个区域、任何一个通道里面,你不太会看到很多人围在一起,为什么?因为亚马逊的后台有一套数据算法,它会给每个人随机地优化他的拣货路径。拣货的员工直接朝前走,不走回头路。系统会推荐下一个拣货点,永远不会走回头路。而且确保货品全部拣选完了之后,总的拣货路径最少,通过这种智能的计算和推荐,可以把传统作业模式的拣货行走路径减少至少 60%。

(2) 图书仓复杂的作业方法。图书仓采用的是加强版监控,会避免将那些相似品放在同一个货位。由于图书需求大,其进货量很大。批量的图书一般会穿插摆放,因为据亚马逊采集的数据分析,这样可以保证每个员工出去拣货的任务较为平均。

(3) 畅销品的运营策略。亚马逊通过后台大数据,对需求量大的货品会批量进货,同时将其放置在离发货区较近的地方,这样可以减少员工的负重行走路程。

### 6. 随机存储

(1) 随机存储的运营原则。随机存储是亚马逊运营的重要技术,但要说明的是,亚马逊的随机存储不是随便存储,是有一定的原则性的,特别是畅销商品与非畅销商品,要考虑先进先出的原则,同时随机存储与最优路径也有重要关系。

(2) 随机存储与系统管理。亚马逊随机存储的核心是系统 Bin,它将货品、货位、数量绑定关系发挥到了极致。① 收货:把订单看成一个货位,运货车是另一个货位,收货即货位移动;② 上架:Bin 绑定货位与货品后随意存放;③ 盘点:与 Bin 同步,不影响作业;④ 拣货:Bin 生成批次,指定库位,给出作业路径;⑤ 出货:订单生成包裹。

(3) 随机存储的运营特色。亚马逊的运营中心特色之一是随机上架,实现的是见缝插针的最佳存储方式。看似杂乱,实则乱中有序。实际上这个乱不是真正的乱,而是指打破品类和品类之间的界线,将不同品类的商品放在一起。有序是指库位的标签就是它的GPS,然后这个货位里面所有的商品其实在系统里面都是各就其位,非常精准地被记录在它所在的区域。

**7. 智能分仓和智能调拨**

亚马逊作为全球大云仓平台,其智能分仓和智能调拨拥有独特的技术含量。在亚马逊中国,全国十多个平行仓的调拨完全是在精准的供应链计划的驱动下进行的。

(1) 通过亚马逊独特的供应链智能大数据管理体系,亚马逊实现了智能分仓、就近备货和预测式调拨。它不仅可应用在自营电商平台,在开放的"亚马逊物流+"平台中应用得更加有效果。

(2) 智能化调拨库存。全国各个省市包括各大运营中心之间有干线的运输调配,以确保库存已经提前调拨到离客户最近的运营中心。以整个智能化全国调拨运输网络很好地支持了平行仓的概念,全国范围内只要有货就可以下单购买,这是大数据体系支持全国运输调拨网络的充分表现。

**8. 精准预测、二维码精准定位技术**

(1) 精准的库存信息。亚马逊的智能仓储管理技术能够实现连续动态盘点,库存精准率达到 99.99%。

(2) 精准预测库存,分配库存。在业务高峰期,亚马逊通过大数据分析可以做到对库存需求精准预测,在配货规划、运力调配,以及末端配送等方面做好准备,平衡了订单运营能力,大大降低了爆仓的风险。

(3) 亚马逊全球运营中心中,每一个库位都一个独特的编码,二维码是每一个货位的身份证,可借此在系统里查出商品定位。亚马逊精准的库位管理可以实现全球库存精准定位。

**9. 可视化订单作业、包裹追踪**

(1) 跨境电商方面,2016 年 8 月 13 日亚马逊发布了"海外购·闪购",这是依托保税区/自贸区发货的创新模式。亚马逊海外购的商品非常有价格优势,同质同价。

(2) 全球云仓库存共享。在中国就能看到来自大洋彼岸的库存,亚马逊实现全球百货直供中国,这反映出全球电商供应链可视化中亚马逊独特的运营能力。亚马逊在中国实现了全球可视化的供应链管理,这是独一无二的。

(3) 国内运作方面,亚马逊平台可以让消费者、合作商和亚马逊的工作人员全程监控货物、包裹位置和订单状态。比如:昆山运营中心品类丰富,任何客户的订单执行,从前端的预约到库存调拨、拣货、包装、配送发货,最后到客户手中,整个过程环环相扣,每个流程都有数据的支持,并通过系统实现全订单的可视化管理。

10. 亚马逊独特的发货拣货——八爪鱼技术

2016年"双十一"的亚马逊运营中心,大量采用这样的八爪鱼技术。这个名字很形象,工作人员像八爪鱼一样,会根据客户的送货地址,然后设计出不同的送货路线。在八爪鱼这边的工作台操作的员工,主要是负责把在前面已经运作完的货品,分配到专门的路线上去。

这种运营模式下,一个员工站在分拣线的末端就可以非常高效地将所有包裹通过八爪鱼工作台进行分配:站在工作台中间那个位置,一个人可以眼观六路,作业台可以通达八方,非常高效,没有人员的冗余。而且,八爪鱼上全部是滚珠式的琉璃架,没有任何的板台,员工操作起来很轻松。

资料来源:中国物流与采购网,www.chinawuliu.com.cn,2016-11-15。

## 本章提要

装卸搬运是在某一物流节点范围内进行的,以改变物料的存放状态和空间位置为主要内容和目的的活动,是决定物流速度的关键。装卸搬运的方式有单件作业方式、集装作业方式和散装作业方式等。其合理性一般体现在装卸搬运次数少、移动距离短、衔接流畅、机械化、装卸搬运活性高等方面。

装卸搬运技术和设备包括起重技术、装卸搬运车辆、连续输送技术和散装装卸技术。对装卸搬运进行管理必须合理装卸搬运机械,对装卸搬运机械进行配套,科学确定装卸搬运人员及线路。

## 练习与思考

1. 装卸搬运有哪些特点?
2. 试对比几种不同的装卸搬运方式。
3. 试述如何判断装卸搬运的合理性。
4. 如何合理选择装卸搬运机械?
5. 科学的装卸搬运作业线路有哪些要求?

21世纪经济与管理规划教材

物流管理系列

# 第五章

# 现 代 包 装

**知识要求**

通过本章的学习,能够
- 掌握包装的概念及其在物流活动中的地位
- 熟悉现代包装的几种分类方式
- 熟悉一些常见的现代包装技术
- 熟悉包装标准化的意义,并认识基本的包装标准及标识

**技能要求**

通过本章的学习,能够
- 判断包装的合理性
- 根据实际需要合理选择包装
- 熟练使用集装化及成组化包装

## 第一节 现代包装概述

### 一、现代包装概念

1. 现代包装的定义

国家标准《物流术语》(GB/T 18354-2006)对包装(Packaging)的定义是:"为在流通过程中保护产品、方便储运、促进销售,按一定技术方法而采用的容器、材料及辅助物等的总体名称。也指为了达到上述目的而采用容器、材料和辅助物的过程中施加一定技术方法等的操作活动。"从定义可以看出,"包装"一词可以用作名词,又可以当动词使用,包装是包装物及包装操作的总称。

2. 现代包装的功能

包装在整个物流活动中具有特殊的地位。在生产和流通过程中,包装一般处于生产过程的末尾和物流过程的开头,贯穿于整个物流过程。它是物流活动的基础,没有包装几乎不可能实现物流的其他活动(散货物流除外)。包装的材料、形式、方法以及外形设计都对其他物流环节产生重要的影响。包装的功能主要包括以下五个方面:

(1) 保护功能,即保护物品不受损伤的功能,它体现了包装的主要目的,包括四个方面:① 防止物品破损变形。为了防止物品破损变形,物品包装必须承受在运输配送、储存保管、装卸搬运等过程中的各种冲击、振动、颠簸、压缩、摩擦等外力的作用,形成对物品的保护,而且具有一定的强度。② 防止物品发生化学变化。为了防止物品受潮、发霉、变质、生锈等,物品包装必须能在一定程度上起到阻隔水分、潮气、光线以及空气中各种有害气体的作用,避免受外界不良因素的影响。③ 防止有害生物对物品的影响。鼠、虫及其他有害生物对物品有很大的破坏性。如鼠、白蚁等生物会直接吞食纸张、木材等物品。包装封闭不严,会给细菌、虫类造成侵入之机,导致物品变质腐烂,特别是对食品的危害性更大。④ 防止异物流入、污物污染、丢失、散失等。

(2) 便利、效率功能,即具有便利流通、方便消费的功能,主要体现在三个方面:① 便利配送运输。包装的规格、形状、重量与物品运输关系密切。包装尺寸与运输车辆、船舶、飞机等运输工具箱、仓容积的吻合性,方便了运输,提高了运输效率。② 便利装卸搬运。物品经过适当的包装后为装卸搬运作业提供了方便,物品的包装便于各种装卸搬运机械的使用,有利于提高装卸搬运机械的生产效率。包装的规格尺寸标准化后为集合包装提供了条件,从而能极大地提高装载效率。③ 便利储存保管。物品的包装为储存保管作业提供了方便条件,便于维护物品本身原有的使用价值。包装物的各种标志使仓库的管理者易于识别,易于存取,易于盘点,有特殊要求的物品易于引起注意。

(3) 定量功能,即单位定量或单元化,形成基本单件或与目的相适应的单件。包装有将商品以某种单位集中的功能,以达到方便物流和方便商业交易等目的。从物流方面来考虑,包装单位的大小要和装卸、保管、运输条件的能力相适应。在此基础上应当尽量做到便于集中输送以获得最佳的经济效果,同时又能分割及重新组合以适应多种装运条件及分货要求。从商业交易方面来考虑,包装单位大小应适合进行交易的批量,零售商品方面应适合消费者的购买。

(4) 商品功能,即塑造商品形象。杜邦定律(美国杜邦化学公司提出)认为,63%的消费者是根据商品的包装来进行购买的,而商品市场和消费者是通过商品来认识企业的。因此,商品的包装就是企业的面孔,好的商品包装能够在一定程度上提高企业的市场形象。

(5) 促销功能,即具有广告效力,唤起购买欲望。合理的包装有利于促进商品的销售。在商品交易中促进物品销售的手段很多,其中包装的设计占有重要地位,精美的包装能唤起人们的购买欲望。包装的外部形态是商品很好的宣传品,对客户的购买有刺激作用。

## 二、现代包装方式

1. 销售包装

国家标准《物流术语》(GB/T 18354-2006)对销售包装(Sales Package)的定义是:"直接接触商品并随商品进入零售店和消费者直接见面的包装。"销售包装又称商业包装、消费者包装或内包装,它主要是根据零售业的需要,作为商品的一部分或为方便携带所做的包装,即所谓的逐个包装。一般来说,在物流过程中,商品越接近客户,越要求包装起到促进销售的效果,这种包装的特点是外形美观,有必要的设计,包装上有对于商品的详细说明,包装单位适于客户购买以及商店柜台的陈设要求。

在 B2C 这种电子商务模式中,销售包装应该是最重要的,因为客户在购买商品之前,在网上最先看到的就是这种商品的包装,只有商品包装吸引人,才能够引发客户的购买欲望。而且,随着个性化需求的出现,客户在购买商品时,可能会要求商家按照自己的需要为商品进行包装,这也是企业必须注重商业包装的一个原因。

销售包装的主要功能是定量功能、标识功能、商业功能、便利功能和促销功能,主要目的在于促销,便于商品在柜台上零售,以及提高作业效率。

2. 运输包装

国家标准《物流术语》(GB/T 18354-2006)对运输包装(Transport Package)的定义是"以满足运输、仓储要求为主要目的的包装"。运输包装又称工业包装或外包装,它不像商业包装那样注重外表的美观,而更强调包装的实用性和费用的低廉性。因此,运输包装的特点是在满足物流要求的基础上使包装费用越低越好,为此必须在包装费用和物流损失两者之间寻找最优的平衡。

在 B2B 这种商业模式中,运输包装应该是最重要的,因为企业在购买其他企业的产品之前,肯定已经对该产品的各项性能有了基本了解,而购买此商品的主要目的就是为生产自己的产品服务。因此,企业并不在乎商品包装的美观而更在乎商品包装能否保证商品的质量不受损失。

运输包装的主要功能是保护功能、定量功能、便利功能和效率功能,主要目的是保护产品从结束其制造生产到进入消费之前,免受自然因素和人为因素的影响。

3. 其他包装分类

前面的分类,是以现代包装在物流中发挥的作用不同为指标的,对于其他包装方式的分类及内容,参见表 5-1。

表 5-1 其他包装方式的分类及内容

| 标准 | 方式 | 主要内容 |
| --- | --- | --- |
| 包装材料 | 纸制品包装 | 用纸袋、瓦楞纸箱、硬质纤维板等对商品进行包装 |
| | 塑料制品包装 | 用塑料薄膜、塑料袋以及塑料容器等对商品进行包装 |
| | 木制容器包装 | 用普通木箱、花栏木箱、木条复合板箱、金属网木箱以及木桶等对商品进行包装 |
| | 金属容器包装 | 用黑白铁、马口铁、铝箔和钢材等制成的包装容器对商品进行包装 |
| | 纤维容器包装 | 用麻袋和维纶袋等对商品进行包装 |
| | 玻璃陶瓷包装 | 用耐酸玻璃瓶和耐酸陶瓷等对商品进行包装 |
| | 复合材料包装 | 用两种以上的材料复合制成的包装,如纸与塑料、纸与铝箔和塑料等 |
| | 其他材料包装 | 以竹、藤、苇等制成的包装,如各种筐、篓和草包等 |
| 包装形态 | 个装 | 物品按数量、逐个进行的包装 |
| | 内装 | 货物的内部包装 |
| | 外装 | 货物的外部包装 |
| 包装适用范围 | 通用包装 | 不进行专门设计制造,而根据标准系列尺寸制造的包装,用以包装各种标准尺寸的产品 |
| | 专用包装 | 根据被包装物特点进行专门设计、专门制造,只适用于某种专用产品的包装 |
| 容器抗变能力 | 硬包装 | 包装体有固定形状和一定强度,又称刚性包装 |
| | 软包装 | 包装体柔软,有一定程度的变形,又称柔性包装 |
| 容器结构形式 | 固定式 | 包装尺寸、外形固定不变 |
| | 可拆卸折叠式 | 不使用时可拆卸折叠存放,以减小体积,方便保管和搬运 |
| 包装使用次数 | 一次用包装 | 只能使用一次,不再回收重复使用的包装 |
| | 多次用包装 | 回收后经适当地加工整理,仍可重复使用的包装 |
| | 周转用包装 | 工厂和商店用于固定周转,多次重复使用的包装 |

### 三、现代包装合理化

1. 不合理包装

不合理包装是在现有条件下可以达到的包装水平而未达到,从而造成了包装不足、包装过剩、包装污染等问题。目前一般存在的不合理包装形式有:

(1) 包装不足。包装不足会造成在流通过程中的损失并降低物流效率。包装不足主要包括四个方面:① 包装强度不足,导致包装防护性不足,造成被包装物受损的;② 包装材料水平不足,由于包装材料选择不当,材料不能很好地承担运输防护及促进销售的作用;③ 包装容器的层次及容积不足,因缺少必要层次与所需体积造成损失;④ 包装成本过低,不能保证有效的包装。

(2) 包装过剩。包装过剩主要包括四个方面:① 包装物强度设计过高,如包装材料载面过大,包装方式大大超过强度要求等,使包装防护性过高;② 包装材料选择不当,如可以用纸板时却采用镀锌、镀锡材料等;③ 包装技术过高,如包装层次过多、包装体积过大;④ 包装成本过高,大大超过减少损失可能获得的利益,同时包装成本在商品成本中比重过高,损害了消费者利益。

(3) 包装污染。包装污染主要包括两个方面:① 包装材料中大量使用的纸箱、木箱、塑料容器等,要消耗大量的自然资源;② 商品包装的一次性、豪华性,甚至采用不可降解的包装材料,严重污染环境。

2. 合理包装

包装合理化是指克服流通过程中的各种障碍,顺应物流发展而不断优化,取得最优经济社会效益,充分发挥包装实体有用功能的包装。在物流活动过程中,包装合理化朝着智能化、标准化、绿色化、单位大型化、作业机械化、成本低廉化等方向不断发展。

(1) 智能化。物流信息化发展和管理的一个基础是包装智能化,包装上的信息量不足或错误会直接影响物流各个活动的进行。随着物流信息化程度的提高,包装上除了标明内装物的数量、重量、品名、生产厂家、保质期及搬运储存所需条件等信息,还应粘贴商品条码、流通条码等,以实现包装智能化。

(2) 标准化。包装标准是针对包装质量及相关的各个方面,由一定的权威机构发布的统一规定。包装标准化可以大大减少包装的规格型号,提高包装的生产效率,便于被包装物品的识别和计量,它包括包装规格尺寸标准化、包装工业产品标准化和包装强度标准化三个方面的内容。

(3) 绿色化。在选择包装方式时,应遵循绿色化原则,通过减少包装材料、重复和循环使用材料、回收使用材料,以及生物降解、分解等措施,节省资源。

(4) 单位大型化。随着交易单位的大量化和物流过程中的装卸机械化,包装大型化趋势也在增强。大型化包装有利于机械的使用,提高物流活动效率。

(5) 作业机械化。包装作业机械化是提高包装作业效率、减轻人工包装作业强度、实现省力的基础。包装作业机械化首先从个装开始,之后是装箱、封口、挂提手等与外装相关联的作业。

(6) 成本低廉化。包装成本中占比例最大的是包装材料费用。因此,降低包装成本首先应该从降低包装材料费用开始,在保证功能的前提下,尽量降低材料的档次,节约材料费用支出。

## 第二节　现代包装技术

### 一、包装保护技术

1. 防震保护技术

防震包装又称缓冲包装,是指为减缓内装物受到冲击和振动,保护其免受损坏所采取的一定防护措施的包装。防震包装主要有以下三种方法:

(1) 全面防震包装方法。全面防震包装方法是指内装物和外包装之间全部用防震材料填满进行防震的包装方法。

(2) 部分防震包装方法。对于整体性好的产品和有内装容器的产品,仅在产品或内包装的拐角或局部地方使用防震材料进行衬垫即可。所用包装材料主要有泡沫塑料防震垫、充气型塑料薄膜防震垫和橡胶弹簧等。

(3) 悬浮式防震包装方法。对于某些贵重易损的物品,为了有效地保证在流通过程中不被损坏,外包装容器比较坚固,然后用绳、带、弹簧等将被装物悬吊在包装容器内。

2. 防破损保护技术

缓冲包装有较强的防破损能力,因而是一种有效的防破损包装技术。此外,还可以采取以下几种防破损保护技术:

(1) 捆扎及裹紧技术。捆扎及裹紧技术的作用,是使杂货、散货形成一个牢固整体,以增加整体性,便于处理及防止散堆来减少破损。

(2) 集装技术。利用集装,减少与货体的接触,从而防止破损。

(3) 选择高强度保护材料。通过外包装材料的高强度来防止内装物受外力作用破损。

3. 防锈包装技术

(1) 防锈油、防锈蚀包装技术。大气锈蚀是空气中的氧、水蒸气及其他有害气体等作用于金属表面引起化学作用的结果。如果使金属表面与引起大气锈蚀的各种因素隔绝,就可以达到防止金属受大气锈蚀的目的。防锈油包装技术就是根据这一原理将金属涂封防止锈蚀的。

(2) 气相防锈包装技术。气相防锈包装技术就是用气相缓蚀剂(挥发性缓蚀剂),在密封包装容器中对金属制品进行防锈处理的技术。气相缓蚀剂是一种能减慢或完全停止金属在侵蚀性介质中的破坏过程的物质。

4. 防霉腐包装技术

在运输包装内装运食品和其他有机碳水化合物货物时,货物表面可能生长真菌,在流通过程中如遇潮湿,真菌生长繁殖极快,使货物腐烂、发霉、变质,因此要采取特别防护措施。包装防霉烂变质的措施,通常是采用冷冻包装、真空包装或高温灭菌方法。

(1) 冷冻包装的原理是减缓细菌活动和化学变化的过程,以延长储存期,但不能完全消除食品的变质。

(2) 真空包装法也称减压包装法或排气包装法。这种包装可阻挡外界的水汽进入包装容器内,也可防止在密闭着的防潮包装内部存有潮湿空气,在气温下降时结露。

(3) 高温杀菌法可消灭引起食品腐烂的微生物,可在包装过程中用高温处理防霉。

5. 防虫包装技术

防虫包装技术,常用的是驱虫剂,即在包装中放入有一定毒性和臭味的药物,利用药物在包装中挥发气体灭杀和驱除各种害虫。常用驱虫剂有萘、对位二氯化苯、樟脑精等。也可采用真空包装、充气包装、脱氧包装等技术,使害虫无生存环境,从而防止虫害。

6. 危险品包装技术

危险品有上千种,按其危险性质,交通运输及公安消防部门将其分为十大类,即爆炸性物品、氧化剂、压缩气体和液化气体、自燃物品、遇水燃烧物品、易燃液体、易燃固体、毒害品、腐蚀性物品、放射性物品,有些物品同时具有两种以上危险性能。

(1) 对有毒商品的包装要明显地标明有毒的标志。防毒的主要措施是包装严密不漏、不透气。例如重铬酸钾(红矾钾)和重铬酸钠(红矾钠),为红色带透明结晶,有毒,应用坚固附桶包装,桶口要严密不漏,制桶的铁板厚度不能小于1.2毫米。

(2) 对有腐蚀性的商品,要注意商品和包装容器的材质发生化学变化。金属类的包装容器,要在容器壁涂上涂料,防止腐蚀性商品对容器的腐蚀。例如,包装合成脂肪酸的铁桶内壁要涂有耐酸保护层,防止铁桶被商品腐蚀,从而使商品也随之变质。

(3) 对于易燃、易爆商品,例如有强烈氧化性的,遇有微量不纯物或受热即急剧分解引起爆炸的产品,其有效包装方法是采用塑料桶包装,然后将塑料桶装入铁桶或木箱中,每件净重不超过50千克,并应有自动放气的安全阀,当桶内达到一定气体压力时,能自动放气。

7. 特种包装技术

(1) 真空包装。真空包装是将物品装入气密性容器后,在容器封口之前抽净空气,使密封后的容器内处于真空状态的一种包装方法。一般的肉类商品、谷物加工商品及某些容易氧化变质的商品都可以采用真空包装。真空包装不但可以避免或减少脂肪氧化,而且抑制了某些霉菌的生长。同时,在对其进行加热杀菌时,由于容器内部气体已排除,因此加速了热量的传导,提高了高温杀菌效率,也避免了加热杀菌时由于气体的膨胀而使包装容器破裂。

(2) 收缩包装。收缩包装就是用收缩薄膜裹包物品,然后对薄膜进行适当加热处理,使薄膜收缩而紧贴于物品的包装技术方法。收缩薄膜是一种经过特殊拉伸和冷却处理的聚乙烯薄膜,它在定向拉伸时会产生残余收缩应力,这种应力受到一定热量后便会消除,从而使其横向和纵向均发生急剧收缩,同时使薄膜的厚度增加,收缩率通常为30%—70%,收缩力在冷却阶段达到最大值,并能长期保持。

（3）拉伸包装。拉伸包装是20世纪70年代开始采用的一种新包装技术，它是由收缩包装发展而来的。拉伸包装是依靠机械装置在常温下将弹性薄膜围绕被包装件拉伸、紧裹，并在其末端进行封合的一种包装方法。由于拉伸包装无须加热，所以消耗的能源只有收缩包装的1/20。拉伸包装可以捆包单件物品，也可用于托盘包装之类的集合包装。

（4）充气包装。充气包装是将物品装入气密性包装容器，再充入氮气、二氧化碳等气体的一种包装方法。它能够除去包装中的氧气，防止或减弱物品发生化学或生物化学反应。二氧化碳是充气包装中用以保护食品的最重要的气体，其作用是抑制微生物真菌的生长。氮气作为包装充填剂使袋内保持正压，防止袋外空气进入袋内，相对减少了包装内残余氧量，并使软包装饱满美观，但本身不能抑制食品微生物的繁育生长。

## 二、包装容器技术

### 1. 包装袋

包装袋（Packaging Bag）是柔性包装中的重要技术，包装袋材料是挠性材料，有较高的韧性、抗压强度和耐磨性。一般包装袋结构是筒管状结构，一端预先封死，在包装结束后再封装另一端，包装操作一般采用充填操作。包装袋广泛适用于运输包装、商业包装、内装、外装，因而使用较为广泛。包装袋一般分成以下三种类型：

（1）集装袋。这是一种大容积的运输包装袋，盛装重量在1吨以上。集装袋的顶部一般装有金属吊架或吊环等，便于铲车或起重机的吊装、搬运。卸货时，可打开袋底的卸货孔进行卸货，非常方便。适用于装运颗粒状、粉状的货物。

（2）一般运输包装袋。这类包装袋的盛装重量是0.5—100千克，大部分是由植物纤维或合成树脂纤维纺织而成的织物袋，或者由几层挠性材料构成的多层材料包装袋，例如麻袋、草袋、水泥袋等。主要包装粉状、粒状和体积小的货物。

（3）小型包装袋（或称普通包装袋）。这类包装袋盛装重量较少，通常用单层材料或双层材料制成。对某些具有特殊要求的包装袋也可有用多层不同材料复合而成。其包装范围较广，液状、粉状、块状和异型物等均可采用这种包装。

### 2. 包装盒

包装盒（Packaging Box）是介于刚性和柔性包装两者之间的包装技术。包装材料有一定挠性，不易变形，有较高的抗压强度，刚性高于袋装材料。包装结构是规则几何形状的立方体，也可裁制成其他形状，如圆盒状、尖角状，一般容量较小，有开闭装置。包装操作一般采用码入或装填，然后将开闭装置闭合。包装盒整体强度不大，包装量也不大，不适合做运输包装，适合用作商业包装、内包装，适合包装块状及各种异形物品。

### 3. 包装箱

包装箱（Packaging Case）是刚性包装技术中的重要一类。包装材料为刚性或半刚性材料，有较高强度且不易变形。其包装结构和包装盒相同，只是容积、外形都大于包装盒，两者通常以10升为分界。包装操作主要为码放，然后将开闭装置闭合或将一端固定封死。包装箱整体强度较高,抗变形能力强,包装量也较大,适合做运输包装、外包装,包装范围较广,主要用于固体杂货包装。主要包装箱有以下几种:

(1) 瓦楞纸箱。瓦楞纸箱是用瓦楞纸板制成的箱形容器。按瓦楞纸箱的外形结构分类,有折叠式瓦楞纸箱、固定式瓦楞纸箱和异形瓦楞纸箱三种;按构成瓦楞纸箱体的材料来分类,有瓦楞纸箱和钙塑瓦楞箱。

(2) 木箱。木箱是流通领域中常用的一种包装容器,其用量仅次于瓦楞箱。木箱主要有木板箱、框板箱、框架箱三种。木板箱一般用作小型运输包装容器,能装载多种性质不同的物品。框板箱是先由条木与人造板材制成的箱框板,再经钉合装配而成。框架箱是由一定截面的条木构成箱体的骨架,根据需要也可在骨架外面加木板覆盖。框架箱由于有坚固的骨架结构,因此具有较好的抗震和抗扭力,有较大的耐压能力,而且其装载量大。

(3) 塑料箱。一般用作小型运输包装容器,其优点包括:自重轻,耐蚀性好,可装载多种商品;整体性强,强度和耐用性能满足反复使用的要求;可制成多种色彩以对装载物分类;手握搬运方便,没有木刺,不易伤手。

(4) 集装箱。由钢材或铝材制成的大容积物流装运设备,从包装角度看,也属一种大型包装箱,可归属为运输包装的类别,也是可以反复使用的周转型包装。

4. 包装瓶

包装瓶(Packaging Bottle)是瓶颈尺寸有较大差别的小型容器,属于刚性包装中的一种,包装材料有较高的抗变形能力,刚性、韧性要求一般也较高,个别包装瓶介于刚性与柔性材料之间,瓶的形状在受外力时虽可发生一定程度的变形,外力一旦撤除,仍可恢复原来的瓶形。包装瓶结构是瓶颈口径远小于瓶身,且在瓶颈顶部开口;包装操作是填灌操作,然后将瓶用瓶盖封闭。包装瓶包装量一般不大,适合美化装饰,主要用作商业包装、内包装,主要包装液体、粉状货物。包装瓶按外形可分为圆瓶、方瓶、高瓶、矮瓶、异形瓶等若干种。瓶口与瓶盖的封盖方式有螺纹式、凸耳式、齿冠式、包封式等。

5. 包装罐(筒)

包装罐(Packaging Tin)是罐身各处横截面形状大致相同,罐颈短,罐颈内径比罐身内颈稍小或无罐颈的一种包装容器,是刚性包装的一种。包装材料强度较高,罐体抗变形能力强。包装操作是装填操作,然后将罐口封闭,可用作运输包装、外包装,也可用作商业包装、内包装。包装罐(筒)主要有三种:

(1) 小型包装罐。这是典型的罐体,可用金属材料或非金属材料制造,容量不大,一般是用作销售包装、内包装,罐体可采用各种方式美化。

(2) 中型包装罐。外形也是典型罐体,容量较大,一般用作化工原材料、土特产的外包装,起运输包装作用。

(3) 集装罐。这是一种大型罐体,外形有圆柱形、圆球形、椭球形等,卧式、立式都有。集装罐往往是罐体大而罐颈小,采取灌填式作业,灌填作业和排出作业往往不在同一罐口进行,另设卸货出口。

### 三、智能包装技术

1. 防伪包装

防伪包装(Counterfeit-proof Packaging)技术主要以商品为对象,既是防伪技术的组成部分,又是包装技术的组成部分。因此防伪包装既有防伪技术的一般功能特点,又有适合于商品包装的自身特点。

(1) 激光全息图像。利用全息印刷技术做出防伪标志附于包装物表面是当前最为流行的防伪手段。全息图像由于综合了激光、精密机械和物理化学等学科的最新成果,技术含量高,主要有高质量全色真三维全息技术、复杂动态全息图技术、加密全息技术、数字全息技术、特殊全息图载体技术。

(2) 激光防伪包装材料。经过激光处理的材料具有防伪和装饰两方面的功能,改变了以一小块激光全息图像标识的局部防伪方式,达到整体防伪效果。整个包装都经激光处理,加上厂家名称、商标等,呈大面积主体化防伪,制假者无从着手。再加上激光包装材料在光线照射下能呈现斑斓色彩及印刷图纹,奇异的光学效果增添了包装新、奇、美的感觉。

(3) 隐形标志系统。该技术有以下优点:特定的图形和位置适用于特定的用户;真正隐形;高度安全;既可采用加了标志物的印刷标签,又可安装一套定制的喷墨系统;标志图像可擦掉并可重新显示。

(4) 激光编码。激光编码主要用于包装的生产日期、产品批号的打印,防伪并非是其首要功能。此技术的防伪作用体现在:包装容器不能重复使用,新盖与旧容器相配字迹很难对齐;激光器价格昂贵,且在生产线上编码印字,一般制假者难以斥巨资购买此设备;厂家可任意更换印字模板,外人较难破解。

(5) 凹版印刷防伪。凹版印刷以按原稿图文刻制的凹坑载墨,线条的粗细及油墨的浓淡层次在刻版时可加以控制,不易被模仿和伪造,尤其是墨坑的深浅。仿照印好的图文进行逼真雕刻的可能性非常小。

(6) 特种工艺与材料。某些产品能长期占领市场,就是依靠产品的独特工艺。这是一种有效的防伪手段。越是具有独特生产技术的产品越不容易被伪造。包装中使用自己公司特有的材料,也是常见的防伪方法。

2. 活性包装

活性包装(Active Packaging,AP)主要应用在食品包装上,相对于过去的用物理方法阻隔气体、水蒸气和光照等来说,它在延长食品寿命方面起着积极、主动的作用,能为食品提供更好的保护。因此,活性包装作为一种智能型技术正得到广泛的开发与应用。

(1) 吸收氧气系统。食品包装中存在的氧会加速许多食品的变质。氧可以引起许多食品产生异味、颜色变化和营养价值流失,并能加速细菌的繁殖。放入包装中的装有脱氧剂的独立小袋已经获得了商业应用,小袋中的脱氧剂通常是研磨得很细的氧化铁。还可将脱氧剂(由含烯键的不饱和碳氢化合物和一种过渡金属催化剂组成)设计成直接与包装材料结合。

(2) 二氧化碳清除剂和发生剂。在某些食品包装中需要有高含量的二氧化碳,因为它们能抑制食品表面的细菌繁殖和降低新鲜农作物(如水果和蔬菜)的呼吸速率。

(3) 乙烯清除剂。乙烯对某些新鲜的和未完全成熟的水果和蔬菜能起到一种激素和熟化引发剂的作用。它能加速衰败和减少它们的货架寿命。乙烯清除剂能不可逆地吸收水果或蔬菜产生的乙烯,且只需少量。

(4) 灭菌剂。某些防腐剂可以用作活性物质。将它们加入到聚合物包装材料中或附在包装材料上,能达到灭菌的效果。能够用作灭菌剂的活性物质包括乙醇和其他醇类、山梨酸盐、苯甲酸盐、丙酸盐、杆菌素和硫黄等。

3. 电子信息组合包装

(1) 微波炉自动加热包装(Microwaveable Food Packaging)。微波炉食品包装将是电子信息技术在包装上应用的先例。由美国罗格斯大学开发的智能化微波加热包装(Intelligent Microwaveable Package),也就是通常的半制成品食品的包装,可放在微波炉内自动加热烹制,无须人工操作。

(2) 带电子芯片销售包装(Packaging with Electronic Chip)。超市或商店货架上的所有商品的包装物上都带有关于商品选购与使用的一切信息(以数码形式贮存于微芯片中)。这种电子组合包装的出现,使消费者的采购行为既省力又方便。带有电子数据信息的包装涵盖面很广,它可以运用在包括食品在内的几乎所有产品上。

(3) 可跟踪性运输包装(Traceable-transport Packaging)。一个智能型物流体系可借助信息网络甚至卫星定位系统把各个环节联成一个交互式整体,各工作阶段的信息得以即时交流与调节,使整个物流系统反应更敏捷,工作更有效。

## 第三节　现代包装管理

### 一、包装选择原则

现代包装涉及材料、机械、技术、贸易、工艺美术等各个方面,选择如何包装时应综合考虑以下几个因素:

(1) 被包装物品的性质。被包装物品的性质千差万别,在选择包装方式、技术等之前,应对包装物品的各种物理、化学和生物化学性质进行充分了解,选择合适的包装。

(2) 流通过程的环境条件。对被包装物品在流通过程中的环境条件,如运输配送工具、装卸搬运条件、储存保管设施等进行全面调查研究,根据不同的流通环境来确定合理的包装。

(3) 包装材料、容器的选择。包装材料、容器种类很多,性能差异也很大,选择包装材料、容器时应根据包装物品的特性和流通条件,做到既保证包装强度,又不产生浪费。另外,应考虑包装材料废弃后便于处理,不污染或少污染环境,对环境和人体健康无害。

(4) 包装费用。包装费用是商品生产成本的一部分,包装费用过高,就提高了商品的生产成本,售价随之提高,这既影响了产品的销售,又损害了消费者的利益。因此,选择包装应认真全面核算包装成本,既要达到包装效果,又要使包装成本最低,以降低产品售价,减轻消费者负担。

(5) 标准和法规。包装的选择必须遵守有关标准(国家的、地方的或企业的),出口商品应参照国际标准;还应遵守有关法规,如商标法、食品卫生法、海关法、医药管理条例等。

## 二、包装标准及标志

### 1. 包装标准化及其意义

包装标准化是为了在包装活动范围内获得最佳秩序而对包装活动的现实问题或潜在问题制定共同使用和重复使用条款的活动。目前,我国的包装标准体系由三个层次构成:第一层次是包装基础标准。它适用于整个包装行业,包括包装标准化工作守则、包装术语、包装尺寸、包装标志、运输包装件实验方法、包装技术与方法、包装管理等方面的内容。第二层次是包装专业标准。它只适用于包装行业的某一专业,包括包装材料、包装容器、集装箱容器、包装机械等方面的内容。第三层次是产品包装标准。原则上按产品分类,结合我国市场情况,分为机械、电子、轻工、邮电、纺织、化工、建材、医药、食品、水产、农业、冶金、交通、铁道、商业、能源、兵器、航空航天、物资、危险品20大类产品包装标准。

包装的标准化对于实现物流活动的合理化具有特别重要的意义:

(1) 包装标准化有利于提高物流的工作效率与社会效益。包装与运输、仓储、装卸搬运、配送等物流要素都存在着密切的关系。包装标准化是节约包装材料、提高仓库使用率和运输效率、减少货损货差、减低劳动成本、降低流通费用的有效手段。包装标准化使用统一的包装规格型号,有利于提高包装容器的通用性,能起到节省包装费用和降低运输费用的作用,具有较大的经济效益和社会效益。

(2) 包装标准化是组织现代化大生产的重要手段。实施包装标准化,可以简化包装的规格型号,并使同类产品的包装可以相互通用,有利于包装生产向机械化、自动化发展,以适应现代化生产的要求。

(3) 包装标准化是对外贸易发展的需要。经济全球化的发展,使国际贸易中的物流活动不断加强和扩大。国际贸易要求商品包装标准化,以方便商品的国际流通。包装标准化已成为世界各国共同关注的一个问题。

### 2. 包装尺寸系列标准

(1) 包装基础模数尺寸。包装模数是包装尺寸标准化、系列化的基础。有了包装模数尺寸,进入流通领域的产品必须按照模数规定的尺寸包装,这有利于各种包装物品的组合,有利于小包装集合包装,有利于集装运输和储存保管,有利于整个物流过程的合理化。

包装模数标准一般为 600 mm×400 mm。

(2) 单元货物最大底平面尺寸。单元货物是指通过一种或多种手段将一组货物或包装件固定在一起,使其形成一个整体单元,以利于装卸、运输、堆码和储存。单元货物底平面最大尺寸标准中规定有三个:1 200 mm×1 000 mm、1 200 mm×800 mm、1 140 mm×1 140 mm。

(3) 硬质直方体运输包装尺寸系列。硬质直方体运输包装件的平面尺寸由模数尺寸计算出来,共 25 个;其高度尺寸可以自由选定。

(4) 圆柱体运输包装尺寸系列。圆柱体运输包装尺寸根据包装单元货物平面尺寸 1 200 mm×1 000 mm、1 200 mm×800 mm、1 140 mm×1 140 mm 确定;其高度尺寸按产品特点和有关标准确定。

(5) 袋类运输包装尺寸系列。袋类运输包装扁平尺寸经过装载形成满装尺寸的过程中受多种因素影响,如内装物种类、装填方法、缝口形式以及装满后的堆码方法等。

(6) 集装袋运输包装尺寸系列。集装袋满装高度尺寸可根据内装物特性及运载工具的具体情况自行选定。

(7) 包装运输件尺寸界限。在设计包装运输件和装载运输时,应考虑运输方式及运载工具,根据运载工具载货空间的大小来确定运输包装件的尺寸。

3. 包装标志

包装标志是指在包装件外部用文字、图形、数字制作的特定记号和说明事项。包装标志主要有运输标志、指示性标志和警告性标志。

(1) 运输标志。运输标志是按运输规定,由托运人在货件上制作的表示货件与运单主要内容相一致的标记。其作用主要是便于识别货物,便于收货人收货,有利于运输、仓储、检验等。运输标志的主要内容有:商品分类图示标志、供货号、货号、品名规格、数量、毛重、净重、生产日期、生产工厂、体积、有效期限、收货地点和单位、发货单位、运输号码、发运件数等。

(2) 指示性标志。根据商品的性能、特点,用简单醒目的图案和文字对一些容易破碎、残损、变质的商品,在包装的一定位置上做出指示性标志,以便在装卸搬运操作和储存保管时适当注意,如"此端向上""怕湿""怕热""小心轻放""由此吊起""禁止滚翻""重心点""禁用手钩""远离放射源及热源""堆码重量极限""堆码层数极限"等。

(3) 警告性标志。警告性标志主要是针对危险品,按规定的标志在危险货物运输包装上以不同的种类、名称、尺寸、颜色及图案表明不同类别(项)和性质的危险品的标志。它可以提醒人们在运输、储存、保管等活动中引起注意,保护物资和人身的安全。凡包装内装有爆炸品、有毒品、腐蚀性物品、氧化剂和放射性物品等危险品的,应在运输包装上刷写清楚明显的危险品警告标志。

### 三、集装化及成组化

1. 集装化与集合包装

集装化又称为组合化和单元化,它是指将一定数量的散装或零星成件物资组合在一起,这样在运输配送、储存保管、装卸搬运等物流环节中可作为一个整件进行技术上和业务上处理的包装方式。

集装从包装角度来看,是一种按一定单元将杂散物品组合包装的形态,是属于大型包装的形态。因此,集装的主要特点是集小为大,而这种集小为大是按标准化、通用化要求进行的,这就使中、小件散杂货以一定规模进入市场、流通领域,形成规模优势。集装化的效果实际上是规模优势的效果,其主要表现在:① 促使装卸搬运合理化,便于装卸搬运机械化和自动化,提高装卸搬运效率;② 提高物品运输质量,减少物品在运输过程中的货损和货差;③ 便于物品储存保管,减少库房需求量;④ 简化物品包装,节省包装费用,提高包装容器的装载率;⑤ 可以解决散装、袋装运输时出现的破损率高等问题,减少环境污染;⑥ 促进包装规格的标准化、系列化,等等。

集装化物资的载体是集合包装(Assembly Packaging)。集合包装是将一定数量的包装件或产品,装入具有一定规格、强度,符合长期周转使用的包装容器内,形成一个合适的搬运单元的包装技术。例如,把许多货物包装成一个包,若干包又打成一个件,若干件最后装入一个集装箱,这便是集合包装的简单组合过程。集合包装既是包装方式,又是一种新的运输方式。它的出现一方面使产品的生产流水线一直延伸到集合包装的完成,更好地满足产品运输配送、储存保管、装卸搬运等流通环境的需要;另一方面是对传统包装运输方式的重大改革,使产品运输包装发生了根本性的变化。

集装包装包括集装箱、集装袋、滑片集装、框架集装等。其中,集装箱是最主要的集装器具,亦称"货箱""货柜",能为铁路、公路和水路运输所通用,可以一次装入若干个运输包装件、销售包装件或散货货物。

2. 集装箱

国家标准《物流术语》(GB/T 18354-2006)对集装箱(Container)的定义是:"具有足够的强度,可长期反复使用的适于多种运输工具而且容积在 1 m³ 以上(含 1 m³)的集装单元器具。"

关于集装箱的定义,由于所处的立场不同,国际上不同国家、地区和组织的表述有所不同。根据国际标准化组织(ISO)对集装箱所下的定义与技术要求,集装箱应符合以下条件:① 能长期地反复使用,具有足够的强度;② 适于一种或多种运输方式运输,途中转运时,箱内货物不必换装;③ 可以进行快速装卸,便于从一种运输工具转到另一种运输工具;④ 便于箱内物品的装满和卸空;⑤ 具有 1 m³ 及 1 m³ 以上的内容积。

运输货物用的集装箱种类繁多,可按尺寸、材料、结构和用途进行不同的分类,其中使用较多的是按用途分类,可据此分为以下几类:① 干货集装箱。干货集装箱是一种通用集装箱。这类集装箱适用于装载除流体货物和需要调节温度的货物外的货物,其使用范围极广,通常用来装运文化用品、化工用品、电子机械、工艺品、医药、日用品、纺织品及仪器零件等,占全部集装箱总数的70%—80%。② 散货集装箱。散货集装箱是适用于装载豆类、谷物、硼砂、树脂等各种散堆颗粒状、粉末状物料的集装箱,可节约包装并且提高装卸效率。③ 冷藏集装箱。冷藏集装箱是专为运输途中要求保持一定温度的冷冻货或低温货进行特殊设计的集装箱。④ 开顶集装箱。开顶集装箱是一种顶部可开启的集装箱,箱顶又分为硬顶和软顶两种。适用于装载大型货物、重型货物,如钢材、木材,特别是玻璃板等易碎的重货。⑤ 框架集装箱。框架集装箱没有顶和左右侧壁,箱端(包括门端和盲端)也可以拆卸,货物可从箱子侧面进行装卸,适用于装卸长、大、笨、重件,如钢材、重型机械等。⑥ 罐状集装箱。罐状集装箱适用于装运食品、酒品、药品、化工品等流体货物,主要由罐体和箱体框架两部分组成。⑦ 平台集装箱。平台集装箱是在框架集装箱上进行简化而只保留底板的一种特殊结构集装箱。平台的长度和宽度与国际标准集装箱的尺寸相同,可使用与其他集装箱相同的紧固件和起吊装置。⑧ 汽车集装箱。它是一种运输小型轿车的专用集装箱,其特点是在简易箱底上装一个钢制框架,且没有箱壁(包括端壁和侧壁)。⑨ 通风集装箱。通风集装箱又称植物集装箱,为装运水果、蔬菜等不需要冷冻而具有呼吸作用的货物,在端壁和侧壁上设有通风孔的集装箱;如果将通风口关闭,同样可以作为干货集装箱使用。

为了便于集装箱的国际流通,国际标准化组织104技术委员会(ISO-104)制定了国际通用标准集装箱的外部尺寸、公差和总重标准。

虽然国际标准化组织对集装箱的规格、技术参数等做了规定,但目前在集装箱运输中使用的箱子有标准与非标准之分。集装箱国际通用问题主要表现在以下几方面:① 集装箱自重不一;② 每种箱子的构件不一,影响集装箱配件的配备和维护;③ 单箱总质量趋于增加,这影响到物流系统中其他环节的各种设备要求。

3. 成组化及托盘包装

国家标准《物流术语》(GB/T 18354-2006)对托盘(Pallet)的定义是"在运输、搬运和存储过程中,将物品规整为货物单元时,作为承载面并包括承载面上辅助结构件的装置"。

托盘是物流领域中适应装卸搬运机械化而发展起来的一种常用集装器具,在应用过程中进一步发展为物流系统化的重要装备工具。托盘是为了使货物有效地运输配送、储存保管、装卸搬运,将其按一定数量组合放置于一定形状的台面上,这种台面有供叉车从下部插入并将其托起的插入口。以此为基本结构的平台和在此基本结构上形成的各种形式的集装器具均可称为托盘。

托盘包装是以托盘为承载物,将包装件或产品堆码在托盘上,通过捆扎、裹包或胶粘等方法加以固定,形成一个搬运单元,以便使用机械设备搬运。托盘包装具有自重量小、装盘容易、装载量适宜、组合量较大、节省包装成本等优点,但托盘在保护产品性能方面不如集装箱,露天存放困难,需要有仓库等设施,且托盘本身的回运需要一定的成本支出。

托盘的成组方法主要包括装盘码垛和托盘紧固两个方面(见表 5-2)。

表 5-2 托盘成组方法

| 方式 | 方式细分 | 主要内容 |
| --- | --- | --- |
| 装盘码垛 | 重叠式 | 各层码放方式相同,上下对应 |
| | 纵横交错式 | 相邻两层货物的摆放旋转 90°,一层呈横向放置,另一层呈纵向放置 |
| | 正反交错式 | 同一层中,不同列垂直码放,相邻两层的货物码放形式是另一层旋转 180°的形式 |
| | 旋转交错式 | 第一层相邻两个包装体成 90°,两层间的码放又成 180°,相邻两层间咬合交叉 |
| 托盘紧固 | 捆扎紧固 | 用绳索、打包带等对托盘货体进行捆扎以保证货体的稳定 |
| | 网罩紧固 | 将网罩套在托盘货物上,再将网罩下端的金属配件挂在托盘周围的固定金属片上,它主要用于装有同类货物托盘的紧固 |
| | 加框架紧固 | 将框架加在托盘货物相对的两面或四面以至顶部,用以增加货体刚性 |
| | 中间夹摩擦材料紧固 | 将具有防滑性的纸板、纸片或软性塑料片夹在各层容器之间,以增加摩擦力,防止水平的移位 |
| | 专用金属卡具紧固 | 对某些托盘货物,最上部如可伸入金属夹卡,则可用专用夹卡将相邻的包装物卡住,以便每层货物通过金属卡具成一整体 |
| | 黏合紧固 | 一是在下一层货箱上涂上胶水便于上下货箱黏合;二是在每层之间贴上双面胶条,可将两层通过胶条黏合在一起 |
| | 胶带粘扎紧固 | 托盘货体用单面不干胶粘捆 |
| | 平托盘周边垫高紧固 | 将平托盘周边稍稍垫高,托盘上置之货物会向中心互相依靠,防止层间滑动错位 |
| | 收缩薄膜紧固 | 将收缩薄膜套于托盘货体上,然后进行热缩处理,塑料薄膜收缩后,便将托盘货体捆箍成一体 |
| | 拉伸薄膜紧固 | 用拉伸薄膜将货物和托盘一起缠绕包裹,当拉伸薄膜外力撤除后,收缩紧固托盘货体形成集合包装件 |

延伸阅读一

### "互联网+"渐入佳境 智能包装潜在发展机遇大

随着国家物联网规划的实施,随之而来的社会对各类功能性商品包装的需求也变得尤为紧迫,智能包装应运而生。物联网智能包装是在互联网的基础上,将包装延伸和扩展至任何物品之间,进行信息交换和通信,也就是物物相连,因为该技术涵盖物联网、智能、包装等行业和领域,故简称为物联网智能包装。物联网智能包装使消费者在选购时,可以通过产品的包装更多地了解该商品的信息,从而便于消费者选购。

1. "互联网+包装"催生新机遇

包装是高频次的信息传递工具,而智能包装将打开包装物联网的新蓝海,通过已经普及的移动智能终端与消费者形成数据交互。在现代化生活中,千姿百态的包装已渗透到人们生活的各个方面。目前,包装制造正在将传统印刷技术、数字印刷技术与移动互联、电子商务以及物联网技术融合,主动构建智能包装制造体系,推动传统包装印刷从商品美化和商品保护的基础功用,向包装信息与现代物联网进行数字识别关联转变、向快速服务网络消费者转变,其关键技术为数字信息的智能关联技术和定制与安全防伪技术。

国内印刷业一直以来都处在转型发展及技术升级阶段,遵循着优胜劣汰的原则,而智能包装这块诱人的巨大蛋糕,就成为众多大公司争抢的目标。深圳劲嘉彩印、美盈森等公司都已经高调宣布进军智能包装领域,并预测市场空间为万亿级。智能包装的巨大市场及其潜在的机遇,预示着这一朝阳产业将成为我国经济发展新的跃升点。所以,研究与实施智能包装的产业化印制,既具有前瞻性与创新性,又具有实际的指导价值和现实意义。

不得不说,中国"互联网+"概念与德国的"工业4.0"遥相呼应,它代表着中国制造发展的新风向,"互联网+包装"正是"工业4.0"发展模式的体现。同时,"互联网+"模式促进了定制化时代的到来,包装行业也将获得重新定义,传统包装企业有望通过互联网创新抢占未来市场的新高地。对于包装行业来说,融入云计算、大数据、物联网技术实现"互联网+包装"的发展模式,将推进产业的转型升级,为传统行业带来新的机遇。

2. 物联网智能包装技术的应用

智能包装涉及多学科领域的研究,比如材料科学、微电子科学、化学、人工智能、微生物技术、计算机技术等,这些技术的发展推动了智能包装技术的发展。其应用领域包括智能电网、智能交通、智能物流、智能家居、环境与安全检测、工业与自动化控制、医疗健康、精细农牧业、金融与服务业、国防军事。虽然这十大应用领域没有包装印刷字样,但里面很多行业都和包装印刷有关系,因为包装是一个载体,以前承载的都是可以看到的一些图文、结构、材料,但现阶段物联网的发展可能承载更多的信息。其中,依据各个技术在其应用中的比重及工作原理,智能包装可以分为功能材料型智能包装技术、功能结构型智能包装技术和信息型智能包装技术。智能包装制造在印刷工业数字化、全流程、绿色的集成制造与服务等主流技术发展的推动下,正伴随着"工业4.0"和"互联网+"渐入佳境,智能包装技术的发展可归纳如下:

(1) 利用电子标签对商品进行可跟踪性运输包装,反映商品物流信息。包装技术的科学化、低成本、合理化是现代物流发展的基本保障。尤其是智能化的包装技术在现代物流中发挥了重要的作用。包装信息的不足和错误会直接影响物流业各个环节的发展;包装智能化发展不足也会对现代物流业中的扫描设备管理、计算机管理等产生制约。因此,包装技术发展与否直接影响现代化物流业的发展进步。

可跟踪性运输包装技术作为一种自动化运输管理包装技术,能够对流通线路上的运输容器信息进行全方位的跟踪管理,并利用控制中心对运输线路、运输中的商品信息进行调整和管理,从而实现方便的商品流通管理,有效降低运输成本。同时,还能利用现代信息技术和卫星定位技术来构建一个智能型的物流管理体系。电子标签就是可跟踪性运输包装中的重要应用体现。

(2) 利用电子信息组合包装反映商品生产和销售的信息。电子信息组合包装是对商品生产和销售信息智能化的反映,其主要由具有记录信息功能的电子芯片、软件和条形码组成,能够帮助用户了解商品的使用属性以及商品的物流管理问题。电子信息组合包装技术能够将商品的名称、功能、成分、保质期、价格、使用方法等信息,以一种数字的形式存储在微芯片的包装中。这种带有电子数据信息的包装方式基本适用于所有商品,能够方便消费者对这些信息的读取。

(3) 数字信息关联服务技术的应用。如今,智能手机等数字识别设备和移动互联网已深入大众生活,随时随地为用户提供数字信息关联服务的技术应用,将是未来智能包装企业技术发展的关键。首先,包装印刷企业只有认清数字印刷特有的数字与网络特性,主动从制造向服务转型升级,才能积极引进"互联网+"来改造或重构自身的产品制造流程,使静态产品包装变为动态的智能包装。另外是利用数字印刷成像方式的多样性,为包装用户提供从创意设计到产品制造的集成关联服务,按照智能包装数字信息关联的需求来印制各种数字监管码,如药品电子监管条形码、二维码、密钥、水印以及特殊纹理,进而为用户提供溯源、比价、配送和支付等服务,实现包装的智能化。

(4) 专属体验型智能包装制造技术的应用。在当今交互与体验的新市场环境下,将用户体验、移动互联、电商平台与数字印刷技术整合,来引导或创造包装用户的专属感和体验性是创造智能包装需求的前提,更是智能包装制造技术发展的推动力。智能包装制造技术的发展不仅要通过智能包装的全方位设计来诱导或强化用户"触觉、视觉和嗅觉"的体验,增强卷标的体验功能和感受,使卷标具备更多的信息感受,还要能够利用数字印刷来制作出针对特定人群或特定人群需求的体验型标签,并能够实时地应用互联网来推送用户体验的感受,提升用户的交互性、参与感和满足感。如在高档礼品或奢侈品上印制满足特定"触觉"的智能标签,在各种金属光泽感、特亮膜、糖面膜、全息膜及喷铝膜、立体三维全息成像等特殊材料上印刷来刺激"视觉"感观的智能包装等。

3. 物联网智能包装的未来之路

随着包装个性化、高端化的需求越来越多,如何充分利用互联网技术、提供一体化服务显得愈加重要。据包装板块上市公司公告显示,包装企业正努力建立智能包装物联网平台、打造智能包装生态链,在实现稳定增长的同时,有望持续加大向一体化综合包装解决方案转型的力度。

数字化功能印刷与物联网智能包装是数字印刷技术与物联网技术结合的产物,其正在成为数字印刷产业的重点发展方向。依托集成制造技术,数字印刷技术能够将许多功能性材料和信息嵌入到各种测试试样、包装、标签等产品中,一方面能使产品具备某些特定的个性化功能,如温致变色,另一方面也能使产品具备特殊识别功能和防伪功能,从而使产品具有可追溯性。

在云计算、大数据、移动互联的"工业4.0"新时代,数字化和智慧化正在成为印刷工业发展的新动力。包装企业只要将已有的各种印刷技术与新兴的IT技术和新材料融合，创造用户包装的智能化需求，创造与同行在智能化上的差异，就能抢占智能包装制造技术和智能化技术的新高地，推动企业高质、高效、可持续的健康发展。

智能化包装与互联网的结合，可利用云端存储、云计算、大数据分析等技术，带领商品进入智能化生产，并通过实时信息采集实现从检测、追踪到智能验货的自动化流程，打造出新的价值链和生态圈。此模式通过提供个性化需求服务，提升产品的附加价值，从而构建新型产业链商业模式，是目前整个包装行业的大势所趋。在信息技术里，物联网技术被称为继计算机、互联网之后的第三次技术浪潮。物联网将是下一个推动世界高速发展的"重要生产力"，是继通信网之后的另一个万亿级市场。

资料来源：中国物流与采购网，www.chinawuliu.com.cn，2017-04-13。

**本章提要**

包装是为在流通过程中保护产品、方便储运、促进销售，按一定技术方法而采用的容器、材料和辅助物等的总体名称。包装的功能主要包括保护功能、便利效率功能、定量功能、商品功能和促销功能。现代包装的方式有销售包装和运输包装等。包装合理化具体表现在智能化、标准化、绿色化、单位大型化、作业机械化和成本低廉化。

在现代包装技术中，包装保护技术包括防震保护技术、防破损保护技术、防锈包装技术、防霉腐包装技术、防虫包装技术、危险品包装技术和特种包装技术。包装容器有包装袋、包装盒、包装箱、包装瓶和包装罐（筒）等。智能包装技术有防伪包装、活性包装和电子信息组合包装。

在选择现代包装时，应遵循包装选择原则，还应注意包装标准及标志，适度采用集装化及成组化包装。

**练习与思考**

1. 包装的定义是什么？包装有哪些功能？
2. 现代包装的有哪些分类方式？
3. 试述如何判断包装的合理性。
4. 如何根据需要选择合适的包装？
5. 包装标志有哪些类型？
6. 实现包装标准化对物流而言有何意义？
7. 集装箱应符合哪些基本条件？

21世纪经济与管理规划教材
物流管理系列

# 第六章

# 流通加工

**知识要求**

通过本章的学习,能够
- 掌握流通加工的概念及其在物流活动中的地位
- 熟悉流通加工的不同方式
- 熟悉一些常见的流通加工技术
- 熟悉流通加工产业概念及其相关知识

**技能要求**

通过本章的学习,能够
- 判断流通加工的合理性
- 分析如何提升流通加工的经济效益
- 把握流通加工产业的发展方向

## 第一节 流通加工概述

### 一、流通加工概念

1. 流通加工的定义

国家标准《物流术语》(GB/T 18354-2006)对流通加工(Distribution Processing)的定义是"根据顾客的需要,在流通过程中对产品实施的简单加工作业活动(如包装、分割、计量、分拣、刷标志、拴标签、组装等)的总称"。

流通加工是商品在流通中的一种特殊加工形式,是为了提高物流速度和物品的利用率,在物品进入流通领域后,按客户的要求进行的加工活动。换言之,流通加工是物品从生产者向消费者流动的过程中,为了促进销售、维护产品质量和提高物流效率,而对商品所进行的加工,使商品发生物理、化学变化,以满足消费者的多样化需求和提高商品的附加值。

2. 流通加工与生产加工的区别

流通加工的出现,是物流服务与现代生产发展相结合的产物。在社会生产向大规模生产、专业化生产转变之后,社会生产越来越复杂,生产的标准化和消费的个性化随之出现,生产过程中的加工制造常常满足不了消费的要求。而流通加工正好可以促进物流效率的提高和满足消费者多样化的需求,同时也可以给流通业带来效益。流通加工和一般的生产型加工在加工方法、加工组织、生产管理方面并无显著区别,但在加工对象、加工程度等方面差别较大,具体如下:

(1)加工对象不同。流通加工的对象是进入流通领域的商品,具有商品的属性;生产加工的对象不是最终商品而是原材料、零配件、半成品。

(2)加工程度不同。从加工程度的深浅来说,流通加工大都为简单加工,是生产加工的一种辅助和补充;而生产加工则较为复杂。

(3)加工目的不同。流通加工的目的是完善商品的使用价值,并在对原商品不做大的改动情况下提高其价值;生产加工的目的是创造价值和使用价值。

(4)组织加工者不同。流通加工的组织者是从事流通工作的商业企业或物流企业;而生产加工的组织者则是生产企业。

3. 流通加工的作用

流通加工在现代物流中的地位虽不能与运输、仓储等主要功能要素相比拟,但它能起到主要功能要素无法起到的作用。流通加工是一种低投入、高产出的加工方式,往往通过这种简单的加工解决大问题。实践证明,有的流通加工通过改变包装便使商品档次发生跃升从而更加充分实现其价值,有的流通加工可使产品利用率提高20%—50%。因此,流通加工是物流企业的重要利润源,它在物流中的地位是必不可少的,属于增值服务范围。流通加工的作用主要体现在：

(1) 流通加工弥补了生产加工的不足。生产环节的各种加工活动往往不能完全满足消费者的要求，如生产资料产品的品种成千上万，规格型号极其复杂，要完全做到产品统一标准化极其困难。而流通企业往往对生产领域的物品供应情况和消费领域的商品需求最为了解，这为它们从事流通加工创造了条件。因此，要弥补生产环节加工活动的不足，流通加工是一种理想的方式。

(2) 流通加工方便了客户。在流通加工未产生之前，物品满足生产或消费需要的加工活动一般由使用单位承担，使用者不得不安排一定的人力、设备、场所等来完成这些加工活动，导致下一个生产过程时间延长，造成设备投资大、利用率低等问题。流通加工的出现不仅为物品的使用者提供了极大的方便，而且由流通部门统一进行，可提高设备利用率，并节省加工费用。

(3) 流通加工为流通企业增加了收益。从事流通活动的企业所获得的利润，一般只能从生产企业的利润中转移出来。通过流通加工业务，流通企业不仅能够获得生产领域转移过来的一部分价值，还可以创造新的价值，从而获得更大的利润。

(4) 流通加工提高了原材料利用率。利用流通加工将生产厂商直接运来的简单规格产品，按照使用部门的要求进行集中下料。例如，将钢板进行剪板、切裁，将钢筋或圆钢裁制成毛坯，将木材加工成各种长度及大小的板、方等。集中下料可以优材优用、小材大用、合理套裁，有很好的技术经济效果。

(5) 流通加工提高了加工效率及设备利用率。物流企业建立集中加工点后，可以采用效率高、技术先进、加工量大的专门机具和设备。这样做的好处一是提高了加工质量，二是提高了设备利用率，三是提高了加工效率，其结果是降低了加工费用及原材料成本。例如，一般的使用部门在对钢板下料时，采用气割的方法留出较大的加工余量，不但出材率低，而且由于热加工容易改变钢的结构，加工质量也不好；集中加工后可设置高效率的剪切设备，在一定程度上改善了上述缺点。

## 二、流通加工方式

1. 以保存产品为主要目的的流通加工

这种加工形式的目的是使产品的使用价值得到妥善的保存，延长产品在生产与使用间的时间距离。根据加工的对象不同，这种加工形式可表现为生活消费品的流通加工和生产资料的流通加工。生活消费品的流通加工是为了使生活资料消费者的消费对象保持优质。如水产品、蛋产品、肉产品等要求的保鲜保质的冷冻加工、防腐加工、保鲜加工等，丝、麻、棉织品的防虫、防霉加工等。生产资料与生活资料相比一般有较长的时间效能，但随着时间的推移，生产资料的使用价值也会不同程度地受到损坏，有的甚至会完全丧失使用价值。为了使生产资料的使用价值下降幅度为最小，相应的流通加工也是完全必要的。例如，为防止金属材料的锈蚀而进行的喷漆、涂防锈油等措施和手段，运用手工、机械或化学方法除锈;木材的防腐朽、防干裂加工;水泥的防潮、防湿加工;煤炭的防高温自燃加工,等等。

2. 为适应多样化需求的流通加工

生产部门为了实现高效率、大批量生产,其产品往往不能完全满足客户的要求。为了满足客户多样化的产品需求,同时又保证社会高效率的大生产,将生产出来的单一产品进行多样化的改制加工是流通加工中占重要地位的一种加工形式。例如,对钢材卷板的舒展、剪切加工;平板玻璃按需要规格的开片加工;木材改制成枕木、方材、板材等的加工。

3. 为了消费方便、省力的流通加工

这种流通加工形式与上述加工相类似,只是在加工的深度上更接近于消费,使消费者感到更加省力、省时和方便。例如,根据生产的需要将钢材定尺、定型,按要求下料;将木材制成可直接投入使用的各种型材;将水泥制成混凝土拌和料,使用时只要稍加搅拌即可使用等。

4. 为了提高产品利用率的流通加工

利用在流通领域的集中加工代替分散在各个使用部门的分别加工,可以大大地提高物品的利用率,具有显著的经济效益。集中加工形式可以减少原材料的消耗,提高加工质量。同时,对于加工后的副产品可使其得到充分的利用。例如,钢材的集中下料,可充分进行合理下料,搭配套裁,减少边角余料,从而达到加工效率高、加工费用低的目的。

5. 为提高物流效率、降低物流损失的流通加工

对于一些物品,由于自身的特殊形状,在运输、装卸作业中效率较低,极易发生损失的情况,则需要进行适当的流通加工以弥补这些产品的物流缺陷。例如,自行车在消费地区的装配加工可防止整车运输的低效率和高损失;造纸用木材磨成木屑的流通加工,可极大提高运输工具的装载效率;"集中煅烧熟料,分散磨制水泥"的流通加工,可有效地防止水泥的运输损失,减少包装费用,也可提高运输效率;石油气的液化加工,使很难输送的气态物转变为容易输送的液态物,亦可提高物流效率。

6. 为衔接不同输送方式,使物流更加合理的流通加工

由于现代社会生产的相对集中和消费的相对分散,流通过程中衔接生产的大批量、高效率的输送和衔接消费的多品种、小批量、多户头的输送之间,存在很大的矛盾。某些流通加工形式可以较为有效地解决这个矛盾。以流通加工点为分界点,从生产部门至流通加工点可以形成大量的、高效率的定点输送;从流通加工点至客户则可形成多品种、大批量、多户头的灵活输送。例如,散装水泥的中转仓库担负起散装水泥装袋的流通加工及将大规模散装转化为小规模散装的任务,就属于这种流通加工形式。

7. 为实现配送进行的流通加工

配送中心为实现配送活动,满足客户对物品供应数量、供应构成的要求,将对物品进行各种加工活动,如拆整化零、定量备货、定时供应等。随着物流技术水平的不断提高,流

通加工活动有时在配送过程中实现,如混凝土搅拌车。流通中心可根据客户的要求,把沙子、水泥、石子、水等各种不同材料按比例要求转入水泥搅拌车可旋转的罐中。在配送路途中,汽车边行驶边搅拌,到达施工现场后,混凝土已经均匀搅拌好,可直接投入使用。由于配送中心形式多样,配送业务千差万别,因而各配送中心的流通加工活动各具特色。

### 三、流通加工合理化

1. 不合理流通加工

流通加工是在流通领域中对生产的辅助性加工,从某种意义来讲它不仅是生产过程的延续,而且是生产本身或生产工艺在流通领域的延续。这个延续可能有正、反两方面的作用,即既可能有效地起到补充完善的作用,又可能对整个过程产生负效应,即各种不合理的流通加工会产生抵消效益的负效应。目前一般存在的不合理流通加工形式有以下几种:

(1) 流通加工地点设置不合理。流通加工地点设置即布局状况是整个流通加工是否有效的重要因素。一般而言,为衔接单品种大批量生产与多样化需求的流通加工,加工地设置在需求地区才能实现大批量的干线运输与多品种末端配送的物流优势;若将流通加工地设置在生产地区,则多样化需求要求的产品多品种、小批量由生产地向需求地的长距离运输会出现不合理性,不仅在生产地增加了一个加工环节,而且增加了近距离运输、装卸、储存等一系列物流活动。为方便物流的流通,加工地应设在产出地,即设置在进入社会物流之前;如果将其设置在社会物流之后,即设置在消费地,则相当于在流通中增加了一个中转环节,这是不合理的。

(2) 流通加工方式选择不当。流通加工方式包括流通加工对象、流通加工工艺、流通加工技术、流通加工程度等。分工不合理,如本来应由生产加工完成的,却错误地由流通加工完成,或本来应由流通加工完成的,却错误地由生产加工完成,都会造成负效应。

(3) 流通加工作用不大,形成多余环节。有的流通加工过于简单,或对生产者及消费者作用都不大,甚至不仅未能解决品种、规格、质量、包装等问题,相反却增加了环节,这也是流通加工不合理的重要形式。

(4) 流通加工成本过高,效益不好。流通加工之所以能够有生命力,首要原因就是有较大的产出投入比,从而有效地起到补充完善的作用。如果流通加工成本过高,则不能实现以较低投入实现较高使用价值的目的。

2. 流通加工合理化的主要措施

流通加工合理化的含义是实现流通加工的最优配置,不仅要做到避免各种不合理问题,使流通加工有存在的价值,而且要选择最优方案。实现流通加工合理化主要应考虑以下五个方面:

(1) 加工与配送结合。这是将流通加工设置在配送点中,一方面按配送的需要进行加工,另一方面加工又是配送业务流程中分货、拣货、配货的一环,加工后的产品直接投入配货作业。这就无须单独设置一个加工的中间环节,使流通加工有别于独立的生产,而使流通加工与中转流通巧妙地结合在一起。同时,由于配送之前有加工,可使配送服务水平大大提高。这是当前流通加工合理化的重要形式,在煤炭、水泥等产品的流通中已表现出较大的优势。

(2) 加工与配套结合。在对配套要求较高的流通中,配套的主体来自各个生产单位,但是完全配套有时无法全部依靠现有的生产单位。进行适当的流通加工,可以有效促成配套,大大提升流通作为桥梁与纽带的能力。

(3) 加工与合理运输相结合。在支线运输转干线运输或干线运输转支线运输本来就必须停顿的环节,不进行一般的支转干或干转支,而是按干线或支线运输合理的要求进行适当加工,从而大大提高运输水平及运输转载水平。

(4) 加工与合理商流相结合。通过加工有效促进销售,使商流合理化,也是流通加工合理化的考虑方向之一。加工和配送的结合提高了配送水平,扩大了销售,是加工与合理商流相结合的一个成功例证。此外,通过组装加工消除用户使用前进行组装、调试的难处,也是有效促进商流的例子。

(5) 加工与节约相结合。节约能源、节约设备、节约人力、节约耗费是流通加工合理化重要的考虑因素,也是目前我国设置流通加工,考虑其合理化的较普遍的形式。

## 第二节 流通加工技术

### 一、生产资料的流通加工

1. 商品混凝土的加工

在许多建筑工程中,常常把水泥、砂石等经搅拌系统加工成混凝土进行配送。混凝土搅拌机械是搅拌混合机械中常用的设备之一,它是将水泥、骨料、砂和水均匀搅拌,制备混凝土的专用机械设备,主要包括混凝土搅拌输送车、混凝土搅拌钻、混凝土输送泵和车泵等。

其中,混凝土搅拌输送车的特点是在运送混合料数量大、运距较远的情况下,能保证混凝土的质量均匀,不发生离析、泌水的现象,适合在市政、公路、机场、水利工程、大型建筑物基础及特殊混凝土工程机械化施工中使用,是商品混凝土生产中不可缺少的一种配套设备。混凝土搅拌输送车由载重汽车底盘与搅拌装置两部分组成,因此能按汽车行驶条件运行,并用搅拌装置来满足混凝土在运输配送过程中的要求。搅拌装置的工作部分是拌筒,它支撑在不同平面的三个支点上,拌筒轴线对车架(水平线)倾斜16—20度的角度;它的料口供进料、出料使用,当拌筒沿顺时针方向(沿出料端方向看)回转时进行搅拌,反向回转时进行卸料;搅拌装置一般采用液压传动。

2. 水泥熟料的加工

成品水泥呈粉状,粉状水泥的运输、装卸需要采用多种措施,才能减少损耗及污染。

在需要长途运输水泥的地区,可以从水泥厂购入水泥半成品,即水泥熟料,其运输比较方便;然后在本地区的磨细工厂把熟料磨细,并根据当地资源和需求情况加入混合材料及附加剂,加工为成品水泥。

在需要经过长距离输送供应的情况下,以熟料形态代替传统的粉状水泥有如下优点:① 可以大大降低运费,节省运力;② 可按照当地的实际需要大量掺加混合材料;③ 容易以较低的成本实现大批量、高效率的输送;④ 可以大大降低水泥的输送损失;⑤ 能更好地衔接产需,方便用户。采用长途输送熟料的方式,水泥厂就可以和熟料粉碎工厂之间形成固定的直达渠道,从而实现经济效果较优的物流。

3. 金属板材的剪切

由于钢铁生产企业是规模生产,只能按标准规定的规格进行生产,以使产品有较强的通用性,使生产有较高的效率,一般不可能实现用户需求的终极加工。而流通企业为了方便用户和提高自身经济效益,可以按用户要求进行加工,如物资流通企业对钢板和其他金属板材的剪切加工等,就颇受中小企业客户的欢迎。

剪切机在流通领域可用于平板材和卷板的剪裁,其工作过程主要通过剪切机的上刀刃与下刀刃的作用,把整块的板材剪开分离。剪切时一般是下剪刀固定不动,上剪刀向下运动。剪切机一般是直线剪切。普通剪切机由机身、传动装置、刀架、压料器、前挡料架、后挡料架、托料装置、刀片调整装置、灯光对线装置、润滑装置、电气控制装置等部件组成。按工艺用途分类,剪切机有摆动剪切机、多用途剪切机、多条板材滚剪机、圆盘剪切机和振动剪切机等;按其传动方式可分为机械传动式剪切机和液压式剪切机。

剪切机的主要技术参数有剪切厚度和剪切板料宽度。① 剪切厚度。剪切厚度受剪切机构件强度的限制,主要取决于剪切刀的作用。影响剪切刀的因素有刃口间隙、刃口锋利度、剪切角度、剪切速度、剪切温度、剪切面的宽度等,而影响较大的还是被剪切材料的强度。② 剪切板料宽度。剪切板料宽度是指剪切机剪刃方向一次剪完板材料的最大尺寸,纵向剪切宽度受剪切机喉口的限制。

钢板剪板及下料的流通加工有如下优点:① 由于可以选择加工方式,加工后钢材的晶相组织较少发生变化,可保证原来的交货状态,有利于质量的保证;② 加工精度高,可减少废料、边角料,也可减少再进行机加工的切削量,既可提高再加工效率,又有利于减少消耗;③ 由于集中加工可保证批量及生产的连续性,可以专门研究此项技术并采用先进设备,从而大幅度提高效率和降低成本;④ 使用户能简化生产环节,提高生产水平。

4. 木材加工和集中下料

在流通领域可以将原木锯截成各种规格的锯材(如板材、方木),同时将碎木、碎屑集中加工成各种规格板。这种加工可以提高效益,方便用户。过去用户直接使用原木,不但加工复杂、占用场地、加工设备多,而且资源浪费大,木材利用率不到 50%,出材率不到 40%。实行集中下料,按用户要求供应规格料,可以把原木利用率提高到 95%,出材率提高到 72% 左右。

木材加工机械主要是木工锯机和抛光器具等,构造一般都比较简单。木工锯机是由齿锯片、锯条或带锯链条组成的切割木材的设备。按刀具的运动方式分类,锯机可分为刀具往复运动的锯机,如狐尾锯、线锯和框锯机;刀具连续直线运动的锯机,如带锯机和链锯;刀具旋转运动的锯机,如各种圆锯机。

5. 平板玻璃的切割下料

按用户提供的图纸对平板玻璃套材开片,向用户提供成品玻璃,用户可以将其直接安装在采光面上。这不但方便了用户,而且可以提高玻璃材料的利用率。玻璃的切割机械有多种,自动切割机是一种常用的设备。玻璃自动切割机由切桌、切割桥、控制箱、供电柜等主要部件组成。

6. 工业用煤的流通加工

(1) 除矸加工。它是以提高煤炭纯度为目的的加工形式。多运"纯物质"、不运矸石,有利于企业充分利用运力、降低成本,在这种情况下,企业多采用除矸的流通加工排除矸石。

(2) 煤浆加工。煤炭的运输主要采用运输工具载运方法,运输中损失浪费较大,又容易发生火灾。采用管道运输是近代兴起的一种先进技术。在流通的起始环节将煤炭磨成细粉,本身便有了一定的流动性,再用水调和成浆就可以像其他液体一样进行管道输送。

(3) 配煤加工。不同的工业生产需用不同的煤炭,如果发热量太大,则造成热能的浪费;如果发热量太小,则不能满足使用要求。从煤矿运出的一般都是品种单一的煤炭,不能满足用户多样性的需求。流通企业根据用户的具体要求,将各种煤及一些其他发热物质,按一定的配方进行掺配混合加工,生产出具有不同发热量的燃料。

(4) 天然气、石油气等气体的液化加工。由于气体输送、保存都比较困难,天然气及石油气往往只好就地使用,如果当地资源充足,气体使用不完,往往就地燃烧掉,结果造成浪费和污染。两气的输送可以采用管道,但因投资大,输送距离有限,也受到制约。在产出地将天然气或石油气压缩到临界压力之上,使之由气体变成液体,就可以用容器装运,使用时机动性也较强。

## 二、消费资料的流通加工

1. 机电产品的分割和组装加工

自行车及中小型机电产品的运输配送、储存保管具有一定的困难,主要原因是不易进行包装,如进行防护包装则成本过大,并且运输装卸困难,效率也较低,容易丢失。这些货物有一个共同特点,即装配比较简单,技术要求不高,不需要进行复杂的检验和调试。因此,可采用半成品(部件)高容量包装,在消费地拆箱组装,组装后随即进行市场销售。

有些大型整体设备的体积很大,运输装卸困难,也可按技术要求进行分割,分为体积较小的几部分进行运输,到达目的地后再连接起来,恢复原型。

### 2. 货物的捆扎

捆扎机械是利用带状或绳状捆扎材料将一个或多个包装紧扎在一起的设备。利用机械捆扎代替传统的手工捆扎,不仅可以加固包件,减少体积,便于装卸搬运和储存保管,确定运输配送安全,还可以大大降低捆扎的劳动强度,提高工效,因此它是实现包装机械化、自动化必不可少的机械设备。

由于包件的大小、形状、捆扎要求不同,捆扎机械类型较多,但各种类型的捆扎机械的结构基本类似,主要由导轨与机架、送带、紧带机构、封接装置、控制系统组成。

### 3. 粘贴货物标签

为了识别和验收的需要,往往要在货物上面粘贴标签和其他标志。粘贴机的主要作用是采用黏合剂将标签贴在包件或产品上,它由供签装置、取签装置、打印装置、涂胶装置和连锁装置等部分组成。

## 三、食品的流通加工

### 1. 易腐物品的防腐处理

所谓易腐物品,主要指肉、鱼、蛋、水果、蔬菜、鲜活植物等物品。这些物品在流通过程中容易腐烂变质,要进行一些加工处理以保持原有的使用价值。

(1) 冷冻加工和低温冷藏。动物性食品腐坏的主要原因是微生物的作用,即细菌、酶等在食品中大量繁殖,消耗了食品中的养分,又分泌出有毒物质及难闻的气味,而造成食品腐烂变质;植物性食品主要由于呼吸作用,呼吸过程是一个氧化过程,不断消耗自身的养分,抗病性能减退,到一定程度,细菌乘虚而入,加速各种成分的分解,使之腐烂。

湿度与微生物的生成、繁殖和呼吸作用有密切关系。大多数细菌在25℃以下时繁殖速度逐渐减慢,-12℃至-8℃时基本停止繁殖。所以对肉、鱼类食品可采用冷冻加工,使微生物的繁殖速度减缓或停止,避免腐烂变质。

温度对水果、蔬菜呼吸强度的影响也极为显著,温度降低,呼吸作用也随之减弱。但温度过低也会使水果蔬菜中的水分冻结而停止其呼吸作用,失去对细菌的抵抗能力而腐坏。因此,对于水果蔬菜不能冷冻处理,适宜采用低温冷藏方法。

(2) 其他防腐加工方法。防腐的方法除了低温冷藏,还有一些其他的方法,如糖泡、盐腌、晾干和制成各种罐头等。这些措施大多由生产企业完成,流通企业也可采用。

### 2. 生鲜食品的流通加工

(1) 冷冻加工。为解决鲜肉、鲜鱼在流通中保鲜及搬运装卸的问题,多采取低温冷冻的加工方式。这种方式也用于某些液体商品等。

(2) 分选加工。农副产品规格、质量离散情况较大,为获得一定规格的产品,采取人工或机械分选的方式进行加工。分选加工广泛用于果类、瓜类、谷物、棉毛原料等。

(3) 精制加工。农、牧、副、渔等产品一般在产地或销售地设置精制加工点,不但大大方便了购买者,而且还可以对加工的淘汰物进行综合利用。比如,鱼类的精制加工所剔除的内脏可以制成某些药物或饲料,鱼鳞可以制高级黏合剂,头尾可以制鱼粉等;蔬菜的加工剩余物可以制饲料、肥料等。

(4) 分装加工。许多生鲜食品零售起点较小,而为保证高效输送出厂,包装则较大,也有一些是采用集装运输方式运达销售地区。这样为了便于销售,在销售地区按所要求的零售起点进行新的包装,即大包装改小包装、散装改小包装、运输包装改销售包装,这种方式被称为分装加工。

## 第三节 流通加工产业

### 一、流通加工产业概念

如图 6-1 所示,流通加工和生产加工一样,通过改变或完善流通对象的形态来实现桥梁和纽带的作用,流通加工业务不断发展,形成了一个系统的流通加工产业。目前,在世界上许多国家和地区的物流中心或仓库经营中都大量存在着物资流通加工业务。这一活动在美国、日本等一些物流发达国家则更为普遍。例如,在日本的东京、大阪、名古屋等地区的 90 家物流公司中有一半以上具有流通加工业务,而且加工规模都很大,如濒临东京湾的浦安钢铁基地是一个占地 110 万平方米的大型钢铁流通中心,在此集中了 172 家钢铁流通企业,一年钢材加工量就达 300 万吨以上。

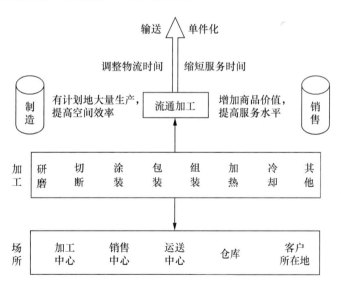

图 6-1 流通加工业务

在产业结构调整中,生产企业将非直接生产的加工过程,逐渐让位于流通加工产业,这不仅优化了社会生产过程,而且进一步密切了流通与其他生产性部门相互衔接、相互配合、相互补充的关系。流通加工产业是社会生产高度发展的新型产业。

(1) 流通加工产业的结构必须与社会需求结构相适应。社会供给和社会需求在结构上的矛盾现象是广泛存在的,这是因为消费者的需求结构随着社会生产的专业化程度和人们收入水平的不断提高而改变,供给结构则经常处于相对滞后的状态,这时就需要对供给结构进行调整。

(2)流通加工产业结构调整的基本链条,即需求结构变动—流通结构调整—其他产业调整—产品结构合理化。在这里需要引起人们注意的是,流通结构调整的目的是使流通内部结构与生产结构相适应。流通加工产业不仅促进了流通本身结构的合理,而且它的功能开拓应适应生产结构与需求多样化的需要。

(3)流通加工产业高度化进程。流通加工产业高度化是使流通加工产业结构从低水平向高水平的发展过程,其实质是随着现代科技的发展,产业结构向高附加值、高集约化演进,从而更充分有效地利用资源,更好地适应经济社会发展的需要。

随着产业整体从第一产业占主要地位,开始向第二产业和第三产业占主要地位变化,尤其第三产业的发展已成为新经济增长点的历史性定位,社会流通的客体、流通方式和流通结构也必然发生相应变化。进入流通的社会产品从以初级产品交换为主,过渡到中间产品和最终产品为主,从而为流通加工产业化提供了趋势性需求。

社会经济运行是生产过程和流通过程的统一体,生产部门的产业结构的高度化,必然要求流通的功能和行为进行扩大和调整。流通功能的扩大则表现为传统的购销行为增加流通加工业务。

## 二、流通加工经济效益

1. 流通加工的直接经济效益

(1)提高劳动生产率。流通加工是集中的加工,其加工效率即加工的劳动生产率比分散加工要高得多。对于用量少和临时需要的使用单位,如果没有流通加工而只能依靠自行加工,那么从加工的水平和加工的熟练程度看都无法与流通加工相比拟。即使是由大量的、相当规模的企业进行的加工活动,若与流通加工相比,其劳动生产率也相对较低。例如,建筑企业完成的安装玻璃的开片加工,往往在施工场地针对某一工程进行,而流通企业的流通加工的开片,可满足若干个建筑工地的需求,其加工效率更高,劳动生产率也更高。

(2)提高原材料的利用率。利用流通加工将生产厂商直接运来的简单规格产品,按照使用部门的要求进行集中下料。例如,将钢板进行剪板、切裁;将钢筋或圆钢裁制成毛坯;将木材加工成各种长度及大小的板、方等。集中下料可以优材优用、小材大用、合理套裁,有很好的技术经济效果。

(3)提高加工设备的利用率。加工设备在分散加工的情况下,由于生产周期和生产节奏的限制,设备利用时紧时松,表现为加工过程的不均衡,从而导致设备的加工能力不能得到充分发挥。而在流通领域中,流通加工面向全社会,可以采用效率高、技术先进、加工量大的专门机具和设备,其加工数量、加工对象的范围都能得到大幅度的提高,加工设备更有利于发挥它们的潜力,设备利用率得到充分提高。

(4) 提高被加工产品的质量。流通加工是专业化很强的加工。专业化加工单纯,有利于加工人员掌握作业技术,提高作业的熟练程度,提升加工质量。从流通加工的加工设备水平来看,它们往往要高于分散加工的加工设备水平。因而产品的加工质量也会高于分散加工,同样的产品,无疑质量高的经济效益高于质量低的。

2. 流通加工的间接经济效益

(1) 流通加工能为许多生产者缩短生产时间,使他们可以腾出更多的时间来进行创造性生产,为社会提供更多的物质财富。

(2) 流通加工部门可以表现为一定数量货币的加工设备为更多的生产或消费部门服务,这样可以相对减少全社会的加工费用支出。

(3) 流通加工能对生产的分工和专业化起中介作用。它可以使生产部门按更大的规模进行生产,有助于生产部门劳动生产率的提高。

(4) 流通加工可以在加工活动中更为集中、有效地使用人力、物力,比生产企业加工更能提高加工的经济效益。

(5) 流通加工为流通企业增加了收益,体现了物流的"第三利润源"。流通部门为了获得更多的利润,进行流通加工是一项创造价值的理想选择。对加工企业而言,采用相对简单、投入相对较少的流通加工,可以获得较为理想的经济效益;对社会而言,流通企业获利的同时,社会效益也会提高。

### 三、流通加工产业发展

1. 流通加工市场化

流通部门在传统的经营中始终遵从着 $G—W—G'$ 的流通形式,即 $G'-G=\Delta G$,是流通企业的唯一盈利定位。但是,从商品转化为货币时,商品的适应性原则是关键。生产加工的不足影响了这个转化过程,而商流本身是不能弥补这一不足的。流通加工使流通企业从商流单一定位,转变为商流与物流统一的综合定位。流通企业除了从商业交换中获得利润,流通加工已是它们获得利润的重要来源。例如,在美国,单纯的储存企业已经被淘汰,储存加流通加工才可以生存。

2. 流通加工社会化

流通加工社会化是指流通加工由个体的单向的加工形式转变为面向社会的专职综合流通加工为主的加工体系,即将流通加工属于某个系统的行为转化为社会行为。流通加工企业面向的是全社会每个需要流通加工产品的消费单位和个人,而每个需要流通加工产品的消费单位和个人都可以从流通加工企业中得到他们所需要的被加工的产品。在选购加工产品时,企业有大量产品的比较空间和选择余地。

(1) 流通加工企业要把自己放到市场经济的环境中,根据市场的需要选择流通加工项目,根据用户的要求进行流通加工生产。

(2) 生产企业逐步减少生产预备加工的数量,应考虑放弃以往不经济的加工活动,而把生产预备加工尽可能让渡给流通企业。

(3) 流通加工社会化将得到众多企业家的关注。他们会以多种形式与流通加工企业合作建立流通加工中心,也可以以一己之力投入到这一有广阔发展前途的产业中去。

(4) 流通加工除了使其他物流环节密切相关的职能继续得到深化,还会以不同的形式与商流相结合,为企业创造更多的商机,为社会提供更多的服务。

3. 流通加工网络化

流通加工网络化是指根据运筹学理论,将流通加工产业在区域范围内合理布局,并将流通加工机构网络状连接起来的一种组织形式。按照这种方法建立的流通加工网络,具有系统的整体性、布局的合理性、工作的层次性和功能的综合性。

(1) 流通加工产业区域化分布。流通加工企业一般设在物品的消费地,并担负着该地区的流通加工任务。要使流通加工后的产品能经济合理地满足用户的需要,流通加工供应区域的大小就必须适当。流通加工产业区域化问题是许多发达国家也十分重视的问题,如美国的金属分销业的流通加工供应区域一般认为不超过200公里。但是,涉及流通加工供应区域化的因素很多,如地区经济发展水平、地区产业经济特点、流通加工类型、流通加工和生产准备加工的经济分析等。其中,地区产业经济特点是对流通加工区域化最主要的影响因素,也是开展流通加工的主要动力。例如,以汽车工业为主导产业的地区,剪板加工是与本地区经济特点相适应的加工形式;在以煤炭为主要能源的工业地区,运力配煤应是受欢迎的。

(2) 流通加工企业合理设置。从流通加工企业设置上看,点(流通加工企业)的合理分布是流通加工网络建立的关键。在某一区域范围内以各流通加工企业为中心的供应半径所形成的面积,构成某流通加工服务区域。理想的流通加工企业的合理设置是供应距离合理,供应数量与需求数量相平衡。当若干加工企业的辐射面重合且大于该地区加工需求时,则表现出流通加工能力过剩;而流通加工企业所达不到的地方,则表现为流通加工的潜在市场。流通加工点在区域的分布,必须从网络化的总体建设来考虑,必须与它在区域内担负的流通加工任务相适应。

(3) 流通加工产业分布与组合。流通加工产业是由流通加工企业集合形成的整体,但就个体而言,它们在流通加工中存在很大差别。在加工的品种上,应根据加工企业自身加工任务的定位来确定;在加工的范围上,应根据物资流通规模的大小来确定;在加工技术上,则根据加工对象和加工深度来确定。

## 延伸阅读一

### 京东物流推出五大举措全方位攻克活蟹冷链物流难题

2017年8月17日,京东物流联合苏州市阳澄湖大闸蟹行业协会、百余家阳澄湖原产地商家,共同开启了"鲜天下之优——阳澄湖大闸蟹京东物流生鲜冷链原产地解决方案推介会",依托于中国最大的生鲜电商冷链宅配平台这一优势,京东物流将为阳澄湖大闸蟹提供包含物流、运营和营销在内的一整套解决方案,推出五大举措全方位攻克活蟹冷链物流难题,推动阳澄湖大闸蟹的品牌升级。

1. 陆空结合,全国近8成城市消费者48小时内将收到阳澄湖活蟹

京东物流开放销售部生鲜项目负责人介绍,阳澄湖大闸蟹是生鲜电商中最具代表性的品类之一,以肉肥味美、鲜嫩细腻的口感闻名四海。但吃螃蟹要的就是一个鲜,运输时间是影响新鲜程度的关键因素,京东物流结合阳澄湖大闸蟹的特点,特别提供专业的大闸蟹冷链物流解决方案,保证在时效上将全程冷链的阳澄湖大闸蟹配送时间压缩到48小时之内。

2017年,京东物流针对阳澄湖大闸蟹继续沿用"航空+冷藏车"的运输矩阵,增设航空线路至近20条,优化冷链车运输路由,辐射全国近30个省(市、区),有近300个城市可以做到48小时内鲜活送达,其中近150个城市实现了24小时送达,上海、苏州等城市更可以实现6小时极速送达,即使是远在黑龙江的用户也可以在两天内享用到来自江苏的鲜活美味。

根据蟹农的出货时间,京东物流从上午10点到晚上8点,每2小时安排一次进行循环接货,保证当天出水的活蟹,在阳澄湖本地打单、快速包装分拣,马上进入配送环节。在配送过程中,华东区域将以陆运形式全程采用专业冷链车运输,全国其他区域将采用航空直发。2017年,京东联合航空公司开设了专门用于大闸蟹通行的机场快速通道,便于生鲜快速交接完成,将用时至少减少了2个小时。

2. 创新冷仓,全部向蟹商开放

阳澄湖大闸蟹行业协会相关负责人表示,京东是阳澄湖大闸蟹行业协会首个签约合作的电商平台,京东模式从一开始就致力于全产业链条各环节的垂直整合,京东物流的产地直供以及供应链优势,能够切实保障阳澄湖大闸蟹的品牌形象及品质。

为了提升供应链效率,京东物流首创了"协同仓"和"销地仓"的模式,将全部开放给大闸蟹商家使用。

协同仓是京东特有的生鲜仓储配送模式,是按照京东冷链物流体系标准在原产地设立的临时性生鲜仓库。大闸蟹协同仓就设立在阳澄湖畔,2017年进行了全面升级,面积较往年扩大近1倍,单独设立了入库区、生产区、抽检区、办公区以及冷链中转区,并在每个区域内都设立了专用空调确保温度恒定。仓储、分拣将在协同仓内同步进行,从协同仓内送出的大闸蟹,目的地将直接是消费者,实现了原产地与消费者的无缝对接。

销地仓模式是充分利用互联网大数据平台支撑,以地域、时间等维度进行精准销售预测,通过优化电商物流供应链条,提前将商品运送至销售地的仓库进行暂存,用户下单后,将直接从销地仓发货,通过送货距离的大大缩短来提升时效。2017年,京东物流在北京、广州等城市设立了大闸蟹销地仓,这些城市的消费者早上下单,下午就可以收到来自阳澄湖原产地的鲜活大闸蟹。

**3. 安全可靠，专业检测保证大闸蟹品质上乘**

京东生鲜冷链采取的"原产地直采＋协同仓"的模式，确保了阳澄湖大闸蟹的"纯正身份"。而且，2017年在大闸蟹协同仓内还特别设立了"生鲜实验室"，具备当场快速检验氯霉素、孔雀石绿、重金属铬等指标的能力，以确保送到消费者手中的每一只阳澄湖大闸蟹都安全可靠。

**4. 恒温保鲜，全程冷链确保大闸蟹鲜活**

在大闸蟹的包装上，京东物流通过多次测试，为大闸蟹量身定制了专用包装箱、专业冷媒（冰包、冰袋等）以及封箱膜胶带。

为了保证大闸蟹鲜活，运送过程的恒温环境也至关重要，为此，京东物流提供了全程冷链解决方案，这也是京东物流的核心竞争力之一。从商品打包、分拣、配送，一直到消费者手中的每一个环节，京东生鲜冷链均可实现24小时全程监控异常，确保温度可控、时效可控、品质可控。在"最后一公里"，京东还配备了专业冷链三轮车，护航鲜活大闸蟹交付给消费者。

**5. 专项理赔客服，确保蟹商无后顾之忧**

针对大闸蟹商家最为关心的售后问题，2017年，京东物流增加了30%的专项理赔客服投入，建立了快捷咨询、极速理赔、应急处理等专项应对方案，并对商家承诺，如经确认为京东物流问题导致出现死蟹，最快将在三个工作日内完成理赔。

另外，京东物流还将践行"用交付改变交易、以物流提升商流"的理念，通过整合京东内部资源，借助线上平台以及遍布全国的线下营销资源进行多渠道推广，以强大的平台优势有效帮助合作大闸蟹商家提升店铺流量和单量，提供产、供、销、配一体的解决方案。

京东物流华东区域分公司负责人表示，自宣布启动冷链物流配送服务以来，京东坚持"产地直采、标准化生产、全程冷链、全程追溯、协同创新"的五大生鲜供应链策略，多方面发力，推进生鲜业务一体化建设，实现安全、标准、可追溯的全产业链延伸。京东生鲜冷链的全面开放，势必将提升整个产业链条的服务品质，让消费者享受到高品质的高效配送服务，进一步优化生鲜电商的行业格局，推动中国生鲜冷链行业长足发展。

资料来源：中国物流与采购网，www.chinawuliu.com.cn，2017-08-23。

## 延伸阅读二

**维持食品鲜度 看日本食品物流温度管理怎么做**

在日本，曾经发生过多起食品伪造产地的事件，引起了消费者对食品安全的担忧，严格管控供应链成为整个日本社会的呼声。食品从生产者到消费者手中的整个流通链条中，为了抑制微生物的繁殖，保障食品质量，温度管理是维持食品鲜度的一个重要途径。众所周知，食品安全需要有效的物流做保障。

在日本,越来越多的公司开始重视在物流过程中的食品安全管理问题,而不少提供食品运输的物流公司将能提供对应 HACCP 体系标准的服务作为宣传的一大亮点。

对于食品物流而言,保障食品安全的逻辑是从各种细节上保障需要冷冻、冷藏的食品不在常温中保管和运输。高效隔热材料的使用和从流程制度上的防微杜渐,有助于避免由于人为失误导致的问题。

为了保障食品的质量,日本物流公司从内外部隔断,清洁和污染区域分离,不良商品置于库外,保障设备材料的耐水性、耐油性、耐药性、排水性和空气质量等细节入手。

以日本道原运送公司为例,该公司通过诸如在运输车辆的轮胎附近安装可以喷射消毒液的装置、入库前对车辆进行消毒处理,在车辆内部装置杀菌灯、运输途中防止细菌滋生等措施,建立了一套适应 HACCP 标准的杀菌物流系统。

而按照 HACCP 标准执行,在保障食品安全的同时,也相应地增加了设备投资成本。因此,日本物流公司也在试图寻找降低食品物流成本的方法。

1. 温度管理成主流

食品从生产者到消费者手中的整个流通链条中,为了抑制微生物的繁殖,保障食品质量,温度管理是维持食品鲜度的一个重要手段。而不同的食品对温度的要求各不相同。例如,北海道的"夕张香瓜"要在常温保存和运输,可以保证 4 天的鲜度;岩手县的"羽后牛"需要在 $-18\ ℃$ 以下的冷冻条件下保存运输,可以维持 3 天的鲜度;东京的斗鸡则要求在 $0—4\ ℃$ 冷藏的状态下保存和运输,保鲜时间可以维持在 2 周左右。

日本物流行业有一套自己的温度标准体系。在运送、保管过程中需要对温度进行指定的物流,分为冷冻、冷藏、常温三类,统称为"三温度带"。而在实际配送中,根据商品的特性有更为精准的温度划分,如表 6-1 所示,按照更为精细的温度区间分为加温品、常温品、定温品、C3—C1 级、F1—F4 级等 10 种。

表 6-1 日本食品配送的温度标准

| 按温度区间划分商品 | | 温度区间 |
| --- | --- | --- |
| 加温品 | | 20 ℃ 以上 |
| 常温品 | | 20 ℃—10 ℃ |
| 定温品 | | 冷藏:$-5\ ℃—5\ ℃$ |
| | | 冰温:$-3\ ℃—0\ ℃$ |
| | | 部分冻结:$-3\ ℃$ |
| 对商品做温度区间划分 | C3 级 | 0 ℃—10 ℃ |
| | C2 级 | $-10\ ℃—0\ ℃$ |
| | C1 级 | $-20\ ℃—-10\ ℃$ |
| | F1 级 | $-30\ ℃—-20\ ℃$ |
| | F2 级 | $-40\ ℃—-30\ ℃$ |
| | F3 级 | $-50\ ℃—-40\ ℃$ |
| | F4 级 | $-50\ ℃$ 以下 |

目前,少数的日本物流公司可以通过一个运输车辆来运输冷冻、冷藏、常温三类食品,并且将从入库到物流中心、仓库内的存管、发货、配送等全部过程中,商品处于何种温度环境的数据提供给客户。

2. 降低食品物流成本

从日本企业物流成本占产品销售额的比重数据来看,2013 年,需要通过低温运输(冷藏、冷冻)的食品行业,该比重为 8.57%,排在第二位,而可以常温运输的食品行业比重为 6.01%,仍然位列第 7。由此可见,食品物流尤其是通过低温的方式进行温度管理控制的冷链物流,面临成本偏高的难题。

究其原因,其一,进行低温运输的车辆和物流中心需要具备冷冻冷藏设备,且日本的冷链运输一般有自动温度记录设备,记录从预冷到卸货全过程中车厢内的温度。

食品物流的必备设备成本很高,且预冷、冷藏、冷冻过程对能源的消耗非常大,能源成本很高,所以如何用较低的成本开发这些设备,以及开发节能型设备是日本物流领域当下关注的课题之一。

其二,阻隔从低温到高温过渡的绝热材料的开发也深受关注,比如通过保冷箱和冷冻剂的使用可以让冷冻食品在冷藏的环境下保存,减少冷冻费用的消耗,且有助于避免外界温度对食品本身的影响。

3. 完善食品物流跟踪系统

在日本,曾经发生过多起食品伪造产地的事件,引起了消费者对食品安全的担忧,严格管控供应链成为整个日本社会的呼声。一旦食品发生安全问题,如果有畅通的信息跟踪系统,可以快速了解商品流转的各个环节,找出问题所在。而食品跟踪在日本并没有完全普及,目前,日本政府强制性要求进行全程流转跟踪的食品仅有大米和牛肉,而对于其他食品,虽然有设立食品跟踪系统的指导方针,但是从政策和法律层面并不做强制要求。

由于食品跟踪系统的成本较高,目前在日本只有 2 成左右的企业实现了食品跟踪。

例如,专门提供食品物流服务的 SBS Flec,已经可以实时监测商品在从工厂到批发中心,再到零售店铺的整个供应链,如果发生食品安全等问题,可以快速回收相关商品,减少对消费者的影响。

在物流跟踪系统的建立方面,具有变革性的一个是应用 RFID,即射频识别。它是一种非接触式的自动识别技术,它通过射频信号自动识别目标对象并获取相关数据,识别工作无须人工干预,是条形码的无线版本。

RFID 技术具有条形码所不具备的防水、防磁、耐高温、使用寿命长、读取距离大、标签上数据可以加密、存储数据容量更大、存储信息更改自如等优点。

近几年,RFID 技术是日本物流界大热的名词,并被给予了很高的期望,因为如果这项应用得到普及,物流行业将发生革命性的变化,但是受到成本的限制,目前在日本物流领域并没有完全普及开来。

RFID 技术不仅有利于对食品的流转进行跟踪,还为物流行业提供了极大的便利,在没有使用该技术之前,富士物流采用的是条形码的方式。

而条形码也是我国国内普遍使用的方式,如果采用条形码的方式,读取商品信息时需要一个个条形码地进行信息读取,而采用了RFID技术之后,通过IC标签,一下子就能完成商品信息的读取,不再需要一个个扫码。

应用了RFID技术之后,富士物流的盘货时间大幅缩短,只需要原来的七分之一左右的时间,让物流作业变得迅速起来,提升了物流中心的运转效率。

与此同时,富士物流还将RFID技术与机器人技术结合,开发出了盘货机器人,实现了盘货的自动化,不仅削减了物流成本,也实现了夜间作业,并且富士物流已经开始研究将这些机器人投入到低温、高温、无尘室等条件比较苛刻的物流环境中,让机器人可以更广泛地取代人工作业。

富士物流在给商品贴上IC标签的同时,也给工作人员贴上了标签,借此可以实时了解商品和操作人员的动向,提升安全性,防止意外发生。同时,应用了RFID技术以后,对每个商品个体信息的搜集和工程进度的了解,都会变得更加容易,也可以快速向客户传递商品的物流信息。

当然,物流行业对于RFID技术的应用,可以带来的可能性不限于此,还有更多的应用方式正在逐步研发的过程中。

资料来源:中国物流与采购网,www.chinawuliu.com.cn,2014-11-26。

## 本章提要

流通加工是物品在从生产地到使用地的过程中,根据需要施加包装、分割、计量、分拣、组装、价格贴付、标签贴付、商品检验等简单作业的总称。它是物流企业的重要利润源,在现代物流中属于增值服务范围。

流通加工按其目的不同,可分为以下几类:以保存产品为主要目的的,为适应多样化需求的,为消费方便、省力的,为提高产品利用率的,为提高物流效率、降低物流损失的,为衔接不同输送方式使物流更加合理的,以及为实现配送进行的流通加工等。要实现流通加工合理化,应考虑加工与配送、配套、合理运输、合理商流、节约相结合。在生产资料、消费资料和食品方面,流通加工技术有着不同的要求和体现。

流通加工产业是社会生产高度发展的新型产业,能够带来直接或间接的经济效益。流通加工产业将向市场化、社会化和网络化方向发展。

## 练习与思考

1. 流通加工和一般的生产型加工的区别是什么?
2. 包装在现代物流活动中的地位如何?
3. 试对比几种不同的流通加工方式。
4. 试述如何判断流通加工的合理性。
5. 试分析流通加工的经济效益。

# 第七章

21世纪经济与管理规划教材

物流管理系列

# 物 流 信 息

**知识要求**

通过本章的学习,能够
- 掌握物流信息的概念和分类
- 熟悉物流信息技术
- 理解物流信息网络

**技能要求**

通过本章的学习,能够
- 熟练把握几种常见的物流信息技术
- 把握物流信息网络的发展情况

## 第一节　物流信息概述

### 一、物流信息概念

1. 物流信息的内涵

在物流基本活动中,信息是指物流过程中传递和处理的与物流活动相关的情报,如订货收货要求、仓库作业命令、货运单证以及各种票据等。国家标准《物流术语》(GB/T 18354-2006)对物流信息(Logistics Information)的定义是"物流活动中各个环节生成的信息,一般随着从生产到消费的物流活动的产生而产生,与物流过程中的运输、储存、装卸、包装等各种职能有机结合在一起,是整个物流活动顺利进行所不可缺少的"。即物流信息是反映物流各种活动内容的图像、资料、数据、知识、文件的总称,有狭义和广义之分:① 从狭义范围来看,物流信息是指与物流各个基本活动相关的信息,对运输管理、库存管理、订单管理等物流活动具有支持保证的功能;② 从广义范围来看,物流信息不仅指与物流活动有关的信息,而且包含与其他流通活动有关的信息,如商品交易信息、市场信息等,具有连接整合整个物流系统和使整个物流系统效率化等功能。

2. 物流信息的特点

现代物流是由多个子系统组成的复杂系统,要合理组织物流活动,必须依赖物流过程中物流信息的沟通,只有通过高效的信息传递和反馈才能实现整个系统的合理有效运行。因此,物流信息具有以下五个主要特性:

(1) 广泛性。由于物流是一个大范围内的活动,物流信息源也分布于一个大范围内,信息源点多、信息量大,涉及从生产到消费、从国民经济到财政信贷各个方面。物流信息来源的广泛性决定了它的影响也是广泛的,涉及国民经济各个部门、物流活动各环节等。

(2) 联系性。物流活动是多环节、多因素、多角色共同参与的活动,目的是实现产品从产地到消费地的顺利移动,因此在该活动中所产生的各种物流信息必然存在十分密切的联系,如生产信息、运输信息、储存信息、装卸信息间都是相互关联、相互影响的。这种相互联系的特性是保证物流各子系统、供应链各环节以及物流内外部系统相互协调运作的重要因素。

(3) 多样性。物流信息种类繁多,从其作用的范围来看,本系统内部各个环节有不同种类的信息,如流转信息、作业信息、控制信息、管理信息等,物流系统外也存在各种不同种类的信息,如市场信息、政策信息、区域信息等;从其稳定程度来看,有固定信息、流动信息与偶然信息等;从其加工程度来看,有原始信息与加工信息等;从其发生时间来看,有滞后信息、实时信息和预测信息等。在进行物流系统的研究时,应根据不同种类的信息进行分类收集和整理。

(4) 动态性。多品种、小批量、多频度的配送技术与数据采集技术的不断应用使得各种物流作业频繁发生，加快了物流信息的价值衰减速度，要求物流信息的不断更新。物流信息的及时收集、快速响应、动态处理已成为决定现代物流经营活动成败的关键。

（5）复杂性。物流信息的广泛性、联系性、多样性和动态性带来了物流信息的复杂性。在物流活动中，必须对不同来源、不同种类、不同时间和相互联系的物流信息进行反复研究和处理，才能得到有实际应用价值的信息，从而将其用于指导物流活动。

3. 物流信息的作用

物流信息在物流活动中具有十分重要的作用，通过物流信息的收集、传递、存储、处理、输出等，对整个物流活动起指挥、协调、支持和保障的作用，具体表现在：

（1）沟通联系的作用。物流系统是由许多行业、部门以及众多企业群体构成的经济大系统，系统内部正是通过各种指令、计划、文件、数据、报表、凭证、广告等物流信息，建立起各种纵向和横向的联系，沟通生产厂商、批发商、零售商、物流服务商和消费者，满足各方的需要。因此，物流信息是沟通物流活动各环节之间联系的桥梁。

（2）引导和协调的作用。物流信息随着物资、货币及物流当事人的行为等信息载体进入物流供应链，同时信息的反馈也随着信息载体反馈给供应链上的各个环节，依靠物流信息及其反馈可以引导供应链结构的变动和物流布局的优化；协调物资结构，使供需之间平衡；协调人、财、物等物流资源的配置，促进物流资源的整合和合理使用等。

（3）辅助决策分析的作用。物流信息是制订决策方案的重要基础和关键依据，物流管理决策过程的本身就是对物流信息进行深加工的过程，是对物流活动的发展变化规律认识的过程。物流信息可以协助物流管理者鉴别、评估经比较物流战略和策略后的可选方案，如车辆调度、库存管理、设施选址、资源选择、流程设计以及有关作业比较和安排的成本—收益分析等均是在物流信息的帮助下才能做出科学决策。

（4）支持战略计划的作用。作为决策分析的延伸，物流战略计划涉及物流活动的长期发展方向和经营方针的制定，如企业战略联盟的形成、以利润为基础的客户服务分析以及能力和机会的开发，作为一种更加抽象、松散的决策，它是对物流信息进一步提炼和开发的结果。

（5）管理控制的作用。通过移动通信、计算机信息网、电子数据交换、定位系统等技术实现物流活动的电子化，如货物实时跟踪、车辆实时跟踪、库存自动补货等，用信息化代替传统的手工作业，实现物流运行、服务质量和成本等的管理控制。

（6）价值增值的作用。物流信息本身是有价值的，而在物流领域中，流通信息在实现其使用价值的同时，其自身的价值又呈现增长的趋势，即物流信息本身具有增值特征。另外，物流信息是影响物流的重要因素，它把物流的各个要素以及有关因素有机地组合并联结起来，以形成现实的生产力和创造出更高的社会生产力。

## 二、物流信息分类

1. 按物流信息的来源分类

（1）内部信息。来自物流企业内部的信息，是企业的业务人员、管理决策人员进行业务处理、管理控制、决策等行为所产生的信息。这些信息通常是协调系统内部人、财、物活动的重要依据。

(2) 外部信息。来自物流企业外部环境的信息,包括供货人信息、客户信息、订货合同信息、交通运输信息、市场信息、政策信息等与物流企业有关的信息。这些信息会对物流的活动产生影响。

内部信息和外部信息相互影响、相互转换。例如,客户向物流企业发出托运货物的信息,属于外部信息;物流企业业务人员根据货物的情况安排拖车上门收货的信息,就属于内部信息。

2. 按物流信息的作用分类

如图 7-1 所示,根据不同领域、不同层次的物流信息对物流活动和物流系统决策所起的支持作用进行划分,可以分为运作、控制、决策和战略四个层次。

(1) 运作层次。这个层次是用于启动和记录个别物流活动的最基本的层次。物流信息可以在物流系统的各个层次上记录物流业务,如记录订单内容、安排存货任务、作业程序选择、装船、定价和开发票,以及消费者查询等。

(2) 控制层次。物流系统可以通过建立合理的指标体系来评价和控制物流活动,而物流信息则作为"变量"来与标准进行比较,考察和确定指标体系是否有效、物流活动是否正常。

(3) 决策层次。物流信息可以以决策结论的形式出现,也可以以决策依据的形式出现,协助管理人员鉴别、评估和比较物流战略及策略上的可选方案,做出有效的物流决策。

(4) 战略层次。在物流信息的支持下,开发和确定物流战略。这类决策往往是决策层次的延伸,但是通常更加抽象、松散,并且着眼于长期。

图 7-1 不同作用层次的物流信息

#### 3. 按物流信息的加工程度分类

（1）原始信息，指未加工的信息，是信息工作的基础，也是最有权威性的、凭证性的信息。原始信息是加工信息可靠性的保证。人们有时只重视加工信息而放弃了原始信息，一旦有争议、有疑问，无法用原始信息核证，在这种情况下，加工信息便毫无意义，所以不能忽视原始信息。

（2）加工信息，是对原始信息进行各种方式、各个层次处理之后的信息，这种信息是对原始信息的提炼、简化和综合，可大大减少不必要的信息量，并将信息梳理成规律性的东西，便于使用。加工信息需要各种加工手段，如分类、汇编、汇总、精选、制档、制表、制音像资料、制文献资料、制数据库等。

## 第二节　物流信息技术

### 一、物流信息技术概念

国家标准《物流术语》（GB/T 18354-2006）对物流信息技术（Logistics Information Technology，LIT）的定义是"用于物流各环节中的信息技术。根据物流的功能以及特点，物流信息技术包括计算机技术、网络技术、信息分类编码技术、条码技术、射频识别技术（RFID）、电子数据交换技术（EDI）、全球定位系统（GPS）、地理信息系统（GIS）等"。

物流信息技术是现代信息技术在物流各个作业环节中的综合应用，其伴随着信息技术及现代物流的产生与发展。物流信息技术是物流现代化的重要标志之一，也是物流技术中发展最快的领域。随着物流信息技术的不断发展，产生了一系列新的物流理念和新的物流经营方式，推动了物流的变革进程。

物流信息技术是指以电子计算机和现代通信为主要手段实现物流信息的获取、存储、加工、传输和利用等功能的技术总和，主要由通信、软件、面向行业的业务管理系统三大部分组成。根据物流信息处理的过程，每个阶段涉及的信息技术如图7-2所示。

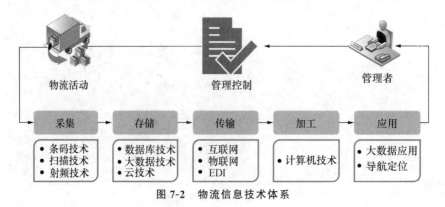

图 7-2　物流信息技术体系

现代物流信息技术主要有自动识别技术、物流信息存储技术、电子数据交换技术和物流信息加工与应用技术。

## 二、自动识别技术

自动识别技术是信息数据自动识读、自动输入计算机的重要方法和手段，是以计算机技术和通信技术的发展为基础的综合性科学技术，已初步形成了一个包括条码技术、磁条（卡）技术、光学字符识别、系统集成化、射频技术、声音识别及视觉识别等集计算机、光、机电、通信技术为一体的高新技术学科。常用的自动识别技术包括条码识别技术、射频识别技术、光学字符识别技术、磁卡及智能卡识别技术、生物识别技术、语音识别与视觉识别技术等。

物流信息识别主要采用条码识别技术和射频识别技术自动完成原始数据的采集工作，解决人工数据输入速度慢、误码率高、劳动强度大、工作重复性高等问题，是快速、准确地进行数据采集输入的有效手段。

### （一）条码识别技术

1. 一维码技术

（1）条码概述。国家标准《物流术语》（GB/T 18354-2006）对条码（Bar Code）的定义是"由一组规则排列的条、空及其对应字符组成的，用以表示一定信息的标识"。商品条码，又称全球贸易项目代码（Global Trade Item Number，GTIN），是指包含厂商识别代码在内的对零售商品、非零售商品、物流单元、位置、资产及服务进行全球唯一标识的一种代码（或称数据结构）。

条码起源于20世纪40年代，应用于70年代，普及于80年代。条码技术是在计算机应用和实践中产生并发展起来的广泛应用于商业贸易、物流、产品追溯、电子商务、医疗保健、物联网等领域的一种自动识别技术，具有输入速度快、准确度高、成本低、可靠性强等优点，在当今的自动识别技术中占有重要的地位。现阶段，随着物联网和电子商务的迅速发展，条码已经广泛应用到商业的各个方面，并且在各领域中发挥着显著作用。条码集编码、印刷、识别、数据采集和处理于一体，目前在物流领域应用较常见的条码技术有一维码技术和二维码技术。

从编码规则来看，条码种类很多，常见的大概有十多种码制，其中包括UPC-A码、UPC-E码、EAN-8码、EAN-13码、ITF 14码、Code 25码（标准25码）、Code 39码（标准39码）、Code 93码、Code 128码（包括EAN 128码）、Codabar码（库德巴码）、ISBN码、ISSN码、矩阵25码（中国邮政码）等。

（2）GS1系统。以商品条码为核心的全球统一编码标识系统（GS1系统）已经成为事实上的服务于全球供应链管理的国际标准。在GS1系统产生之前，全球物品编码主要有UPC码和EAN码两大标准编码系统。

UPC码又称通用产品代码，于1970年由美国统一代码委员会（Uniform Code Council，UCC）制定，主要适用于北美地区；1976年开始，UPC商品条码系统在美国和加拿大超级市场得到成功应用。

EAN 码又称欧洲物品编码系统，于 1977 年由欧洲物品编码协会（European Article Numbering Association，EAN）开发，该编码系统和 UCC 系统兼容。1981 年，欧洲物品编码协会更名为国际物品编码协会（International Article Numbering Association，IAN）；2002 年，美国统一代码委员会和加拿大电子商务委员会加入 EAN，EAN International 成立，结束三十年多年两套编码系统的分治和竞争；2005 年，EAN International 更名为 GS1。中国物品编码中心于 1991 年 4 月代表中国加入 GS1。

（3）GS1 系统主要的商品条码。**EAN-8 条码**。EAN-8 商品条码也称缩短版商品条码，是数字代码为 8 位的商品条码。商品条码中的前缀码由最前面的三位数组成，表示国家或地区，中华人民共和国可用的国家代码有 690—699，其中 696—699 尚未使用。生活中最常见的国家代码为 690—693，其中以 690、691 开头时，厂商识别码为四位，商品项目代码为五位；以 692、693 开头时，厂商识别码是五位，商品项目代码是四位。EAN-8 商品条码由左侧空白区、起始符、左侧数据符、中间分隔符、右侧数据符、校验符、终止符、右侧空白区及供人识别字符组成。EAN-8 商品条码的起始符、中间分隔符、校验符、终止符的结构同 EAN-13 商品条码（参见图 7-3）。

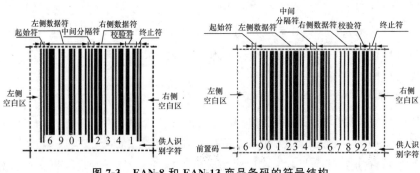

图 7-3  EAN-8 和 EAN-13 商品条码的符号结构

**EAN-13 条码**。EAN-13 有 13 位代码，主要应用于超级市场和其他零售业，这种代码结构比较常见，随便拿起身边从超市买来的每件商品都可以从包装上看到。前缀码为 690—699 的条码由中国的商品采用，能够实现商品零售、进货、存货管理、自动补货、销售分析及其他业务运作的自动化。EAN-13 商品条码由左侧空白区、起始符、左侧数据符、中间分隔符、右侧数据符、校验符、终止符、右侧空白区及供人识别字符组成。

**UPC-A 和 UPC-E 条码**。UPC-A 左、右侧空白区最小宽度均为 9 个模块宽，其他结构与 EAN-13 商品条码相同（参见图 7-4）。UPC-E 不同于 UPC-A 和 EAN 商品条码，它不含中间分隔符，由左侧空白区、起始符、数据符、终止符、右侧空白区及供人识别字符组成。UPC-E 商品条码符号如图 7-4 所示。

**UCC/EAN-128 条码**。UCC/EAN-128 条码由左侧空白区起始符、数据符、校验符、终止符、左右侧空白区及供人识别字符组成，用以表示 GS1 系统应用标识符字符串。UCC/

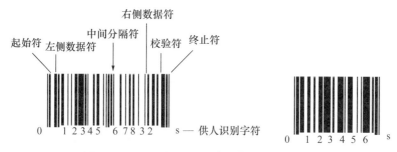

图 7-4　UPC-A 和 UPC-E 商品条码的符号结构

EAN-128 条码可表示变长的数据,条码符号的长度依字符的数量、类型和放大系数的不同而变化,并且能将若干信息编码在一个条码符号中。该条码符号可编码的最大数据字数为 48 个,包括空白区在内的物理长度不能超过 165 mm(参见图 7-5)。

图 7-5　UCC/EAN-128 条码的符号结构及放置位置

图 7-5 中的(02)、(17)、(37)和(10)为应用标识符(Application Indentifier,AI)。应用标识符是一个 2～4 位的代码,用于定义其后续数据的含义和格式。使用 AI 可以将不同内容的数据表示在一个 UCC/EAN-128 条码中。不同的数据间不需要分隔,既节省了空间,又为数据的自动采集创造了条件。

UCC/EAN-128 条码不用于商品零售结算,而用于标识物流单元。使用中,将两条 UCC/EAN-128 条码放在集装货物外包装相邻的面上,一个标签置于货物短面的右边,另一个标签置于货物长面的右边(参见图 7-6)。

图 7-6　UCC/EAN-128 条码标签贴法

**EAN/UCC-8 条码**。EAN/UCC-8 条码的代码结构如图 7-7 所示。其中,商品项目识别代码是由 EAN 编码组织在 EAN 分配的前缀码($X_8 X_7 X_6$)的基础上分配给厂商特定商品项目的代码。为了保证代码的唯一性,商品项目识别代码须由中国物品编码中心统一分配。校验位主要用来校验其他代码编码的正误。

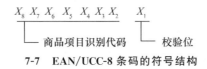

7-7 EAN/UCC-8 条码的符号结构

**EAN/UCC-13 条码**。当前缀码为 690、691 时，EAN/UCC-13 条码的代码结构如图 7-8(a) 所示；当前缀码为 692、693 时，EAN/UCC-13 条码的代码结构如图 7-8(b) 所示。其中，厂商识别代码由中国物品编码中心统一向申请厂商分配，厂商识别代码左起三位是国际物品编码协会分配给中国物品编码中心的前缀码；商品项目代码由厂商根据有关规定自行分配；校验位用来校验其他代码编码的正误。

图 7-8 EAN/UCC-13 条码的两种符号结构

EAN/UCC-13 条码是一种十分常见的非零售商品标识代码的编制方法，如应用于单个包装或含有多个包装等级的非零售商品的编码。单个包装的非零售商品是指独立包装但又不适合通过零售端扫描结算的商品项目，如独立包装的冰箱、洗衣机等；对于含有多个包装等级的非零售商品，如果要标识的货物内含有多个包装等级，如装有 24 条香烟的一整箱烟，或装有 6 箱烟的托盘等。以上情况的标识代码可以选用 EAN/UCC-13 条码，标识方法与零售贸易项目的方法相同。

**ITF-14 条码**。ITF-14 条码只用于标识非零售的商品。ITF-14 条码对印刷精度要求不高，比较适合直接印制（热转印或喷墨）在表面不够光滑、受力后尺寸易变形的包装材料上。因为这种条码符号较适合直接印在瓦楞纸包装箱上，所以也称"箱码"（参见图 7-9）。每个完整的非零售商品包装上至少应有一个条码符号。包装项目上最好使用两个条码符号，放置在相邻的两个面上——短的面和长的面右侧各放一个。在仓库应用中，这样可以保证包装转动时，人们总能看到其中一个条码符号。

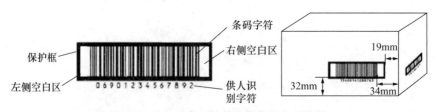

图 7-9 ITF-14 条码的符号结构及印刷位置

2. 二维码技术

（1）二维码概述。国家标准《物流术语》（GB/T 18354-2006）对二维码（Two-dimensional Bar Code）的定义是"在二维方向上都表示信息的条码"。二维码是将网址、文字、照片等信息通过相应的编码算法编译成的一个方块形条码图案。它比传统的条码能存储更多的信息，也能表示更多的数据类型。此外，它还具有容错能力强、译码可靠性高、保密性和防伪性好、成本低等特点,这些特性特别适用于安全保密、追踪、存货盘点、资料备援等方面(参见表 7-1)。

表 7-1 二维码与一维码的比较

| 识别技术<br>性能指标 | 二维码 | 一维码 |
| --- | --- | --- |
| 信息容量 | 存储密度高,信息容量大,并且可存储汉字、图形等 | 存储密度低,信息容量小,只能存储数字、英文字母 |
| 校验纠错 | 具有校验和纠错能力,通常在损坏<50%的情况下,仍可成功读取 | 具有校验能力,但没有纠错能力,一旦损坏则信息完全丢失 |
| 信息安全 | 能够有效地防止复制、冒充,具有较高的安全性 | 存储位数较少,伪造相对容易 |
| 网络依赖 | 由于本身存储了物品的信息,在很多应用场合无须依赖网络和后台数据库 | 要根据物品标识获得物品属性信息,必须依靠网络和后端的数据库等信息系统 |
| 读取设备 | 对于堆叠式,可用线性扫描器多次扫描读取;对于矩阵式,可用图像扫描器读取 | 用线性扫描器识别,如激光枪、线阵CCD 等 |
| 主要用途 | 对物品进行标识和属性描述 | 仅对物品进行标识 |

国外对二维码技术的研究始于 20 世纪 80 年代末,在二维码符号表示技术研究方面已研制出多种码制,常见的有 PDF 417、QR Code、Code 49、Code 16K、Code One 等。这些二维码的信息密度都比传统的一维码有了较大提高,如 PDF 417 的信息密度是一维码 Code 39 的二十多倍。在二维码标准化方面,国际自动识别制造商协会(AIM)、美国标准化协会(ANSI)已完成了 PDF 417、QR Code、Code 49、Code 16K、Code One 等码制的符号标准。国际标准技术委员会和国际电工委员会还成立了条码自动识别技术委员会(ISO/IEC/JTC1/SC31),已制定了 QR Code 的国际标准。

中国物品编码中心对几种常用的二维码 PDF 417、QR Code、Data Matrix、Maxi Code、Code 49、Code 16K、Code One 的技术规范进行了翻译和跟踪研究。在消化国外相关技术资料的基础上,制定了两个二维码的国家标准:二维码网格矩阵码(SJ/T 11349-2006)和二维码紧密矩阵码(SJ/T 11350-2006),从而大大促进了中国具有自主知识产权技术的二维码的研发。中国《商品二维码》国家标准(GB/T 33993-2017)于 2018 年 2 月 1 日起正式实施,该标准充分结合中国实际,综合参考国内外相关技术标准,提出了统一、兼容的商品二维码数据结构、信息服务和符号印制质量要求。

(2)二维码的分类。按照图形结构来分,常见的二维码可分为行排式二维码和矩阵式二维码。

行排式二维码。行排式二维码建立在一维码基础上,需要由两行或多行的一维码堆积而成。它在编码设计、检验原理、识读方式等方面继承了一维码的特点,其识读设备、条码印刷与一维条码兼容。常见的行排式二维码主要有 PDF 417、Code 49、Code 16K 等(参见图 7-10)。

矩阵式二维码。矩阵式二维码以矩阵的形式组成,在矩阵相应元素位置上,用点的出

PDF 417　　　　　　　Code 49　　　　　　Code 16K

图 7-10　三种常见的行排式二维码

现表示二进制"1",点的不出现表示二进制的"0",一系列点的排列组合确定了二维码所代表的意义。矩阵式二维码是建立在计算机图像处理技术、组合编码的基础上的一种新型图形符号自动识读处理码制。常见的矩阵式二维码主要有 QR Code、Data Matrix、Maxi Code、Code One 等(参见图 7-11)。

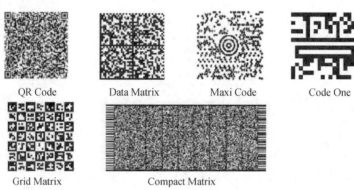

图 7-11　六种常见的矩阵式二维码

（3）二维码的应用。二维码作为一种全新的信息存储、传递和识别技术,自诞生之日起就得到了世界上许多国家的关注。美国、德国、日本等国家不仅已将二维码技术应用于公共安全、外交、军事等部门对各类证件的管理,而且也将二维码应用于海关、税务等部门对各类报表和票据的管理,商业、交通运输等部门对商品及货物运输的管理,邮政部门对邮政包裹的管理,以及工业生产领域对工业生产线的自动化管理等。

随着智能手机的普及和移动互联网的飞速发展,二维码在日常生活中的应用也越来越广泛,如微信、微博、名片、购物、支付等各个方面,不仅有效地实现了信息的快速传播,同时也给生活带来了快捷与便利。二维码的应用给现代物流应用带来了巨大的机遇,有助于解决物流行业现存在的问题,包括快递单信息泄露、窜货等。

（二）射频识别技术

（1）射频识别技术的概念。国家标准《物流术语》(GB/T 18354-2006)对射频识别(Radio Frequency Identification,RFID)的定义是"通过射频信号识别目标对象,并获取相关数据信息的一种非接触式的自动识别技术"。RFID是无线电技术在自动识别领域中的应用。它利用射频方式进行非接触式双向通信交换数据以达到识别目的,提供不直接接触采集物品信息的手段,可远距离识别动态或静态的对象。经过多年发展,13.56MHz以下的 RFID 技术已相对成熟,目前业界最关注的是位于中高频段的 RFID 技术,其中 860

～960MHz(超高频段)的远距离 RFID 技术发展最快。

RFID 是条码的升级技术,具有一些非常明显的优点:① 非接触识读,识读距离可从几厘米到几十米;② 可穿透多种材料,且不需要光源;③ 可识别高速移动物体,并能同时识别多个对象;④ 标签内容可以动态改变,数据容量大;⑤ 数据存取具有密码保护,安全性高;⑥ 可以唯一地标识每个产品,进行跟踪定位。

(2) RFID 的组成。一个典型的射频识别系统由电子标签(Tag)、读写器或阅读器(Reader)和应用系统(包括天线、连接线路等)三部分构成。射频系统的数据读写操作是严格按照"主—从"原则来进行的,阅读器的所有动作均由应用软件系统来控制。电子标签一般保存有约定格式的电子数据,在实际应用中多附着在待识别物体的表面;阅读器又称为读出装置,可无接触地读取并识别应答其中所保存的电子数据,从而达到识别物体的目的(参见图 7-12)。

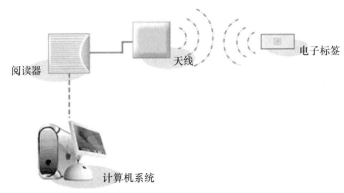

图 7-12 射频识别系统的构成原理

RFID 电子标签分为主动标签(Active Tags)和被动标签(Passive Tags)两种。主动标签自身带有电池供电,读/写距离较远同时体积较大,与被动标签相比成本更高,也称为有源标签;被动标签从阅读器产生的磁场中获得工作所需的能量,成本很低并具有很长的使用寿命,比主动标签体积更小也更轻,读写距离则较近,也称为无源标签。

(3) RFID 在物流行业中的典型应用。以 RFID 为基础的软硬件技术构建的 RFID 信息系统,将使生产、仓储、采购、运输、销售及消费的全过程发生根本性的变化。目前,RFID 技术已经在物流的诸多环节中发挥着重要的作用:① 生产环节。RFID 技术应用于生产环节中的生产线上,能够实现生产线的自动化和原料、产品的识别定位,这将大大降低人工识读成本和出错率,同时也大大提高了生产的效率和质量。RFID 技术还能够对产品进行信息的收集、处理,帮助生产人员轻松地掌握整个生产线的运作情况和产品的生产进度。② 配送/分销环节。在配送环节,采用 RFID 技术能大大加快配送的速度并提高拣选与分发过程的效率与准确率,并能减少人工投入、降低配送成本。如果到达中央配送中心的所有商品都贴有 RFID 标签,在进入中央配送中心时,托盘通过一个阅读器,可读取托盘上所有货箱上的标签内容。系统将这些信息与发货记录进行核对,以检测出可能的错误,然后将 RFID 标签更新为最新的商品存放地点和状态。③ 运输环节。在运输环节中通过RFID技术,在运输的货物和车辆贴上RFID标签,运输线的检查点上安装上RFID接收装置,一旦接收装置检测到RFID标签信息,即将标签信息、地理位置等经由互联网发送给运输调度中心,这样供应商和经销商就能够比较方便地查阅货物当前所处的状态。④ 仓储环节。在仓库里,RFID技术广泛地应用于存取货物与库存盘点,当贴有RFID标签的货物进入仓储中心时,入口的RFID识读器将自动识别标签并完成库存盘点。在整个仓库管理中,将系统制定的收货、取货、装运等实际功能与RFID技术相结合,能够高效地完成各种业务操作,如指定堆放区域、上架取货与补货等。⑤ 销售环节。在销售环节中,RFID技术可以改进零售商的库存管理。当货物被客户取走时,装有RFID识读器的货架能够实时地报告货架上的货物情况,并通知系统在适当的时候补货。同时对装有RFID标签的货物能够监控其移动、位置等。所有这些都大大节约了人工成本,降低了出错率,提高了物流效率。

### 三、物流信息存储技术

物流信息存储技术是物流信息技术中一项重要的技术,通过物流信息的存储,数据库技术、云存储技术在物流中得到广泛的应用,保障物流环节的顺畅运行。

1. 数据库技术

(1) 数据库系统概述。数据库的特点包括数据的结构化、数据的共享性好、数据的独立性好、数据存储粒度小、为用户提供友好的接口等。数据库系统是一个实际可运行的存储、维护和为应用系统提供数据的软件系统,是存储介质、处理对象和管理系统的集合体。它通常由软件、数据库和数据管理员组成。其软件主要包括操作系统、各种宿主语言、实用程序和数据库管理系统。数据库由数据库管理系统统一管理,数据的插入、修改和检索均要通过数据库管理系统进行。数据管理员负责创建、监控和维护整个数据库,使数据能被任何有权使用的人有效使用。数据库管理员一般是由业务水平较高、资历较深的人员担任。

从20世纪80年代以来,数据库技术在商业领域的巨大成功刺激了其他领域对数据库技术需求的迅速增长。这些新的领域为数据库应用开辟了新的天地,另外在应用中提出的一些新的数据管理的需求也直接推动了数据库技术的研究与发展。办公信息系统、地理信息系统和实时系统等一系列应用在生活中随处可见,也为人们的生活带来了许多便利。

(2) 数据库技术在物流行业中的应用。物流管理信息系统中的信息绝对数量多、分布广,许多信息具有传递性和一致性要求。物流中心信息系统功能模块中,从采购进货管理、销售发货管理、库存储位管理到财务会计管理、运营业绩管理等子系统都包含着信息的上传下达,都要通过数据库和共享信息来完成物流系统的信息管理。因此,物流系统数据库在物流管理中起着举足轻重的作用。① 物流系统数据库的设计。物流系统数据库的设计包括以下几步:建立物流系统信息模型(概念设计)——设计物流系统数据库的数据结构(逻辑设计)——设计物流系统数据库的物理结构(物理设计)——实现物流系统数据库。② 物流系统数据库的管理。物流系统数据库的管理包括安全管理、磁盘空间管理、数据库的维护、数据库系统的启动、完整性与一致性实现、运行监控及性能调整等内容。

2. 云存储技术

(1) 云存储技术概述。云存储(Cloud Storage)是在云计算概念上延伸和发展出来的一个新的概念,是一种新兴的网络存储技术,是指通过集群应用、网络技术或分布式文件系统等功能,将网络中大量各种不同类型的存储设备通过应用软件集合起来协同工作,共同对外提供数据存储和业务访问功能的系统。

当云计算系统运算和处理的核心是大量数据的存储和管理时,云计算系统中就需要配置大量的存储设备,那么云计算系统就转变成为一个云存储系统,所以云存储是一个以数据存储和管理为核心的云计算系统。简单来说,云存储就是将储存资源放到"云"上供人存取的一种新兴方案。使用者可以在任何时间、任何地方,通过任何可联网的装置连接到"云"上方便地存取数据。

云存储不仅仅是存储,更多的是应用。应用存储是一种在存储设备中集成了应用软件功能的存储设备,它不仅具有数据存储功能,还具有应用软件功能,可以看作服务器和存储设备的集合体。应用存储技术的发展可以大量减少云存储中服务器的数量,从而降低系统建设成本,减少系统中由服务器过载造成的单点故障和性能瓶颈,减少数据传输环节,提高系统性能和效率,保证整个系统的高效稳定运行。

(2) 云储存技术在物流行业的应用。物流公司对网络应用、数据信息的依赖性非常强,庞大复杂的业务产生了海量的数据信息。而这些数据的处理能量,最直接影响了用户是否能够快速准确地收到货物。因此,维护和保障数据安全,最大限度地降低数据损坏带来的影响,对数据信息进行实时备份和容灾处理显得非常重要。

例如,中远集装箱运输有限公司(以下简称"中远集运")通过使用云存储技术进行信息管理、保护和共享。中远集运拥有和经营着 600 余艘现代化商船,年货运量超过 2 亿吨。在中国,中远集运在广州、上海、厦门、香港、天津、青岛、大连等港口拥有各类型的远洋运输船队;在海外,中远集运以日本、韩国、新加坡、北美、欧洲、澳大利亚、南非和西亚八大区域为辐射点,以船舶航线为纽带,形成遍及世界各主要地区的跨国经营网络。为了更好地管理这个庞大的经营网络,中远集运近年斥资 10 亿元人民币建成了集装箱运输管理信息系统。这一系统时刻都在处理着来自世界各地的海量数据,中远集运上海外高桥主运行中心引进了易安信公司(EMC)的数据存储产品,同时在灾备中心部署了一台 EMC 公司的 Symmetrix DMX800 智能存储阵列,与(外高桥)主运行中心现有的 Symmetrix 8000 系列实现同城同步数据复制。主运行中心和灾备中心的 Symmetrix 均配 SRDF 远程数据复制软件,该软件可提供包括同步在内的多种数据复制方式;在同步 SRDF 复制模式下,确保数据复制的时间先后次序。

### 四、电子数据交换技术

**1. EDI概念**

国家标准《物流术语》(GB/T 18354-2006)对电子数据交换(Electro-nic Data Interchange,EDI)的定义是"用标准化的格式,利用计算机网络进行业务数据的传输和处理"。

EDI是20世纪80年代发展起来的,是信息进行交换和处理的网络化、智能化、自动化系统,它将远程通信、计算机及数据库三者有机结合在一起,实现数据交换、数据资源共享。EDI利用计算机与通信网络来完成标准格式的数据传输,不需要人为地重复输入数据,大幅度提高了数据传输与交易的效率,现已作为管理信息系统(Management Information System,MIS)和决策支持系统(Decision Support System,DSS)的重要组成部分。

**2. EDI系统的构成**

EDI系统一般由以下五部分构成:① 硬件设备。包括贸易伙伴的计算机、调制解调器及通信设施等。② 增值通信网络及网络软件。增值网(Value Added Net,VAN)是利用现有的通信网,增加了EDI服务功能而实现的计算机网络,即网络增值。③ 报文格式标准。EDI是以非人工干预方式将数据及时准确地录入应用系统数据库,并把应用数据库中的数据自动地传送到贸易伙伴的电脑系统,因此必须要有统一的报文格式和代码标准。④ 应用系统界面与标准报文格式之间相互转换的软件。该软件的主要功能包括代码和格式的转换等。⑤ 用户的应用系统。EDI是电子数据处理(Electronic Data Process,EDP)的延伸,要求各通信伙伴事先做好本单位的计算机开发工作,建立共享数据库。

**3. EDI工作流程**

如图7-13所示,EDI数据交换经历映射(Mapping)、翻译(Translation)、通信(Communication)、文件接收和处理(Dealing)四个步骤。(1)映射,即生成EDI平面文件。EDI平面文件(Flat File)是通过应用系统将用户的应用文件(如单证、票据等)或数据库中的数据,映射而成的一种标准的中间文件。平面文件是用户通过应用系统直接编辑、修改和操作的单证和票据文件,它可直接阅读、显示和打印输出。(2)翻译,即生成EDI标准格式文件。其功能是将平面文件通过翻译软件(Translation Software)生成EDI标准格式文件。EDI标准格式文件即EDI电子单证(电子票据),它是按照EDI标准,将平面文件中的目录项加上特定的分割符、控制符和其他信息生成的一种包括控制符、代码和单证信息在内的ASCII码文件。(3)通信,由计算机通信软件完成。用户通过通信网络,接入EDI信箱系统,将EDI电子单证投递到对方的信箱中。(4)文件接收和处理,它是发送过程的逆过程,需要接收用户通过通信网络接入EDI信箱系统,将来函接收到自己的计算机中,经格式校验、翻译、映射还原成应用文件,最后对应用文件进行编辑、处理和回复。

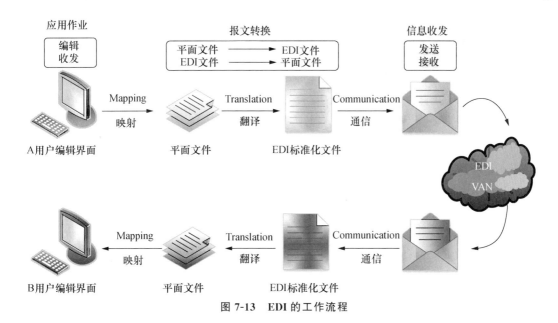

图 7-13 EDI 的工作流程

4. EDI 的应用领域

EDI 的应用领域广泛,涵盖了供应链、物流、运输、外贸等(参见表 7-2)。从 EDI 应用中获益最大的是零售业、制造业和配送业,它们主要将 EDI 应用在发票和订单处理方面,而这些业务代表了它们的核心业务活动——采购和销售。目前,EDI 在欧美等发达国家已得到了普遍应用。据统计,在全球前 1 000 家大型跨国企业中,有 95% 的企业应用 EDI 与客户和供应商进行联系。

表 7-2  EDI 的主要应用领域

| EDI 的主要应用领域 | 具体内容 |
| --- | --- |
| 供应链 | EDI 技术可以将制造商、供应商、批发商和零售商等供应链企业之间各自的生产管理、物料需求、销售管理、仓库管理以及商业 POS 系统有机结合起来,从而大幅度地提高这些企业的经营效率,创造更大的利润 |
| 物流 | 物流 EDI 是指货主、承运业主以及其他相关单位之间,通过 EDI 系统进行物流数据交换,并以此为基础实施物流作业活动的方法;利用 EDI 一次输入的数据可以使用到最后,也就是说,数据是在物流企业的应用程序(如采购系统)与货主的应用程序(如订单输入系统)之间进行电子化转移的,没有另外的人为干预和重复录入 |
| 运输 | 通过采用集装箱运输电子数据交换业务,可以将船运、空运、陆运的外轮代理公司、港口码头、仓库和保险公司等企业之间各自的应用系统联系在一起,从而解决传统单证传输过程中的处理时间长、效率低下等问题,有效地提高货物运输能力,实现物流控制电子化 |
| 外贸 | EDI 技术可以将海关、商检、卫检等口岸监管部门与外贸公司、来料加工企业、报关公司等相关部门和企业紧密联系起来,从而避免企业多次往返于多个外贸管理部门进行申报、审批等,大大简化了进出口贸易程序,提高了货物通关速度,最终改善了经营投资环境,提高了企业在国际贸易中的竞争力 |
| 金融 | 如 EFT 电子转账支付,可以减少金融单位与其用户间交换往返的时间与现金流动风险,并缩短资金流动所需的处理时间,提高用户资金调度的弹性;在跨行服务方面,可以使用户享受到不同金融单位所提供的服务,提高金融业的服务质量,增加服务项目 |

## 五、物流信息加工与应用技术

### (一) 大数据和云计算技术

大数据(Big Data),指无法在一定时间范围内用常规软件工具进行捕捉、管理和处理的数据集合,是需要借助新处理模式才能具有更强的决策力、洞察力和流程优化能力的海量、高增长率和多样化的信息资产。云计算(Cloud Computing)是基于互联网的相关服务的增加、使用和交付模式,通常涉及通过互联网来提供动态易扩展且经常是虚拟化的资源。"云"是网络、互联网的一种比喻说法。当前,中国物流业在"互联网+"战略的带动下快速发展,并与大数据、云计算等新一代互联网技术深度融合,整个行业向着高效流通的方向迈进。这部分内容在后面章节有具体介绍。

### (二) 定位技术

1. 全球定位系统(Global Positioning System,GPS)

(1) 全球定位系统概述。国家标准《物流术语》(GB/T 18354-2006)对全球定位系统的定义是"美国建设和控制的一组卫星所组成的、24 小时提供高精度的全球范围的定位和导航信息的系统"。

GPS 起始于 1958 年美国军方的一个项目,1964 年投入使用。20 世纪 70 年代,美国陆海空三军联合研制了新一代卫星定位系统 GPS。其主要目的是为陆海空三大领域提供实时、全天候和全球性的导航服务,并用于情报搜集、核爆监测和应急通信等一些军事目的,经过近三十年的研究实验,到 1994 年,全球覆盖率高达 98% 的 24 颗 GPS 卫星星座已布设完成。

(2) GPS 的构成。GPS 由空间卫星系统、地面控制系统和用户接收系统三大子系统构成。

- 空间卫星系统。GPS 的空间部分是由 21 颗工作卫星和 3 颗备用卫星组成。它位于距地表 20 200 千米的上空,均匀分布在 6 个轨道面上(每个轨道面 4 颗),轨道倾角为 55°。卫星的分布使得在全球任何地方、任何时间都可观测到 4 颗以上的卫星,并能在卫星中预存导航信息。不可忽视的是,GPS 的卫星因为大气摩擦等问题,随着时间的推移,导航精度会逐渐降低。

- 地面控制系统。地面控制系统由监测站、主控制站、地面天线所组成,其中主控制站位于美国科罗拉多州春田市。地面控制系统负责收集由卫星传回的信息,并计算卫星星历、相对距离、大气校正等数据。

- 用户接收系统。用户接收系统是 GPS 的信号接收机。其主要功能是能够捕获到按一定卫星截止角所选择的待测卫星,并跟踪这些卫星的运行。当接收机捕获到跟踪的卫星信号后,就可测量出自接收天线至卫星的伪距离和距离的变化率,解调出卫星轨道参数等数据。根据这些数据,接收机中的微处理计算机就可按定位解算方法进行定位计算,计算出用户所在地理位置的经纬度、高度、速度、时间等信息。

(3) GPS 的特点。电子导航技术发展进入了一个更加辉煌的时代。GPS 系统与其他导航系统相比,主要特点有如下五个方面。

• 定位精度高。GPS 可为各类用户连续地提供高精度的三维位置、三维速度和时间信息。

• 观测时间短。随着 GPS 系统的不断完善以及软件的不断更新,目前 20 千米以内相对静态定位仅需 15~20 分钟;进行快速静态相对定位测量时,当每个流动站与基准站相距在 15 千米以内时,流动站观测时间只需 1~2 分钟,然后可随时定位,每站观测只需几秒钟。目前,GPS 接收机的一次定位和测速工作在 1 秒甚至更短的时间内便可完成,这对高动态用户而言尤其重要。

• 执行操作简便。随着 GPS 接收机的不断改进以及自动化程度越来越高,有的机型已达"傻瓜化"的程度;接收机的体积越来越小,重量越来越轻,极大地减轻了测量工作者的工作紧张程度和劳动强度,从而使得野外工作变得轻松愉快。

• 全球、全天候作业。由于 GPS 卫星数目较多且分布合理,所以在地球上任何地点均可连续同步地观测到至少 4 颗卫星,从而保障了全球全天候连续实时导航与定位的需要。目前,GPS 观测可在一天 24 小时的任何时间进行,不受起雾刮风、下雨下雪等大气和黑夜的影响。

• 功能多、应用广。GPS 系统不仅可用于测量、导航,还可用于测速、测时;测速的精度可达 0.1 米/秒,精度可达几十纳秒。其应用领域仍在不断扩大。

2. 北斗卫星导航(BeiDou Navigation Satellite System,BDS)系统

(1) 北斗卫星导航系统概述。北斗卫星导航系统是中国着眼于国家安全和经济社会发展的需要,自主建设、独立运行的卫星导航系统,是为全球用户提供全天候、全天时、高精度的定位、导航和授时服务的国家重要空间基础设施。北斗导航实施"三步走"发展战略:2000 年年底,建成北斗一号系统,向中国提供服务;2012 年年底,建成北斗二号系统,向亚太地区提供服务;计划在 2020 年前后,完成 35 颗卫星发射组网,为全球用户提供服务。北斗卫星导航系统(以下简称"北斗系统")与其他卫星导航系统携手,与各个国家(地区)和国际组织一起,共同推动全球卫星导航事业发展。

随着北斗系统建设和服务能力的发展,相关产品已广泛应用于交通运输、海洋渔业、水文监测、气象预报、测绘地理信息、电力调度、救灾减灾、应急搜救等领域,逐步渗透到人类社会生产和人们生活的方方面面,为全球经济和社会发展注入新的活力。

(2) 北斗卫星导航系统的构成。北斗系统由空间段、地面段和用户段三部分组成。

• 空间段。北斗系统空间段由 35 颗卫星组成,包含 5 颗静止轨道卫星、27 颗中地球轨道卫星和 3 颗倾斜同步轨道卫星。5 颗静止轨道卫星定点位置为东经 58.75°、80°、110.5°、140°、160°,中地球轨道卫星运行在 3 个轨道面上,轨道面之间为相隔 120°均匀分布。

• 地面段。北斗系统地面段包括主控站、时间同步/注入站和监测站等若干地面站。

• 用户段。北斗系统用户段包括北斗兼容其他卫星导航系统的芯片、模块、天线等

基础产品,以及终端产品、应用系统与应用服务等。

(3) 北斗卫星导航系统的特点。① 抗遮挡能力强。北斗系统空间段采用三种轨道卫星组成的混合星座,与其他卫星导航系统相比其高轨卫星更多,抗遮挡能力强,尤其低纬度地区性能特点更为明显。② 定位精度高。北斗系统提供多个频点的导航信号,能够通过多频信号组合使用等方式提高服务精度。③ 功能全面。北斗系统创新融合了导航与通信能力,具有实时导航、快速定位、精确授时、位置报告和短报文通信服务五大功能。

### (三) 地理信息系统(Geographical Information System,GIS)

(1) GIS 概念。国家标准《物流术语》(GB/T 18354-2006)对地理信息系统的定义是"由计算机软硬件环境、地理空间数据、系统维护和使用人员四部分组成的空间信息系统,可对整个或部分地球表层(包括大气层)空间中有关地理分布数据进行采集、储存、管理、运算、分析显示和描述"。

GIS 是 20 世纪 60 年代迅速发展起来的地理学研究新成果,是多种学科交叉的产物。它以地理空间数据为基础,采用地理模型分析方法,适时地提供多种空间的和动态的地理信息,是一种为地理研究和地理决策服务的计算机技术系统。GIS 的基本功能是将表格型数据(无论它是来自数据库、电子表格文件,还是直接在程序中输入得到)转换为地理图形显示,然后对显示结果进行浏览、操纵和分析。GIS 的显示范围可以从洲际地图到非常详细的街区地图,显示对象包括人口、销售情况、运输路线以及其他内容。

(2) GIS 的构成。GIS 主要由两部分组成:一部分是桌面地图系统;另一部分是数据库,用来存放地图上各个特征点、线、面所相关的数据。通过点取地图上的特定位置,就可以立即得到相关的数据;反之,通过已知的相关数据,也可以在地图上查询到相应的位置和其他信息。人们可以借助这个信息系统,进行路线的选择和优化,对运输车辆进行监控,以及向司机提供有关的地理信息等。

(3) GIS 具有以下三个方面的特点:① 具有采集、管理、分析和输出多种地理信息的能力,富有空间性和动态性。② 由计算机系统支持进行空间地理数据管理,并由计算机程序模拟常规的或专门的地理分析方法,作用于空间数据,产生有用信息,完成人类难以完成的任务。③ 计算机系统的支持是地理信息系统的重要特征,它使得地理信息系统能快速、精确、综合地对复杂的地理系统进行空间定位和过程动态分析。

### (四) 销售时点系统(Point of Sale,POS)

(1) POS 系统的概念。国家标准《物流术语》(GB/T 18354-2006)对销售时点系统的定义是"用光学式自动读取设备,按照商品的最小类别读取实时销售信息以及采购、配送等阶段发生的各种信息,并通过通信网络将其传送给计算机系统进行加工、处理和传送的系统"。

(2) POS 系统的运行步骤。POS 系统的基本运行步骤包括:① 商品都贴有表示该商品信息的条形码或光学字符识别标签(Optical Character Recognition,OCR)。② POS 终端机使用扫描读数仪自动记录原始资料及其他相关资料,采用实时(On-line)或批处理(Batch)的方式保存完整的信息记录。③ 各种销售时点信息通过 VAN 以在线连接方式即时传送给总部或流通中心。④ 流通中心利用销售时点信息来进行库存调整、配送管理、商品订货等作业。⑤ 流通中心利用 VAN 以在线连接的方式把销售时点信息即时传送给其伙伴企业。这样伙伴企业可以利用销售现场的最及时、准确的销售信息进行销售预测,以此为基础制订生产计划和库存连续补充计划。

(3) POS 系统功能。① 采集基础信息。这是 POS 系统的主要功能。它能够即时从源头采集整个物流活动的基础信息,可以说这是物流信息的最基本工作。② 提高数据采集效率。该系统由于使用自动读取的设备进行数据的采集和读入,可以大大提高工作效率。尤其是当数据量比较大时,这个系统数据采集的优势就更加突出。它可以瞬间完成对复杂数据的读取和采集。③ 提高管理水平。采用这个系统,可以使管理工作从分类管理精细到单品管理。尤其对于精细物流系统而言,后续的仓位管理、自动存取的货物管理等都要以这种单品的信息采集为基础。④ 提高统计效率。通过计算机网络,利用智能化的信息处理手段,可以使非常烦琐的统计工作、统计分析工作由计算机自动完成。这样一来可减少过去物流过程中容易出现的差错,使造成时间延误的环节变得通畅。⑤ 延伸管理领域。采用 POS 系统,可以在对物流对象管理的同时,实现对物流环节和工作人员的管理。

## 第三节 物流信息网络

现代物流实践中,大数据、云计算、销售时点系统、地理信息系统、卫星定位系统、电子数据交换等信息技术成为物流信息革命的主要标志,促使物流信息网络的产生。物流信息网络是为了适应经济社会对物流服务高效化要求而发展起来的信息综合服务体系,是物流信息化的重要内容,它促进了物流范围的延伸和扩展。

### 一、物流信息网络概述

1. 物流信息网络概念

物流信息网络(Logistics Information Network)是指物流领域综合应用现代计算机技术、通信技术、网络技术、物联网技术等手段建立起来的能够高效率地完成物流信息自动采集、处理、存储、传输和交换的综合性信息网络。物流信息网络由链和点连接构成,链主要是运用通信技术和网络技术传输和交换物流信息,点则是利用计算机技术和物联网技术对物流信息进行采集、处理与存储的场所。

从物流信息系统构成要素分析,物流信息网络化主要包含物流信息资源网络化、通信网络化和计算机网络化。

(1) 物流信息资源网络化是指物流计划信息、政策信息、统计信息、业务信息等各类物流信息资源库和应用系统实现互联互通，集成运输、储存、加工、配送等信息子系统，实现物流信息资源共享，各种类型的物流信息平台和系统是其最重要的组成部分。

(2) 通信网络化是指建立能承担传输和交换物流信息的高速、宽带、多媒体的公用通信网络平台。

(3) 计算机网络化是把分布在不同地理区域的计算机与专门的外部设备通信线路互联，形成一个规模化、功能强的网络系统。

2. 物流信息网络特点

随着全球信息网络的建成，物流信息网络化将得到进一步发展。物流信息已经从"点"发展到"面"，即以网络的形式将物流企业各部门、各物流企业与生产企业和商业企业等连接在一起，实现了社会性的各部门、各企业之间低成本的数据高速共享；企业物流与信息流和资金流有效地结合，更是实现了物流信息由平面应用发展到立体应用。因此，物流信息网络化具有以下四方面的特点：

(1) 网络的专业性。与国家信息网络相比，物流信息主要应用于流通领域，属专业性强的商用信息网，担负着对运输、储存、包装、装卸、流通加工过程中生成信息的处理、传输、发布等职能。

(2) 信息来源的广泛性。与一般专业信息网络相比，物流信息网络传递的信息来源广，包括商品采购、生产、流通、供应、销售、消费等环节上的物流信息。

(3) 地域的广袤性。与地区信息网络相比，物流信息网络跨部门、跨地区甚至跨国界，覆盖面较大，适宜建设成区域网或广域网。

(4) 信息的实时性、动态性。物流信息直接影响着生产企业、商业企业的生产经营活动，对网上物流信息传递、交换的时效性及准确性有较高的要求。

3. 物流信息网络的实现

(1) 物流信息平台的应用。物流信息平台构筑在互联网上，具有开放度高、资源共享程度高等优点。通过互联网跨区域实现整个物流运作过程的信息传递，提供平台与各供应链节点的信息系统无缝对接，促使物流企业实现运作信息的及时和统一。

(2) EDI 信息系统的应用。随着互联网的广泛应用，基于互联网的 EDI、XML 等工具不断出现，特别是两者的结合具有比传统 EDI 更好的灵活性，信息能更容易在数据库间传输，极大地简化了一体化过程。国内 EDI 技术在信息系统的运用技术已日臻成熟，这为企业改善相关业务奠定了良好的基础。

(3) 卫星定位技术的应用。物流企业可以使用卫星定位技术对车辆进行监控、调度、即时定位等操作，实施运输全过程动态管理，从而提高管理水平和服务质量。

4. 物流信息网络发展趋势

(1) 安全防御。目前，物流信息网络系统面临的风险具有隐蔽性和复杂性的特点。针对这些问题展开全面的分析，制定改进的具体措施，并由专人进行监督已成为物流信息网络安全防御的趋势。在实施监控过程中充分发挥网络设备、防火墙、操作系统和应用系统的监控功能,对重要信息进行检测,对物流信息网络系统风险进行预警和预测,保障物流信息网络安全。

(2) 智能动态调整。物流信息网络通过对信息技术、信息网络的综合应用,实现对网络的智能动态调整,以及为满足客户需求的物流资源快速响应,逐渐形成物流企业间分工与协作共存的网络化服务体系,从而达到物流资源的优化配置。

(3) 全面覆盖。未来物流基础设施网络将进一步发展和衍射,物流信息网络将全面覆盖物流末端服务,实现无边界、全范围的物流资源互联互通。

## 二、主要的物流信息资源网络

根据物流信息网络的概念,各种类型的物流信息平台和系统是物流信息资源网络最重要的组成部分,其中,公共性物流信息平台和专用性物流信息系统是最具代表性的。

**(一) 公共性物流信息平台**

中国的公共性物流信息平台于 21 世纪初开始建设发展,从早期的全国货运配载网络华夏交通在线、960 纵横、科利华到今天的八挂来网、上海陆上货运交易所或者国家平台 1+32NX 的模式,都引起了社会各方的广泛关注。尽管物流信息化得到了高度重视,但是物流公共信息平台的建设和发展仍在艰难的探索过程中。

从投资和运营的角度对公共性物流信息平台进行分类,可以分为政府主导型公共平台和企业主导型公共平台。

政府主导型公共平台包括国家交通运输物流公共信息平台、北京物流公共信息平台、山东交通物流公共信息平台、上海陆上货运交易中心、四川省物流公共信息平台等。

企业主导型公共平台,按照不同发展阶段可以分为五种类型:交易信息服务型公共平台、园区节点型公共平台、产品服务型公共平台、加盟型公共平台和物流一体化公共平台。

1. 交易信息服务型平台

(1) 基本情况。交易信息服务型平台是以国内 20 世纪 90 年代末出现的货运配载信息中心为雏形,将原先通过电话、寻呼机、传真等方式传递的信息放在了互联网上面,基本盈利模式仍然是收取货代(货主、司机)的会员费,然后将完整的信息传送给信息需求方。目前具有代表性的平台是八挂来网、锦程物流网、物流汇、中国物讯网、好多车、物流汇、物流搜索等。

(2) 主要功能。① 发布车货配载信息为其核心功能,会员可以将车源和货源信息发布在平台上,也能够查找自己所需要的信息。② 免费发布物流行业政策信息、行业动态信息。③ 企业宣传,如建设企业黄页、刊登企业广告,以此提升企业知名度。

(3) 运营情况。该类平台的目的是减少车货双方的信息不对称问题,提升车货双方的成交率,主要服务于回程配载。但是,平台最大的硬伤是诚信认证服务体系尚未建立,承托双方得不到安全保障。信息的真实性缺乏保障,大量虚假、重复信息导致客户体验差,不能真正减少交易费用及节约时间。目前信息交易服务型平台必须达到一定规模,否则很难在市场中生存。

2. 园区节点型公共平台

(1) 基本情况。该类平台依托物流园区、货运场站建立公共信息平台,服务于入驻园区站场内的专线业务司机,服务对象成为平台会员。平台为会员提供车货信息、停车信息、专线信息、招标信息、信用信息等,甚至一些园区平台能够为会员提供专属定制信息。平台虽然收取一定的会员费,但一般线上信息服务几乎很难盈利,而主要依靠园区内的各类配套服务盈利。代表性的平台如林安物流网、传化物流公路港。

(2) 主要功能。① 车货速配呼叫中心,通过信息定制或 400 电话,定制所需信息,平台将快速响应。② 信息查询。车源信息、货源信息、专线信息、信用信息、招标信息、价格信息、物流资讯等信息均可在平台上查询,可满足不同会员的需求,且信息资源真实有效。③ 信息发布。会员发布车源信息、货源信息、交易评价信息等。平台通过对信息的处理、核实,可发布信用信息、企业宣传信息、专线信息、价格信息、物流资讯等。④ 部分园区还提供保险、金融等增值服务。

(3) 运营情况。依托园区的公共信息平台,将入驻园区的业户纳入平台管理,使其成为平台会员。由于园区具有封闭性,管理难度较低,能够保证信息的有效性。同时,借助交易双方评价系统,能够将虚假信息、违规承运人和发货人等曝光,增加了市场中不良主体的信用成本,保证了平台信息的真实性。目前来看,依托园区的公共信息平台为提升园区服务水平,需要投入大量的人力、财力,单纯依靠平台自身难以盈利,但是平台良好的信息服务,提升了园区的服务水平,增加了入驻者的黏性,园区借此可获得盈利。目前,林安物流园区创造的园区+平台的"林安模式",成为园区公共信息平台管理的典范。

3. 产品服务型公共平台

(1) 基本情况。该类平台依托信息化产品服务,将制造商贸企业、物流公司、司机联系起来,制造商贸企业通过平台呼叫中心快速寻找车源,平台车联网系统将需求信息传输到最近的物流公司和司机,实现车货对接。平台一端集合了大量制造商贸企业作为货源方,另一端整合了大量运力资源。平台提供在线支付、网上投保、在途跟踪、可视化监控等综合服务,实质上是第四方物流。代表平台如路歌、汇通天下、易流等。

(2) 主要功能。通过货运物流信息化产品,为供给双方提供专业化的信息服务和管理服务,提升物流企业的运作效率,降低物流成本。

以路歌物流交易平台为例,可以清晰地理解其平台功能。路歌平台的三大产品——管车宝、途视宝、好运宝,连接了经诚信认证安全认证的车辆、制造企业 ERP、路歌运输管理系统、第三方物流公司,实现了综合服务功能的全面管理系统。

(3) 运营情况。该类平台通过一系列软件系统产品一端整合货源、一端整合物流资源,实现物流服务供需双方的对接,减少了交易环节,节约了物流成本,平台实质是虚拟的第四方物流。平台的盈利点较多,既有销售软件和硬件的盈利,还有后期售后服务的盈利，以及数据流量费用（与电信部门分成），能够为平台运营持续提供盈利。该模式的传统车货配载信息交易的升级，通过运用先进的互联网技术，将物流服务供需双方直接联系起来，根据客户需求提供综合性运输服务，大大提升了客户体验，是互联网与货运业结合的先进模式。

4．加盟型公共平台

（1）基本情况。该类平台依托信息平台"天网"和枢纽节点"地网"，平台核心企业是平台的投资方和运营方，平台统一品牌、统一管理、统一标准，采用加盟制吸纳社会专线和运力资源，开展网络化运输，是紧密型的物流联盟企业。平台采用的信息系统与产品服务型公共平台基本一样，但是弱化了软件产品功能，平台提供统一的运输产品服务，从而强化运输产品，能够为社会提供标准化的、一站式的运输服务。代表平台如卡行天下、安能物流、天地汇等。

（2）主要功能。以卡行天下为例说明该类平台的主要功能。卡行天下是一家网络平台型公司，致力于带动优质小微物流商的共同发展，以公路枢纽港为基础，通过标准化、产品化、信息化实现公路运输的集约化整合，为物流需求者打造高性价比的零担物流网络，为小微物流商提供更好的生存发展空间，打造中国最大的物流网络交易平台。

（3）运营情况。该平台是产品服务型公共平台的升级版，实现了"天网＋地网"的双覆盖，对运输线路和运力资源的管控更为有力。随着平台管理更为复杂，平台需要设立专门的管理机构和枢纽分支机构，对总平台和枢纽进行管理。平台管控能力强于产品服务型公共平台，主要通过成员加盟的形式，建立管控体系，淘汰不合格成员，保证产品、服务的质量。平台盈利点也较多，收益主要来自管理费与增值服务费。双网模式使得平台建设的投资强度更大，面临的风险也更大。该模式实现了货运的品牌化、网络化和规模化，代表了未来公路货运的一个发展方向。

5．物流一体化公共平台

物流一体化公共平台包含两个层次：① 电子商务平台＋物流平台，二者深度融合，为采购经理人提供一站式服务；② 企业 ERP＋第四方物流平台，供应链深度融合全程可视化，为企业提供一站式服务。

阿里物流是目前电子商务平台＋物流平台的代表，两个平台实现对接，但商品交易和物流交易还是分离的，未来发展是两种交易能够实现"合二为一"，采购经理人购买商品的价格包含了物流费用，商品购买和物流服务实现"一笔付费、一站式运达"。

目前，阿里物流是电子商务平台＋物流平台的雏形，中国智能骨干网是未来实现"供应链＋电子商务＋物流"一体化的综合公共平台，正在全国建设满足电子商务物流需求特点的仓储物流设施，形成三级电商物流仓储节点网络体系，作为覆盖全国的电商交易商品储运中心、物流过程管理监控中心、物流环节衔接转换中心和电商客户商品体验中心。

## (二)专用性物流信息系统

### 1. 运输管理系统

运输管理系统(Transportation Management System,TMS)面向从事第三方物流的运输企业,主要功能包括调度管理、车辆管理、配件管理、油耗管理、费用结算、人员管理、资源管理、财务核算、绩效考核、车辆跟踪、业务跟踪、业务统计、白卡管理等。TMS能对车辆、驾驶员、线路等进行全面详细的统计考核,能大幅提高运作效率,降低运输成本。

图 7-14 是一个典型的运输管理系统架构图。通过采用运输管理系统,可以实现:① 运输作业流程标准化、统一化;② 运输作业信息高度透明化;③ 降低空驶率,提高运载效率;④ 对货品进行全程跟踪。

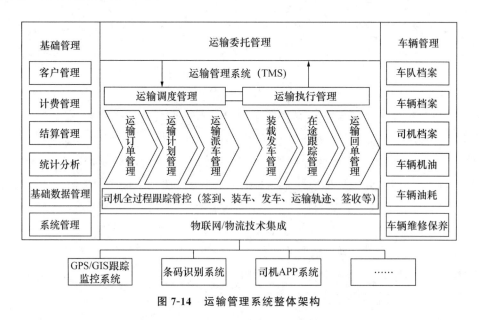

图 7-14 运输管理系统整体架构

### 2. 仓储管理系统

国家标准《物流术语》(GB/T 18354-2006)对仓库管理系统(Warehouse Management System,WMS)的定义是"仓库实施全面管理的计算机信息系统"。

WMS 根据仓储作业流程设计系统功能,并可与不同类型的 ERP 系统进行对接。主要包含入库作业、出库作业、库内作业、报表管理、仓储绩效、库位管理、条码管理、批次管理等功能模块(参见图7-15)。

入库作业。采购入库或者其他入库,可以自动生成入库单号,可以区分正常入库、退货入库等不同的入库方式。

出库作业。销售出库或者其他出库,可以自动生成出库单号,可以区分正常出库、赠品出库等不同的出库方式。

库位管理。当入库和出库时,系统自动生成每类产品的库存数量,查询方便;用户随时可以盘点仓库,自动生成盘点单据,使盘点工作方便快捷;当库存数量不满足一个量的

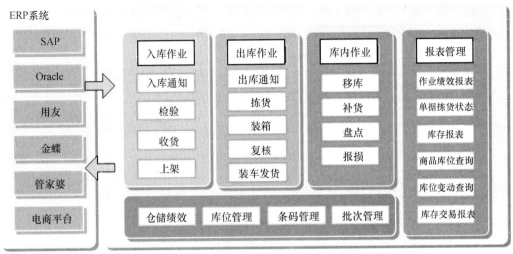

图 7-15　仓储管理系统功能模块

时候,系统报警;针对不同的库之间需要调拨,可以自动生成调拨单号,支持货品在不同的仓库中任意调拨。

报表管理。利用月末、季度末和年末销售报表、采购报表及盘点报表的自动生成功能,用户可以自定义需要统计的报表,还可以进行采购单查询、销售单查询、单个产品查询、库存查询等(用户可自定义)。

目前,市场上 WMS 软件种类繁多,价格差异较大,企业在部署 WMS 时,需要购置软件系统、硬件设备及配备技术人员,实施成本较高,影响了 WMS 在小微企业的应用。近几年,出现了 SaaS(Software-as-a-Service,软件即服务)模式的仓储管理软件,SaaS WMS 是基于云计算的仓储管理系统,采用租赁模式,按需定制,实施周期短,扩展升级方便,应用成本较低,能及时响应客户不同时期的业务发展需求,具有很强的灵活性。

3. 配送管理系统

配送管理系统(Distribution Management System,DMS),是以计算机和通信技术为基础,为配送企业管理人员提供配送辅助决策的信息系统,主要应用于短距离、多品种、小批量商品的配送管理(参见图 7-16)。

DMS 是集配送信息管理、人员信息管理、站点信息管理、车辆信息管理、线路规划等功能于一体的日常管理应用软件。具体功能包括订单接收、订单信息录入、订单信息查看、配送计划制订、货物信息到站确定、货物信息处理结果、站点信息处理、员工信息管理、大客户信息管理等。

DMS 可以与导航系统对接,对配送车辆实现全程监控,优化车辆行驶线路;与 WMS 系统对接,实现单据的自动传递,缩短备货时间;与短信平台对接,提醒客户收货,缩短节点配送时间;系统内票据打印实现模板化,可以根据不同客户要求,打印不同格式的票据。

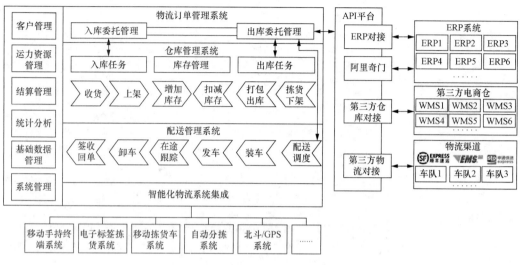

图 7-16　配送管理系统整体架构

**4. 货代管理系统**

货代管理系统(Freight Management System，FMS)，是针对货代行业所特有的业务规范和管理流程，利用现代信息技术以及信息化的理论和方法，开发出的能够对货代企业的操作层、管理层和战略决策层提供有效支持与帮助的管理系统。

FMS 主要包含海运业务操作、空运业务操作、财务管理、报表统计、决策分析等功能模块。多数 FMS 围绕"集中化管理"和"货代服务模式创新"，构建"两个平台，一个中心"(业务操作平台、服务协作平台、集团管理中心)的系统架构，可以有效支持市场部门、业务部门、财务部门的业务操作和管理，形成统一的企业应用平台，以海运、空运进出口的服务和核心作业流程为主线，覆盖海运、空运进出口业务和本地增值服务，支持空运一代、空运二代、海运出口整柜、拼箱业务及海运进口整柜、海运进口分拨等多种操作模式，全面整合企业内外部的客户、合作伙伴，以及价格、业务和财务信息。

## 延伸阅读一

### 富士通信息系统(深圳)有限公司:快递单据影像处理方案

**1. 企业简况**

作为首屈一指的信息及科技方案和服务供应商,富士通信息系统(深圳)有限公司(以下简称富士通)一直致力于为客户提供优质、可靠、环保的产品及服务;主营业务是为中国内地机构和企业提供图文影像解决方案。近年来,富士通扫描仪在全球的市场占有率一直处于领先位置,在中国金融行业的市场占有率更是连续多年占绝对的优势。

富士通从 1975 年开始生产扫描仪设备。为了系统推进扫描仪业务,自 2002 年 9 月起,富士通扫描仪由其子公司 PFU 公司来统筹扫描仪的开发、生产及营销工作。在日本、新加坡和印度尼西亚都设有工厂,每年的生产量达 25 万台。产品系列主要分为:

(1) 集中扫描。供有巨量纸质文档扫描需求的机构使用,如银行分行后台监督、教育考试阅卷等。

(2) 分散扫描。供有大量纸质文档扫描需求的机构使用,如银行网点前端扫描、柜台业务、保险/物流行业等。

(3) 办公扫描/网络扫描。Scansnap 为日常办公用扫描仪,具有轻巧、方便、易操作的特点,并带有强大的图像修正功能。网络扫描仪连接云计算服务,加速文档处理。

2. 企业在实施信息化之前存在的问题

作为行业的翘楚,德邦物流(以下简称德邦)每天都需要把大量的文档和资料录入信息管理系统。为了提高工作效率和优化快递单据的信息处理,德邦意识到处理大量纸张的标准化工作流程的必要性。富士通的高性能扫描仪,可以帮助其连接单据信息电子化处理及文档管理系统。而其中至关重要的是文档处理与企业内部信息管理软件的无缝连接,快速实现快递单据信息的录入、分享、整合与储存。富士通扫描仪的大量文档与纸张混合扫描功能,使企业巨量的文档处理工作变得简单、轻松。

3. 信息化进程

信息化应用企业——德邦物流股份有限公司

**客户简介:**

在发展趋势突飞猛进的物流快递行业,德邦凭借坚实的网络基础及运营实力,截至 2016 年 12 月,已开设 1 万多家标准化的门店,日吞吐货量超过 8 万吨,服务网络遍及全国。

**主要困难/问题:**

德邦每天处理的订单量超过 90 万份,其中 15 万份为纸质运单,需要把大量的订单信息、客户资料录入终端管理系统。为应对业务高速扩张和订单爆发式增长,亟须引入一套条码自动识别及货运单据影像处理方案,以提升海量订单处理能力,提高配送准确率和效率,同时实现对单据的实时查询和追踪,保障客户信息安全,提升企业的快速响应能力。

**解决方案:**

德邦引入富士通快递单据影像处理方案,并使之成为生产流程的一种标准手段。富士通结合物流行业特性和该物流公司的业务规模,提供了 fi-7140 高速扫描仪及 PaperStream Capture 图像信息采集软件,进行运单条码等信息的光学字符识别影像采集。一方面可快速采集快递票据,并与文档建立索引,对货运票据进行存储管理;另一方面设定相应的阅览和打印权限,防止非法访问,以便业务系统和客户在安全环境下进行实时跟踪和查询。

**4. 信息化的主要效益分析与评估**

(1) 信息化实施前后的效益指标对比、分析。

富士通扫描解决方案在金融、政府、教育、医疗、保险、电信、物流等领域为众多企业和机构所采用,拥有丰富的行业洞察和实践经验,能够为客户提供健全和完善的技术和服务支持。

通过富士通扫描解决方案,德邦实现了电子化运单管理,大大降低了其单据管理的人力和时间成本,运单处理能力得到几何级提升。另外,业务流程得以改善,实现的日订单处理量可达近百万张。

成果:每天无故障扫描文档数量高达 15 万份,稳定且可靠。

操作简单:只需连接电源、按下启动键即可与原有 IT 系统连接。简单便捷的用户操作界面,减少了操作员的培训成本。

富士通扫描仪 PaperStream IP TWAIN 驱动和 ISIS 软件的搭载使用,为企业节省了办公开支。

(2) 信息化实施对企业业务流程改造与竞争模式的影响。

- 扫描仪集中管理系统。可以对大量的扫描仪,进行集中监控和管理。通过查看扫描仪状态和维护信息,远程更新驱动、运用程序等,大大提高了工作效率,减少了管理成本。

- 智能图像处理软件解决方案。遵循 TWAIN/ISIS 标准,无须进行扫描前设置,即可轻松将各种纸张自动转换成适合进行光学字符识别的图像数据,不管是褶皱或脏污的文档,还是带有背景图案的文档,该驱动都可自动将图像调整为高清图像,加快光学字符的识别过程。

- PaperStream Capture——全新的图像扫描软件,可批量处理图像,是系列扫描仪中的文档扫描和图像数据管理软件。"一键"可轻松调整扫描参数设置,进行批量扫描处理。此外,多项图像信息获取功能,还可帮助客户方便地将信息导入到业务系统流程中,实现无缝连接。

- 背面背书器。可选的背书器装置可在文档背面印制日期、数字代码和符号等识别标志,此装置便于在需要查找时快速找到所扫描文档的原件。

(3) 信息化实施对提高企业竞争力的作用。

- 海量单据,快速处理。德邦采用的 fi-7140 型号扫描仪的扫描速度达到 40ppm/80ipm(A4,横向;运单扫描可达 70~80 页/分钟),而富士通专业的 PaperStream Capture 图像采集软件——轻松一键即可完成扫描并运用条码自动排序存储图像,提高生产效率。

- 智能功能,保障高效。除了多页进纸检测、纸张保护功能、自动识别、自动裁剪等智能功能,fi 系列高速扫描仪更配备增强型的工作分隔功能,方便文件归档及查询,保障高效管理。

- 集中管理、提高效率。fi 系列扫描仪可利用扫描仪网络管理软件,实现对多台分布在不同地点的扫描仪的集中设置和监测管理。

• 稳定耐用、节省成本。fi 系列高速扫描仪内部使用了大量钢制零件,可胜任高负荷工作(8 小时连续使用),从容应对"双十一"期间的订单剧增。另外,产品寿命也大大延长,为企业节约了巨大的采购成本。

资料来源:中国物流与采购网,www.chinawuliu.com.cn,2017-08-10。

## 延伸阅读二

### 管理物联网设备?改变未来社会结构?
### 这是关于区块链的更多想象

区块链的投资热度不断上升,近日国内首个区块链初创企业加速器在上海建立。

钛媒体记者在现场看到,这家由万向集团创办的区块链新链加速器,已经有 4 个区块链初创团队入驻,普华永道是加速器的独家智力合作伙伴。

区块链是时下最为热门的创新技术之一,也是可能颠覆未来人类商业模式的一种革命性技术,其本质是一个分布式账本技术,通过分布式数据存储、共识算法、加密算法、点对点传输网络等一系列高新技术组合,保证了数据的不可篡改、永久保存。

目前万向集团已经引入许多新技术,创建了创新聚能城。这个工业园区包括物联网、车联网、区块链、人工智能及其他新兴技术。万向集团以传统制造业起家,希望通过这个"双创"平台,实现现实场景的开发和应用。

"结合价值互联网、产业互联网、加密互联网和分布式互联网这四个层次来看,万向集团在创新聚能城里,以电动汽车新能源汽车的研发制造服务为核心产业,把区块链技术添加进去。"万向集团副董事长兼执行董事肖风说,区块链对产业互联网、工业制造业的服务化转变,都起到了非常核心的作用。

打破概念,区块链有哪些实际应用方向?

很多人认为,区块链还只是概念,怎样和实际需求结合是创业难点。在加速器里,钛媒体记者探访了这些打造应用的初创团队。

"原本"是基于区块链技术的版权认证和交易平台,它将作品和版权信息的加密验证永久记录在区块链上,为作品提供免费、可靠的版权认证,对接线下公证处和律所等机构,提供一站式服务。

"边界智能"由前 IBM 全球研究院大数据分析技术带头人曹恒创办,提供区块链上的医疗信息智能服务,在区块链 BaaS 层上搭建可信的智能引擎、智能应用,为用户提供去中心化的数据处理能力。

"魔橙"把游戏下载、注册量以及用户付费的实际发生情况记录在区块链上,将约定的分成规则写成智能合约完成自动分账,解决行业内打包分发业务流程复杂、数据透明性不对等、结算周期长等行业顽疾,解决行业痛点。

"多灵"智能锁通过多种无线协议接入物联网和各类云平台,为智能锁上链提供硬件和软件支持。房屋通过区块链上的智能锁,变成了智能资产,实现在不同使用者之间自由的分配和转移。

肖风认为区块链是"第二代互联网",它分为四个层次:

第一层是"价值互联网",区块链诞生之前,整个互联网大致归类为信息互联网,互联网技术主要是用来解决信息的传递、存储。区块链是一整套新的互联网技术,让我们像处理信息一样处理资金,像发封邮件一样发送资金、接受资金。

第二层是"产业互联网",现有的互联网大体上都可以归类为"消费互联网",像阿里、京东、腾讯这些成功的电商,基本上都可以归类为"消费互联网"。下一代互联网,必须进入到"产业互联网",或者是"工业互联网"。

从第三层来看,区块链促使我们从现有的完全透明的公开互联网,走向"加密互联网"的阶段。

如今人们已经无法离开互联网,大家在享受互联网带来的便利同时,也不知不觉泄露了自己的隐私,对数据的拥有权已丧失,而区块链的密码式算法为隐私保护提供了可能。

区块链能实现数据加密,保护隐私和个人的数据主权。我们在互联网上留下的痕迹,愿意开放给谁、开放到什么程度、开放到什么时间,统统由自己来做主,不再由互联网公司无偿占有。

第四层是区块链使互联网从中心式走向了分布式。现有的互联网世界里,虽然邮件是点对点发送的,但基本上仍然有一个中心化机构在管理所有的网络,但区块链是结合了分布式网络的技术,能真正地去除很多中心或中介。

区块链具有去中心的性质,它会解构现有的很多结构,最终形成新的东西、新的结构,它将使得工业社会几百年来形成层级之下的金字塔结构,变成信息社会网络之下的分布式结构。

未来,信息社会成熟的时候,呈现在我们面前的是分布式结构,而不再是金字塔结构。"分布式结构并不意味着没有中心,而是任何一个人都可能是自己的中心,你会做很多决策或决定,这还是一个中心,但那时候整个架构,会与我们所习以为常的工业社会的结构完全不同。"肖风说。

区块链技术的特性实现了业务的穿透性,能够在不同的合作伙伴间,建立起分布式的信任机制,从而实现在商业模式、治理环境、业务流程、组织结构等角度诞生一系列的颠覆和创新。

资料来源:钛媒体,2017-03-06。

## 本章提要

物流信息是指反映物流各种活动内容的知识、资料、图像、数据、文件的总称。物流信息是物流活动的指南,物流过程中所有的物流活动都是根据信息开展的,最终促使整个物流系统顺利地运转。物流信息具有共享性、广泛性、联系性和动态性。随着全球信息网络的建成，物流信息网络化得到快速发展。

　　物流信息技术是指以电子计算机和现代通信为主要手段实现物流信息的获取、存储、加工、传输和利用等功能的技术总和，包含条码技术、扫描技术、无线射频技术、数据库技术、大数据技术、云技术、互联网技术、物联网技术、EDI 技术、计算机技术等。

　　物流信息网络是指物流领域综合应用现代计算机技术、通信技术、互联网技术、物联网技术等手段建立起来的能够高效率地完成物流信息自动采集、处理、存储、传输和交换的综合性信息网络。各种类型的物流信息平台和系统是物流信息网络的组成内容，其中公共性物流信息平台和专用性物流信息系统最具代表性。

　　公共性物流信息平台包括政府主导型公共平台和企业主导型平台。专用性物流信息系统包括运输管理系统、仓储管理系统、配送管理系统、货代管理系统等。

## 练习与思考

1. 物流信息对当今企业运营有何重要性？
2. 物流信息具有哪些特性？
3. 物流信息技术包含哪些内容？
4. 无线射频和条码相比，有何优势和劣势？
5. 现阶段企业的 EDI 应用与早期有何不同？
6. 什么是物流信息网络？
7. 常见的公共性物流信息平台和专用性物流信息系统有哪些？

21世纪经济与管理规划教材

物流管理系列

第八章

# 物流系统

**知识要求**

通过本章的学习,能够
- 掌握系统的概念及特征
- 掌握物流系统的特点及构成要素
- 掌握物流活动中的"效益背反"原则

**技能要求**

通过本章的学习,能够
- 用系统的观点分析问题
- 对物流系统进行决策优化

# 第一节 系统概述

## 一、经典系统理论

1. 一般系统理论

一般系统理论的基本思想是 20 世纪 20 年代由美籍奥地利生物学家贝塔朗菲（Bertalanffy）提出的。他强调把生命现象看作一个整体或系统来考察，即"机体系统论"，主要包括两个观点：① 有组织的整体。研究对象出现等级（层次）与突现。② 组织结构不变性。不同领域的结构具有相似性或同构性，支配各种行为的原理具有一致性，但在本质上有很大区别。

2. 信息论

信息论是建立在通信实践基础上发展起来的一门理论。20 世纪 40 年代末，申农（Shannon）将数学统计方法移植到通信领域，把信息定义为两次不确定性之差，并提出了一种高度概括的通信系统模型，即把通信系统抽象为一个由信源、发送器、信道、噪声、接收器和信宿组成的系统（参见图 8-1）。

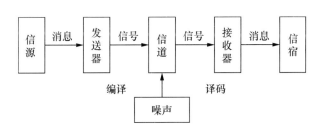

图 8-1 申农通信系统模型

3. 控制论

1948 年，美国学者维纳（Wiener）把控制论（Cybernetics）定义为"关于机器和生物的通信的科学"，认为控制论是一门横断性科学，从理论上寻找技术系统、生物系统（后又增加社会系统）在控制和通用方面的共同规律，根据其周围环境的某些变化来决定和调整其运动的系统。这种系统由施控者和受控者耦合而成，称为控制系统（参见图 8-2）。

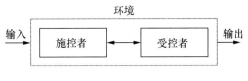

图 8-2 控制论系统

4. 自组织系统理论

自组织系统理论是 20 世纪 60 年代末期建立并发展起来,研究客观世界中自组织现象的产生、演化的系统理论,主要包括耗散结构理论和协同学等。① 耗散结构理论。耗散结构(Dissipative Structure)认为远离平衡态的开放系统与外界不断地交换物质和能量,当这一个外界条件达到一定阈值时,系统可能从原有的混乱无序状态转变为一种在时间、空间或功能上的有序状态,这种在远离平衡态所形成的新的有序结构需要不断地消耗外界的物质和能量来维持。② 协同学。协同学(Synergetics)与耗散结构理论不同,它从系统内部各要素的相互作用入手,主要研究系统中子系统之间是怎样合作以产生宏观的空间结构、时间结构和功能结构。

## 二、系统概念

目前,系统一词频繁出现在理论和实践中。学术界关于系统概念的表达各种各样,其中贝塔朗菲对系统定义的影响较大。贝塔朗菲从数学角度给出了定义:设元素 $P_i(i=1,2,\cdots,n)$ 的某个测度记为 $Q_i$,对于有限数目的元素和最简单的情况,这些测度有如下一般形式:

$$\begin{cases} \dfrac{\mathrm{d}Q_1}{\mathrm{d}t} = f_1(Q_1,Q_2,\cdots,Q_n) \\ \dfrac{\mathrm{d}Q_2}{\mathrm{d}t} = f_1(Q_1,Q_2,\cdots,Q_n) \\ \quad\quad\quad \vdots \\ \dfrac{\mathrm{d}Q_n}{\mathrm{d}t} = f_1(Q_1,Q_2,\cdots,Q_n) \end{cases} \tag{8-1}$$

任何测度 $Q_i$ 的变化都是所有从 $Q_1$ 一直到 $Q_n$ 的 $Q$ 函数;也就是说,任何 $Q_i$ 的变化都会使其他测度及整个系统发生变化。

中国著名学者、系统科学权威专家钱学森提出:"我们把极其复杂的研究对象称为'系统',即相互作用和相互依赖的若干组成部分合成的具有特定功能的有机整体,而且这个系统本身又是它从属的更大系统的组成部分。"

因此,系统具有三个基本特征:系统是由若干要素组成的;这些要素之间存在相互作用、相互依赖的关系;由于这些元素间的相互作用,使系统作为一个整体具有特定的"质"。

系统中的要素是构成系统的最小部分或单元,即不可再划分的单元,其基本特征是基元性。所谓要素的不可分性是相对于它所属的系统而言的,如果离开这个系统,元素本身又可成为由更小单元构成的系统。系统作为一个相互作用的诸元素的总体,包括一系列的子系统。在元素众多、结构复杂的系统中,元素之间存在成团现象,一些元素按照某种方式紧密地联系在一起,具有相对独立性和相对整体性。不同集团的元素之间往往不存在直接的相互联系,而是通过所属集团联系在一起,这类集团称为子系统或分系统。

系统要素之间相互联系、相互作用,形成系统结构。要素和结构是构成系统的不可或缺的两个方面,系统是要素和结构的统一。常见的系统结构包括:空间结构,指系统的空间排列分布方式(元素间一定的相互作用方式);时间结构,指系统运动过程中呈现出来的内在时间规律。同时,系统的层次是从元素到系统整体的根本质变过程中呈现出来的部分质变序列中的各个阶梯,是一定的部分质变所对应的组织形态。无论是系统的形成和维持,还是系统的运行和演化,等级层次结构都是复杂系统最合理的或最优的组织方式。

### 三、系统原理

若干事物按照某种方式相互联系形成一个系统,就会产生出它的组分或组分总和所没有的作用(整体多于部分之和),即系统性或整体性,这种性质只能在系统整体中表现出来,不存在于系统分解的各个组成部分。系统的整体性原理又称为非加和性原理或非还原性原理。

前面提到贝塔朗菲关于系统的微分方程组的定义:$\frac{dQ_i}{dt} = f_i(Q_1, Q_2, \cdots, Q_n)$,$i=1,2,\cdots,n$。这个方程组很好地反映出系统的"整体性",它提示了微分方程定性和稳定性理论,即系统的运动稳定性、运动轨迹是由各元素 $Q_i$ 和各元素间的关系所决定的,而不是单个元素或各元素性质的简单加和;各元素彼此间关系不同,结构不同,系统运动就表现出稳定或不稳定。

耗散结构理论揭示,任何系统只有当它不断地与外界环境进行物质、能量和信息交换时才能产生自组织运动,才能生存和发展。开放性是系统从无序走向有序,从低级形态走向高级形态发展并维持自身动态稳定的必要条件。开放系统总熵变公式如下:

$$dS = d_iS + d_eS \tag{8-2}$$

其中,$d_iS$ 是系统内部的熵产生,根据热力学第二定律恒有 $d_iS \geqslant 0$,而 $d_eS$ 是系统与环境相互作用的熵交换,称为熵流,$d_eS$ 可正、可负、可零。

协同学表明,系统从无序到有序的演化过程中充满着竞争与协同,竞争可能使系统丧失整体性,而协同力图维持系统的整体性。竞争与协同互为基础、互为前提,在一定条件下可以相互转化。通过涨落放大,原有的竞争涨落转化为新的稳定协同,系统形成新的有序结构,在新的协同整合状态中又产生新的竞争涨落。竞争与协同相互交织、相互依赖,推动系统不断演进,逐渐从低级形态走向高级形态。

任何一个系统都在特定的环境中运行,彼此不断地进行着物质、能量或信息的交换,环境不断地向系统输入物质、能量或信息,系统也不断地通过自身行为对环境产生作用或影响(参见图 8-3)。

具体来说,环境对系统的输入可分为两种:促进系统生存发展的有利输入,也称资源;约束、扰动甚至危害系统生存发展的消极、不利输入,也称干扰。系统对环境的输出也可分为两种:促进或保护环境生存发展的有利输出和对环境产生破坏作用的不利输出。系统对环境的积极作用将为系统发展提供生存和发展空间,不断为系统输入各种积极资源;系统对环境的破坏作用将不断恶化系统的生存空间,不断增加不利输入。因此,可以说环

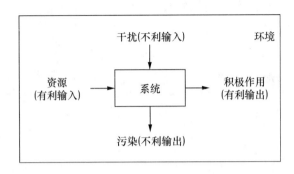

图 8-3　系统与环境的互动关系图

境塑造其中的每个系统,环境又是组成它的所有系统的共同塑造者。

### 四、系统分析

系统分析(System Analysis)是在系统概念日趋深化、系统思想不断发展、系统原理深入应用的过程中产生并发展的,其含义是由美国兰德(Rand)公司于1949年首先提出的。系统分析认为事物是极其复杂的系统,需要运用科学和数学的方法对系统中的事件进行研究和分析,强调系统的最优途径不一定是各组成部分的最优途径,局部的目标不应与整体的目标相冲突,应从系统的全局出发,进行研究、分析和科学管理。

系统分析一般采用分析问题、确立目标—收集资料、调查研究—建立模型—综合评价—实施方案—检验核实等步骤。系统分析过程中,应综合考虑目标、方案、费用和效益、模型、准则五个要素(参见图8-4)。其中,目标是建立系统的根据,是系统分析的出发点;方案是实现系统目标的各种可能的途径、措施和手段;费用和效益是决定方案取舍的重要标准之一;模型是对系统本质的描述、模仿和抽象,是方案的表达形式;准则是系统目标的具体化,便于度量,用以确定方案的采用次序。

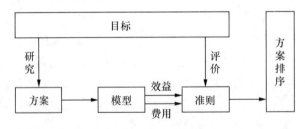

图 8-4　系统分析要素结构

系统分析是采取系统观点和方法,对所研究的问题进行系统结构和系统状态等定性和定量分析,建立、评价、协调各种可行方案,向决策者提供系统最佳方案。在对系统进行描述、设计、优化的过程中,有许多具体的方法和技术。

(1) 定量分析方法。定量分析(Quantitative Analysis)方法是对系统进行精确地定量研究所采取的方法,适用于系统结构清楚、收集到的信息准确、可建立数学模型等情况。

它一般采用投入产出分析(Input-Output Analysis)法、效益成本分析(Cost-Effectiveness Analysis)法、时间序列分析(Time Series Analysis)法等定量化方法。

(2) 定性分析方法。定性分析(Qualitative Analysis)方法是应用决策软技术,综合分析所涉及的社会、心理、行为等不能量化的问题,适用于系统结构不清、收集到的信息不准确、评价者的偏好不一样、难以形成常规的数学模型等情况。它包括目标手段分析(Target-Method Analysis)法、因果分析(Cause-Effect Analysis)法、比较分析(Comparing Analysis)法等。

(3) 最优化分析方法。最优化分析(Optimization Analysis)方法是将所有的可行方法比较,寻找解决问题最优解的方法。在数学上,最优化问题可看成是极大化或极小化一个给定的目标函数,使其合于一组约束和一组决策变量界限(参见公式 8-3);求解最优化问题一般采用运筹学和系统工程的理论与方法,有拉格朗日乘子法(Lagrange Multiplier Method)、库恩—塔克(Kuhn-Tuker)条件、线性规划(Linear Programming)法等。

$$\min f(x) \text{ or } \max f(x)$$
$$s.t. \begin{cases} c_i(x) = 0, (i = 1, 2, \cdots, k) \\ c_i(x) \geqslant 0, (i = k+1, k+2, \cdots, l) \\ c_i(x) \leqslant 0, (i = l+1, l+2, \cdots, m) \\ A \leqslant x \leqslant B \end{cases} \quad (8-3)$$

(4) 模型分析方法。模型分析(Modeling Analysis)方法是在掌握系统各要素的功能及其相互关系的基础上,将复杂的系统分解成若干个可以控制的子系统,用简化或抽象的模型来替代子系统,通过对模型进行分析和计算为决策者提供必要的信息的一种分析方法。模型分析方法一般包括物理模型(Physical Modeling)方法、文字模型(Letter Modeling)方法和数学模型(Maths Modeling)方法等。

## 第二节 物 流 系 统

### 一、物流系统概述

物流系统是社会经济大系统的一个子系统,它由有机联系的物流要素组成,能使整体的物流活动趋于合理。它将一定时间和空间范围内的物流活动或过程当作一个整体来看待,用系统的观点来进行分析和研究。

一般认为,物流系统由物流作业系统和物流信息系统两个分系统组成。

物流作业系统包括包装系统、装卸搬运系统、运输系统、储存系统、流通加工系统等子系统。各子系统又包括下一级的更小的子系统,如运输系统又可分成铁路运输系统、公路运输系统、航空运输系统、水路运输系统以及管道运输系统等。物流作业系统通过在运输、保管、包装、搬运、流通加工等作业过程中使用各种先进技术,使生产据点、物流据点、配送线路、运输手段等资源实现网络化,可以大幅提高物流活动的效率。

物流信息系统包括情报系统、管理系统等子系统。物流信息系统在保证订货、进货、库存、出货、配送等环节信息畅通的基础上,使通信据点、通信线路、通信手段实现网络化,也可以大大提高物流作业系统的效率。

## 二、物流系统的特点

1. 物流系统是一个动态系统

它和生产系统的一个重要区别在于:生产系统按照固定的产品、固定的生产方式,连续或不连续地生产,变化较少,系统稳定的时间较长;而物流活动是受到社会生产和社会需求的广泛制约的,连接着多个生产企业和客户,需求、供应、价格、渠道的变动,都随时随地影响着物流,所以物流系统是一个稳定性较差而动态性较强的系统。为使物流系统更好地运行以适应不断变化的社会环境,必须对其进行不断的完善和调整,有时甚至还要对整个系统重新进行设计。

2. 物流系统具有可分性

在整个社会再生产的循环过程中,物流系统只是流通系统的一个子系统,它必然会受到流通系统,乃至整个社会经济系统的制约。但物流系统本身又可以再细分为若干个相互联系的子系统,系统与子系统之间、各个子系统之间在总的目标、总的费用、总的效果以及时间空间、资源利用等方面又是相互联系、相互依存的。对特定物流系统的子系统的数量和层次的划分标准,是随着人们对物流系统认识和研究的深入而不断变化的。

3. 物流系统具有复杂性

物流系统构成要素的复杂性导致物流系统本身的复杂化。例如,物流系统的作用对象——物,品种繁多、数量庞大,涵盖了全社会的物质资源;再如,物流系统的主体——人,也是以千万计的庞大队伍。同时,物流系统要素之间的复杂关系也增加了物流系统本身的复杂性。

4. 物流系统是一个跨度大的系统

跨度大主要表现为地域跨度大和时间跨度大,即时空的跨度大。随着国际分工的不断发展,国际间企业的交往越来越频繁,提供大时空跨度的物流活动将会成为物流企业的主要任务。

5. 物流系统内广泛存在"效益背反"现象

物流系统中,任何物流活动都由储存保管、运输配送、装卸搬运、包装、流通加工、信息服务六个基本活动(基本要素)构成,它们承担不同的任务与使命。要素之间的冲突容易带来物流的局部最优、整体次优的问题,与现代物流的内涵相矛盾。理论研究和实践活动揭示,这六项基本活动之间广泛存在"效益背反"关系(参见图8-5)。

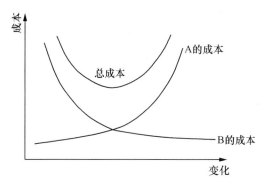

图 8-5　效益背反原理

国家标准《物流术语》(GB/T 18354-2006)对效益背反的定义是"一种物流活动的高成本,会因另一种物流活动成本的降低或效益的提高而抵消的相互作用关系"。主要表现为构成物流成本的各个环节费用之间的制约关系和物流服务与物流成本之间的制约关系:① 物流基本活动之间的成本冲突。某一活动要想降低成本,其他相关活动就不得不提高成本。例如,减少库存量可以减少企业的仓储费用,但为了避免商品脱销就不得不提高补充库存的频率,增加运输配送次数,从而增加企业的运输配送成本。② 服务水平和成本之间的冲突,即提高物流系统的服务水平往往要增加物流成本。例如,小批量、多频次的运输配送服务,会带来相应活动成本的上升,这与提高效益相冲突。

### 三、物流系统的构成要素

1. 物流系统的一般要素

物流系统的一般要素由人、财、物三方面构成。

(1) 人的要素。人是所有系统中占主导地位、起决定作用的要素,在物流系统中也不例外,它是保证物流活动得以顺利进行的最关键的因素。随着经济全球化的发展,企业的竞争越来越多地表现为人才的竞争,培养人才、招揽人才、留住人才是物流企业提高竞争力,建立有效物流系统的根本要求。

(2) 资金要素。资金是物流系统中不可缺少的一个要素,离开资金要素,物流系统就不可能存在,更谈不上发展。

(3) 物的要素。物流系统中的物是指物流系统中必需的原材料、半成品、产成品、能源、动力以及设施、工具等物质资料的总称。物的要素是物流系统存在和发展的物质基础。

2. 物流系统的功能要素

从物流的功能分析入手,中国物流术语标准将物流系统划分为运输、储存、包装、装卸搬运、流通加工、物流信息和配送七大功能系统,这些功能系统实际上也就是物流活动的基本工作环节。

### 3. 物流系统的支撑要素和物质基础要素

(1) 支撑要素。在复杂的社会经济系统中，要确定物流系统的地位，要协调与其他系统的关系，需要有很多的支撑手段。它们主要包括：① 体制、制度。物流系统的体制、制度决定物流系统的结构、组织、领导和管理方式，国家对其控制、指挥、管理的方式以及这个系统的地位、范畴，都是物流系统的重要保障。有了这个支撑条件，物流系统才能确立在国民经济中的地位。② 法律、规章。物流系统的运行，都不可避免地涉及企业或个人的权益问题，法律、规章一方面限制和规范物流系统的活动，一方面又给予其保障。合同的执行、权益的划分、责任的规定都靠法律和规章维系。③ 行政命令。物流系统关系到国家军事、经济命脉，所以，行政命令等手段也常常是支持物流系统正常运转的重要支撑要素。④ 标准化系统。它是保证物流环节协调运行，保证物流系统与其他系统在技术上实现连接的重要支撑条件。⑤ 组织及管理。它是物流网络的"软件"，起着连接、调运、运筹、协调、指挥其他各要素以保障物流系统目的实现的作用。

(2) 物质基础要素。物流系统的建立和运行，还需要有大量技术装备手段，它们主要包括：① 物流设施。它是组织物流系统运行的基础物质条件，包括物流站、场、物流中心、仓库，物流线路、建筑、公路、铁路、港口等。② 物流装备。它是保证物流系统启动的条件，包括仓库货架、进出库设备、加工设备、运输设备、装卸机械等。③ 物流工具。它是物流系统运行的物质条件，包括包装工具、维护保养工具、办公设备等。④ 信息技术及网络。它是掌握和传递物流信息的手段，根据所需信息水平的不同，包括通信设备及线路、传真设备、计算机及网络设备等。

### 4. 物流系统的流动要素

物流系统的流动要素主要包括流体、载体、流向、流量、流程和流速。

(1) 流体。流体是指物流中的"物"，即物质实体。流体都具有一定的自然属性和社会属性。流体的自然属性是指其物理、化学或生物属性。物流管理的任务之一是要保护好流体，使其自然属性不受损坏，因而需要对流体进行检验、养护，并在物流活动过程中根据物质实体的自然属性合理安排运输、保管、装卸等物流作业。流体的社会属性是指流体所体现的价值属性，以及生产者、采购者、物流作业者与销售者之间的各种关系，有些关系国计民生的重要商品作为一种流体还肩负着国家宏观调控的使命，因此物流组织者也要注意保护流体的社会属性。

物流系统的目标就是实现流体从供应者向需求者的流动。尽管为实现此目标，有的流体不得不储存在仓库中，但这也是流动的前提之一，是流动的一种形式。因为所有的流体最终总要经过运输才能实现空间上的移动。所以，从总体上看，流体是处于不断运动变化之中的。

流体的结构是经营者比较关心的事情，连锁超市、百货商店等企业都在商品的结构上大做文章。物流系统中流动的是各种各样的流体，但是特定的经营者必须根据其经营目标来优化商品结构。物流部门研究流体的结构也可以为经营者优化生产结构或销售结构提供依据。

（2）载体。载体是指流体赖以流动的设施和设备，它大体可以分成两种类型：

第一类载体是指基础设施。如铁路、公路、航道、港口、车站、机场等，它们大多是固定的。

第二类载体是指各种物流设备，即以第一类载体为基础，直接承载并运送流体的设备，如车辆、船舶、飞机、装卸搬运工具等，它们大多是可以移动的。

载体的状况，尤其是第一类载体的状况，将直接决定物流系统的质量、效率和效益。物流学科研究物流载体的规模和结构，重点就是要研究物流载体的网络结构和技术状况，如物流中心或配送中心的选址、物流载体的定位和跟踪、物流载体运行速度的控制以及物流载体的配套等问题。

（3）流向。流体从起点到终点的流动方向就是物流的流向，它主要有四种不同的类型：① 自然流向，指根据产销关系所确定的商品流向，它表明一种客观需要，即商品要从供应地向需求地流动。② 计划流向，指流体经营者的经营计划所确定的商品流向，即商品从供应地向需求地的流动。③ 市场流向，指根据市场供求规律由市场确定的商品流向。④ 实际流向，指在物流过程中实际发生的流向。

对某种商品而言，可能会同时存在以上几种流向。例如，根据市场供求关系确定的商品流向是市场流向，这种流向反映了产销之间的必然联系，是自然流向；实际发生物流时还需要根据具体情况来确定运输线路和调运方案，这才是最终确定的流向，这种流向是实际流向。在确定物流流向时，最理想的状况就是商品的自然流向与实际流向相一致，但由于计划流向与市场流向都要受市场行情、物流条件和管理水平等因素的制约，所以它们经常会与商品的自然流向或实际流向不符，甚至最终还有可能导致商品的实际流向与自然流向相背离。

物流学科研究物流流向的目的就是准确掌握流向的变化规律，合理规划物流流向，有效配置物流资源，从而降低物流成本、加快物流速度。

（4）流量。流量就是依赖载体进行流动的流体在一定流向上的数量。流量与流向是不可分割的，每种流向都有一种流量与之相对应。因此，参照流向的分类，流量也可以分为四种类型，即自然流量、计划流量、市场流量和实际流量。但是，对流量的分类也具有一定的特殊性，根据流量本身的特点，还可以将其进一步细分为实际流量与理论流量。实际流量也就是实际发生的物流流量，它又可分为五种：一是按照流体统计的流量；二是按照载体统计的流量；三是按照流向统计的流量；四是按照发运人统计的流量；五是按照承运人统计的流量。理论流量是指从物流系统合理化角度应该发生的物流流量，也可按照与实际流量相对应的五个方面进行分类。另外，流量的统计单位也可视具体情况确定，如吨、立方米、元等。

从物流管理的角度来看，最理想状况的物流应该是在所有流向上的流量都均匀分布，这样物流资源利用率最高，组织管理最容易。但实际上，在一定的统计期间内，不同流向之间、不同承运人和托运人之间的实际物流流量是很难出现均衡的。所以，物流管理者需要从宏观物流管理的角度，采用合理的物流运行机制，通过合理的资源配置手段来消除物流流向和流量上的不均衡。

（5）流程。流程就是通过载体进行流动的流体在一定流向上行驶的路径。流程的分类与流向基本类似，可以分为自然流程、计划流程、市场流程与实际流程；也可以像流量那样，分为理论流程与实际流程。理论流程往往是可行路径中的最短路径。一般情况下，路径越长，运输成本越高，如果要降低运输成本，就应设法缩短运输里程。实际流程又可按照四种口径来进行统计：一是按照流体进行统计；二是按照载体进行统计；三是按照流向进行统计；四是按照发运人进行统计。

（6）流速。通过载体进行流动的流体在一定流程上的速度表现就是物流的流速。流速与流向、流量、流程一起构成了物流向量的四个数量特征，是衡量物流效率和效益的重要指标。一般来说，流速快，意味着物流时间的节约，也就意味着物流成本的减少和物流价值的提高。

### 四、物流系统的目标

物流系统的存在是以有效的低物流成本向客户提供优质物流服务为目标，可以用"6S"和"7R"具体描述。

#### 1. "6S"目标

（1）服务性（Service）。在为客户服务方面，要求不出现缺货、货物损坏和丢失等现象，且服务费用便宜。

（2）快捷性（Speed）。要求把货物按照客户指定的地点和时间迅速送到。为此，可以把物流设施建在供给地区附近，或者利用有效的运输工具和合理的配送计划等手段。

（3）安全性（Safety）。尽量保证货物在运输途中的安全，装卸、搬运过程中的安全和保管阶段的安全；尽可能地减少客户的订货断档问题。

（4）有效地利用面积和空间（Space Saving）。虽然中国土地费用比较低，但也在不断上涨。因此，必须充分考虑对空间的有效利用，特别是对城市市区面积的有效利用，逐步发展立体化设施，配备有关物流机械等。

（5）规模适当化（Scale Optimization）。应该考虑物流设施的设置是集中还是分散，如何更适当；机械化与自动化程度如何合理把握；信息系统的集中化所要求的电子计算机等设备如何利用等。

（6）库存控制（Stock Control）。库存过多则需要更多的保管场所，而且会产生库存资金积压，造成浪费。因此，必须按照生产与流通的需求变化对库存进行控制。

#### 2. "7R"目标

物流系统的目标由"7R"组成，即 Right Quality（优良的质量）、Right Quantity（合适的数量）、Right Time（适当的时间）、Right Place（恰当的场所）、Right Impression（良好的印象）、Right Price（适宜的价格）和 Right Commodity（适宜的商品）。

## 第三节　物流系统决策优化

### 一、物流系统动态化

物流系统中，企业利用自己的物流运作设施将产品和物料送达客户，决定物资从企业到市场的流动线路，形成物流系统的结构。一般的物流系统连接着企业、物流服务商和消费者，随着市场需求、产品价格、法律政策等的变化，系统内的功能要素不断地组合优化，系统运行模式也不断地调整，成为适应环境变化、满足经济社会发展需求的经济控制系统。

在供应链的流通渠道中，每个组织机构都负有各自的使命，承担各种物流服务，追求优越的渠道方式，从而建立商务关系，形成不同的渠道结构。物流渠道作为分销渠道的重要组成部分，是参与物资流通过程的企业之间关系的系统，物流系统的构建就是确定整个物流渠道的结构，把所有承担物资保管运输等物流功能的企业编织成一个网络，最终实现物流系统的目的。早期的分销渠道设置是根据企业在分销流程中所充当的角色来分类安排的；20世纪90年代以来，随着计算机信息网络技术的广泛应用，分销渠道的战略和结构发生了根本性的转变，渠道合作双方正由交易型关系向伙伴型关系、战略联盟的方向发展。在现实经济生活中，市场需求是动态的，需求方可以从所在地仓储销售点获得产品，也可以直接从产品的供应源头处（生产商或总经销商）购买。企业提供物流服务时，可以为特定类型的客户（特定的行业或企业）提供单一物流功能或多种物流功能的服务，也可为各种类型的客户提供单一物流功能或多种物流功能的服务。因此，物流系统中物流功能在组织机构之间呈现游动状态，转移整合、系统动态化和功能分工关系决定了物流系统结构。例如，物流业者承担的运输和保管活动中，保管功能可以转移到仓储业，形成单一功能专业化的物流仓储服务系统；反之，一个专业化的流通机构通过整合社会资源，建立物流功能体系，形成多功能专业化的物流服务系统。

任何组织机构的功能转移必将导致其他组织机构的功能整合。在理论上，物流功能的分工关系属功能替代（Functional Substitutability）关系。功能替代方式主要表现在两个方面：① 垂直关系中，组织机构把其承担的功能转移到供应链的上游（生产商）或下游（中间商），前者称为上游替代，后者称为下游替代。例如，企业通过纵向整合社会资源，构建生产商或中间商主导的，从中央到地方或从中心城市到农村地区的物流系统。纵向物流资源整合的结果是形成垂直一体化物流，要求企业将提供产品或物流服务等的厂家、商家和用户纳入管理范围，并作为物流管理的内容，实现从原材料到最终消费者的物流一体化管理，最终形成供应链物流。② 水平关系中，同一个环节的功能由多个组织机构共同承担或转移到其他专业组织机构承担。例如，企业通过横向整合社会资源，构建跨地区、跨行业的物流系统。水平物流资源整合的结果是形成水平一体化物流，通过同一行业中多个企业在物流方面的合作而获得规模经济效益和物流效益。

垂直一体化物流与水平一体化物流的有机结合形成物流系统,是一个供应商、生产商、中间商和物流商多方位、纵横交叉、互相渗透的协作有机体,它促使社会分工的深化,促进第三方物流的发展。垂直一体化物流、水平一体化物流和物流网络有机结合形成一体化物流(Integrated Logistics),它与供应链保持同步,成为供应链有效衔接的基础。一体化物流通过供应链不同职能部门之间或不同企业之间的信息共享、协同合作、共同规划,促使每个物流系统职能部分都充分发挥各自特定的作用,设计全过程的、完整连续的供应链运作流程,降低库存定位的风险,加快物流速度,实现整体效益。

## 二、生产流通的时空定位原理

在经济活动过程中,物资形态形成的时空和物资库存运输的时空决定了物流系统运作模式。在理论上,时空基础的建立涉及投机与延迟的原理(The Principle of Postponement and Speculation)。投机原理是指产品的生产和库存配送按照对未来市场需求的预测、未来市场交易的预估进行。具体地讲,从时间上看,一种产品的形态形成(产品生产)和库存配送(产品流动)在收到产品订单之前进行;从空间上看,生产厂房和储存仓库等的设施选址定位放置在供应链的上游(后方,远离消费市场)。延迟原理与投机原理相反,它是指产品生产和产品流动的活动时间延迟到收到产品订单之后,设施选址的空间延伸至物流渠道的下游(前方,临近消费市场)。

根据投机与延迟原理,从时间上、空间上设计物流系统得到的效果是不同的。从时间上分析生产活动和物流活动时,物流系统运作模式有两种类型:① 根据投机原理,生产活动采用预估生产方式,规模经济效益明显,但容易发生滞销或脱销;在物流活动中,考虑向生产商订货到从生产商进货的时间以及对消费者售货之前订单、配货、送货等的时间,整个物流服务周期时间长,库存周转慢,仓储风险大,但能缩短向客户交货的时间。② 从延迟原理上看,生产活动采用定制生产,批量相对小,难以产生规模经济;物流活动中根据订单开始进货、储存、运输,整个物流系统反应迅速,库存周转快,仓储风险小,物流服务周期时间短,但会延长向客户交货的时间。

从空间上分析生产活动和物流活动时,物流系统运作模式也可分为两种类型:① 根据投机原理,生产地点选择在供应链的上游,接近原材料、零部件产地建设生产设施,整个生产布点少,生产活动集中进行,规模经济效益好;在物流活动中,仓库通常坐落在邻近生产工厂的地方,不同的专业产品汇集储存,有利于降低物流成本,但是面向消费者的送货时间较长。② 从延迟原理上看,生产地点分布在供应链的下游,临近消费地,生产据点多,生产活动分布各地分散进行,有利于适应区域市场需求的不确定性,但是难以产生规模效益;在物流活动中,仓库地理定位于临近主要消费地,商品存储点贴近消费群体有利于销售运作,但是这样的存储配置具有很大的库存成本风险性。

传统的商业运作主要采用投机原理,形成预测型商业运作模式。在这种模式下,商业运作由市场预测来驱动,产品生产和产品流通是建立在市场预测的基础上,商业流程形成预测→采购→生产→仓储→销售→最终发货的供应链。预测性商业预测模式由于预测结果的不准确性,容易出现原定计划与实际运作的偏差,带来库存成本的不确定,导致企业经营的高成本、高风险。20世纪80年代以来,准时制(Just in Time,JIT)物流引起人们高度重视。JIT物流指按客户的要求,将客户所需要的商品进行实时供应,强调减少不必要的库存,进行多品种、少批量、多批次配送,它来源于日本丰田汽车公司的JIT生产方式,后被物流管理者广泛采用。JIT是高水平、高技术的生产流通方式,适应多元化、个性化的消费社会的需求,代表了今天的快速反应型商业运作模式。快速反应型商业运作模式与预测型商业运作模式不同,它以积极应对市场需求反应为前提,按照客户的要求进行生产活动和流通活动,商业流程形成销售→采购→生产→最终发货的供应链,大大降低了从订单环节到最终货物运送环节的一系列成本和周转时间。不过,快速反应型商业运作模式对供应链上的一些企业来说,会出现由于库存预备减少带来销售业绩下滑的财务风险。

从上面的分析可以看出,投机原理和延迟原理处于一个相互矛盾的关系之中,不论哪一个策略都不能同时实现规模经济效益和低成本高水平的物流服务。在实际操作上,大多数企业兼容预测型和反应型供应链管理的策略,采用的都是居于预测生产和订单生产之间的中间生产方式,即零部件及中间产品等预测先行生产,最终产品只是在接受客户订货后才使用中间库存组织生产。这种方式融合了延迟和投机两种原理来满足客户的需求,反映了延迟—投机战略的优化组合,也就是供应链上的投机与延迟的分离点(Decoupling Point,DP,又称为区分边界)的最优定位。如图8-6所示,为保证及时送达货物,分离点应该确定在供应链上定制生产需要的时间与客户要求交货期限相同或是更短的库存点。

图 8-6 延迟—投机战略和分离点关系

### 三、供应链物流运作模式探索

分离点的科学定位能够给企业带来许多生产流通的利益。但是,分离点的定位是一个复杂的问题,受到多方面因素的制约,如分离点的供应链位移、客户化、产品柔性化、标准化程度、库存成本、生产效率、快速响应能力。随着分离点位置向供应链下游移动,分离点越靠近客户,客户化程度和产品柔性下降,标准化程度、库存成本、生产效率和快速响应能力上升。如果把分离点位置定位在供应链中游,意味着供应链上游要进行预测驱动的规模化生产,供应链下游要进行订单驱动的客户化制造活动或物流服务活动。

为了取得各因素的平衡,提高供应链的整体绩效,需要对供应链物流模式进行具体分析。根据客户需求和产品特点的不同,可以把企业的生产流通分为订单销售(Sale-to-Order,STO)、订单装配(Assemble-to-Order,ATO)、订单制造(Make-to-Order,MTO)和订单设计(Engineer-to-Order,ETO)四个类型模式,基于供应链的分离点的选择方法也不同。

(1) 订单销售。按订单销售的企业,其产品的设计、制造和装配都是固定的,不受客户订单的影响,反映了投机原理的应用。对此,分离点应该选择位于销售与装配两个阶段之间。生产活动中,产品完全是标准化的定型产品;物流活动中,物流要保证存储成品所需的库存能力,根据市场需求建设仓库,做好产品分拨运作,采用大批量运输,加快产品分拨,减少运输成本,但是库存能力的提高、存储成品的保证将增加库存成本。这种模式较适用于日常生活用品、家用电器等产品的生产流通。

(2) 订单装配。按订单装配的企业,其产品的设计、制造都是固定的,不受客户订单的影响,只有装配活动及其下游的生产流通活动是由客户订单驱动的。对此,分离点应该选择位于制造和装配两个阶段之间。企业在接到客户订单后,生产活动中,通过对现有标准化的零部件和模块进行组合装配向客户提供装配定制产品;物流活动中,订单装配模式与订单销售模式相比较,产品库存要求较低,分销成本较大。这种模式较适用于汽车、个人计算机等产品的生产流通。

(3) 订单制造。按订单制造的企业,其产品的基型设计都是固定的,不受客户订单的影响,只有变型设计及其下游的生产流通活动是由客户订单驱动的。对此,分离点应该选择位于基型设计和变型设计两个阶段之间。企业在接到客户订单后,生产活动中,在已有的零部件和模块基础上进行变型设计、制造和装配,成为最终产品,生产数量准确,但是难以带来规模效益;物流活动中,订单制造对物流运作能力的要求很高,物流要满足临时存储的需要,实现低库存水平和低仓储成本,但是分销集运和直接运输配送会带来运输成本的增加。这种模式较适用于大部分机械产品、ERP 和 CRM 等一些软件系统产品的生产流通。

(4) 订单设计。按订单设计的企业,其原材料和零部件不受客户订单的影响,只有开发设计及其下游的生产流通活动完全由客户订单驱动,反映了延迟原理的应用。对此,分离点应该选择位于产品开发设计阶段之前。企业在接到客户订单后,生产活动中,按照订单的具体要求,设计制造装配出能够满足客户特殊要求的定制化产品;物流活动中,库存运作需求定制与组装作业联动,形成整体。这种模式较适用于大型机电设备和船舶等产品的生产流通。

综上所述,快速反应型商业运作模式保证企业及时地满足市场需求,利用延迟运作在最后阶段进行生产流通,实施快速交货,能减少预测性商业运作模式形成的库存。因此,基于延迟战略的供应链物流运作模式的基本思路应该是,通过产品结构差异点的分析将产品结构单元分为不变的部分(通用的,采用投机策略)和差异化部分(定制的,采用延迟策略)。后者的具体运作策略是不同供应链环节的延迟结合为一体的供应链运作战略,即延迟产品差异化部分的生产(生产延迟战略)和延迟在制品向第二阶段的移动(物流延迟战略),直到获得市场需求信息后,才向供应链下游流动,生产提供最终产品,保障采购、生产、分销的供应链物流系统整体运作,最终满足不同消费者的具体需求。

## 延伸阅读

### 意大利贝纳通公司的业务流程重构

意大利的贝纳通（Beneton）公司通过延迟—投机优化组合策略重新构筑了业务流程。图 8-7 表示贝纳通公司进行调整前的业务流程，分离点设定在最终产品上，以投机战略来面对客户。这时存在的问题是，易受流行左右的颜色是由上游的生产流程（染色工序）来决定的。对此，如图 8-7、图 8-8 所示，在调整业务流程时将染色工序和编织工序对调，在预测生产阶段生产没有染色的中间产品，在确定流行色后再利用中间库存来组织生产最终产品，确立了生产周期短的生产体制，并获得了成功。

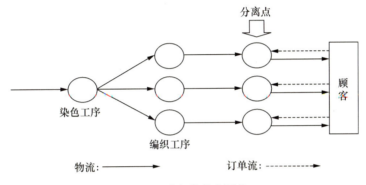

图 8-7　业务流程变更前

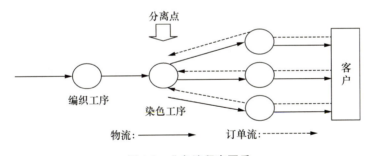

图 8-8　业务流程变更后

业务流程变更后需要注意的是，原材料、中间产品、（最终）产品在种类上并不是 1∶N∶N 的关系，而是 1∶1∶N；分离点的位置从最终产品变更到中间产品的位置。通过这种调整，可获得如下效果：①包括了相当于投机战略中的从原材料到中间产品之间的生产活动，做到大批量生产，享有成本优势；②通过生产多种最终产品通用的中间产品，并在中间产品上设定分离点，从而实现由中间产品需求量的稳定带来的库存量的减少，由此能够在较短时间内生产提供符合客户要求的最终产品。

关于②中因需求量稳定而带来的库存量减少这一效果，可以通过简单的数值进行分析。假设原材料、中间产品、最终产品各为 5 种（取产品 A、B、C、D、E），从原材料到中间产品、从中间产品到最终产品的生产时间分别为 3 天和 2 天,客户要求最终产品的交货时间是 3 天,再假定各产品相关需求量可保证 10 天的库存,各产品需求量的累计值为中间产品的需求量。以表 8-1 的数据为例,将表中第一天各产品的需求量 11、18、36、24、45 之和 134 定为中间产品的需求量。这样,就能计算出 10 天所需要的中间产品量、产品与中间产品需求量的平均值、标准偏差、变动系数(用平均需求量除以标准偏差得到的值)。从表 8-1 可见,中间产品的变动系数值要小于各产品的值,这表明与产品相比,中间产品的需求量是稳定的(通过利用中间产品的有效组合方式来维持中间产品需求量稳定的现象,可以用统计学上的中心极限定理进行解释)。

**表 8-1  各产品 10 天需求量的数据**

|  | 产品 A | 产品 B | 产品 C | 产品 D | 产品 E | 中间产品 |
| --- | --- | --- | --- | --- | --- | --- |
| 1 天的需求量 | 11 | 18 | 36 | 24 | 45 | 134 |
| 2 天的需求量 | 7 | 7 | 22 | 21 | 26 | 83 |
| 3 天的需求量 | 22 | 18 | 28 | 9 | 42 | 119 |
| 4 天的需求量 | 32 | 19 | 23 | 15 | 11 | 100 |
| 5 天的需求量 | 31 | 20 | 40 | 11 | 9 | 111 |
| 6 天的需求量 | 37 | 23 | 30 | 15 | 10 | 115 |
| 7 天的需求量 | 0 | 9 | 51 | 15 | 25 | 100 |
| 8 天的需求量 | 17 | 16 | 26 | 9 | 10 | 78 |
| 9 天的需求量 | 30 | 18 | 16 | 9 | 8 | 81 |
| 10 天的需求量 | 9 | 14 | 14 | 5 | 5 | 47 |
| 平均需求量 | 19.60 | 16.20 | 28.60 | 13.30 | 19.10 | 96.80 |
| 需求量的标准偏差 | 11.98 | 4.69 | 10.69 | 5.59 | 13.90 | 23.88 |
| 需求量的变动系数 | 0.61 | 0.29 | 0.37 | 0.42 | 0.73 | 0.25 |
| 安全库存量 | 151 | 102 | 190 | 91 | 157 | 372 |

通过安全库存公式 $S = L \times D + 1.96 \times \sqrt{L} \times \sigma$,(其中,$S$ 表示安全库存量;$L$ 表示提前期;$D$ 表示平均需求量;$\sigma$ 表示需求量的标准偏差),计算不同战略下各产品安全库存量,如表 8-1 所示,产品 A、B、C、D、E 的安全库存量分别为 151、102、190、91、157,中间产品的安全库存量为 372。

如果没有考虑客户要求的交货期限,将分离点设在最终产品上(投机战略),此时,各产品的安全库存量如表 8-1 所示,分别为 151、102、190、91 和 157;如果考虑客户要求的交货时间,将分离点设在中间产品上(延迟投机战略),此时,中间产品的安全库存量为 372,与投机战略产品安全库存量相比,结果是其库存被大幅压缩。

资料来源:王健.现代物流网络系统构建[M].北京:科学出版社,2005。

## 本章提要

第二次世界大战后,系统分析得到了迅速的普及和发展,系统思想和系统方法成为现代自然科学和社会科学分析问题的重要方法。发展现代物流,应以系统观点来研究物流活动,把物流看成是为实现特定目标而由多个各不相同的结构、功能和要素有机组成的系统。物流系统由物流作业系统和物流信息系统两个分系统组成,具有动态性、可分性、复杂性、跨度大以及广泛存在"效益背反"现象等特点。物流系统的目标可以用"6S"和"7R"来描述。

我们可以通过物流系统的动态化和生产流通的时空定位原理来对物流系统进行决策优化,探索供应链物流运作模式。

## 练习与思考

1. 请简要阐述系统的三个基本特征。
2. 现代物流系统有什么特点?
3. 物流系统的构成要素是什么?
4. 试阐述物流活动的"效益背反"现象。
5. 如何确定供应链上的投机与延迟的分离点?

# 第九章

# 物流网络系统

**知识要求**

通过本章的学习,能够
- 掌握网络的概念与内涵
- 掌握流通中心的概念与内涵
- 掌握共同配送的概念、内涵及其原理
- 熟悉物流网络的基本类型

**技能要求**

通过本章的学习,能够
- 根据实际情况设立不同层次的流通中心
- 根据需要选择合理的共同配送模式

## 第一节　物流网络系统概述

### 一、网络的概念与内涵

现代流通随着计算机网络技术和通信技术发展,信息交流方式发生了巨大变化,迎来了以电子商务为首的信息化时代(E 时代)。电子商务(E-business,E-commerce)以数字化网络为基础进行商品、货币和服务交易,目的在于减少信息社会的商业中间环节,缩短商务周期,降低企业成本,提高经营效率,提升服务质量。它给物流系统带来了新的思想理念、经营方式和运作形态。物流系统的构建必然引发物流网络问题,如物流系统的计算机通信与管理系统的网络化、物流节点网络化和物流通道网络化等(参见图 9-1)。物流网络系统化成为现代化物流系统的基础条件,是保证电子商务实现的前提。

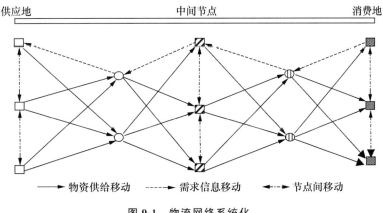

图 9-1　物流网络系统化

国家标准《物流术语》(GB/T 18354-2006)对物流网络(Logistics Network)的定义是"物流过程中相互联系的组织、设施与信息的集合"。物流活动过程中,网络作为物资流通空间结构的一种形态,不仅表示物流的地域联系,而且还表示这种联系的各种依托。因此,物流网络系统中的"网络"主要包括以下三层含义:

(1) 网络表示经济社会空间联系的通道。这种通道在空间上表现为交织成网的交通和通信等线状基础设施、铁路网和公路网等组成网络的物质结构,各种形式的"流"(如信息流等)则组成网络的非物质结构。流的起点与终点、集聚点与扩散点,以及流向、流径、流量等组合在一起形成了物流网络。

(2) 网络表示经济社会空间联系的系统。这种系统的基础构成是节点之间、域面之间以及节点与域面之间的物流关系。物流网络一般表现为经济社会的物资和信息等交流与联系,反映了一种经济社会和物流系统发展的一种有序结构。网络系统的形成虽然依托于通道,但是有通道并不一定能形成网络系统,还需要整体最优化的目标,才能形成一个有序的网络系统。

（3）网络表示经济社会空间联系的组织。这种组织的基本构成分为两种形式，一种是反映多层次、多形式的空间经济网络联系的管理和运作机构，如地方政府、市场中介和企业；另一种是为完善经济网络联系所形成的要素流动的市场机制。物流网络系统是经济社会联系的组织形态，也是社会分工的必然产物，具有能动的组织作用、丰富的组织内容和平等的组织关系等特点。

通道、系统和组织反映了现代物流系统空间结构中网络的内涵。在物流网络系统化过程中，不同时空条件下的三种网络含义虽然体现程度上的差异，但是始终存在着复杂的内在联系，彼此密不可分。随着社会分工的加强和经济社会活动的高度化、一体化，物流网络系统的合理构建对于保证商品流通和信息交换、加强经济联系、优化经济结构等方面都起着非常重要的作用。

## 二、物流网络系统多元化

物流活动网络系统化成为现代物流发展的总体趋势之一，现代物流发展成为面向整个经济社会，实现采购、生产、销售、回收一体化管理的网络系统。国内外对物流网络系统的研究是随着现代物流的发展而发展的，从侧重于对物流的线路结构研究、节点结构的研究，拓展到对产品流程结构的研究，再深化到物流网络体系的研究。在企业物流实践上，物流从20世纪70年代的功能整合、局部系统化到80年代的共同化、系统化，再到90年代的信息化、系统化，最后进入21世纪的网络系统化(参见表9-1)。这些对我们如何发挥节点与线的功能、实现二者有机衔接、构建物流网络系统具有重要的借鉴作用。

表 9-1  物流网络系统化进程

| 项目 | 20世纪70年代 | 20世纪80年代 | 20世纪90年代 | 21世纪 |
| --- | --- | --- | --- | --- |
| 系统化方向 | 功能整合<br>局部系统化 | 共同化<br>系统化 | 信息化<br>系统化 | 网络系统化 |
| 基本目标 | 个别成本降低<br>服务质量提高 | 个别成本降低<br>服务质量提高<br>整体成本降低 | 个别成本降低<br>服务质量提高<br>整体成本降低<br>企业效益 | 个别成本降低<br>服务质量提高<br>整体成本降低<br>企业效益<br>社会效益 |
| 经营资源 | 企业内部<br>物流资源 | 企业内外部<br>物流资源 | 企业内外部、<br>国内外物流资源 | 企业内外部、<br>国内外物流资源 |
| 物流主体 | 企业物流部门<br>物流企业<br>中介机构 | 企业物流部门<br>物流企业<br>中介机构<br>企业全体<br>物流子公司 | 企业物流部门<br>物流企业<br>中介机构<br>企业全体<br>物流子公司<br>海外企业 | 企业物流部门<br>物流企业<br>中介机构<br>企业全体<br>物流子公司<br>海外企业 |

对物流网络的基本认识可以从交通网络结构分析中获得。物流网络和交通网络都是

由于"运动—停顿—再运动—再停顿"的事物运动本质形成的,但二者是有区别的。交通网络结构是由家庭、单位和车站等节点和交通线路组成,移动主体是人与货物,移动客体是交通工具和交通设施,其中交通工具和交通设施又属于移动手段。但是在物流网络结构中,移动主体是企业和政府,移动客体是人与货物,移动手段是物流基础设施和运输工具,其中物流基础设施的配置和运输工具的选择被赋予战略色彩,是为了实现有效管理人(企业或政府)与物资流动的目的。因此,物流网络与交通网络不同,物流网络是把交通网络与流通中心网络有机结合形成的物流网络体系,是物流线路和物流节点这两个要素的组合体。

物流网络的线路即链(Link),表示物资在不同节点间的移动线路(可以理解为各种交通线路,也可以理解为流通渠道、信息传递线路)。如图 9-2 所示,在企业物流活动中,物流线路是由企业战略决定的,取决于流通渠道政策的选择。对于生产商来说,流通渠道的始点是生产商,终点是消费者,中间环节为各种中间商(批发商、零售商等),渠道结构呈现长短、宽窄的特征。长短是指渠道环节的多寡问题,宽窄是指渠道环节参与者(中间商)的多寡问题。在流通渠道政策中,根据每个渠道环节使用多少中间商可把渠道分为三种类型:① 更多的中间商作为渠道合作者的密集型渠道;② 经过挑选的中间商作为渠道合作者的选择性渠道;③ 只允许一家中间商作为渠道合作者的专营性渠道。流通渠道的长短、宽窄形成了垂直流通渠道网络结构和水平流通渠道网络结构(参见图 9-2)。

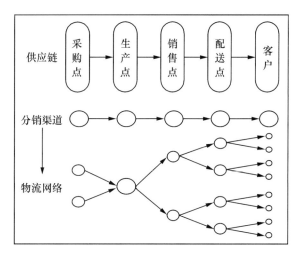

图 9-2　渠道与物流网络

物流网络中的点即物流节点(Node),是一种物流基础设施,包括交通基础设施(车站、港口与机场等)、商品储存点(工厂、仓库、流通中心、商店等)和信息搜集处理点等。从流通渠道结构长短、宽窄的分析结果可知,供应链的层次性取决于链的各个环节的参与者(中间商)的多寡,由此决定物流节点的配置、定位问题。如图 9-3 所示,对于生产商来说,面向中间商供给商品的物流节点配置问题应涉及商品供给市场的范围,如果把一个区域市场分为四个子市场,意味着要在每一个子市场中设置同样的物流节点,不同子市场的物流节点呈现层次性。因此,在不同的子市场两点之间可能存在多条线,代表可以选择不同的运输方式、不同的运输路线和运输不同的产品等,形成多元化物流网络结构。

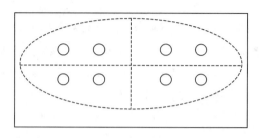

图 9-3　物流节点配置

图 9-4 是以正向物流为对象描绘出的物流与物流网络系统框架。从图 9-4 可知,物流网络系统(Logistics Network System)是一个由多个点与线组成的多元的物流网络系统。具体来说,物流网络系统是指物流活动过程中相互联系的组织与设施的集合。它不仅包含铁路货站、公路货站、航空货站、港口码头等交通基础设施和工厂、仓库、商店等商品储存点的产品流动网络,还包含有电话电报、电信卫星、计算机网络等信息网络。产品流动网络与信息网络并不是相互独立的,而是相互联系、相互依赖的,两者结合在一起形成了物流网络系统。

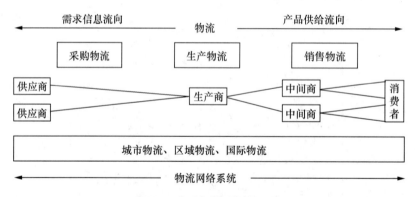

图 9-4　物流与物流网络系统

整个社会流通体系是以物流网络系统为基础的。随着经济社会和科学技术的发展,任何一个层次的物流网络系统都是由目标层、功能层、运作层、基础层构成,彼此相互联系,成为超越企业空间,跨部门、跨行业、跨区域的社会流通体系(参见表 9-2)。

表 9-2　物流网络系统层次

| 层次 | 主要内容 |
| --- | --- |
| 目标层 | 追求整个系统最优,实现企业效益和社会效益 |
| 功能层 | 运输、储存、装卸、包装、流通加工、信息处理 |
| 运作层 | 物流企业、制造企业、工商企业、运输企业、信息技术服务企业 |
| 基础层 | 物流基础设施平台、信息网络平台、管理服务平台和政策环境平台 |

### 三、物流网络系统类型

根据物流网络系统的空间结构，物流网络系统可分为增长极网络系统、点轴网络系统、多中心多层次网络系统和复合型网络系统。

1. 增长极网络系统

增长极是指经济社会集中在一点形成的经济增长点，也是经济集聚与扩散相互协同形成的一种地域经济社会结构。一般而言，这种增长极网络系统必须以优越的内外物流联系为条件，而且物流条件是其形成过程中的重要条件。这是由于物流基础设施为其在空间上的高度集聚提供了条件，充分利用周围地区的资源，使之与市场有紧密的联系，保证优良的外部联系环境。在这种情况下，物流网络系统的空间结构大多表现为以一点为核心，呈放射状分布。

2. 点轴网络系统

点轴网络系统是指消费者大多产生和聚集于一点，形成大小不等的市场，而相邻节点间的相互作用力并不是向各个方面平衡辐射，而是沿交通线、动力供应线、水源供应线等进行。以点轴为核心的经济社会系统呈现沿干线线状分布为主，物流网络在沿线重要交通站点及枢纽呈放射状分布的格局。

3. 多中心多层次网络系统

多中心多层次网络系统是不同地域之间相互联系、密切合作所构成的一种物流空间结构形式，是生产力社会化和社会分工合作发展的必然结果。全社会经济联合与物流经济发展有着内在的一致性，物流经济发展是经济社会分工合作的保障，从而带来多方面的效益，产生新的社会生产力。因此，物流网络系统的空间结构特征表现为不同地域范围内形成多中心多层次的物流网络系统，满足经济社会分工协作的需求。

4. 复合型网络系统

复合型网络系统是由两种或两种以上的物流网络形态综合而成的一种物流空间结构形式。当经济发展到一定阶段时，物流基础设施提供了更为充分的关联环境，多极相互作用的条件已经具备，物流活动在空间上以地域为单元的分异——协同趋势已是客观要求。因此，物流网络系统与经济社会在地域上相互作用产生的复合型网络系统是空间经济形态的必然结果，形成经济社会系统生产专业化，促进经济区协作网络的进一步优化。

综上所述，在物流网络系统中，物流的全部活动是在链和节点之间进行的。物流网络系统水平高低、功能强弱取决于网络中链与节点这两个基本元素及其配置。点与线都有特定的空间分布，两者相互作用形成网络结构面，即被特定流通网络覆盖的物流服务圈。由于区域地理的特点和经济发展水平的差异，覆盖不同地区的点与线有多少和疏密之分，从而形成不同的内在动力、形式、等级、规模、空间结构的物流网络系统类型（参见表9-3）。

表 9-3　物流网络系统类型

| 类型 | 框图 | 主要内容 |
|---|---|---|
| 走廊形网络<br>(Corridor Type Network) | | 它是沿着一条连续的交通走廊或经济发展轴线形成物流网络系统,适合国土辽阔、交通输送网主要在海岸线、内陆输送网尚不发达的国家(地区),如中国、俄罗斯等 |
| 极核形网络<br>(Core Type Network) | | 它是效率极高的一种物流网络系统类型,拥有富有活力的、密集的交通网络体系,从中心区辐射出数条主要交通线,次中心设在沿线并互有一定间距,适合经济发达、国土平坦但不辽阔的国家(地区),如英国、德国等 |
| 多中心网络<br>(Multiple Nuclei Network) | | 它是区域经济互补性较强、区域之间运输条件等同、彼此共同组成的物流网络系统,适合国土辽阔、经济发达、拥有纵横交错的现代交通运输体系的国家(地区),如美国等 |
| 扇形网络<br>(Fan Type Network) | | 它是一般以港口为枢纽,由此向外展开多条交通线的物流网络系统,适合节点位于主要运输干线的中途或终端,节点的商品流向与干线运输方向一致的国家(地区),如新加坡、中国香港等 |
| 环形网络<br>(Ring Type Network) | | 它是枢纽节点分布在海岸线,主要工商业经济区集中在沿海地区、内陆经济较不发达的物流网络系统,适合四周环海、输送网围绕海岸线的国家(地区),如日本、韩国等 |

# 第二节　流通中心

## 一、流通中心的概念与内涵

在物流网络系统中,节点定位涉及选址决策问题。一般地说,在内向物流领域,供应商的供货点分散化,生产商的储存点集约化;在外向物流领域,从生产商接受供货的中间商的储存点集约化,处于市场末端的中间商的供货点分散化。如表 9-4 所示,物流节点的集约是为了降低物流成本,分散是为了提高物流服务水平,二者相互交叉,合理结合,保障物流网络系统的总体最优。

表 9-4　物流节点集约、分散的利弊

| 物流节点分散 | | 物流节点集约 | |
|---|---|---|---|
| 利 | 弊 | 利 | 弊 |
| • 提供优质服务<br>• 规模较小、易于运营管理<br>• 配送半径较短,配送车辆周转率较高 | • 规模小,难以实现机械化<br>• 库存管理难,难以掌握实际库存情况<br>• 员工费用和系统维修费用增加 | • 库存集约化,可进行一元化管理<br>• 规模较大,容易实现机械化、自动化<br>• 减少劳力、土地、房屋等费用 | • 规模大,运营管理难<br>• 库存过多,容易造成积压<br>• 运输距离长,选货时间增多 |

物流节点按主要功能分为转运型节点、储存型节点、流通型节点、综合型节点四个类型。其中,流通型节点(流通中心)主要是履行物资流通职能的节点。流通中心是一种物流基础设施,从物流角度考虑拥有货站、仓库、配送中心、流通加工中心等物流设施;从商流角度考虑拥有以生产资料为中心的批发中心,鲜鱼蔬菜水果类生鲜生活消费品市场等流通设施;从信息流角度考虑拥有信息处理中心等;从系统角度来看是物流网络系统的子系统,再往下还有子系统。

流通中心是多种物流基本活动、功能有机结合的中心网络,不但执行一般的物流职能,而且越来越多地执行指挥、调度、信息等神经中枢的职能,对优化整个物流网络系统起着重要的作用。

(1) 衔接功能。流通中心利用各种技术将各个物流线路连接成一个网络系统,通过与其他物流功能的有机结合,实现各种功能集约化、一体化。

(2) 集约功能。流通中心配置有一定的物流设施装备,并使用先进的物流技术,通过信息共享和规模管理,在物流量、货物处理、技术等方面实现强大的集约互补功能。

(3) 信息功能。流通中心不仅是实物聚集中心,而且是信息汇集中心,即整个物流网络系统信息传递、搜集、处理、发送的集中地。

(4) 管理功能。流通中心是处于公路、铁路、空港、水路等运输线路附近的节点,一般能够协调衔接两种或两种以上运输方式;在物流设施设备方面,通过合理调度分配各项物流设施装备,能够实现统一管理,实现效率和效益的最大化。

在物流节点配置过程中,流通中心发挥着软硬技术的神经中枢职能,这种职能是通过整合集成物流基本功能、作用来完成的,并通过流通中心集约化来实现。随着科技的进步带来物流活动的机械化、自动化、信息网络化,资本的社会化带来流通中心投资的规模化,交通基础设施的完善带来流通中心服务区域的扩大化,进入20世纪80年代,流通中心开始由分散到集约、从集约向网络系统发展。流通中心的集约化根据物流功能整合的方向不同呈现三个类型:① 水平集约型,指对一个区域的同一功能的流通中心进行整合,它通过集中流通中心功能来减少流通中心的数量;② 垂直集约型,指通过对流通中心拥有的物流线路(渠道)功能进行整合,它通过集中渠道功能来减少流通中心的数量;③ 功能集约型,指把多个流通中心中的某一功能抽取汇集于新的流通中心,它通过集中供应链某个环节的功能来实现整个供应链节点的减少。

从表面现象上看,流通中心、物流节点的分散和集约仅仅是数量的增减问题,但实质上,这是流通中心的功能变革、属性创新,是商品流程的整合问题。当企业急速成长、客户增加、服务区域扩大,面临原有流通中心能力不足而需要增加流通中心时,可根据上述第三种类型的功能集约思路,把现有的直接流通中心(Front Distribution Center,FDC)承担的分包加工等配送功能抽出汇集于新建的一个专门承担该项功能的区域流通中心(Regional Distribution Center,RDC)。

如图9-5所示,在物流网络系统中,RDC是一种以较强的辐射能力和存储能力,向省(州)际、全国乃至全球范围内的用户提供服务的流通中心。它具有三个基本特征:① 经营规模比较大,设施齐全,物流设备机械化、自动化,信息活动网络化,物流活动能力强; ② 涉及的商品种类多,包装、流通加工等物流功能明显;③ 在实践中,RDC虽然也从事零星的配送活动,但这不是其主要业务。

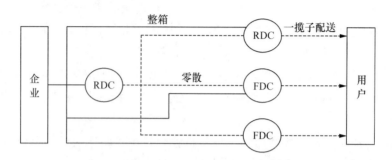

图 9-5　物流网络系统——RDC 与 FDC 的有机结合

RDC 主要向 FDC 和大型工商企业提供物流服务,是流通网络或流通体系的支柱结构或属于中央级的流通中心;FDC 是只向城市范围内的众多用户提供配送服务的物流组织。由于城市范围内货物的运距比较短,FDC 在送货时运送距离一般均处于汽车运输经济里程范围内,采用汽车进行配送运输,发挥汽车运输的机动性强、供应快、调度方便等特点。在物流实践中,FDC 的服务对象多为城市范围内的零售商、连锁店或生产企业,涉及商品种类较少,面向用户直接配送功能明显,可实现门到门的配送服务,物流设备简单。因此,FDC 一般来说辐射能力不是很强,实际操作中多与 RDC 联网,处于二级配送中心的位置。

RDC 与 FDC 形成理想的流通层次,实现物流功能的分工与整合,总体上避免物流节点分散化。RDC 服务区域范围广,FDC 服务区域范围相对狭小,FDC 群构成 RDC,RDC 群构成物流网络系统。物流网络系统通过节点定位战略解决物流功能的分工、集约问题。同时,从 RDC 与 FDC 的结构来看,流通中心发展为两大层次的物流节点网络,即区域流通中心网络和城市流通中心网络,可形成一对多网络、多对一网络、多对多网络等类型(参见图 9-6)。

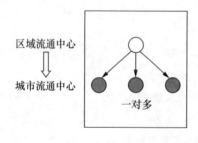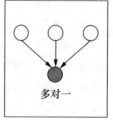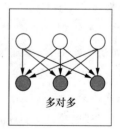

图 9-6　流通中心网络类型

## 二、城市流通中心

城市流通中心是指在相对狭小的区域实施短时间商品供给的流通网络系统,构成区域流通中心的子系统。城市流通中心包括配送中心、运送中心、转运中心等,是短距离、中小型卡车运输为主体的城市内物资流动的据点。

1. 配送中心

国家标准《物流术语》(GB/T 18354-2006)对配送中心(Distribution Center)的定义是"从事配送业务且具有完善信息网络的场所或组织。应基本符合下列要求:① 主要为特定客户或末端客户提供服务;② 配送功能健全;③ 辐射范围小;④ 提供高频率、小批量、多批次配送服务"。

(1)地理位置。影响配送中心区位选择的因素很多,而且不同类型、经营不同产品的配送中心对区位因素的考虑也会不同。由于城市内商业网点集中,是配送中心的主要供、配货对象,故配送中心的选址以城市市场定位为主,配送的距离比较短,位于流通系统中接近市场的一端,处于支线运输、二次运输的位置,以期缩短运距、降低运费、迅速供货。

(2)占地规模。配送中心的占地规模并无特别严格和统一的标准,是由其所服务市场的需求量的大小、运输距离与费用以及配送中心的规模经济等因素综合决定的;也可以说与每个配送中心的空间服务范围、在商品配送网络中的地位、经营的产品类型等有关。

(3)流通功能。配送中心是以组织配送性销售或供应,执行实物配送为主要职能的流通中心,又称为分拨中心。配送中心的基本功能是为城市范围内客户进行配送服务,同时为了配送的需要,附有储存、拣选、组配等作业环节。配送中心以配送活动为基础,结合销售或供应等经营活动,不但处理商流,而且还处理物流,其业务流程参见图9-7。

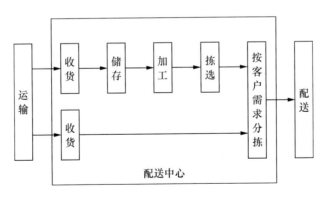

图9-7 配送中心主要业务流程

2. 运送中心

日本《物流用语辞典》将规模比较小的、配送功能专业化的流通中心称为运送中心(Delivery Center)。一般来说,运送是据点之间近距离、小批量、短时间的物资移动,它在同一经济圈(区域内)发生。运送中心处于市区或市郊,多分布在产品使用地、消费地或车站、码头、机场所在地,以及建筑物比较密集、地价昂贵的地方。多数制造商、批发商、百货商店等都在消费地附近设置运送中心,以它为中心,使运送活动更有效地进行。

运送中心大都是将较大批量到达的货物换装成小批量货物并送到用户手中的流通中心,其主要功能包括:① 分装货物,即大包装货物换装成小包装货物;② 分送货物,即送货至零售商设施手中;③ 货物仓储,等等。运送中心主要业务流程参见图9-8。

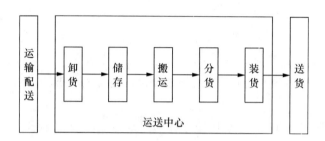

图 9-8　运送中心主要业务流程

3. 转运中心

日本《物流用语辞典》将转运中心(Depot)定义为"小型的配送据点,以保存周转货物为主体,向有限的区域进行小批量配送的末端物流节点"。转运中心处于市区道路运输线上,以转运为主,货物在转运中心仅仅是短暂停留。在一个运送中心的物流服务圈内,设有多个转运中心,通过小型卡车向市区内的用户送货。转运中心主要业务流程参见图9-9。

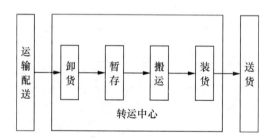

图 9-9　转运中心主要业务流程

### 三、区域流通中心

1. 区域流通中心概述

国家标准《物流术语》(GB/T 18354-2006)将区域流通中心(Regional Logistics Center)定义为"全国物流网络上的节点,以大中型城市为依托,服务于区域经济发展需要,将区域内外的物品从供应地向接收地进行物流活动且具有完善信息网络的场所或组织"。

区域流通中心是为散布在广阔区域的众多用户实现快速商品供给的流通网络系统,

建立在以下基础上：① 物流据点的水平整合和垂直整合；② 以市场需求为中心的流通加工系统、网络化配送系统、高度化信息系统等的物流技术创新；③ 产供销一体化战略等。

区域流通中心是集约集成的产物，也是物流网络系统的枢纽子系统。它不仅仅反映了流通中心的功能分工与整合，还带来配送服务圈的扩大。区域流通中心凭借其强大的辐射能力，向国内外送货，其用户以城市配送中心为主，兼有中间商、工商企业。

区域流通中心包括物流基地(Logistics Base)、物流园区(Logistics Park)、物流中心(Logistics Center)等，从物流网络系统和物流功能等角度来看，它们内涵相同，是长距离、大型化、高速化货物运输的城市之间物资流动的节点。

(1) 地理位置。物流基地、物流园区和物流中心是具有一定规模和综合服务功能的流通中心。三者大都位于城市边缘交通条件较好、用地充足的地方，一般都选择交通枢纽中心地带，可以衔接陆运、空运、水运等运输方式，使物流基地内部物流网络与外部运输枢纽网络相适应；在选址方面还需考虑物流市场需求、地价、交通设施、劳动力成本、环境等经济、社会、自然条件因素。

(2) 占地规模。一般来说，物流基地、物流园区和物流中心占地面积大，集多种设施为一体，是发挥综合协调和基础作用的物流设施的区域集合体，是大规模、集约化物流设施的集中地和物流线路的交汇点，以仓储、运输、加工等用地为主，同时还包括一定的与之配套的信息、咨询、维修、综合服务等设施用地。

(3) 流通功能。物流基地、物流园区和物流中心三者是综合性、区域性、大批量的物资物理位移集中地，它把商流、物流、信息流、资金流融为一体，成为产供销企业之间的中介。它们集中物流服务组织与物流运作管理的功能，即物流活动所必须具备的运输、储存、装卸、包装、流通加工等功能，成为具有多种物流功能的流通形式和作业体系；通过先进的管理、技术和现代化信息网络，对商品的采购、进货、储存、分拣、配送等业务进行了科学、统一、规范的管理，使商品运动过程达到高效、协调、有序(参见表9-5)。

表9-5 物流中心的主要业务

| 主要业务 | 主要内容 |
| --- | --- |
| 订单处理作业 | 包括客户订单的接受处理、客户信用额度调查、现有库存数量及各项配送资源查询、订单资料建档及维护、订单数量统计、统计商品需求数量、检视库存水准等 |
| 仓库管理作业 | 对货物入库、保管、流通加工、包装、出库进行全程管理。有形的仓库管理作业包括从入库到出库之间的一切与货物实物操作、硬件设备、人力资源相关的实物作业；无形的仓库管理主要是指存货管理，包括产品的分类、采购订购时点的决定、库存盘点作业等 |
| 订货作业 | 在库存降至安全存货水平以下或客户订货不能满足的情况下，及时对外订货。订货应进行多方比较，确定最优供应商，并建立长期合作关系，同时可建立供应商管理系统，对供货的价格、货品的品质、交货日期的状况加以管理控制 |

(续表)

| 主要业务 | 主要内容 |
| --- | --- |
| 配送作业 | 针对所送货物及配送区域制订配送计划,进行路径选择、车辆调度,最终将货物送至客户手中。此外,还包括对配送途中货物的追踪、运送设备的监控管理及意外状况的处理等 |
| 结算作业 | 根据各方签订的协议,采用约定的结算方式与上游供应方和下游用户进行结算,包括结算方式的制定、各部门费用的计算、结算单据的制定、打印和传送等 |

2. 我国物流园区的发展

国家标准《物流术语》(GB/T 18354-2006)对物流园区(Logistics Park)的定义为"为了实现物流设施集约化和物流运作共同化,或者出于城市物流设施空间布局合理化的目的而在城市周边等各区域,集中建设的物流设施群与众多物流业者在地域上的物理集结地"。

物流园区是物流业规模化和集约化发展的客观要求和必然产物,是为了实现物流运作的共同化,按照城市空间合理布局的要求,集中建设并由统一主体管理,为众多企业提供物流基础设施和公共服务的物流产业集聚区。物流园区作为重要的物流基础设施,具有功能集成、设施共享、用地节约的优势,促进物流园区健康有序发展,对于提高社会物流服务效率、促进产业结构调整、转变经济发展方式、提高国民经济竞争力具有重要意义。

2013年9月,国家发展改革委、国土资源部、住房城乡建设部、交通运输部、商务部、海关总署、科技部、工业和信息化部、铁路局、民航局、邮政局、国家标准委12部门共同发布的《全国物流园区发展规划》按照物流需求规模大小以及在国家战略和产业布局中的重要程度,将物流园区布局城市分为三级,确定一级物流园区布局城市29个,二级物流园区布局城市70个,三级物流园区布局城市具体由各省(区、市)参照以上条件,根据本省物流业发展规划具体确定,原则上应为地级城市。

《全国物流园区发展规划》提出建设5种不同类型的物流园区:

(1) 货运枢纽型物流园区。依托交通枢纽,具备两种(含)以上运输方式,能够实现多式联运,具有提供大批量货物转运的物流设施,国际性或区域性货物中转服务。

(2) 商贸服务型物流园区。依托城市大型商圈、批发市场、专业市场,能够为商贸企业提供运输、配送、仓储等物流服务,以及商品展示、电子商务、融资保险等配套服务,满足一般商业和大宗商品贸易的物流需求。

(3) 生产服务型物流园区。毗邻工业园区或特大型生产制造企业,能够为制造企业提供采购供应、库存管理、物料计划、准时配送、产能管理、协作加工、运输分拨、信息服务、分销贸易及金融保险等供应链一体化服务,满足生产制造企业的物料供应与产品销售等物流需求。

(4) 口岸服务型物流园区。依托口岸,能够为进出口货物提供报关、报检、仓储、国际采购、分销和配送、国际中转、国际转口贸易、商品展示等服务,满足国际贸易企业物流需求。

（5）综合服务型物流园区。具有两种（含）以上运输方式，能够实现多式联运和无缝衔接，至少能够提供货运枢纽、商贸服务、生产服务、口岸服务中的两种以上服务，满足城市和区域的规模物流需求。

《全国物流园区发展规划》提出的发展目标是：到2020年，物流园区的集约化水平大幅提升，设施能力显著增强，多式联运得到广泛应用，管理水平和运营效率明显提高，资源集聚和辐射带动作用进一步增强，基本形成布局合理、规模适度、功能齐全、绿色高效的全国物流园区网络体系，对推动经济结构调整和转变经济发展方式发挥更加重要的作用。

## 第三节 共同配送

### 一、共同配送的概念与内涵

在现代物流活动中，配送是其中一种较特殊的综合活动形式，几乎包括了所有的物流功能要素，是物流的一个缩影或在某小范围中物流全部活动的体现。配送以配送对象数量为基础可以分为一对一配送、一对多配送和多对多配送三种模式。其中，一对一配送属于线路配送，是指按规定的或者指定的路线进行配送运输，是配送企业对长期合作的客户或者客户群进行的一对一的专线配送。线路配送一般是在规定的时间内按照规划的交货时刻表，将货物准时送达客户，客户可按规定路线和规定时间接货及提出配送要求。一对多配送模式和多对多配送模式属于共同配送。共同配送是追求配送合理化，经过长期发展和探索优化出来的一种配送形式，也是现代社会中采用较广泛、影响面较大的一种配送方式。国家标准《物流术语》（GB/T 18354-2006）对共同配送（Joint Distribution）的定义是"由多个企业联合组成实施的配送活动"。

共同配送就是将众多流通单位处理同种的或异种的商品的功能"统合"起来，促使他们共同利用仓库、车辆等设施设备，有效整合物流配送资源，将小批量货物转换成商品集运，形成大批量配送，实现低成本、高水平的物流服务。因此，共同配送是对整个物流网络系统包括用户、货主、配送资源等进行统一筹划、组织、联合等形成的配送体制，为各个货主及用户提供高质量的物流配送服务。这种配送一般需要考虑多个货主的配送需求，在配送时间、数量、次数、路线等方面进行系统的优化运筹，在满足客户要求的条件下，实行全面规划和合理计划。具体来说，共同配送主要有以下三种具体做法：

（1）较为简单易行的共同配送方式，是仅在送货时尽可能安排一个配送车辆上实行多货主货物的混载。这种共同配送方式的优势在于，以一辆送货车代替了以往多货主分别送货或分别自运货物的多辆车，以一辆较大型的且可满载的车辆，代替了以往多货主、多辆车且多辆车难以满载的弊病。

（2）由一个配送企业综合各家用户的要求，对各个用户统筹安排。对配送时间、数量、次数、路线等做出系统最优的安排，在用户接受的前提下，全面规划、合理计划地进行配送。这种方式不但可满足不同用户的基本要求，而且能有效地进行分货、配货、配载、选择运输方式和路线、合理安排送达数量和送达时间。

（3）联合实行共同配送。多用户联合设立配送的接收点或货物处置地，或者共同建立和利用配送中心、配送机械等设施，对不同配送企业的用户共同实行配送。这样可以解决场地的问题，大大提高接货水平，利用物流设施，加快配送车辆的运转速度。集中接货点还便于集中处置废弃包装材料，并可减少接货人员的数量。

## 二、共同配送的原理与作用

1. 共同配送的原理

随着运输规模不断扩大，单位商品运输成本趋于减少。如图 9-10 所示，当商品品种数量大于平衡点 $P$ 的数值后，采用共同配送方式比厂家直送、线路配送更易形成规模，使得共同配送的物流成本比线路配送和厂家直送都要低。

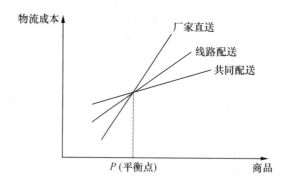

图 9-10　配送方式与物流成本关系曲线

如图 9-11 所示，连锁零售企业在配送共同化之前，没有共同配送中心，转运中心、运输企业、批发商等供货节点不得不和每家便利店、超市、百货店接触，完成配送业务，保证配送服务，因此，接触次数总计为 9 次，需要安排 9 辆配送车进行配送运输。实现了配送共同化之后，转运中心、运输企业、批发商等供货节点只需要把商品运到共同配送中心，由共同配送中心集中各个供货点的货物选择适当的配送路线进行共同配送，接触次数总计为 6 次，只需要安排 4 辆配送车进行配送运输。由此可以看出，以共同配送中心为中介的集中配送网络效率比分散化的配送网络效率高得多。

假设有两家运输企业 A 和 B，它们各自从自己的配送中心向客户配送货物。如图 9-12 所示，实施共同配送前，每个运输企业的配送范围覆盖它所负责的网点。实施共同配送后，通过对双方原有的配送渠道进行重新设计，将各个企业的渠道进行合并或集中。根据协议，每个运输企业只负责特定区域的商品配送，它除了在这些区域配送自己负责的网点，还负责配送这些区域中其他运输企业的网点。反之亦然，在其他区域，别的运输企业同时也为对方提供同样的服务。每个运输企业都分工负责配送特定区域的所有网

第九章 物流网络系统

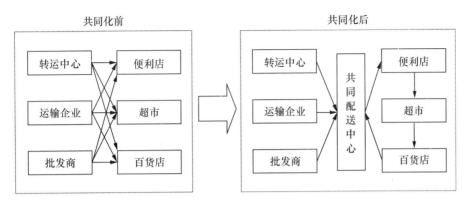

图 9-11 配送共同化前后的效率比较

点,能够缩短配送距离,提高配送服务水平,同时每家企业负责服务的区域不重复,减少了大量的交叉配送,杜绝了配送资源的占用。

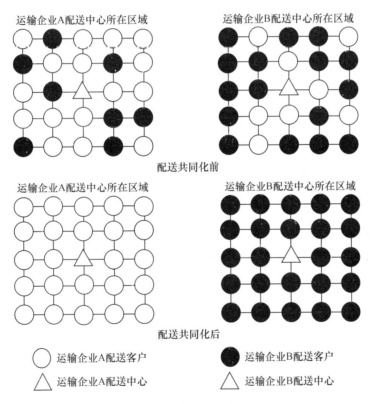

图 9-12 配送共同化前后配送区域的变更

2. 共同配送的作用

共同配送是配送优势的最全面体现,有如下作用:

(1) 有利于降低配送运输成本,提高服务质量。共同配送使用共同车辆和路线,对配送运输活动实施统一管理,这样有助于运输资源的充分利用和优化配置,提高车辆的使用效率(包括装载率和周转率),充分体现共同配送在运输管理方面的优势。

(2) 有利于更好地满足客户需求。企业服务的关键是满足客户要求,同时客户的要求也呈现多层次化的显著特点,共同配送采用同一个储运系统完成多个货主的配送需求,在更好地满足客户多样化需求的同时降低货物储运成本。

(3) 有利于企业有限资源的合理利用。企业的有限资源如企业的人、财、物、时间和信息,是产生效益和组织生产的基础,也是影响企业发展的瓶颈。共同配送能够促进资源优势互补,有效解决企业资源不足的矛盾,实现配送的规模效应,大大提高企业的应变能力。

(4) 有利于实现宏观物流的效率化。共同配送有助于优化装卸、搬运、仓储、加工、包装、运输等环节,使物流活动快速、高效运作;有助于打破地区分割的流通格局,形成与社会化大生产相适应的社会化大流通格局,使物流体系趋于科学化;有助于协同共用地区(集团)所有的物流设备与设施,使其物尽其用,减少城市交通堵塞和环境污染等社会问题。

### 三、共同配送的模式

**1. 横向共同配送**

横向共同配送是通过对同一类型的物流渠道如制造商物流渠道、批发商物流渠道、零售商物流渠道等进行整合,集合货物进行共同储存、共同处理、共同运输,达成协调统一运营的机制,以寻求规模化效应,发挥各个企业的物流经营资源优势。

(1) 制造业主导的横向共同配送。① 开放物流网络系统进行共同配送。针对实力较强的制造商,可以充分利用其销售公司建立以来所构筑的物流体系,开放物流网络系统为同行业或异行业提供相应的物流服务。② 共同建立流通中心进行配送。针对需要及时配送、配送频度较高、单位较小的生产企业,可以联合同行业生产企业或异行业生产企业共同建立流通中心进行共同配送,实现高速高质的配送服务,并具有紧急配送的能力,有效降低成本。具体参见图9-13。

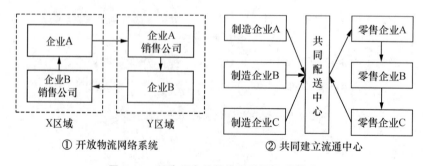

图 9-13 制造业主导的横向共同配送模式

(2) 批发业主导的横向共同配送。批发业主导的横向共同配送是使批发商向综合型批发企业转型,通过商品进货的统一化、广泛化和多样化以及商品配送的共同化、规模化和效率化,顺应零售连锁店的需要,同时集中商品信息,对零售企业及生产企业予以指导,逐步在供应链中占据主导位置。一般由地域中坚型批发企业联合进行共同配送。具体参见图9-14。

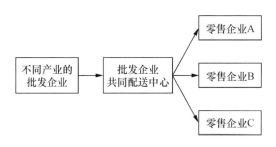

图9-14 批发企业主导的横向共同配送模式

(3)零售业主导的横向共同配送。① 大型零售连锁企业自建配送中心。这种形式主要是针对大型零售连锁企业,是其为追求物流效率化,并使配送活动能够对应本企业门店的各种要求而建立配送中心,由厂商或批发商将商品送到配送中心进行统一储存、统一流通加工、统一管理,再向各个区域的门店进行共同配送。② 中小型零售商联合开展共同配送。中小型零售商为了形成规模优势与大型零售连锁企业抗衡,联合起来共同建立配送中心实行共同配送,或成立第三方物流公司集合各个采购部门的商品进行共同配送以节约配送成本。具体参见图9-15。

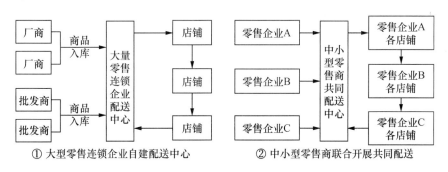

图9-15 零售业主导的横向共同配送模式

2. 纵向共同配送

纵向共同配送是通过对纵向物流渠道的功能进行整合,以流通渠道各环节成员如零售与批发、批发与厂商之间的关系为基础,联合建立流通中心集合货物进行共同配送,以求缩短物流渠道,降低物流成本,提高物流运作效率。

(1)原料供应商与制造商之间的共同配送。原料供应商与制造商之间的共同配送是对采购物流进行共同化(参见图9-16)。制造商与原料供应商联合建立共同配送中心,由共同配送中心负责统一采购制造商所需的零部件,统一进行管理和组配,然后对制造商实行及时配送,可大大节省物流成本。

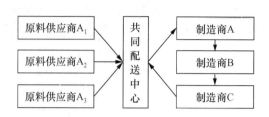

图 9-16　采购物流共同化

(2) 厂商与批发商之间的共同配送。厂商与批发商之间可以就物流业务管理达成共识,将管理中不合理的地方加以纠正,对双方不足的地方相互补充,这是实现流通全过程物流效率化的重要条件(参见图 9-17)。

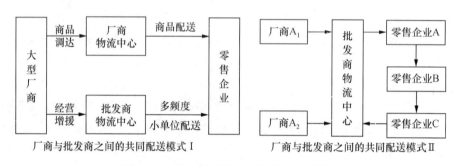

图 9-17　厂商与批发商之间的共同配送模式

(3) 批发商与零售商之间的共同配送。纵向共同配送的另一种形式就是批发商与零售商之间的物流合作,主要是由大型零售企业建立自己的物流中心,由指定批发商将经销的商品运到零售商物流中心,经由该中心向零售企业的各连锁店铺进行配送(参见图 9-18)。

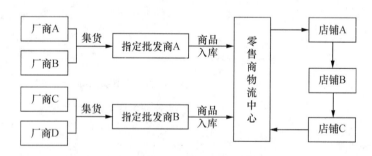

图 9-18　批发商与零售商之间的共同配送模式

3. 第三方共同配送

第三方共同配送是通过对物流渠道中的一项或几项功能进行整合,外包给第三方物流企业进行共同集配,以实现物流的效率化,有利于企业集中资源优势专注于自己的生产制造或销售,其关键在于与第三方物流企业建立长期战略联盟关系,使第三方充分了解自己的物流需求,与第三方实现物流信息共享。

第三方共同配送的主要形式是以大型运输企业或第三方物流企业为主导的合作型共

同配送,即由大型运输企业或第三方物流企业统一集中货物,合作参与企业将商品让渡给指定运输企业,再由各运输企业或第三方物流企业分别向各个地区配送(参见图 9-19)。这种形式既可以依托下游的零售商企业,成为众多零售店铺的配送、加工中心,又可以依托上游的生产制造企业,成为生产企业,特别是中小型生产制造企业的物流代理。

图 9-19 第三方共同配送模式

## 延伸阅读

### "宅急便"物流配送网络体系

日本大和(Ymato)运输公司成立于1919年,是日本第二历史悠久的货车运输公司。公司成立之初,经营业务以企业间货物运输为主。进入20世纪70年代,随着货运行业竞争日益激烈,公司意识到家庭及个人消费者配送市场的巨大潜力,开始导入"宅配""门到门"的服务观念。1976年2月,大和运输公司推出了"宅急便"的配送服务(一种全面提供个人包裹递送的服务),强调三个"S",即速度(Speed)、安全(Safety)、服务(Service)。

"宅急便"运营以来,一直是大和运输公司独树一帜的配送服务,有黑猫标志的"宅急便"集配车穿梭于全日本的道路上,优质的"宅急便"配送服务促使大和运输公司成为日本运输业市场占有率第一的公司。截至 2004 年 5 月,大和运输拥有 37 347 辆车辆、114 567 名员工、7 778 个营业据点、308 451 家受理店,每年负责配送的"宅急便"包裹高达 9.9 亿件。大和运输公司的"宅急便"能够顺利推行并得到迅速发展,主要是由于大和运输公司拥有一个全面而完善的物流配送网络体系,具体表现在以下两个方面。

1. 准确、快捷的流通中心网络体系

"宅急便"的配送频率从初期的每天(夜间除外)2 次循环增加到 1989 年的每天 3 次,提供准确、快捷的物流配送服务。大和运输在其受理店截止接收货物的时间之后,分区派出 2 吨小型货车到区内各个点将货物收集,集中运往城市流通中心——配送中心,并且迅速转送到区域流通中心——物流中心,进行货物分拣工作。经过分拣的货物以目的地和货物种类为单元,装入统一的长 110 厘米、高 185 厘米的货箱内,一个货箱中可以放进 70~80 件货物。从物流中心向物流中心移动时使用 10 吨大型车,可装载 16 个货箱;从配送中心向物流中心,或是从物流中心向配送中心移动时(称为平行运输)使用 4 吨中型车,可装载 8 个货箱;专门用于货物收集以及市区内递送的 2 吨小型车,可堆放约 1 个货箱容量的货物。"宅急便"就是通过这种流通中心网络体系,采用统一规格的小型货箱和不同吨级的货车运送货物，大大提高了运送效率，降低了物流成本（参见图9-20）。

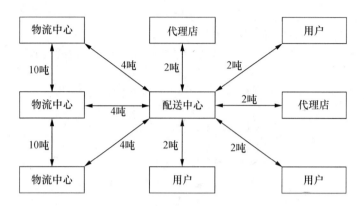

图 9-20　大和运输流通中心体系

**2. 安全、可靠的信息系统**

大和运输致力于计算机网络和通信技术的推广普及，成为日本运输界中较早采用条码技术的公司。大和运输将"宅急便"的信息系统称为"猫系统"，经历了三次更新升级。第一代"猫系统"建于1974年，从设置在大和系统开发总公司的主电脑到各营业所的终端机全部以专用线缆来导引线路，集中货物信息进行集成处理；第二代"猫系统"建于1980年，初次使用POS终端机，简化信息输入动作，加快信息处理速度；第三代"猫系统"建于1985年，重点开发携带型POS，并分配给每个货车司机，对所有货物信息包括发货店密码、日期、负责集货公司的司机密码、到店密码、货物规格、客户密码、集货方式、运费、传票号码等进行统一管理。大和运输公司通过"猫系统"的技术创新，构建现代化"猫系统"，进行实时跟踪，完全掌握所发生的各种信息，进一步提高了客户对"宅急便"的信赖度。

资料来源：http://wiki.mbalib.com/wiki/Yamato_Transport。

**本章提要**

物流活动网络系统化成为现代物流发展的总体趋势之一。物流网络是物流线路和物流节点的组合体。物流网络系统是指物流活动过程中相互联系的组织与设施的集合，包括产品流动网络与信息网络。根据空间结构，物流网络系统可分为增长极网络系统、点轴网络系统、多中心多层次网络系统和复合型网络系统。

物流节点按主要功能分为转运型节点、储存型节点、流通型节点、综合型节点四类，其中，流通型节点（流通中心）主要是履行物资流通职能的节点。流通中心将发展为两大层次的物流节点网络，即城市流通中心网络和区域流通中心网络。

共同配送就是将众多流通单位处理同种的或异种的商品的功能"统合"起来，实现低成本、高水平的物流服务。共同配送模式有横向共同配送、纵向共同配送和第三方共同配送。

**练习与思考**

1. 物流网络系统中的"网络"包括哪些含义?
2. 试述物流网络中的节点和线路的具体含义。
3. 试对比配送中心、运送中心和转运中心的区别。
4. 试述流通中心在物流网络系统所起的作用。
5. 请简述共同配送的原理和作用。

21世纪经济与管理规划教材
物流管理系列

# 第十章

# 企业物流

## 知识要求

通过本章的学习,能够
- 掌握企业物流的概念与特征
- 掌握生产企业物流的特征与流程
- 掌握流通企业物流的不同形式

## 技能要求

通过本章的学习,能够
- 促进企业物流的合理化
- 根据实际情况对生产企业物流流程进行优化
- 根据实际情况合理设计不同流通企业的物流流程

# 第一节　企业物流概述

## 一、企业物流的概念

国家标准《物流术语》(GB/T 18354-2006)对企业物流(Enterprise Logistics)的定义是"生产和流通企业围绕其经营活动所发生的物流活动"。美国后勤管理协会认为,企业物流是研究对原材料、半成品、产成品、服务以及相关信息从供应始点到消费终点的流动与存储进行有效的计划、实施和控制,以满足客户需求的科学。

企业物流是典型的微观物流活动。企业系统活动的基本结构是投入—转换—产出。对于生产类型的企业来讲,这种基本结构是投入原材料、燃料、人力、资本,经过制造或加工使之转换为产品或服务;对于服务型企业来讲则是投入设备和人力,经过管理和运营转换为对用户的服务。物流活动便是伴随着企业的投入—转换—产出而发生的。与投入相对应的是企业外供应或企业外输入物流,与转换相对应的是企业内生产物流或企业内转换物流,与产出相对应的是企业外销售物流或企业外服务物流。物流已渗透到企业的各项经营活动之中。

## 二、企业物流的特征

企业物流是企业一体化管理的重要组成部分,它是指以客户满意度为目标和驱动力,在企业内和它的供应、营销渠道上,对货物、服务和相关的信息从货源地到目的地进行有效的流通和储存,并对这个过程进行计划、协调、执行和控制。企业物流具有以下特征:

1. 企业物流是系统整合的协同物流

从企业内部来讲,它是对信息、运输、存货管理、仓储、物料供应、搬运、包装、实物配送等分散的物流作业领域的综合协调管理。从供应链战略管理的角度出发,现代物流管理指挥着跨企业组织的物流作业,实现供应链的协调。企业物流不仅要考虑自己的客户,而且要考虑自己的供应商;不仅要考虑到客户的客户,而且要考虑到供应商的供应商;不仅要致力于降低某项物流作业的成本,更重要的是要致力于降低整个供应链运作的总成本。

2. 客户服务是现代企业物流创新的原动力

当今企业经营管理理念的核心已从产品制造转向市场营销和客户服务,与此同时,企业的物流运作在产品生产组织的基础上也向企业生产过程的上下游延伸,特别是增加了产品的售中和售后服务等一系列活动。现代物流将更多地以企业的客户服务为价值取向,强调物流运作的客户服务导向性。

3. 企业可以通过合理的物流策略获取竞争优势

尽管现代企业物流的成本是非常重要的,但现代物流的重要性不仅仅是节约成本,更重要的是要平衡成本与客户服务水平、企业长期效益的关系,以及企业如何选择物流策略来获取市场竞争优势。

4. 企业物流必须满足客户与企业战略目标的需要

企业物流包含效率和效益两个方面,其最终目的是满足客户与企业战略目标的需要,包括在整个供应链的物流成本、客户服务水平和企业投资收益的权衡取舍。具体而言,即是通常所言的"7R"。

5. 现代企业物流是一项十分复杂但又十分重要的活动

企业物流跨度之大、功能范围之广是其他任何活动所无法比拟的。随着世界经济全球化的发展,市场竞争的加剧和科学技术的进步,如何优化重组物流作业流程,使企业物流、信息流和资金流进一步协调统一,正在成为当今企业变革的重要研究课题。物流作为现代企业一大新的经营战略,也正与产品营销战略、产品研发战略和财务管理战略一起,受到当今世界的普遍关注,成为企业经营管理战略的重要组成部分。

## 第二节　生产企业物流

### 一、生产企业物流概述

1. 生产企业物流的概念

生产企业物流是对应生产经营活动的物流,即以购进生产所需要的原材料、设备为始点,经过加工形成新的产品,然后再供应给社会需要部门为止的全过程。生产企业物流包括供应物流、生产物流、销售物流等(参见图10-1)。

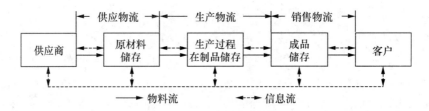

图 10-1　生产企业物流的结构

2. 生产企业物流的特征

(1) 生产物流的连续性。企业的生产物流活动不但充实完善了企业生产过程中的作业活动,而且将整个生产企业的所有孤立的作业点、作业区域有机地联系在一起,构成了一个连续不断的企业内部生产物流。

企业内部生产物流是由静态和动态相结合的节点和连接在一起的网络结构组成的。静态的"点",表示物料处在空间位置不变的状态,如相关装卸、搬运、运输等企业的厂区配置,运输条件,生产布局等。生产物流动态运动的方向、流量、流速等是使企业生产处于有节奏、有次序、连续不断的运行状态的基础。

（2）物料流转是生产物流的关键特征。物料流转的手段是物料搬运。在企业生产中,物料流转贯穿于生产、加工制造过程的始终。在厂区、库区、车间与车间之间、工序与工序之间,都存在大量频繁的原材料、零部件、半成品和成品的流转运动。生产过程汇总的物流的目标应该是提供畅通无阻的物料流转,以保证生产过程顺利、高效地进行。

（3）企业物流的效益背反性。企业物流管理肩负着降低企业物流成本和提高服务水平两大任务,这一对相互矛盾的对立关系即企业物流的效益背反性。

## 二、生产企业物流流程

1. 供应物流

（1）供应物流的概念。国家标准《物流术语》(GB/T 18354-2006)对供应物流(Supply Logistics)的定义是"提供原材料、零部件或其他物料时所发生的物流活动"。

这种物流活动对企业生产能够正常、高效地进行起着重要的作用。企业供应物流不仅要保证供应目标的实现,还要以最低的成本、最少的消耗来最大限度地组织供应,因此实现起来难度很大。

现代物流是基于非短缺商品市场这样一个宏观环境的物流活动。在这种市场环境下,供应在数量上是有保障的。企业在供应物流领域竞争的关键在于:如何降低这一物流过程的成本,同时达到一个使用户(在企业中是下一道工序或下一个生产部门)满意的服务水平。这可以说是企业物流的最大难点。

（2）供应物流的过程。供应物流的过程因不同企业、不同供应环节和不同供应链而有所区别,这个区别就使企业的供应物流出现了许多不同的模式。尽管不同的模式在某些环节上具有不同的特点,但是供应物流的基本流程是相同的,其过程有以下几个环节:① 取得资源。取得资源是完成后面所有供应活动的前提条件。取得什么样的资源,是由核心生产过程决定的,同时也要根据供应物流可以承受的技术条件和成本条件来执行这一决策。② 组织到厂物流。所取得的资源必须经过物流才能到达企业。这个物流过程是企业外部的物流过程。在物流过程中,往往要反复运用装卸、搬运、储存、运输等物流活动才能使取得的资源到达企业的门口。③ 组织厂内物流。如果以企业的"门"为外部物流终点,那么就以"门"作为企业内外物流的划分界限;如果以企业的仓库为外部物流终点,那么就以仓库作为划分企业内外物流的界限。这种从"门"和仓库开始继续到达车间或生产线的物流过程,称作供应物流的企业内物流。

传统的企业供应物流,都是以企业仓库作为调节企业内外物流的一个节点。因此,企业的供应仓库在工业化时代是一个非常重要的设施。

（3）供应物流的模式。企业的供应物流有三种组织方式:第一种是委托社会销售企业代理供应物流;第二种是委托第三方物流企业代理供应物流;第三种是企业自供物流。

① 委托社会销售企业代理供应物流。这种方式是企业作为用户,在买方市场条件

下,利用买方的主导权力,向销售方提出对本企业供应服务的要求,以此作为向销售方采购订货的前提条件。实际上,销售方在实现了自己所生产和经营产品的销售的同时,也实现了对用户的供应服务,以此占领市场。供应服务是销售方企业发展的一个战略手段。

这种方式的主要优点是企业可以充分利用市场经济造就的买方市场优势,对销售方即物流的执行方进行选择并且提出要求,有利于实现企业理想的供应物流设计。存在的主要问题是销售方的物流水平可能有所欠缺,因为销售方毕竟不是专业的物流企业,有时候很难满足企业供应物流高水平、现代化的要求。例如,企业打算建立自己的广域供应链,这就超出了销售方的能力从而难以实现。

② 委托第三方物流企业代理供应物流。这种方式是在企业完成了采购程序之后,由销售方和本企业之外的第三方去从事物流活动。当然,第三方从事的物流活动应当是专业性的,而且有非常好的服务水平。第三方所从事的供应物流,主要向买方提供服务,同时也向销售方提供服务,在客观上协助销售方扩大了市场。

由第三方去从事企业供应物流的最大好处是能够承接这一项业务的物流企业必定是专业物流企业,具备高水平、低成本、高质量从事专业物流的条件和传统。不同的专业物流公司,瞄准的物流对象不同,在形成核心竞争能力方面有自己特有的机器装备、设施和人才,这就使企业有广泛的选择余地,实现供应物流的优化。

在网络经济时代,很多企业要构筑广域的或者全球的供应链,这就要求物流企业有更强的能力和更高的水平,这是一般生产企业不可能做到的。从这个意义来讲,就必须要依靠第三方物流企业来完成这一项工作。

③ 企业自供物流。这种方式是由企业自己组织采购物品的物流服务活动,这是在卖方市场的市场环境状况下经常采用的供应物流方式。

本企业在组织供应的过程中,在设备、装备、设施和人才方面具有优势,因此,由企业组织自己的供应物流也未尝不可。在新经济时代,这种方式也是不能完全否定的,关键还在于对技术经济效果的综合评价。但是,在网络经济时代,如果不考虑本企业的核心竞争能力,不致力于发展这种竞争能力,仍然抱着"肥水不流外人田"的旧观念,即使取得一些眼前利益,也不利于战略的发展,是不可取的。

2. 生产物流

(1) 生产物流的概念。国家标准《物流术语》(GB/T 18354-2006)对生产物流(Production Logistics)的定义是"企业生产过程发生的涉及原材料、在制品、半成品、产成品等所进行的物流活动"。

具体来说,制造企业生产物流是伴随企业内部生产过程的物流活动,按照工厂布局、产品生产过程和工艺流程的要求,实现原材料、配件、半成品等物料,在工厂内部供应库与车间、车间与车间、工序与工序、车间与成品库之间流转的物流活动。

生产物流是与整个生产工艺过程相伴而生的,实际上已构成了生产工艺过程的一部分。其过程大体为:原材料、燃料、外构成件等物料从企业仓库或物料的"入口",进入生产线,再进一步随生产加工过程并借助一定的运输装置,在一个一个环节的"流"的过程中,本身被加工,并随着时间进程不断改变自己的实物形态(如加工、装配、储存、搬运、等待状态)和场所位置(各车间、工段、工作地、仓库),直到生产加工终结,再"流"至成品仓库。

(2)生产物流的类型。① 从生产专业化的角度划分,可分为单件生产、大量生产和成批生产三种类型:单件生产(项目型)——生产品种繁多,但每种仅生产一台,生产重复度低;大量生产(连续或离散型)——生产品种单一,产量大,生产重复度高;成批生产(连续或离散型)——介于上述两者之间,即品种不单一,每种都有一定批量,生产有一定重复性。成批生产通常又划分为大批生产、中批生产、小批生产。② 从物料流向的角度划分,可分为项目型生产物流、连续型生产物流和离散型生产物流三种类型:项目型生产物流(固定式生产)——物流凝固,即当生产系统需要的物料进入生产场地后,几乎处于停止状态,或者说在生产过程中物料流动性不强;连续型生产物流(流程式生产)——物料均匀、连续地进行,并且生产出的产品和使用的设备、工艺流程都是固定与标准化的,工序之间几乎没有在制品存储;离散型生产物流(加工装配式生产)——产品由许多零部件构成,各个零部件的加工过程彼此独立,且制成的零部件通过部件装配和总装配最后成为产品,整个产品的生产工艺是离散的,如各个生产环节之间要求有一定的在制品储备。③ 从物料流经的区域和功能角度划分,可分为厂间物流和工序间物流两种类型:厂间物流——大型企业各专业场间的运输物流或独立工厂与材料配件供应厂之间的物流;工序间物流——也称工位间物流、车间物流,指生产过程中车间内部和车间、仓库之间各工序、工位上的物流。

(3)企业生产物流的组织。① 生产物流的空间组织。它是相对于企业生产区域而言的,目标是如何缩短物料在工艺流程中的移动距离。一般有三种专业化组织形式,即工艺专业化、对象专业化、成组工艺等形式:工艺专业化——也称工艺原则或功能性生产物流体系。其特点是把同类的生产设备集中在一起,对企业欲生产的各种产品进行相同工艺的加工,即加工对象多样化但加工工艺、方法相同。对象专业化——也称产品专业化原则或流水线。其特点是把生产设备、辅助设备按生产对象的加工路线组织起来,即加工对象单一但加工工艺、方法却多样化。成组工艺——结合了上述两种形式的特点,按成组技术原理,把具有相似性的零件分成三个成组生产单元,并根据其加工路线组织设备。② 生产物流的时间组织。它是指一批物料在生产过程中各生产单位、各道工序之间在时间上的衔接和结合方式。要合理组织生产物流,不但要缩短物料流程的距离,而且还要加快物料流程的速度,减少物料的成批等待,实现物流的节奏性、连续性。常见的时间组织形式有顺序移动方式、平行移动方式和平行顺序移动方式:顺序移动方式——一批物料在上道工序全部加工完毕后才整批地转移到下道工序继续加工。该方式的优点是一批物料连续加工,设备不停顿,物料整批转工序,便于组织生产。平行移动方式——一批物料在前道工序加工一个物料以后,立即送到后道工序继续加工,形成前后交叉作业。该种方式的优点是不会出现物料成批等待现象,因而整批物料的生产周期最短。平行顺序移动方式——每批物料在每一道工序上连续加工没有停顿,并且物料在各道工序的加工尽可能做到平行。既考虑了相邻工序上加工时间尽量重合,又保持了该批物料在工序上的顺序加工。该种方式吸取了前两种移动方式的优点,消除了间歇停顿现象,能使工作充分负荷。工序周期较短,但安排进度时比较复杂。

3. 销售物流

企业在产品制造完成后需要及时组织销售物流,使产品能够及时、协调、完好地送达客户指定的地点。

(1) 销售物流的概念。国家标准《物流术语》(GB/T 18354-2006)对销售物流(Distribution Logistics)的定义是"企业在出售商品过程中所发生的物流活动"。在现代社会中,市场环境是一个完全的买方市场。因此,销售物流活动带有极强的被动性与服务性,只有以满足买方要求为宗旨,卖方才能最终实现销售。在这种市场背景下,销售往往在送达用户并进行售后服务之后才算终止。因此,销售物流的空间范围很大,这便是其难度所在。在这种前提下,企业销售物流的特点是要通过包装、送货、配送等一系列物流来实现销售,需要研究送货方式、包装方式、包装水平、运输路线等问题,并采取各种方法,如小批量、多批次、定时配送、定量配送等特殊的物流方式以达到目的。

(2) 销售物流的过程。销售物流的起点,一般情况下是生产企业的产成品仓库。产成品通过分销物流完成长距离、干线的物流活动,再通过配送完成市内和区域范围内的物流活动,到达企业、商业用户或最终消费者的手中。销售物流是一个逐渐发散的物流过程,它和供应物流形成了一定程度的镜像对称。通过这种发散的物流,资源得到了广泛的配置。

(3) 销售物流的模式。销售物流有三种主要的模式:由生产企业自己组织销售物流;委托第三方组织销售物流;由购买方自己提货。

① 由生产企业自己组织销售物流。这是在买方市场环境下主要的销售物流模式之一,也是我国当前绝大部分企业采用的物流形式。它实际上是把销售物流作为企业生产的一个延伸或者看成生产的继续。这样,生产企业的销售物流成为生产企业经营的一个环节,并且这个经营环节是和用户直接联系、直接面向用户提供服务的一个环节。企业从"以生产为中心"转向"以市场为中心"的过程中,这个环节逐渐变成了企业的核心竞争环节。

由生产企业自己组织销售物流的好处在于可以将自己的生产经营和用户直接联系起来,信息反馈速度快,准确程度高,信息对于生产经营的指导作用大。企业往往把销售物流环节看成是开拓市场、进行市场竞争的一个环节,尤其在买方市场前提下,格外看重这个环节。另外,由生产企业自己组织销售物流,可以对销售物流的成本进行大幅度的缩减,充分发挥它的"成本中心"作用。同时,企业能够从整个经营系统角度合理安排和分配销售物流环节的力量。

当生产企业规模可以达到销售物流的规模效益时,采取由生产企业自己组织销售物流的办法是可行的,但这不一定是最好的选择。主要原因有三个:一是生产企业核心竞争力的培育和发展问题。如果生产企业的核心竞争能力在于产品的开发,销售物流占用过多的资源和管理力量就会对核心竞争能力造成影响。二是生产企业销售物流的专业化程度有限,自己组织销售物流缺乏优势。三是一个生产企业的规模有限,即便是分销物流的规模达到经济规模,延伸到配送物流之后,就很难再达到经济规模了,因此可能会反过来影响企业更广泛、更深入地开拓市场。

② 由第三方物流企业组织销售物流。即由专门的物流服务企业组织企业的销售物流,实际上就是生产企业将销售物流外包,将销售物流社会化。这一模式的最大优点在于,第三方物流企业是社会化的物流企业,它向很多生产企业提供物流服务,因此可以将企业的销售物流和供应物流一体化,将很多企业的物流需求一体化,对所有企业采取统一的解决方案,从而实现物流的专业化和规模化,从技术方面和组织方面强化成本的降低和服务水平的提高。在网络经济时代,由第三方物流企业组织销售物流是一个发展趋势。

③ 由购买方自己提货。这种形式实际上是将生产企业的销售物流转嫁给购买方,变成了由购买方自己组织供应物流的形式。对于销售方来讲,它们已经没有了销售物流的职能。这是在计划经济时期广泛采用的模式。

4. 返品回收物流

所谓返品,是指由于产品出厂后经储存、运输过程中损坏及消费需求变化等原因而退回企业的产品。返品通常有以下几种处理方式:

(1) 返回至制造商。销售企业因商品缺陷、商品过时、过量库存以及营销回流而把商品退回给制造商。通常零售商会与制造商签订协议,把不能销售的产品退回给制造商。

(2) 降价出售。零售商或制造商可以通过批发商店的形式,将产品降价出售。

(3) 作为新产品出售。如果返回的商品没有使用过,零售商可通过重新包装等手段,将其作为新产品再次出售。

(4) 卖给二级市场。当销售企业不能把产品销售完或退给制造商时,可以将产品低价卖给专门购买清仓产品的公司。

(5) 捐赠给慈善机构。如果商品的使用价值还在,零售商和制造商可以把商品捐赠给慈善机构。

(6) 对返品重造。将有缺陷或过时的产品进行重修或升级换代后重新投入市场。

(7) 对物料的回收。如果不能进行上述处理,可对返品中有用的物料回收,其余部分销毁处理。

5. 废弃物物流

国家标准《物流术语》(GB/T 18354-2006)对废弃物物流(Waste Material Logistics)的定义是"将经济活动或人民生活中失去原有使用价值的物品,根据实际需要进行收集、分类、加工、包装、搬运、储存等,并分送到专门处理场所的物流活动"。

一般所指的废弃物有两类:一类是中间废弃物,这类废弃物中还有可回收再生利用的部分,应将这种类型的废弃物列入再生资源之中;另一类是最终废弃物,即在现阶段的技术和经济条件下完全不能再使用的,即基本或完全失去使用价值的废弃物。

对于第二类废弃物物流常见的有以下几种处理方式：

（1）废弃物掩埋。大多数企业对其产生的最终废弃物，是在政府规定的规划地区，利用原有的废弃坑塘或用人工挖掘出的深坑，将其运来、倒入，表面用好土掩埋。掩埋后的垃圾场，还可以作为农田进行农业种植，也可以用于绿化或做建筑、市政用地。这种物流方式适用于对地下水无毒害的固体垃圾。其优点是不形成堆场、不占地、不露天污染环境、可防止异味对空气污染；缺点是挖坑、填埋要有一定的投资，在未填埋期间仍有污染。

（2）垃圾焚烧。垃圾焚烧是在一定地区用高温焚毁垃圾。这种方式只适用于有机物含量高的垃圾或经过分类处理将有机物集中的垃圾。有机物在垃圾中容易发生生物化学作用，是造成空气、水及环境污染的主要原因，因其本身又有可燃性，因此采取焚烧的方法是很有效的。

（3）垃圾堆放。在远离城市地区的沟、坑、塘、谷中，选择合适位置直接倒垃圾，也是一种处理方式。这种方式虽然物流距离较远，但垃圾无须再处理，通过自然净化作用使垃圾逐渐沉降风化，是低成本的处置方式。

（4）净化处理加工。它是一种对垃圾（废水、废物）进行净化处理，以减少对环境危害的处理方式。其中，废水的净化处理尤其具有代表性。在废弃物物流领域，这种流通加工可以实现废弃物的无害排放，因而特点显著。

## 第三节　流通企业物流

### 一、流通企业物流的概念

流通企业物流是指从事商品流通的企业和专门从事实物流通的企业的物流。流通企业物流可分为采购物流、流通企业内部物流和销售物流三种形式。采购物流是流通企业组织货源，将物资从生产厂家集中到流通部门的物流。这部分物流活动与生产企业的部分销售物流合为一体。流通企业内部物流，包括流通企业内部的储存、保管、装卸、运送、加工等各项物流活动。销售物流是流通企业将物资转移到消费者手中的物流活动。这部分物流与生产企业的部分采购物流合为一体。流通企业物流的主要类型有批发企业物流、零售企业物流和配送中心物流。

### 二、批发企业物流

批发企业物流是指以批发据点为核心，由批发经营活动所派生的物流活动。企业对这一物流活动的投入是组织大量物流活动的运行，产出是组织总量相同的物流对象的运出。在批发点中的转换是包装形态及包装批量的转换。随着工厂直送和零售商的日益强大，批发业的发展空间将受到制约。

批发物流系统就像一个调节阀，一方面从制造业订购大批量的商品，另一方面化大为小，将小批量商品送到零售商的商店，以满足零售商的需求。由于现在零售商普遍存在储存空间不足的问题,希望减少商品的流通加工功能,因而往往要求批发商把他们订购的商品贴好标签,分类对商品进行商业包装,并配送到零售商指定的地点,有时候甚至直接上货架。

商品经济的发展,促使市场容量扩大,生产和商品流通规模也随之膨胀。产业资本的规模化,促使商业资本规模化,而商业资本的规模化,又需要有批发商作为产业资本和零售商业资本的连接纽带。批发商的存在使交易次数明显减少(参见图10-2和图10-3)。然而随着生产力的发展、信息技术的成熟,特别是零售企业的连锁化、规模化的程度不断提高,更多的零售企业会通过与生产企业直接交易的方式达到降低采购成本的目的。

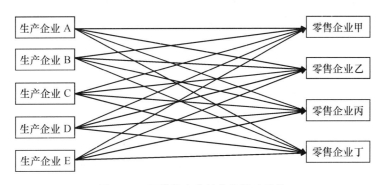

图10-2 无批发企业的物资流动线路

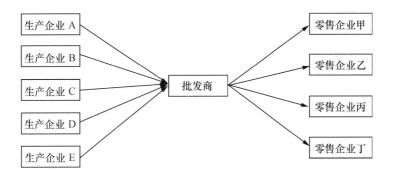

图10-3 有批发企业的物资流动线路

## 三、零售企业物流

零售业的物流管理系统功能要素主要包括采购、运输、储存、配送、销售及销售服务等。

1. 采购管理

采购是商业物流系统的输入,如果采购的商品不适销对路,那么商品在商业物流系统内流转得再经济合理也没有意义;如果商品订货的批发量太小,采购又不及时,那么就不能尽快满足零售店的要求。采购管理就是对采购活动的各个环节及步骤的计划、组织、协调和控制。

## 2. 运输管理

零售企业对运输业务了解不多,加上市场的波动性,使得各个企业分散的运输资源利用率不高,车辆实载率低,整体物流环节效率低下,从而企业总体的物流成本居高不下。因此,建立信息化系统,进行配载运输,可以在很大程度上降低物流费用。

企业可以通过对各种运输方式技术经济指标的对比,并根据商品属性的要求,选择合适的运输方式。例如,对批量大的商品应尽量采用直达运输,以减少商品装卸、搬运的次数和货物的损失。

大部分零售企业自办运输,较少依靠社会物流服务,使其在车辆、劳动力、商品资金等方面的直接投入很大,设备的运营、保养费用较高。因此,零售企业应根据自身的实际情况,适当采取物流业务外包的管理方式。

## 3. 储存管理

由于消费的个性化与多样化,以及商品的极大丰富,为满足客户的需求,零售企业经营的商品品种越来越多,从而需要的仓库空间也越来越大。但是由于土地资源稀缺,尤其在大中城市,黄金地段地价昂贵,以及城市规划限制等,更加制约了仓库空间的扩大。因此,通过完善管理,建立科学有效的制度,实现储存的合理化,就更加重要。

## 4. 配送管理

零售企业的配送是按店面的订货要求,在物流据点进行分货、配货工作,并将配好的货送交店面。

收货管理是配送管理的第一环节,其核心任务是将总部订购的、来自各个生产厂家的货物汇集到配送中心,经过一系列的收货流程,按照规定的存储方法将货物放置于合适的地点。

存货管理是指对收货采取的存储管理。目前商品在仓库的存放系统有两种模式:一是商品群系统,二是货位系统。无论采取哪种商品存储方法,其核心都是为了减少储存费用,方便配送。

发货管理目标是把商品准确而又及时地运送到店铺,这便要求采用科学的配货方法和配货流程。

## 5. 销售服务管理

销售服务管理的主要内容包括商品管理、收银管理、服务台管理、销售业绩管理等。

商品管理中的主要作业包括标价、补货上架、陈列、促销、销货退货、变价、自用品管理、赠品处理、缺货补充、商品淘汰等。

## 四、配送中心物流

配送中心是从供应者手中接受多种大量货物,进行分类、保管、流通加工和情报处理等工作,然后按照众多需求者的订货要求备齐货物,以令人满意的服务水平进行配送。配送中心的作业流程具体如下。

1. 根据订单安排配送

一般来讲,客户要在规定的时间内将订货单通知给配送中心,配送中心在规定的时间截止之后将用户的订货单进行汇总,如确定所要配送的货物的种类、规格、数量和交货时间。订单是配送中心工作的始发点。

2. 进货

配送中心的进货流程大体如下：

（1）订货。配送中心收到客户订单之后,首先确定要配送货物的种类和数量,然后根据库存状况确定是否需要订货。有时,配送中心也根据用户需求情况或商品销售状况以及与供应商签订的协议提前订货。

（2）接货。供应商根据配送中心的订单组织供货,配送中心接到货物后签单。

（3）验收。通过技术措施对货物的质量、数量进行检验。

（4）分拣。对送来的货物按照要求,分门别类地存放到指定地点。有时则根据需要直接进行加工和配送。

（5）存储。将批量购进的货物暂时存储起来,以备配送之用。

3. 理货和配货

（1）加工作业。通过配送中心的加工能够提高商品的价值,提高产品利用率,方便客户的使用,便于货物的配送。

（2）拣选作业。拣选作业就是配送中心的工作人员根据客户的订货通知单,从储存的货物中拣选客户所需要的货物。

（3）包装作业。为了便于运输和识别各个用户的货物,有时还要对配备好的货物重新进行包装,并在包装物上贴上标签。

（4）配装作业。为了充分利用载货车辆的容积和提高运输效率,配送中心常把同一条送货线路上不同用户的货物组合、配装在同一辆货车上。于是,在理货和配货流程中还需要完成组配或配装作业。

4. 出货

出货是配送中心的最后一道环节,包括装车和送货两项活动。

（1）装车。装车要按送货地点的先后顺序组织,先到的要放在混载货体的上面或外面,后到的要放在下边或里面；要做到"轻者在上,重者在下"。

（2）送货。配送中心送货一般有固定的线路和时间,有时也有随机地送货,不受时间和线路的限制。

## 延伸阅读一

### 杜邦的全球多元业务物流管理

杜邦公司的全球物流团队的难题在于,一方面要满足公司18个业务部门各自的供应链需求,另一方面要充分利用杜邦的强大组合购买力。

杜邦总裁和首席执行官John A. Kroll这样形容杜邦这个化工巨头的企业战略:从冰川式转变为雪崩式。

公司庞大——体现在业务遍布全球及其雄厚财力——是上述模式的特征之一。雪崩的概念更能强调在现今市场中一个庞大公司应有的表现:速度和灵活性。许多大公司在竞争上更像冰川——巨大缓慢且不宜调整方向,但一旦启动,它会将沿途扫荡一平。

Kroll认为大公司应该进行雪崩式思考,快捷、迅猛、流动,易于跨越障碍,易于改变形状并迅速到达各个地方。不论现在和未来,速度和灵活性将是创造价值的核心所在。

Kroll这番话的意思是要清楚表明杜邦在管理其物流业务上的能力:杜邦的任务是将任何货物按时、安全地送到任何地方并因此领先一步。理解杜邦公司的庞大和复杂性就可以理解这个任务有多艰巨。杜邦公司已有200多年的历史,总部位于Delaware的Wilmington,旗下拥有80多个业务各异的子公司,这些公司分属于18个战略业务部门。杜邦子公司还包括石油公司Conoco。杜邦业务跨度极大,从开发生产拳头产品如Coriancoutertop和StainMaster地毯,到生产各类化工产品、纤维、聚合体、树脂及其他工农业产品。这些公司和业务部门管理全球70多个国家的175个制造和加工工厂,75个研究开发实验室。如今杜邦的业务已遍布全球,成为拥有7.9万名雇员、年营业额为240亿美元的超级跨国公司。

杜邦全球物流总监Charles N. Beinkampen的看法是,杜邦是一个多元化公司,服务不同的市场并管理多条供应链。杜邦全球物流作为企业采购部门的一部分,其所面临的挑战是,如何支持各个业务公司和部门的物流需求,并能充分利用这些公司整体的雄厚购买力。Beinkampen相信物流任务来自业务需求,必须完全考虑所服务市场、客户及所面临的竞争。

#### 1. 核心价值至上

Beinkampen强调,针对杜邦所有的业务,首要考虑的是公司的核心价值所在。杜邦是价值驱动型公司,不论个别业务是何种业务,杜邦始终把眼光放在真正重要的事情上,一般这些事情都围绕安全问题。杜邦运输的货物中,40%包含危险产品,近20%剧毒物质用于制造。显然安全性和环境保护问题摆在头号位置。杜邦称这类物品为"游戏规则改变者",稍有差池后果将不堪设想,但处理得好则能给予杜邦竞争优势甚至可能给竞争对手设置不易跨越的行业障碍。

尽管杜邦还没有做到零事故,但已经做到没有涉及危险材料的重大事故。物流部门对货运商的安全性要求极为严格,并定期对货运商的安全操作履行程度进行检验。杜邦将安全表现和其他核心价值同管理人员的薪资直接挂钩,称之为"感受管理"。

杜邦公司的物流管理始于安全管理,作为杜邦价值链核心过程的一部分,物流管理还帮助业务部门提高服务质量并降低成本。

2. 集中管理战略业务物流

在1995年和1996年两年中,杜邦的物流支持为公司节省了约1.6亿美元。其中3 000万美元纯粹来自费率下降,其他则来自一次性节约和供应链效率提高,如减少关税、使用免税区和改进供应链流程。杜邦的供应链操作能力实际上间接影响到其利用运输量进行物流业务谈判的能力。杜邦在物流领域的优势来自对全球18个战略业务部门的整合。

杜邦为此建立了一套相应的整合机制,由杜邦成立的独立的物流领导委员会负责。这个物流领导委员会由来自各战略业务部门的负责物流操作和成本控制的物流经理组成。在杜邦处理主要的外包项目时,这个委员会作为采购委员会介入,负责决定外包业务并监控执行结果和听取汇报。由于各业务部门都有代表参与物流领导委员会合作,杜邦可以获得所有业务部门在决策执行上的高度一致。这种整合多元化业务物流加以集中管理,有利于统一行动并聚合优势。当然要在这种模式下顺利运行也需要大量协作。杜邦已将多数日常运营外包,内部保留安全管理、经营生产计划、优势管理和同所有承运人谈判等核心功能。

杜邦在美国国内的货物运输原先由各工厂独立负责,后集中于北卡罗来纳州的Charlotte归由美国总统班轮的分支APDLS管理。所有杜邦业务部门通过这个中心订舱运货。杜邦公司同各货运公司谈判得出一个附有费率和服务项目的可选择承运人清单。每个业务部门据此预先选择好一系列承运人。运输管理中心分析员的主要业务是对约3.9万对起点终点间的货物运输进行优化,并遵循战略业务部门的选择指派货物并向承运人订舱。在Charlotte中心的这套操作流程80%实现了自动化,最终目标是要实现一个系统,能让一个来自业务部门的订单不需要纸张和电话联系就能自动激发发货通知和订舱操作。

在管理供应商进货方面,杜邦也采取整合策略,外包给一家大的运输公司全面负责所有杜邦在美国工厂的零担货物运输。

杜邦的全球物流运作也集中后外包给少数几个物流整合商:将全球进出口业务外包给美国的BDP国际公司和欧洲的Kuehne & Nagel公司。之前这项业务分散给许多货物代理商和报关行处理。在两年的时间里,杜邦同一些物流公司试验了九个项目,根据服务商的业务全球化程度和信息技术能力将服务商范围逐渐缩小,最终选择了BDP和Kuehne & Nagel。BDP同时还负责杜邦在世界各地的设施建设项目物流支持。Kuehne & Nagel主要在欧洲地区为杜邦提供服务,包括为杜邦的一些战略业务部门进行专业化仓储设施建设和运营管理。Kuehne & Nagel保证99%的供应率以满足杜邦的高标准物流要求。

3. 重视供应链关系管理

杜邦在缩减供应商和服务商数目的同时非常重视培养与它们之间的高度信赖和开放

交流的合作伙伴关系。

BDP 和 Kuehne & Nagel 公司同杜邦合作已久,它们也极为重视维护这种高效的合作关系。杜邦同 BDP 和 Kuehne & Nagel 之间定期举行物流经理和供应商项目管理小组的讨论会以坦率交流看法,提出问题和改进建议。在讨论中各方一直坚持对运输配送模式和流程进行仔细检查,以发现任何可以节省成本的改进措施。

在由 BDP 操作的一个从美国到澳大利亚的运输试验项目里,BDP 将全部流程电子化:从货物起运,所有商业和运输数据即整合在一起直接发送至澳大利亚的进口报关行,然后迅速利用电子单据清关。这个过程中单据全部无纸化,清关手续在货物到达前即完成,无任何延误。好处是运输可靠性和货物清晰度得到了极大的提高,位于澳大利亚的工厂可以利用途中货物信息来控制库存。销售部门也可以非常从容地根据此信息进行提前销售。

在另一个从美国到欧洲的涉及许多提前销售的运输试验项目中,运送的货物是需求很旺盛的用于从涂料到牙膏等产品的白色氧化钛。原先这种货物由欧洲的一家配送中心运送,货物先运至比利时的 Antwerp,从那里的配送中心再做二次运输。杜邦现在可以利用供应链中的准确信息在货物还在途中时就可以处理订单和进行销售,货物可以不经配送中心,在港口集装箱卸货后即可直接转运给客户。原先的一部分内陆运输可以省掉,专注于海运谈判后海运费率下降,在客户看来订货周期也大大缩短。

虽然杜邦物流团队在选择外包伙伴时不以项目盈利多少为标准,但这仍然是一个期望指标。同 BDP 和 Kuehne & Nagel 的合作让杜邦也能够更有效地管理资产。长期稳定的合作关系还给杜邦带来了优惠的合同价格。通过合作伙伴提供的持续的流程改进、完善的教育培训和技术支持服务,杜邦节省的运输费用从开始的 8% 上升到了 14%。

**4. 缩减服务商数目带来竞争优势**

杜邦缩减服务商数目能使杜邦集中精力同几个实力雄厚的物流公司合作,这种长期稳定的合作关系提高了杜邦的物流运作效率,并增强了杜邦在一些极为艰难的环境下的竞争优势,最终使杜邦在全球竞争中处于领先地位。当然,缩减服务商数目的危险是对其依赖性过高导致的风险增加。杜邦的物流部门自然意识到了这一点,在更多地外包物流运营的技术业务时,杜邦同时也为备用系统进行投资以备急需。例如,如果 BDP 或 Kuehne & Nagel 中止同杜邦的长期合作,杜邦可以无须重新设计其现有系统就可以同其他服务商连接开展业务。

杜邦的物流部门从美国田纳西州的孟菲斯往乌兹别克斯坦偏远地区运送高危险品氰化钠就是这么一个例子,虽然不是一件易事,这项业务对杜邦来说已经是家常便饭。在处理这个项目时,物流部门做了仔细分析。这些氰化钠用于乌兹别克斯坦采矿业,同水接触时有剧毒性,属于高度管制的危险品,运输过程中须经不同部门批准。同经过的国家相关部门的合作是个问题,这些国家的相应基础设施比较薄弱,最后货物到达的地点是一个偏僻山区,通信手段贫乏并且可靠度极低。另外,这些货物运到才付款,所以运输费用也是个因素,尽管不是决定因素。

杜邦的物流部门拿出的第一个方案似乎太过理想:高度依赖杜邦与 SeaLand 服务公司的合作关系。SeaLand 公司在俄罗斯经营已有一些年,他们设计了一条从俄罗斯到乌兹别克斯坦的陆运路线。然而同 SeaLand 公司的合同中途出了差错,货物被搁置在鹿特丹等待运输路线指示。最后货物被运往中国,在那里装上铁路长途运输车。途经 Kasikstan 时,一个磅秤变化又要求所有货物转载,但最终货物安全运到了目的地。之后,杜邦开辟了另一条相对容易些的从汉堡用卡车运抵黑海再转 Balkan 地区的路线,并有三条候选路线以备急需。这个项目验证了杜邦物流的自动调节应变能力和效率,以及同供应商 SeaLand、OOCL 和 Fritz 的合作关系处理能力。现在杜邦已经实现了固定对乌兹别克斯坦运送氰化钠。

资料来源:中国物流与采购网,www.chinawuliu.com.cn,2015-05-20。

## 延伸阅读二

### 东风日产乘用车公司:构建备件极速物流体系的业务变革

**一、企业基本情况**

东风日产乘用车公司(简称东风日产)成立于 2003 年 6 月,现拥有花都、襄阳、郑州、大连四大基地,年生产能力 100 万辆,员工近 1.8 万人。公司拥有 900 多家一级经销商,其中 NISSAN 品牌 700 多家,启辰品牌 200 多家,为 600 万个保有客户提供优质的销售和售后服务。

供应链管理部备件物流科负责东风日产的售后服务备件整体供应链运作管理,包括从供应商端开始一直到最终用户整个的需求预测、供应计划、到货管理、在库管理、物流运输、备件品质及包装设定等管理工作。管理遍布全国的 670 家供应商及 900 多家专营店,每天有几十万件汽车备件通过东风日产的备件供应链体系进行吞吐、储存、交付,年销售额近 60 亿元。

**二、实施背景**

2011 年之前东风日产的备件物流模式相对落后,已经严重影响到公司的售后服务水平,具体表现在以下几个方面:① 客户修车等待时间长,客户体验差。2011 年之前,东风日产售后备件物流采用的周订单零担配送方式,整个供应链环节效率低下,造成到货时间长,客户等待时间长。② 客户无法准确知道修车完成时间。由于零担运输中间环节多,造成专营店不知备件何时到货,到店货损高,专营店无法告知客户准确的可以提车的时间,可能需要二次、三次来店,造成客户不满。③ 主机厂、专营店库存高,但满足率却偏低。由于备件计划采取人工预测,管理粗放,库存高、库存结构不合理;同时由于备件供应商数量多、分布广,对供应商缺乏系统化的管理,这造成专营店备件订单满足率低,专营店只能通过提高自身的库存品种和数量来满足客户需求。

东风日产备件供应链体系的问题已经严重制约了东风日产售后服务体系的竞争力。如何在质量、成本、运转周期三个方面提升备件供应链的能力,在确保产品品质的前提下,在最短时间内用最优成本将产品送到客户手里,成为东风日产进一步提升售后服务水平必须解决的问题。

### 三、解决方案说明

**1. 方案综述**

备件极速物流体系是通过对备件物流网络、库存结构、运作方式及信息系统的业务变革,实现备件全价值链的物流品质优化、速度提升、成本降低和信息可视化,以极快的速度满足客户的物流配送要求。

如图 10-4 所示,从满足客户需求为出发点,通过在专营店端实现卖一买一及特需与实需的差别管理,减少了需求异常波动对预测数据的影响,也减少了货量的大幅波动对整个物流体系的影响,保证了整个备件供应体系的稳定运行。定制并实施含指数平滑等十种预测模型的售后备件计划系统(SPP),实施备件特需需求管理系统,实现备件需求精准预测,大大解决了手工预测精度低的难题,优化了整体的库存结构,在提升订单满足率的同时为主机厂节约了库存资金占用成本。通过编制《东风日产备件供应标准手册》(已获得著作版权),同时开发供应商备件协同系统(SNC),与供应商进行订单管理、到货预约、库存共享等协同,大幅提升供应链协同效率及供应及时率,降低供应链交易成本。通过导入每日订单快速配送模式(以下简称 DOQD),搭建最贴近经销商、具备最优取送货线路的物流配送网络,引入专车日配送、波次管理模式,确保绝大部分备件在 24 小时内到达专营店,同时大幅减少货损的发生。作为配送网络的强力保障,在国内率先引入世界先进的高级仓库管理系统并自主增强,引入 PDA 系统,进行库位库存精细化管理。同时建立仓库

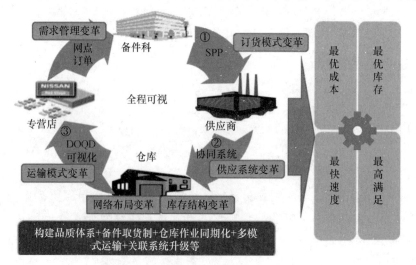

图 10-4 备件极速物流体系内部逻辑

同期管理模式,实施同期化作业、越库作业、播种墙拣货,极大地提升仓库的作业精度和作业效率等。通过构建物流可视化系统平台,衔接备件物流全过程,实现客户、供应商、物流商、企业内部员工、合作伙伴之间协同的敏捷作业,提供精准预测、全程可视、供需协同、作业同期的信息化系统。

2. 方案要点及创新点说明

东风日产供应链管理部首先以客户满意为最终目标定义上位 KPI,并向下分解为质量、成本、时间各支撑指标。在供应、仓库、配送环节统筹规划,相互串联,制定改善对策,设立专项团队以项目管理的形式进行项目推进。

团队在各环节分工协作,共同改善,最终达成供应链管理水平提高一个档次、客户满意水平提升一个层次、东风日产稳步跨越至车企第一集团。主要做法如下:

(1) 卖一买一及特需与实需管理。4S 店的需求是备件物流的源头,如果 4S 店的需求大幅波动,会产生牛鞭效应,对整个供应链产生影响。为此,我们对客户的需求进行分类管理,区分为一般正常需求与非日常的特别需求,分别进行管理。具体做法如下:

一是针对一般正常需求,中高流速备件在售后系统中设立常备件清单,每月更新清单,引导客户按照卖一买一的模式订货,减少人为造成的需求波动,实现安全库存降低。

二是在售后系统中按照需求特性设定不同的需求波动范围,确保专营店一般正常维修需求得到满足,并在专营店出现大幅度超限值异常需求波动时,自动转为特别需求订单专项处理。

三是当发生客户一次性大批订购,可在售后系统中以特别需求订单来订货。

四是当发生备件临时促销、品质召回时,可在系统设置为特别需求品种,其所有需求包括客户需求订单自动全部转为特别需求订单。

五是所有客户的特别需求订单,在确保保留设定的安全库存以及优先满足客户的一般正常需求订单的前提下,先行消耗余下库存,不足部分自动转为特需外购订单,经计划员审核后向供应商紧急购买,予以专门满足客户的特别需求。

通过以上备件需求分类管理,在系统中实现自动甄别特别需求订单,将特需部分数据与正常数据分开,避免特需产生的噪点对未来预测的影响,在实际物流操作中特需采用单独的物流通道进行管控,避免挤占实际修车件的物流资源。同时,在专营店推广卖一买一的订货模式,使需求更加平稳。

(2) 备件需求精准预测。备件需求预测是备件供应链的起点和源头,也是备件供应链管理过程中的重点和难点,为了改善备件供应的源头,解决手工需求预测精度低及库存结构不合理等问题,东风日产在 2012 年 4 月率先在国内导入具有世界先进水平的 SPP 系统,并进行自主的功能开发和增强,打造与中国售后市场相适应的售后计划系统。SPP 系统包括需求预测、库存计划、补货计划、分拨计划、库存平衡五大模块。

首先,SPP 系统通过系统接口,从售后系统抓取备件销售历史数据,并利用自身的历史数据修正功能,消除因促销活动等带来的噪点数据。然后利用修正后的历史数据,选择合理的预测模型完成对备件未来12个月的需求预测。计划员只需对系统参数进行定期维护和更新,系统就能对几万个备件品种实现全覆盖的自动预测,提高备件预测的准确性和备件整体满足率。

同时,SPP系统将预测结果结合从其他系统抓取的库存、在途、欠拨等数据,通过库存计划、补货计划、分拨计划模块,计算出合理的供应商采购订单和分库补货订单,合理降低各仓库的库存;通过库存平衡模块,调配各分库间的呆滞件,进而优化分库库存结构,在降低库存的同时提升满足率。

(3) 备件供应协同保障。一是编制供应商备件供应标准并实施,进行合规管理。基于东风日产业务现状并结合行业先进的管理经验,梳理并优化东风日产备件供应链各个节点的工作流程、管理方式、业务标准和操作指南,最终编写完成《东风日产备件供应标准手册》,并已获得著作版权。以此手册为教材,组织供应商培育活动,帮助供应商伙伴深入了解东风日产备件业务板块的模式架构、工作流程以及对供应商在整个备件供应链管理中的要求,从而加深与供应商之间的供应协同性。避免新供应商的进入和供应商业务人员变动对DFL备件供货管理方式和业务要求的了解程度不一,造成部分供应商配合度不够带来的到货遵守率低、未纳订单多、备件订单物流过程跟踪和管理困难等问题。

二是研发上线供应商协同系统,与供应商线上交互。自主研发并上线SNC系统,在东风日产和供应商之间搭建一个备件供应业务协同平台。SNC系统将东风日产需求预测信息、订单信息、供应商出货信息、未纳信息等实时分享。同时,系统还实现订单修改协同、供应商到货预约、未纳订单系统自动邮件提醒等功能,实现东风日产与供应商之间高度配合,提高作业效率。

(4) DOQD极速配送及仓库同期作业管理。一是国内率先引入DOQD专车配送,大幅缩短订单到店时间。自2011年开始,东风日产引入全新的配送模式:中心库向分库补货实行整车干线运输;分库向专营店补货则采取直接整车分送,同时从优化成本的角度,在满足到货周期的前提下在专营店集中的区域通过设立中转站降低配送成本;对于离分库距离过远或需求量过少的个别专营店仍然采用零担运输。此外,分库未满足的部分则借助中心库向分库补货的干线运输及分库向各专营店的整车分送途径配送到各专营店。通过以上的模式变革,大幅缩短订单的到店时间。

二是开通多模式运输,提升供应链灵活程度。为了进一步缩短订单的到店时间,减少因专营店所属分库无库存或客户紧急需求中心库无库存等情况造成的修车等件问题,在DOQD专车配送业务导入完成后,东风日产供应链管理部一并开通一批多模式运输业务。

资料来源:中国物流与采购网,www.chinawuliu.com.cn,2016-11-10。

## 本章提要

企业物流是生产和流通企业围绕其经营活动所发生的物流活动。企业物流是企业一体化管理的重要组成部分,它是指以客户满意度为目标和驱动力,在企业内和它的供应、营销渠道上,对货物、服务和相关的信息从货源地到目的地进行有效的流通和储存,并对这个过程进行计划、协调、执行和控制。

生产企业物流是对应生产经营活动的物流,即以购进生产所需要的原材料、设备为始点,经过加工形成新的产品,然后再供应给社会需要部门为止的全过程。生产企业物流包括五个流程,即供应物流、生产物流、销售物流、返品回收物流及废弃物物流。

流通企业物流可分为采购物流、流通企业内部物流和销售物流三种形式。采购物流是流通企业组织货源,将物资从生产厂家集中到流通部门的物流。这部分物流活动与生产企业的部分销售物流合为一体。流通企业内部物流,包括流通企业内部的储存、保管、装卸、运送、加工等各项物流活动。销售物流是流通企业将物资转移到消费者手中的物流活动。这部分物流与生产企业的部分采购物流合为一体。流通企业物流包括批发企业物流、零售企业物流和配送中心物流等几种形式。

**练习与思考**

1. 企业物流的概念是什么?
2. 企业物流有哪些特征?
3. 生产企业物流的特征是什么?
4. 生产企业的物流流程包括几个环节?有何注意事项?
5. 试述流通企业物流的几种类型及其物流重点。

21世纪经济与管理规划教材

物流管理系列

第十一章

# 第三方物流

**知识要求**

通过本章的学习,能够
- 掌握第三方物流的概念与内涵
- 熟悉第三方物流的特征和作用
- 熟悉第三方物流企业的类型及其经营策略

**技能要求**

通过本章的学习,能够
- 为第三方物流企业的营销决策提供支持
- 帮助企业分析物流外包的必要性
- 具备物流外包的运作理念

## 第一节　第三方物流概述

### 一、第三方物流的概念及内涵

随着经济全球化，物流活动变得越来越复杂，物流成本越来越高，公司资金密集程度也越来越高。公司利用外协物流活动，可以节约物流成本，提高物流服务水平，这种趋势首先在制造业出现。公司将资源集中用于最主要的业务，而将其他活动交给第三方物流公司，这样也促使了第三方物流的发展。

国家标准《物流术语》（GB/T 18354-2006）对第三方物流（Third Party Logistics，TPL）的定义是"独立于供需双方，为客户提供专项或全面的物流系统设计或系统运营的物流服务模式"。

"第三方物流"一词于20世纪80年代中后期开始盛行，当时它所指的主要是对物流环节的要素进行外包。1988年，美国物流管理委员会的一项客户服务调查中首次提到"第三方物流提供者"，这种新思维被纳入客户服务职能中。物流业发展到一定阶段必然会出现第三方物流，而且第三方物流的市场占有率与物流产业化水平之间有着非常紧密的关系。西方国家的物流业实证分析证明，独立的第三方物流占社会物流的50%以上时物流产业才能形成，因此第三方物流的发展程度反映和体现着一个国家物流业发展的整体水平。

第三方物流通常又称为契约物流或物流联盟，是指从生产到销售的整个流通过程中进行服务的第三方，它本身不拥有商品，而是通过签订合作协定或结成合作联盟，在特定的时间段内按照特定的价格向客户提供个性化的物流代理服务。其具体内容包括商品运输配送、储存保管以及其他附加的增值服务等。它以现代信息技术为基础，实现信息和实物的快速、准确的协调和传递，提高仓库管理、装卸、运输、采购订货以及配送发运的自动化水平。

与经济社会领域的许多经济概念一样，第三方物流也有广义和狭义的理解，因而在不同的领域涵盖的范围也就不同。

广义的第三方物流是相对于自营物流而言的，凡是由社会化的专业物流企业按照货主的要求，所从事的物流活动都可以包含在第三方物流范围之内。至于第三方物流是从事哪一个阶段的物流，以及物流服务的深度和水平，都要看货主的要求。

狭义的第三方物流主要是指能够提供现代的、系统的物流服务的第三方的物流活动。其具体标志是：① 具备提供现代化的、系统的物流服务的企业素质；② 可以向货主提供包括供应链物流在内的全程物流服务和特定的、定制化物流服务；③ 不是货主与物流服务商之间发生的偶然的、一次性的物流服务购销活动，而是采取委托承包形式的业务长期外包的物流活动；④ 不是向货主提供一般性物流服务，而是提供增值物流服务的现代物流活动。

一般而言,我们在研究和建立现代物流系统时,第三方物流不是按照自营物流与否来进行区分的,尤其在我国,小生产式的物流服务活动相当多,并且还不能在很短的时间内解决这个问题,如果把这些企业都包括在第三方物流企业之中,显然会混淆人们对第三方物流的认识。所以,我们在讲第三方物流时,应当从狭义的角度来理解,把它看成一种高水平的、现代化的、系统化的社会物流服务方式,看成新时期社会物流服务的发展方向。

## 二、第三方物流的特征

### 1. 关系合同化

第三方物流有别于传统的外协,外协只限于一项或一系列分散的物流功能,如运输公司提供运输服务、仓储公司提供仓储服务等。第三方物流虽然也包括单项服务,但更多的是提供多功能甚至全方位的物流服务,它注重的是客户物流体系的整体运作效率与效益。同时,第三方物流是通过合同的形式来规范物流经营者和物流消费者之间关系的。物流经营者根据合同的要求,提供多功能直至全方位一体化的物流服务,并以合同来管理所有提供的物流服务活动及其过程。另外,第三方发展物流联盟也是通过合同形式来明确各物流联盟参与者之间关系的。

### 2. 服务个性化

第三方物流服务的对象一般都较少,只有一家或数家,但服务延续的时间较长,往往长达几年。这是因为需求方的业务流程不尽相同,而物流、信息流是随价值流流动的,因而要求第三方物流服务应按照客户的业务流程来定制。这也表明物流服务理论从"产品推销"发展到了"市场营销"阶段。第三方物流企业提供物流服务是从客户的角度来考虑的,为客户提供定制化的服务。从这个角度来看,第三方物流企业与其说是一个专业物流公司,不如说是客户的专职物流部门,只是这个"物流部门"更具有专业优势和管理经验。

### 3. 功能专业化

第三方物流所提供的服务是专业化的服务,对于专门从事物流服务的企业,其物流设计、物流操作过程、物流管理都应该是专业化的,物流设备和设施都应该是标准化的。专业化运作可降低成本,提高物流水平,从而使经济效益大幅度提高,这一点在工业化时期已经在各个领域得到了证明。

### 4. 效益规模化

第三方物流最基本的特征是集多家企业的物流业务于一身,物流业务规模因此扩大。物流业务规模的扩大,可以让企业的物流设施、人力、物力、财力等资源得到充分利用,发挥综合效益;有的可以采用专用设备、设施,提高工作效率;有的还可以采用先进的技术,跟全国甚至全世界接轨,取得规模效益。规模效益是第三方物流的一个最重要的效益源泉。第三方物流企业要扩大规模,就要努力扩大物流市场的覆盖面,增加客户数和物流业务量。规模越大,需要的运输车辆越多、越大,需要的装卸搬运设施越多、越先进,需要的仓储能力、吞吐能力越大,需要的通信能力越强、技术越先进。总之,规模大,就会促进企业发展,大大提高企业效益。

5. 长期战略伙伴关系

西方物流理论非常强调企业之间"相互依赖"的关系。也就是说,一个企业的迅速发展光靠自身的资源、力量是远远不够的,必须寻找战略合作伙伴,通过同盟的力量获得竞争优势。而第三方物流企业扮演的就是这种同盟者的角色,与客户形成的是相互依赖的市场共生关系。客户通过信息系统对物流全程进行管理和控制,物流服务企业则对客户的长期物流活动负责。

第三方物流企业不是货代公司,也不是单纯的速递公司,它的业务深深地触及客户企业销售计划、库存管理、订货计划、生产计划等整个生产经营过程,远远超越了与客户一般意义上的买卖关系,而是与客户紧密地结合成一体,形成了一种战略合作伙伴关系。从长远看,第三方物流的服务领域还将进一步扩展,甚至会成为客户营销体系的一部分。它的生存与发展必将与客户企业的命运紧密地联系在一起。

6. 以现代信息技术为基础

信息技术的发展是第三方物流出现和发展的必要条件。现代信息技术实现了数据的快速、准确传递,提高了仓库管理、装卸运输、采购订货、配送发运、订单处理的自动化水平,使订货、包装、保管、运输、流通加工实现一体化,客户企业可以更方便地使用信息技术与物流企业进行交流和协作,企业间的协调和合作有可能在短时间内迅速完成。同时,电脑软件的迅速发展,使得人们能够精确地计算出混杂在其他业务中的物流活动的成本,并能有效地管理物流渠道中的商流,从而促使客户企业有可能把原来在内部完成的物流活动交由物流公司运作。目前,常用于支撑第三方物流的信息技术有:实现信息快递交换的EDI技术、实现资金快速支付的EFT技术、实现信息快速输入的条码技术和实现网上交易的电子商务技术等。

## 三、第三方物流的作用

第三方物流能够使物流需求方获得以下利益:

1. 作业利益

第三方物流服务能为客户提供的第一类利益是"作业改进"的利益。这类利益基本包括两种因作业改进而产生的利益。

(1) 通过第三方物流服务,客户可以获得自己组织物流活动所不能提供的服务或物流服务所需要的生产要素,这就是外协物流服务产生并获得发展的重要原因。在企业自行组织物流活动的情况下,或者限于组织物流活动所需要的特别的专业知识,或者限于技术条件,企业内部的物流系统可能并不能满足完成物流活动的需要,而要求企业自行解决所有的问题显然是不经济的。更何况技术，尤其是信息技术，终究不是每一个企业都能掌握的，而且也没有必要要求每一个企业都掌握，这也就是第三方物流服务为客户提供的利益。

（2）改善前述企业内部管理的运作表现。这种作业改进的表现形式可能是增加作业的灵活性，提高质量、速度和服务的一致性。

2. 经济与财务利益

在竞争激烈的市场上，降低成本、提高利润率往往是企业追求的首要目标，这也是物流的成本价值在20世纪70年代石油危机之后被挖掘出来作为"第三利润源"受到普遍重视的根本原因。物流成本通常被认为是企业经营中较高的成本之一，控制物流成本就等于控制了总成本。完整的企业物流成本，既包括物流设施设备等固定资产的投资和运营费用等狭义的物流费用，又包括为管理、协调物流活动所需的管理费、人工费以及随之产生的信息传递费等广义的物流费用。在衡量物流成本的增减变动时，应全面考察所有这些有关费用构成的物流总成本，而不能仅以运输费用和仓储费用之和作为考察物流成本变动的指标，否则企业在进行物流成本控制或采用第三方物流后，最终核算时有可能会得出企业物流成本不降反升的错误结论。

客户将物流业务外包给第三方物流企业，由专业物流管理人员和技术人员，充分利用专业化物流设备、设施和先进的信息系统，发挥专业化物流运作的管理经验，以求取得整体最佳的效果。企业可以不再保有仓库、车辆等物流设施，对物流信息系统的投资也可转嫁给第三方物流企业来承担，从而可减少投资和运营物流的成本；减少直接从事物流的人员，从而削减工资支出；提高单证处理效率，减少单证处理费用；由于库存管理控制的加强可降低存货水平，削减存储成本；通过第三方物流企业的广泛节点网络实施共同配送，大大提高运输效率，减少运输费用等。这些都是第三方物流能够产生的成本价值。对企业而言，应建立起一套完整的物流成本核算体系，以便真实地反映企业实施物流控制或采用第三方物流所带来的效益，促使企业物流活动日趋合理化。

3. 管理利益

企业利用第三方物流，可以使自身专注于提高核心竞争力。生产企业的核心能力是生产、制造产品，销售企业的核心能力是销售产品。随着外部市场环境的变化，企业的生产经营活动已变得越来越复杂。一方面，企业需要把更多的精力投入到自己的生产经营当中；另一方面，企业有业务往来的对象更多了，所要处理的关系也更为复杂，在处理各种关系和提高自身核心能力上，企业的资源分配便会出现矛盾。如果将企业与客户间的物流活动转由第三方物流企业来承担，便可大大降低企业在关系处理上的复杂程度。企业采用第三方物流后，原来直接面对多个客户的一对多关系变成了一对一关系，企业在物流作业处理上避免了直接与众多客户打交道而带来的复杂性，简化了关系网，便于将更多精力投入自身的生产经营中。

4. 战略利益

物流外包还能产生战略性利益,例如增加企业的灵活性[包括地理范围跨度的灵活性(设点及撤销)及根据环境变化进行其他调整的灵活性]、降低风险和进行供应链管理等。

企业如果自营物流,就要面临两大风险,一是投资的风险,二是存货的风险。前面已经说过,企业若要自营物流就必须进行物流设施和设备的投资,如建立或租赁仓库、购买车辆等,这样的投资往往数量较大。而如果企业不能将这些物流资源有效地协调、整合起来,尽量发挥其功用,致使物流效率低下、物流设施闲置,那么企业在物流上的投资就是失败的,这部分在物流固定资产上的投资将面临无法回收的风险。另外,企业由于自身配送能力、管理水平有限,为了及时对客户订货做出反应,防止缺货和实现快速交货,往往需要采取高水平库存的策略,即在总部以及各分散的订货点维持大量的存货。而一般来说,企业防止缺货的期望越大,所需的安全储备越多,平均存货数量也越多。在市场需求高度变化的情况下,安全库存量会占到企业平均库存的一半以上,对于企业来说就存在着很大的资金风险。尽管存货属于流动资产的一种,但它不仅不是马上就能动用的资产,而且还需要占用大量的资金。存货越多,变现能力往往越弱,企业资金越少。随着时间的推移,存货还有贬值的风险。在库存没有销售出去变现之前,任何企业都要承担巨大的资金风险。企业如果通过第三方物流企业进行专业化配送,由于配送能力的提高,存货流动速度的加快,企业可以减少内部的安全库存量,从而降低企业的资金风险,或者把这份风险分散一部分给第三方物流企业。

此外,作为第三方物流企业,可以站在比单一企业更高的角度上来处理问题,通过其掌握的物流系统开发设计能力、信息技术能力,将原材料供应商、制造商、批发商、零售商等处于供应链上下游的各相关企业的物流活动有机衔接起来,使企业能够形成一种更为强大的供应链竞争优势,这是个别企业所无法实现的。

## 第二节 第三方物流企业

### 一、第三方物流企业概述

第三方物流企业是以信息技术为基础,在特定的时间段内按特定的价格向物流需求方提供个性化系列物流服务的企业。它不制造产品,而是根据客户(物流需求方)的需要,为客户提供多种物流服务的方式进行经营。第三方物流企业自身不一定拥有库房、车辆等硬件设施,它往往把物流服务委托给专门经营运输、仓储等业务的承运商来执行,自己负责对整个物流服务执行过程进行规划、调控和监督。其运作流程参见图11-1。

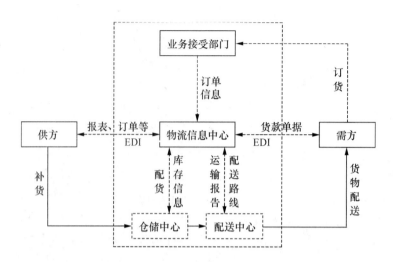

图 11-1　第三方物流企业基本运营系统流程

## 二、第三方物流企业的类型

第三方物流企业根据其核心能力和历史因素大体可分为两大类型,即资产型和非资产型。

1. 资产型物流企业

资产型物流企业以自有资产作为为客户服务的重要手段,拥有从事专业物流活动或约定物流活动的装备、设施、运营机构、人才等生产条件,并且以此作为自身的核心竞争能力。资产型第三方物流的主要优点是可以向客户提供稳定的、可靠的物流服务;由于资产的可见性,这种物流企业的资信程度也比较高,这对客户来讲,是很具有吸引力的。其主要缺点是因为需要建立一套物流工程系统,投资比较大,而且维持和运营这一套系统仍需经常性的投入;虽然这一套系统可以提供高效率的确定服务,但很难按照客户的需求进行灵活的改变,往往会出现灵活性不足的问题。资产型物流公司大体可分为以下三类:

(1) 以提供运输服务为主的物流公司。以 TNT、UPS、FedEx、DNL、APL 等为代表的物流公司,一般是在综合海运、陆运和空运方面突出其物流能力。它们需要在物流上游和下游信息环节提供运输增值服务,并且充分利用庞大的运输终端网络提供仓储和转运服务。

(2) 以提供仓储服务为主的物流公司。以 Excel、Tibbet、Britten 等为代表的物流公司,主要提供公用和共享的仓储服务。它们通过与承运商的关系提供配送服务,并且擅长为食品、杂货的零售和消费提供增值服务。

(3) 以提供终端服务为主的物流公司。以 PSA、CORP、CWT 等为代表的物流公司,通常为散货、工业类产品和消费类产品提供仓储、转运、分运以及配送服务。

2. 非资产型物流企业

非资产型物流企业是物流供应商不拥有或租赁资产,而是以人才、信息和先进的物流管理系统作为向客户提供服务的手段,并以此作为自身的核心竞争力。非资产型物流企业自己不拥有需要高额投资和经营费用的物流设施、装备,而是灵活运用别人的这些生产力手段,这就需要有效管理和组织。非资产型第三方物流的主要优点是不拥有庞大的资产,可以通过有效地运用虚拟库存等手段获得较低的成本。但是其资信度较资产型第三方物流低,从而对客户的吸引力不如后者强。自20世纪90年代后,随着IT技术的发展和全球化的推进,非资产型物流公司开始快速发展起来。非资产型物流公司大体可分为以下四类。

(1) 以提供货物代理为主的物流公司。以 BAS、MSAS、AEI、EMERY 等为代表的物流公司,基于信息服务并侧重货运的协调,通过如财务、海关、实物管理等方面寻求"综合服务"的机会。

(2) 以提供信息和系统服务为主的物流公司。以 Accenture、GE Information Services、IBM 等为代表的物流公司,原来是主要致力于开发系统的集成商,现在开始从事管理信息系统的外包服务业务。为了给客户增加更多的价值,它们也提供有关的电子商务、物流和供应链管理的工作。

(3) 以提供物流增值服务为主的物流公司。以 Arrow、Avent、Synner、Technde 等为代表的物流公司是零部件分销商和提供增值服务为主的电子分销商。1995年以来它们开始逐渐进入物流增值服务领域,服务内容涉及 EDI、货物跟踪、信息系统集成、库存管理等。

(4) 第四方物流公司。第四方物流公司本质上是一个物流整合体。第四方物流服务是为制造商物流外包需求而设定的"联系"服务。第四方物流公司的任务是与第三方物流提供商签订合同,整合和管理目标解决方案。第四方物流公司不仅具有很强的物流和信息技术,而且能完善供应链理念,并能向制造商提供高附加值的咨询服务。

### 三、第三方物流企业的经营策略

**(一) 运作策略**

1. 提高运作效率

物流服务供应商为客户创造价值的基本途径是达到比客户更高的运作效率。运作效率提高意味着对每一个最终形成物流的单独活动(如运输、仓储等)进行开发,例如,仓储的高运作效率取决于足够的设施与设备及熟练的运作技能。在作业效率范畴中,另一个更先进的作用是协调连续的物流活动。除了作业技能,还需要协调和沟通技能。协调和沟通技能在很大程度上与信息技术相关联,因为协调与沟通一般是通过信息技术这一工具来实现的。如果存在有利的成本因素,并且公司的注意力集中在物流方面,那么以低成本提供更好的服务是非常有可能的。

2. 对多客户进行整合运作

促使物流运作增值的一个方法是扩大市场,引入多客户运作。例如,多客户整合之后的仓储或运输网络,客户可以共同利用资源,从而提高资源的利用率,还可以降低成本。整合运作的规模效益能取得更高的价值。需要引起重视的是,整合运作的复杂性比过去大大增加,这对第三方物流企业来讲,需要更高水平的信息技术与操作技能,以及更强的对复杂事物的管理能力。第三方物流企业在运作时,必须充分估计自己对多客户进行整合运作的基本条件和管理能力,不能贸然从事。

3. 开展合作经营

(1) 纵向合作经营。纵向合作经营是指在物流业务系统中的第三方物流企业,因所从事的物流业务不同而与上游或下游第三方物流企业之间不存在同类市场竞争时的合作经营关系。纵向合作经营最典型的模式是专门从事运输业务的物流企业和专门从事仓储业务的物流企业之间的合作。纵向合作经营的结果使得社会物流资源得以整合,第三方物流企业的分工更专业,资金投入更合理化。

(2) 横向合作经营。横向合作经营是指彼此相互独立地从事相同物流业务的第三方物流企业之间的合作经营关系。横向合作经营的基础是资源共享,它包括三方面:① 市场的共享。合作体内每个企业独立开发的市场即合作体内所有企业的市场。② 技术的共享。合作体内每个第三方物流企业都有自己的技术特点,合作经营的结果使得合作体内各种技术特点相互取长补短,形成了合作体共同的、比较全面的物流技术体系优势,既降低了每个企业的技术开发费用,又增强了企业的技术竞争力,扩大了企业的市场竞争范围。③ 业务能力的共享。在合作体内部,当某一企业因为季节性或临时性业务量较大时,它可以花费相对低廉的费用使用合作体内其他第三方物流企业的业务资源,进而使得合作体内部的投资更合理。

(3) 网络化合作经营。网络化合作经营方式是指既有纵向合作又有横向合作的全方位合作经营模式。网络化合作经营有着纵向合作和横向合作共同的特点,是最常见的合作经营模式,一般非资产型的第三方物流企业都采用这种合作经营的方式。

(二) 营销策略

1. 产品决策

第三方物流企业提供的产品是无形的服务,具体包括运输、仓储、装卸搬运、包装、流通加工、配送、信息、物流解决方案等,甚至包括采购、销售、结算、订单处理、数据传输等诸多的服务项目。第三方物流企业在确定自身提供的服务产品时,一定要注意以下几个方面的问题。

(1) 第三方物流企业提供的服务产品应该是综合服务产品。第三方物流与传统物流间的区别之一,就体现在传统的物流服务企业往往只提供简单的单项物流服务,大量的物流环节的衔接工作还得依赖物流服务需求者自己来做,这对于帮助生产经营企业集中精力经营主业的作用不大,也就使生产经营企业对物流业务外包失去了动力。作为现代物流业代表的第三方物流企业,提供的应该是综合物流服务,是门到门、低成本、高效率的多功能乃至全方位一体化的物流服务和增值服务。

(2) 第三方物流企业提供的应该是专业化、个性化的物流服务产品。物流业是个集知识密集型、资本密集型、劳动密集型于一身的产业,也是规模经济要求比较高的产业。只有通过专业化分工,由第三方物流企业提供物流知识、物流设计、物流操作过程、物流技术工具、物流设施及物流管理等专业化的物流服务,才能真正提高物流服务质量和效率,降低生产经营企业的产品成本。同时,现代社会个性化消费倾向对生产企业的产品提出了个性化需求,继而对第三方物流企业所提供的物流服务也相应提出了个性化的要求,第三方物流企业应认真研究本企业服务对象的生产特点、产品特点、物流运作特点,设计出能满足客户个性化需求的个性化物流服务。

(3) 信息服务是第三方物流企业的产品核心竞争力之所在。第三方物流企业应建设功能强大的信息网络,实现物流信息收集代码化,存储数据库化,处理计算机化,传递标准化、数字化和实时化,为客户提供信息的采集、分析、处理、传递等服务,为客户实现高效的订单处理、作业计划安排、库存管理、客户管理、货物跟踪等创造条件。

在产品决策问题上,需要强调的是,尽管第三方物流企业所提供的产品是无形的服务,但还是要特别重视品牌的建设与保护。第三方物流企业应增强品牌意识,树立高度的品牌战略观,不断加强企业在技术、管理上的创新,并通过各种途径使本企业的品牌形象、声誉得到强化、提升。

2. 价格决策

物流业是竞争较充分的行业,第三方物流企业的竞争对手不仅来自其他物流企业,还来自生产经营企业自设物流机构的替代压力,即当生产经营企业认为物流外包的成本高于自设物流机构自己提供物流服务的成本时,就会倾向于自设物流。这就决定了第三方物流企业在为其物流服务产品定价时应采用需求导向定价法,即其产品的价格区间应该介于自身物流成本与生产经营企业自主物流的物流成本之间,具体价格还应结合竞争者的价格水平、所提供的物流服务的特色、客户的物流特点、本企业的发展战略等来确定。这就要求第三方物流企业须提高自身物流运作效率,在为生产经营企业提供高质量、低成本的物流服务的同时,确保自己获得相应的利润,达到双赢的结果。为此,第三方物流企业可以从以下几个方面开源节流,获取利润:① 从专业化分工中获取收益。第三方物流企业通过为生产经营企业提供专业化的物流服务,一方面可以帮助生产经营企业集中资源经营主业,提升企业竞争力,提高企业的生产效率,降低成本获取更多收入,从而心甘情愿地将物流业务外包,同时出让部分额外收益;另一方面,第三方物流企业通过专业化经营,提高物流生产效率,从而保证在较低的服务价格下还能保持盈利。② 从规模经营中获取规模经济效益。第三方物流企业达到较大规模时,可实现提供整合多个物流环节集合签约而降低交易费,集中储存而降低平均库存,组合运输以及减少返程空载而提高运输工具的利用效率等所带来的规模经济效益。③ 从提供增值服务中获取收益。物流的许多服务项目,如包装、装卸搬运、储存保管保养、流通加工以及信息服务等具有保值、增值功能,第三方物流企业可在为客户提供的保值、增值服务产品中获取相应收益。

3. 渠道决策

从企业外部看,就是要建立一批关系相对稳定的客户群,特别是一个或几个物流服务需求较大的核心客户。对这类客户,物流企业应采取各种措施与之建立长期战略伙伴关系,甚至与之结盟,成为其供应链中的重要一员。为建立这种关系,第三方物流企业应做好以下几方面工作:① 重点管理。在企业计划、组织、协调、控制等诸环节优先考虑核心客户,围绕核心客户物流特点和要求设计物流方案、安排作业、布置物流节点、选择物流设施、配备专业人员等。② 提供优质服务。第三方物流企业的服务质量可用物流时间、物流费用、物流效率来衡量,对核心客户一定要保证其物流的准确及时性以及费用的合理性,从而高效率地为其提供物流服务。③ 建立合同导向的稳定合作关系。第三方物流是合同导向的物流服务,西方第三方物流发达的国家,许多企业都与第三方物流企业签订专门的合同,合同订立时间一般为1~3年,通过合同明确双方的权利、义务,并附有相应的激励和惩罚措施。第三方物流企业应严格执行合同,取信于客户,并借此维持与客户的长期合作关系。当然,重点抓住核心客户并不意味着要放弃非核心客户,第三方物流企业应兼顾非核心企业的需求,使之成为核心企业主渠道的必要补充。

从第三方物流企业内部来看,重点应建立两大网络——物流组织网络和物流信息网络。物流组织网络是指物流服务组织机构、物流服务节点布局网络化。要对物流服务机构、储运中心、配送中心等功能节点进行合理布局,形成高效的实物流转网络体系。第三方物流企业可根据自身物流服务覆盖的范围,在重点区域中心地区根据实际情况采用设立、联合、重组、兼并等办法建立分支机构,形成网络,保证实物流动的畅通。现代物流是商流、物流、资金流、信息流的集合,必须建立一个高效通畅的信息网络系统,使其成为支撑实物流通渠道的重要的虚拟物流渠道。

4. 促销决策

由于现代物流理念引入我国的时间并不长,第三方物流企业产生的时间则更短,加之第三方物流企业的自我促销宣传工作做得很不够,我国很多生产经营企业对第三方物流不了解,甚至认为将物流业务外包是"肥水流入外人田",对第三方物流企业产生一种排斥心理。因此,第三方物流企业应加强促销宣传,努力争取客户。第三方物流结合其性质和所提供服务的特点,在决定采用促销手段时,应以人员推销为主,结合使用广告、公共关系和营业推广。由于第三方物流企业面对的客户主要是一定区域内的生产经营企业(而不是大众消费者),属于专家采购,不宜做大面积、撒网式、高投入的广告宣传促销;另外所提供的产品主要是综合物流服务,带有较高的专业性和复杂性,需要做详细的讲解和说明,加之传统企业转变自办物流观念有较大的难度,需要做耐心周到的说服工作,讲清楚物流外包可给生产经营企业带来的诸多好处,因此,第三方物流企业最好的促销方法是人员推销。企业应组建一支精干的、具备一定物流专业知识的促销队伍专门从事推销工作。当然,第三方物流企业也可充分利用自有资源,运用一些低成本的广告促销手段进行促销。如企业可将自有的交通工具、作业场所表面统一装饰成能充分反映企业自身形象的图案,做移动广告;企业也可以在主要交通要道边做路牌广告等。针对生产经营企业对第三方物流企业提供的物流服务有顾虑、不信任的情况,第三方物流企业可考虑使用营业推广促销手段,在营业推广期间,给予对方适当的优惠政策,并充分进行协调、磨合,最终打消对方的顾虑,形成长期的分工协作关系。

## 第三节  物 流 外 包

### 一、物流外包概述

随着市场竞争的日益激烈和信息技术的快速发展,企业为了取得竞争上的优势,正在利用第三方物流服务供应商所能提供的所有服务。因此,第三方物流业悄然兴起,并在物流业中占据越来越重要的作用,它已成为西方国家物流业发展的有效运作模式。物流外包逐渐被供需双方(物流服务供应商和需求方)认可。

国家标准《物流术语》(GB/T 18354-2006)对物流外包(Logistics Outsourcing)的定义是"企业将其部分或全部物流的业务合同交由合作企业完成的物流运作模式"。

如图 11-2 所示,随着竞争的日趋激烈和科学技术的发展,企业开始关注自身的核心竞争力。特别是随着电子商务以及新型组织形式的出现,企业物流业务外包成为降低成本、提高利润、增加核心竞争力的重要途径。

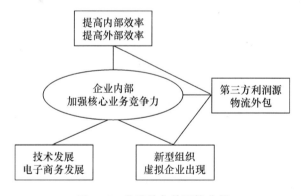

图 11-2  物流外包的环境分析

### 二、企业物流外包的原因和形式

1. 企业物流业务外包的原因

(1) 降低成本。与企业自营物流相比,许多第三方物流服务供应商在国内外都拥有良好的运输和分销网络,在组织企业的物流活动方面更有经验,更专业化。因此,通过物流业务外包,企业可以降低因拥有运输设备、仓库和其他物流设施所必需的投资,从而把更多的资金投在公司的核心业务上。

(2) 提升企业效率。在企业资源有限的情况下,通过把物流业务,特别是一些特殊的物流运输业务外包给第三方物流服务供应商,企业能够把更多的时间和精力放在自己的核心业务上,提高供应链管理和企业运作的效率。

(3) 分担企业风险,提高企业的柔性。企业通过外向资源配置,取消了企业与用户双方各自独立拥有的库存和运输,从而分散了由政府、经济、市场、财务等因素产生的风险,促进了资源的优化组合,增加了供应链的柔性,使企业更能适应外部环境的变化。

(4) 快速响应需求。现在企业之间的竞争主要在于时间和速度上的竞争,第三方物流服务供应商由于其专业化和规模效应的优势,能够快速地对客户的需求做出回应。

(5) 集中精力发展核心业务。在企业资源有限的情况下,为取得竞争中的优势地位,企业只掌握核心功能,即把企业知识和技术依赖性强的高增值部分掌握在自己手里,而把其他低增值部门虚拟化。通过借助外部力量进行组合,其目的就是在竞争中最大效率地利用企业资源。

(6) 实现规模效益。外部资源配置服务提供者都拥有能比本企业更有效、更低成本地完成业务所需的技术和知识,因而可以实现规模效益,并且愿意通过这种方式获利。企业可以通过外向资源配置避免在设备、技术、研究开发上的大额投资。

(7) 加速企业重组。企业重组需要花费很长的时间,而且获得效益也需要很长的时间,通过业务外包可以加速企业重组的进程。

(8) 辅助业务运行效率不高、难以管理或失控。当企业内出现一些运行效率不高、难以管理或失控的辅助业务时,需要进行业务外包。值得注意的是这种方法并不能彻底解决企业的问题,相反这些业务职能可能在企业外部更加难以控制。

2. 企业物流业务外包的形式

(1) 物流业务完全外包。这是最彻底的外包形式。如果企业不具有自营物流的能力,即会采取这种物流业务外包的形式。如果企业具有自营物流的能力,但企业进行物流系统的评价时,评价的结果倾向于外包就应该关闭自己的物流系统,将所有的物流业务外包给第三方物流供应商。

(2) 物流业务部分外包。企业将物流业务分成两部分:一部分是可以自营的业务,一部分是非自营业务,企业将非自营业务或者低效的自营业务外包给第三方物流供应商。例如,美国的 Sun 公司自己开展物流业务时,客户等待交货的时间要几个星期。当它关闭了在全世界的 18 个配送中心,将业务交给联邦快递后,配送的效率大大提高。

(3) 物流系统接管。它是指企业将物流系统全部卖给或承包给第三方物流供应商,也叫物流社会化。第三方物流供应商接管企业的物流系统并雇用原企业的员工。

(4) 战略联盟。它是指企业与第三方物流供应商或其他企业合资,企业保留物流设施的部分产权,并在物流作业中保持参与。同时,物流合同商提供部分资本和专业服务,企业也为合资者提供特色服务,以达到资源共享的目的。

(5) 物流系统剥离。它是指企业将物流部门分离出去,使其成为一个独立的子公司,允许其承担其他企业的物流业务。

（6）物流业务管理外包。它是指企业拥有物流设施的产权，将管理职能外包出去。

### 三、企业物流外包的运作

成功的物流业务外包可以提高企业的劳动生产率，使企业集中精力做好自己的核心业务。业务外包一般将减少企业对业务的监控，但同时可使企业责任外移。这样，企业在选择合作伙伴时，要对其进行全面的评价，确保建立稳定长期的合作关系。选择好合作伙伴后，必须不断监控其行为。

1. 严格筛选物流供应商

在选择供应商时，首先要改变现有的观点，即仅着眼于企业内部核心竞争能力的提升而置供应商的利益于不顾，需求商应以更加长远的战略思想来对待外包，通过外包既实现需求商利益最大化，又有利于供应商持续稳定的发展，达到供需双方双赢的局面。在深入分析企业内部物流状况和员工心态的基础上，调查供应商管理深度和幅度、战略导向、信息技术支持能力、自身的可塑性和兼容性、行业运营经验等，其中战略导向尤为重要，确保供应商有与企业相匹配的或类似的发展战略。供应商的承诺和报价，需求商务必认真分析衡量。报价应根据供应商自身的成本确定，而非依据市场价格，报价不仅仅是一个总数，应包括各项作业的成本明细。对于外包的承诺尤其是涉及政府政策或供应商战略方面的项目，必须来自供应商企业最高管理者，以避免在合约履行过程中出现对相关条款理解不一致的现象。

2. 明确列举服务要求

许多外包合作关系不能正常维持的主要原因是服务要求模糊。由于服务要求没有量化或不明确，导致供需双方理解出现偏差，供应商常常认为需求商需求过高，而需求商认为供应商未认真履行合约条款。例如，供应商在没有充分了解货物流量、货物类别、运输频率的情况下就提交了外包投标书；供应商缺乏应有的专业理论知识，不能对自身的物流活动予以正确、详细的描述等。需求商应该详细列举供应商应该具备的条件，如生产能力、服务水平、操作模式和财务状况。

3. 合理选择签约方式

要提前判断供应链上下游的需求，合理选择签约方式，形成有效的协调沟通，确保与供应商签订的合约满足各方的需求，实现各自的目标。合约不可能对环境变化做出全面准确的预测，签订前后的各种情况会有所不同，诸如行业政策、市场环境、供应商内部发展状况等。在一些情况下，虽然供应商的操作方式或理念比较超前，但并不一定适合需求商发展的需要。

4. 共同编制作业流程

需求商不能认为外包作业是供应商单方面的工作，而应与供应商一起制定作业流程、确定信息渠道、编制作业计划，供双方参考使用。双方对应人员在作业过程中应步调一致,为检验对方作业是否符合外包要求提供标准和依据。

5. 积极理顺沟通渠道

一般而言,导致外包合作关系失败的首要原因是计划错误,其次是沟通不畅。沟通的重要性仅次于计划,供需双方在日常合作过程中出现的问题大多与沟通不畅有关。供应商是客户关系中最重要的环节之一,供应商应该被包括在企业整个业务链中。建立正确的沟通机制,双方应就矛盾产生的根源达成一种共识,即矛盾和冲突是业务本身产生的,而非工作人员主观原因导致,当问题出现时,应理性对待,给对方考虑和回复的时间。同时在履行合约的过程中,花费一定的时间和精力相互沟通了解,探讨合约本身存在的问题以及合约以外的问题对维持双方的合作关系是很重要的,这一点常常被忽视。

6. 明确制定评估标准

对供应商服务水平的评估是基于合约条款,而合约条款多数只对结果做出描述,因此对外包业务过程不能进行有效的评估,也不能建立适宜的持续改进机制。随着时间的推移,当需求商准备向供应商增加外包项目时,才发现供应商已不符合企业进一步发展的要求。不能有效考核工作,正是管理薄弱的环节,当建立合作关系后,应依据既定合约,充分沟通协商,详细列举绩效考核标准,并对此达成一致意见。绩效评估和衡量机制不是一成不变的,应该不断更新以适应企业总体战略的需要,促进战略的逐步实施和创造竞争优势。绩效考核标准应立足实际,不能过高而使供应商无法达到,同时要有可操作性,但是标准应该包含影响企业发展的所有重要因素。良好的工作业绩应该受到肯定和奖励,供应商或企业内部职能部门即使对所做的工作有自豪感,也同样需要得到承认和好的评价。

## 延伸阅读

### 中通快递"双创 3.0"破解中国快递业模式难题

没有人能够否认,民营快递业是"中国奇迹"最好的诠释之一。

公开资料显示,在过去数年里,中国快递业年均增幅连续超过 50%,2014 年,中国更是一跃成为"世界第一快递大国",2015 年全国快递业务量突破 200 亿件大关。风尘仆仆的快递小哥已经成了你我生活中不可或缺的"角色"。

民营快递业强势崛起的背后,加盟模式功不可没,这是绝大多数中国民营快递企业实现快速跑马圈地的"利器"之一。但是奇迹铸成日,也是隐忧接踵时,快递企业规模扩张的同时,加盟模式带来的"紧箍咒"也越念越响。

显而易见的例子是,因加盟商"掉链子"而引发的问题,在快递业已非"新闻"。2015年12月,某快递公司加盟商上海三林分公司因员工罢工导致运营工作瘫痪,大量快件积压,引发社会关注,进而也让快递行业的"模式痛点"再度成为业界争论的焦点。

探索新的经营模式,在发展效率和质量之间找到平衡点,这是快递业发展至现阶段必须面临的一场"升级大考"。在过去十几年里,中通快递通过不断寻找"痛点"并攻坚,交上了一份堪称完美的答卷。

作为"通达系"成军时间最晚的企业,中通快递不仅以一匹黑马的姿态迅速杀入民营快递业第一梯队,成为估值最高的快递企业;而且也以"经营最稳健"著称于行业。而其引以为傲的撒手锏,则是其内部称为"双创3.0"的经营模式。

按照中通快递董事长赖梅松的介绍,中通经营模式的不断探索大体经历了三个阶段的发展:最初是众创、众包、众筹、众扶的加盟模式;自2010年起,通过股份制改制,中通逐步从多个利益主体向共同利益主体转变,实现了"2.0"版本升级;而随着中通经营规模扩大,估值不断上升,如今的中通已经走到了引入外界各方资本、整合资源、实现内部分层级红利共享的阶段,即"双创3.0"模式。

这种经营模式解决了传统加盟制总部和加盟商利益主体之间的分离和冲突,既能用最小的成本去博取最大、最快的发展,实现高效扩张;同时也能让其遍布全国的经营体系拧成一股绳,政令畅通,进退如一。

1. 利益共享,破局"全网一体化"

快递行业所谓的加盟模式,是指加盟型快递企业由母公司发起,建立一个运营平台,将区域细分,每个细分块由加盟方投资经营。加盟方可以进一步将本区域进行分割承包,形成一级加盟、二级加盟、三级加盟甚至更多,最终由每个加盟企业或个人来分担启动成本。

这种模式的优点显而易见,能够迅速调动社会资源,实现企业快速扩张的业务布局,但缺点也很明显。毕竟,快递业是个链条完整的闭环体系,一个环节出问题,都会像"栓塞"一样造成严重后果和影响。

在发展初期,中通快递和国内诸多同行一样,许多省份的网点也都是自主经营、自负盈亏的加盟商,它们和总部分属不同的经济利益体,在费用结算、日常的经营决策中,不同的利益体都以各自的利益为重,往往在涉及利益的重大网络决策上形成分歧,难以达成一致。总部意见难以彻底执行、监管与掌控力不够的问题时有发生,从管理模式到服务质量,都不利于企业的长远发展。

2010年,预见到这一模式弊端的中通快递董事长赖梅松开始酝酿变革。在他看来,变革的关键就是要实现利益主体"从多到一"的转变。为此,赖梅松召集当时实力雄厚的北京、广东等地加盟商召开专门会议,并且做出了一个颇为大胆的决定:让出自己的部分干股,让加盟商做股东,与自己利益共享。

"大概五六年以前,我刚做宜川网点的时候,赖总鼓励我说,忠军,你只要安心做,人家有的你都会有。"中通上海宜川网点负责人李忠军回忆称。赖梅松的这一举措迅速赢得了人心,各省市加盟商在股权的激励下,纷纷投靠上海总部,变身为当地拥有中通股权的职业经理人。

变革完成后,各省市加盟商不再是割据一方的"诸侯",他们共同享有中通集团整体股权红利,同时各自负责当地所有业务发展,统一由上海总部管控。中通借此也实现了全网一体的管理格局,上下一体,政令畅通,全网在同建共享的理念下,如同一家人,拧成一股绳,主要合伙人把中通当成自己的事业在做,积极性暴涨。

广州市场就是受益于"全网一体化"的典型案例。2012年,在中通"双创2.0"模式的推动下,一直在北京打拼的胡向亮受命前往广州出任中通华南片区总经理,在此之前,56岁的他只有在自16岁"养蜂"时去过广州。"来之前,我先到广东考察了一次,在路上就遇到社会上打架斗殴的事件,场面非常血腥。"胡向亮回忆称。

在胡向亮看来,通过"全网一体化"的改造,作为快递业重镇广州公司的积极性得到了充分调动:不仅业务量迅速增长,服务质量也急剧提升,到2015年,广东的件量已从刚接手时的日均18万件,突增到近300万件,在当地的行业占比也增加到了20%多,不仅实现了对同行公司业务市场量的超越,而且品牌形象也稳居前茅。

2. 织网"双创3.0",让人人成为主人

让全网实现从多个利益主体到共同利益主体的改造,中通快递"双创2.0"模式的大获成功,也印证了赖梅松的改革思路的有效性。通过利益共享,中通快递不仅摸准了经营模式变革的"命门",也在发展效率和质量之间找到了有效的平衡点。

按照这一思路,赖梅松在实现全网一体化之后的五年时间里,一直在不断琢磨和推动经营模式的更深层变革。简而言之,就是要完成向利益共享惠及面更广、员工稳定性和创新驱动力更强的"双创3.0"模式的飞跃。

用赖梅松的话说,"双创3.0"的精髓就在于"实现了内部分层级红利共享"。为此,在各省会合伙人成为中通集团股东的"双创2.0"基础上,中通快递内部又推出了诸多面向全网员工的利益共享机制。譬如,通过股权激励,让全网中高层员工都能享受中通快递飞速发展的红利;而且,中通快递还成立了一个专门为员工"生财"的股份制运输公司,员工按照级别和贡献每人都可投入几万元到几十万元不等的资金,成为运输公司股东并享受30%左右的年收益率;此外,中通优选还打造了面向全网所有员工的P2P融资平台,全网所有员工都可以进行投资、融资,享受其中的红利。

与此同时,诸如针对员工家庭关怀的互助基金、亲情1+1,以及能让员工能以最低价购房的"中通家园工程"也都相继启动和上线,这不仅让全网员工,甚至他们背后的家庭和亲人也都享受到了中通快递发展带来的红利。

在"双创3.0"的激励下,中通快递成了一台"人人做主、人人创新"的"创新机器"。员工不再是听命行事的"螺丝钉",而成了主动探索新模式、新业务的创新引擎。譬如,中通河南孟州公司负责人党旭延在2015年5月开启了"淘易"一站式服务园区项目,他期望借此打造围绕快递为核心的一个新模式,即"快递+"模式,让电商客户主动来接洽业务,让快递的被动地位变成主动地位。而黑龙江哈尔滨的负责人杨波则根据地方特色,摸索出了一条"电商+互联网"的模式。"哈尔滨可以卖大豆、木耳等土特产,经销商每斤才收一块多,自己在淘宝上每斤包邮能卖到七八元,这中间的差价还是很大的。"杨波说,"有了电

商,我们的业务量也上去了。"

"现在中通已经走到了引入外界各方资本,整合资源,实现内部分层级红利共享的阶段,这就是'双创'的3.0阶段,这种模式能用最小的成本去博取最大、最快的发展。"在赖梅松看来,中通快递领先于业内的"双创3.0"经营模式,能最大限度地激发员工积极性与创造性,将快递生态圈中各个环节融会贯通,不断延伸与创造出适合时代、适合行业、适合公司、适合发展的业务产品和经营模式。

资料来源:中国物流与采购网,www.chinawuliu.com.cn,2015-12-21。

**本章提要**

第三方物流是独立于供需双方,为客户提供专项或全面的物流系统设计或系统运营的物流服务模式。其特征是关系合同化、服务个性化、功能专业化、效益规模化、长期战略伙伴关系和以现代信息技术为基础。它能够为第三方物流的客户提供作业利益、经济利益、管理利益和战略利益。

第三方物流企业是以信息技术为基础,在特定的时间段内按特定的价格向物流需求方提供个性化系列物流服务的企业。根据其核心能力和历史因素大体可分为资产型和非资产型物流企业。日常运作中,第三方物流企业通过提高运作效率、对多客户进行整合运作以及开展合作经营等方式来降低运作成本。第三方物流企业的营销策略包括产品决策、价格决策、渠道决策和促销决策。

物流外包指生产或销售等企业为集中精力增强核心竞争能力,而将其物流业务以合同的方式委托于专业的物流公司(如第三方物流公司等)运作。影响企业决定物流业务外包的主要因素包括:成本项目、专业技术、服务水平和信息管理。

**练习与思考**

1. 请简述第三方物流的概念与内涵。
2. 第三方物流的特征是什么?
3. 第三方物流的作用有哪些?
4. 第三方物流通过哪些运作方式来降低运作成本?
5. 企业实施物流业务外包的原因和形式主要有哪些?

21世纪经济与管理规划教材

**物流管理系列**

第十二章

# 现代物流发展动态

**知识要求**

通过本章的学习,能够
- 掌握物流金融及供应链金融的概念
- 掌握智慧物流的概念
- 掌握冷链物流的概念
- 了解电子商务与物流的关系

**技能要求**

通过本章的学习,能够
- 熟悉物流金融的运作模式
- 熟悉智慧物流的核心技术
- 了解冷链物流的技术与装备
- 了解跨境电子商务的物流模式

# 第一节 物流金融

## 一、物流金融概述

1. 物流金融的概念

物流金融的定义有广义和狭义之分。广义的物流金融是指在整个供应链管理过程中，通过应用和开发各种金融产品，有效地组织和调节物流领域中货币资金的运动（这些资金运动包括发生在物流过程中的各种存款、贷款、投资、信托、租赁、抵押、贴现、保险、有价证券发行与交易，以及金融机构所办理的各类涉及物流业的中间业务等），实现商品流、实物流、资金流和信息流的有机统一，提高供应链运作效率的融资经营活动，最终实现物流业与金融业的融合化发展。狭义的物流金融是指在供应链管理过程中，第三方物流供应商和金融机构向客户提供商品和货币，完成结算和实现融资的活动，它是实现同生共长的一种经济模式。

物流金融作为物流业和金融业的有机结合，不仅是金融资本业务创新的结果，也是物流业发展壮大的需要。我们可以从三个方面理解和把握物流金融。首先，整个供应链的有效运转需要金融业的大力支持。其次，金融服务业务创新更需要参与物流供应链的实际运作，主要表现在信用贷款、仓单质押、权利质押、信托、贴现、融资租赁、保险、有价证券的交易和担保业务中。最后，供应链管理的效率有赖于物流金融的发展。物流金融的提出和物流金融业务的应运而生，解决了供应链上相关企业因资金不足而产生的困难，拓宽了供应链上相关企业发展的空间，提升了供应链的运作效率。

物流业与金融业的结合，不仅代表了一种全新的理念，而且也为金融业开辟了一个新的领域。物流金融是基于物流增值链中的供应商、终端用户、金融机构和物流企业等各方的共同需要而产生和发展的。近年来，我国物流业与金融业之间初步建立起一种能为双方所理解并便于沟通的较为融洽的关系和运作体制。随着物流业的发展及金融体制改革的不断创新，双方还需要在更高的层次上以一种更新的理念，构建更顺畅的合作关系和更高效的运行体制，来取得良好的互动效果。

2. 物流金融服务的原理

在企业生产、流通、消费的整个供应链过程中，从原材料生产、采购到产品生产加工、仓储运输、配送和批发、零售等一系列环节，都存在大量的库存活动，占用了企业大量的流动资金。物流金融服务就是企业以在生产、流通和消费的整个供应链过程中产生的这些库存为质押品，向金融机构或物流企业融资，然后在其后续生产经营中或质押品销售中还贷。

利用企业的流动资产作为质押品进行融资，贷款人就需要了解企业的资信状况，需要了解质押品的规格型号、质量、原价和净值、销售区域、承销商等情况，需要对质押品进行实时监管。对于传统的金融机构而言,它们将面临很高的交易成本;而对于中小企业来说,由于贷款单笔数量小、笔数多,且金融机构没有其信用记录,由此增加了流动资产质押服务的成本。因此,金融机构是不可能单独开展流动资产质押业务的。但是,第三方物流企业通过库存管理和配送管理,可以掌握实时库存的变动及充分的客户信息,对库存物品的规格型号、质量、原价和净值、销售区域、承销商等情况也非常了解,因而由物流供应商作为物流金融服务的直接提供者,进行流动资产质押业务是可行的。物流企业在提供物流金融服务时,往往与金融机构合作,由金融机构提供融通资金,由物流企业负责对质押品进行监管,这有利于减少客户交易成本,对金融机构而言则降低了信息不对称产生的风险,成为连接客户与金融机构的桥梁。

## 二、物流金融服务产生的背景

1. 第三方物流服务的革命

现代物流服务正发生巨大的变革,物流管理从物的管理提升到物的附加值方案管理,更加强调对资源的整合作用。物流金融不仅能提高第三方物流企业的服务能力、经营利润,而且可以协助企业拓宽融资渠道,降低融资成本,提高资本的使用效率。物流金融服务将开国内物流业界之先河,是第三方物流服务的一次革命。

2. 中小企业融资困境

在国内,由于中小企业存在信用体系不健全的问题,所以融资渠道贫乏,生产运营的发展资金压力大。物流金融服务的产生,可以有效支持中小企业的融资活动。

3. 供应链管理的发展

现代企业为了应对市场的快速变化,提高自身的竞争力,开始走向"横向一体化"的供应链管理模式,企业的竞争模式也从传统的单个企业竞争转向供应链竞争。供应链管理强调附加值的提升和"共赢",物流金融可以使各参与方共同获利,提高企业一体化服务水平,提升企业的竞争能力,扩大企业的业务规模,增强高附加值的服务能力,增加企业的经营利润。

4. 金融机构的创新意识增强

当前,金融机构面临的市场竞争越来越激烈,为在竞争中赢得优势,金融机构不断进行业务创新,这也促使了物流金融的诞生。金融机构可以帮助银行吸引和稳定客户,扩大银行的经营规模,增强银行的竞争能力;可以协助银行解决质押贷款业务中银行面临的"物流瓶颈"——质押物仓储与监管;可以协助银行解决质押贷款业务中银行面临的质押物评估、资产处理等问题。

## 三、物流金融运作模式

根据金融机构参与程度的不同,物流金融运作模式主要分为资产流通模式、资本流通模式两种。

资产流通模式是指第三方物流企业利用自身的综合实力、良好的信誉,通过资产经营方式,间接为客户提供融资、物流、流通加工等集成服务。在这种模式中,基本上没有金融机构的参与,完全是由物流企业自己向借款企业提供融资服务。典型的资产流通模式有替代采购模式和信用证担保模式。

资本流通模式是指金融物流提供商(第三方物流企业)利用自身与金融机构良好的合作关系,为客户和金融机构创造良好的合作平台,协助中小型企业向金融机构进行融资,提高企业运作效率。在这种模式中,主要是由金融机构向借款企业提供融资,但需要由物流企业替借款企业向金融机构提供担保,然后金融机构根据物流企业提供的担保向借款企业提供直接的或间接的融资。典型的资本流通模式主要有仓单质押模式、买方信贷模式、授信融资模式和垫付货款模式。

1. 替代采购模式

替代采购模式的业务流程如图12-1所示:① 由第三方物流公司代替采购商向供应商采购货品并获得货品所有权;② 第三方物流公司垫付扣除物流费用的部分或者全部货款;③ 采购方向物流公司提交保证金;④ 物流公司根据采购方提交保证金的比例释放货品;⑤ 采购方与第三方物流公司结清货款。

图 12-1 代替采购业务模式

在物流公司的采购过程中,物流公司通常向供应商开具商业承担汇票并按照采购方指定的货物内容签订购销合同,物流公司同时负责货物运输、仓储、拍卖变现,并协助客户进行流通加工和销售。

除了供应商与采购方签订的购销合同,第三方物流公司还应该与供应商签订物流服务合同,在该合同中供应商应无条件承担回购义务。

2. 信用证担保模式

信用证担保模式的业务流程如图12-2所示:① 第三方物流公司与采购方合作以信用证方式向供应商支付货款,间接向采购方融资;② 供应商把货物送至第三方物流公司的监管仓库,物流公司控制货物的所有权;③ 采购方向物流公司提交保证金;④ 物流公司根据采购方提交保证金的比例释放货品;⑤ 最后由采购方与第三方物流公司结清货款。在物流公司的采购过程中,物流公司通过信用证方式向供应商支付货款并按照采购方指定的货物内容签订购销合同,此时物流公司负责货物运输、仓储、拍卖变现,还要协助客户进行流通加工和销售。

图12-2 信用证担保模式

#### 3. 仓单质押模式

仓单是保管人(物流公司)在收到仓储物时向存货人(借款企业)签发的表示收到仓储物的有价证券。仓单质押贷款是仓单持有人以所持有的仓单作质押,向银行等金融机构获得资金的一种贷款方式。仓单质押贷款可在一定程度上解决中小企业尤其是贸易类企业的融资问题。

仓单质押模式的业务流程如图12-3所示:① 借款企业将产成品或原材料放在物流公司指定的仓库(融通仓)中,由物流公司获得货物的所有权;② 物流公司验货后向银行开具仓单,仓单须背书质押字样,由物流公司签字盖章;③ 银行在收到仓单后办理质押业务,按质押物价值的一定比例发放贷款至指定的账户;④ 借款企业在实际操作中一次或多次向银行还贷;⑤ 银行根据借款企业的还贷情况向其提供提货单;⑥ 物流公司的融通仓根据提货单和银行的发货指令分批向借款企业交货。

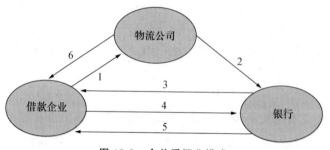

图12-3 仓单质押业模式

#### 4. 买方信贷模式

买方信贷模式的业务流程如图12-4所示:① 借款企业根据与供应商签订的购销合同向银行提交一定比率的保证金;② 第三方物流公司向银行提供承兑担保;③ 借款企业以货物对第三方物流公司提供反担保;④ 银行开出承兑汇票给供应商;⑤ 供应商在收到银行承兑汇票后向物流公司的保兑仓交货,物流公司获得货物的所有权;⑥ 物流公司验货后向银行开具仓单,仓单须背书质押字样,并由物流企业签字盖章;⑦ 银行在收到仓单后办理质押业务,按质押物价值的一定比率发放贷款至指定的账户;⑧ 借款企业在实际操作中一次或多次向银行还贷;⑨ 银行根据借款企业的还贷情况向其提供提货单;⑩ 物流公司的融通仓根据提货单和银行的发货指令分批向借款企业交货。

#### 5. 授信融资模式

授信融资模式的业务流程如图12-5所示:① 银行根据物流公司的实际情况授予其一

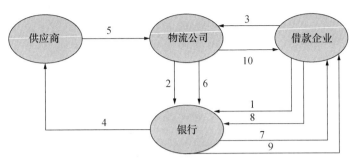

图 12-4 买方信贷业模式

定的信贷额度;② 借款企业将货物质押到物流公司所在的融通仓库,由融通仓为质押物提供仓储管理和监管服务;③ 物流公司按质押物价值的一定比率发放贷款;④ 借款企业一次或多次向物流公司还贷;⑤ 物流公司根据借款企业的还贷情况向其提供提货单,物流公司的融通仓根据提货单分批向借款企业交货。

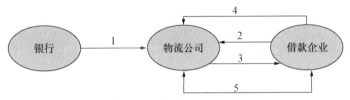

图 12-5 授信融资模式

6. 垫付货款模式

垫付货款模式的业务流程如图 12-6 所示:① 供应商将货物发送到第三方物流公司指定的仓库;② 供应商开具转移货权凭证给银行;③ 第三方物流公司提供货物信息给银行;④ 银行根据货物信息向供应商垫付货款;⑤ 借款企业还清货款;⑥ 银行开出提货单给借款企业;⑦ 银行向第三方物流公司发出放货指示;⑧ 第三方物流公司根据提货单及银行的放货指示发货。

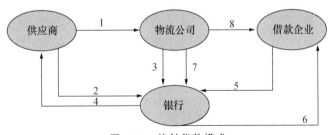

图 12-6 垫付货款模式

关于垫付货款模式的说明:在货物运输过程中,供应商将货权转移给银行,银行根据市场情况按一定比率提供融资,当借款企业(提货人)向银行偿还货款后,银行向第三方物流供应商发出放货指示,将货权还给借款企业。当然,如果借款企业不能在规定的期间内向银行偿还货款,银行可以在国际、国内市场上拍卖掌握在银行手中的货物或者要求供应商承担回购义务。

# 第二节 智慧物流

## 一、智慧物流的发展

### (一) 智慧物流的起源

随着物联网、互联网、通信网等技术的发展,尤其是大数据和云计算技术的广泛应用,传统物流业开始向现代物流业转型,智慧物流应运而生。智慧物流的产生是物流业发展的必然结果,智慧物流理念的出现顺应历史发展的潮流,也符合现代物流业向动态化、网络化、可视化、实时化跟踪和智能监控的发展新趋势。智慧物流是在物联网、大数据、互联网和云计算等的发展背景下,满足物流业自身发展的内在要求而产生的物流智慧化结果。智慧物流本身的形成跟现代物流的发展有着密不可分的渊源。北京交通大学王喜富教授从现代物流的发展角度,将智慧物流的起源概括为如下五个阶段:粗放型物流—系统化物流—电子化物流—智能物流—智慧物流。其中,粗放型物流属于现代物流的雏形阶段;系统化物流是现代物流的初级发展阶段;电子化物流是现代物流的成熟阶段;而智能物流向智慧物流的过渡是现代物流的发展趋势。

1. 粗放型物流

粗放型物流的黄金时期是 20 世纪 50—70 年代。第二次世界大战后,世界经济迅速复苏,以美国为代表的发达资本主义国家进入了经济发展的黄金时期。以制造业为核心的经济发展模式给西方发达资本主义国家带来了大量的财富,刺激了消费的大规模增长,大量生产、大量消费成为这个时代的标志。随着大量产品进入市场,大型百货商店和超级市场如雨后春笋一般涌现。在大规模生产和消费的初始阶段,由于经济的快速增长,市场需求旺盛,企业的重心放在生产上,对流通领域中的物流关注度不高。当时企业普遍认为产量最大化会导致利润最大化,由此造成大量库存积压。

粗放型物流时期的特点是专业型的物流企业很少。大部分企业都是自成体系,没有行业协作和大物流的意识。但盲目扩张生产很快无法维持下去了,这迫使企业放弃原来的大量生产、大量消费的经营模式,寻找更适合的物流经营模式。

2. 系统化物流

从 20 世纪 70 年代末到 80 年代初,世界经济出现国际化趋势,物流行业也逐渐从分散、粗放式的管理阶段进入了系统管理的阶段。系统化物流得益于企业对物流行业重要性的认识,以及新技术和新模式的出现。这一时期,企业已经把物流作为一门综合性的科学来看待,同时企业的经营决策和发展战略也开始注重物流的成本和效益。这一时期的物流行业关注削减库存以降低运营成本,并引入了物流总成本的概念。新型物流技术的应用也迎合了这股潮流,如准时生产系统和集装箱运输等。另外,新兴物流业务的出现也丰富了物流行业的服务模式。这些新兴的思想、技术、服务成为物流行业变革的契机和动力。值得一提的是,尽管此时信息技术革命尚在襁褓之中,但计算机辅助管理、模拟仿真系统、线性规划技术等开始大量运用到物流系统中。

系统化物流时期的特点是新技术和新模式不断出现,企业对物流的理解从简单分散的运输、保管、库存管理等具体功能,上升到原料采购到产品销售整个过程的统一管理,开始在物流成本和效益方面做文章。

3. 电子化物流

自20世纪90年代中后期以来,计算机技术开始出现并随之得到大规模应用,以互联网在经济活动中的应用为主要表现形式的电子商务取得了快速的发展,在客户需求的拉动、技术进步的推动及物流产业自身发展的驱动等多方面力量的作用下,现代物流业迎来了一个新的发展阶段——电子化物流时期。在这个时期里,信息技术开始为物流行业助力,并成为持续推动物流行业飞速发展的最关键动力,最为典型的两项信息化技术是20世纪70年代诞生的二维码和80年代的EDI。特别是互联网的出现,基于EDI可以提供一套统一的标准进行数据交互和处理,减少了纸张票据的使用。EDI的应用范围可以覆盖物流的各主要环节,如在线订货、库存管理、发送货管理、报关、支付等。

电子化物流时期的特点主要包括三点:第一,电子化物流需要借助互联网来开展业务运作;第二,电子化物流体系以满足客户对物流服务的需求为导向,让客户通过互联网参与物流运作过程,以更好地实现以客户为中心的物流服务发展目标;第三,电子化物流注重追求供应链整体的物流效果,供应链合作伙伴之间通过互联网建立起密切的业务联系,共同为提高供应链物流的效率和效益,以及降低物流运作的总体成本而努力,强调共存共荣、互惠互利。

4. 智能物流

21世纪是智能化的世纪,随着智能技术的发展,物流也朝着智能化方向发展,特别是随着智能标签、无线射频识别技术、电子数据交换技术、全球定位系统、地理信息系统、智能交通系统等应用的日益成熟,也相应地出现了一些智能物流应用的雏形,包括智能仓储物流管理、智能冷链物流管理、智能集装箱运输管理、智能危险品物流管理、智能电子商务物流等,智能物流慢慢地为人们所了解。

智能物流时期的物流运营呈现精准化、智能化、协同化的特点。精准化要求成本最小化和零浪费;智能化则是对物流系统采集实时信息的要求,利用物联网进行系统处理,为最终用户提供优质的信息和咨询服务,为物流企业提供最佳策略支持;协同化是利用物联网平台实现物流企业上下游之间的无缝连接。

5. 智慧物流

2009年12月,中国物流技术协会信息中心、华夏物联网、《物流技术与应用》编辑部联合提出与智能物流极其相似的"智慧物流"的概念,其指出智慧物流是利用集成智能化技术,使物流系统能模仿人工智能,具有思维、感知、学习、推理判断和自行解决物流中的某些问题的能力。它包含了智能运输、智能仓储、智能配送、智能包装、智能装卸及智能信息的获取、加工和处理等多项基本活动,为供应方提供最大化的利润,为需求方提供最佳的服务,同时也应消耗最少的自然资源和社会资源,最大限度地保护好生态环境,从而形成完备的智慧社会物流管理体系。此后,许多专家学者也提出了自己对智慧物流的见解。

智慧物流时期的特点是智能化、一体化、柔性化、社会化,智慧物流的时代已经到来并且还在继续,智慧物流也将不断完善。

**(二)我国智慧物流的发展特点**

中国物流与采购联合会会长何黎明指出,智慧物流是以物流互联网和物流大数据为依托,通过协同共享创新模式和人工智能先进技术,重塑产业分工、再造产业结构、转变产业发展方式的新生态。近年来,随着物流业与互联网的深度融合,智慧物流出现了一些新特点。

(1) 政策环境持续改善。2016年,国务院总理李克强主持召开国务院常务会议,从国家层面部署推进"互联网＋"高效物流。经国务院同意,国家发展与改革委员会同有关部门研究制定了《"互联网＋"高效物流实施意见》,交通运输部、商务部、工信部等有关部门从各自职能领域出发部署了推进"互联网＋"高效物流的相关工作,为推动智慧物流的发展营造了良好的政策环境。

(2) 物流互联网逐步形成。近年来,随着移动互联网的快速发展,大量物流设施通过传感器接入互联网。目前,我国已经有超过400万辆重载货车安装北斗定位装置,还有大量托盘、集装箱、仓库、货物接入互联网。物流连接呈快速增长趋势,以信息互联、设施互联带动物流互联,物流互联网的形成正处于关键时期。"物流在线化"奠定了智慧物流的发展基础。

(3) 物流大数据得到应用。物流在线化产生了大量业务数据,使得物流大数据从理念变为现实。数据驱动的商业模式推动产业智能化变革,大幅度地提高了生产效率。例如,菜鸟网络推出智能路由分单,实现包裹与网点的精准匹配,准确率达98%以上,分拣效率提高了50%以上,大大缓解了爆仓压力。物流大数据服务通过对物流大数据进行处理与分析,挖掘出对企业运营管理有价值的信息,从而科学合理地进行管理决策,这也是物流企业的普遍需求,其典型场景包括以下五类。

一是数据共享。实现物流基础数据的互联互通,减少物流信息的重复采集,消除物流企业的信息孤岛,提高服务水平和效率,例如供应链上下游各方共享货品、车辆等基础数据。

二是销售预测。利用用户消费特征、商家历史销售等海量数据,通过大数据预测分析模型,对订单、促销、清仓等多种场景下的销量进行精准预测,为仓库商品备货及运营策略的制定提供依据。

三是网络规划。利用历史大数据、销量预测,构建成本、时效、覆盖范围等多维度的运筹模型,对仓储、运输、配送网络进行优化布局。

四是库存部署。在多级物流网络中科学部署库存,智能预测补货,实现库存协同,加快库存周转,提高现货率,提升整个供应链的效率。

五是行业洞察。利用大数据技术,挖掘分析 3C(Computer,Communication,Consumer Electronics,计算机通信和消费类电子产品)、家电、鞋服等不同行业以及仓配、快递、城配等不同环节的物流运作特点及规律,形成最佳实践,为物流企业提供完整的解决方案。

(4) 物流云服务强化保障。依托大数据和云计算能力,通过物流云来高效地整合、管理和调度资源,并为各个参与方按需提供信息系统及算法应用服务,这是智慧物流的核心需求。近年来,京东、菜鸟、百度等纷纷推出物流云服务应用,为物流大数据提供了重要保障。"业务数据化"正成为智慧物流的重要基础。物流云服务的典型场景包括以下三类。

一是统筹资源。整合社会闲散的仓库、车辆及配送人员等物流资源,通过仓库租赁需求分析、人力资源需求分析、融资需求趋势分析和设备使用状态分析等,合理配置资源以实现资源效益的最大化。

二是软件 SaaS 服务。将 WMS/TMS/OMS 等信息系统进行 SaaS 化,为更多的物流企业提供更快、更多样化的系统服务和迭代升级。

三是算法组件化服务。将路径优化、装箱、耗材推荐、车辆调度等算法组件化,为更多的物流企业提供单个或组合式的算法应用服务。

(5) 协同共享助推模式创新。智慧物流的核心是协同共享,这是信息社会区别于传统社会并将爆发出最大创新活力的理念源泉。协同共享理念克服了传统社会产权所有的观念,通过分享使用权而不占有所有权,打破了传统企业的边界,深化了企业的分工协作,实现了存量资源的社会化转变和闲置资源的最大化利用。例如,菜鸟驿站整合高校、社区、便利店、物业等社会资源,有效地解决了末端配送的效率和成本问题。近年来,"互联网+"物流服务成为贯彻协同共享理念的典型代表。利用互联网技术和互联网思维,推动互联网与物流业深度融合,重塑产业发展方式和分工体系,为物流企业转型提供了方向指引,其典型场景包括以下四类。

一是互联网+高效运输。通过搭建互联网平台,实现货运供需信息的在线对接和实时共享,将分散的货运市场有效整合起来,改进了运输的组织方式,提升了运输的运作效率。

二是互联网+智能仓储。开发全自动仓储系统,设计智能仓储机器人,完成货物的上架、拣选、打包、贴标签等操作,大幅提高仓储管理的效率和水平。通过仓储信息的集成、挖掘、跟踪与共享,有效实现取货自动化、进出货无缝化和订单处理准确化。

三是互联网+便捷配送。借助互联网平台,搭建城市配送运力池,开展共同配送、集中配送、智能配送等先进模式,有效解决"最后一公里"的痛点。

四是互联网+智能终端。随着本地生活服务的需要,整合末端人力资源、服务网络和智能终端,实现资源的分布式布局和共享式利用,提升资源利用效率和用户服务体验。

(6) 人工智能正在起步。以人工智能为代表的物流技术服务是应用物流信息化、自动化、智能化技术实现物流作业的高效率、低成本,是物流企业较为迫切的现实需求。其中,人工智能通过赋能于物流各环节、各领域,实现智能配置物流资源、智能优化物流环节、智能提升物流效率。特别是在无人驾驶、无人仓储、无人配送、物流机器人等人工智能的前沿领域，菜鸟、京东、苏宁等一批领先企业已经开始开展试验应用，有望与国际电商和物流企业从同一起跑线起步。物流技术服务的典型场景包括以下三类：

一是自动化设备。通过自动化立体库、自动分拣机、传输带等设备，实现存取、拣选、搬运、分拣等环节的机械化、自动化。

二是智能设备。通过自主控制技术，进行智能抓取、码放、搬运及自主导航等，使整个物流作业系统具有高度的柔性和扩展性，例如拣选机器人、码垛机器人、无人机、无人车等。

三是智能终端。通过使用高速联网的移动智能终端设备，物流人员的操作将更加高效、便捷，人机交互协同作业将更加人性化。

当前，物流企业对智慧物流的需求主要包括物流大数据、物流云、物流模式和物流技术四大领域。2016年，这四大领域的市场规模超过2 000亿元，预计到2025年，智慧物流市场规模将突破万亿元。

## 二、智慧物流的特征

### 1. 多元驱动

多元驱动是智慧物流的重要特征。在现代物流的发展过程中，每一阶段关注的重点和驱动力都不相同，比如关注物流成本或关注物流服务质量。而智慧物流作为现代物流发展的最高层次，在技术、系统应用与经营管理相结合的基础上，可以做到物流各个层面的协同发展，同时实现低成本、高效率、优质服务、绿色环保等多元化发展目标。

### 2. 情景感知

自动识别与数据获取技术保证了智慧物流具备情景感知的能力。现代物流中涉及的物流单元、物流工具、物流环境等多种多样，要做到确保不同的目标，在不同的位置、不同的环境下都能实现稳定、可靠和安全的运营，必须依靠自动识别与数据获取技术，保证物流全过程的情景感知。依靠无线射频识别（RFID）、条码识别（Barcode）、目标实时定位、导航、跟踪、图像识别、生物识别等关键技术，物流过程可以自动获取物流中的数据标识与信息，从而确定目标的身份（Who/Which）、位置（Where）、时间（When）、状态（What）和动作（How）等状态，为物流的智慧管理提供数据基础。

### 3. 智能交互

物流活动与人们的生活和企业的生产紧密相关，物流使用者与物流各环节、物品本身的互动过程，直接影响着物流效果。

智慧物流的智能交互特征是指物流服务的使用者（如寄送包裹的客户、为大厂商生产零件的供应商）、物流的实施者（如快递送货人员、物流运送企业等）、物流工具（如运输工具、配送流水线等）和物品之间，可以通过简单、便捷的途径实现沟通与互动，智能配置物流资源，协调物流环节，从而实现物流过程的有效运转。

智慧物流给物体赋予智能,不仅可以实现人与物的交互对话,甚至能够实现物体与物体之间的交互对话。在情景感知的基础上,物流服务使用者无须掌握复杂的操作方法,或烦琐的处理过程,就可以将对物流的个性化需求传递给物流实施者与物流工具,从而对物体进行操控。同时,物流实施者与物流工具也可以实时将物流状态反馈给物流服务使用者,并根据要求快捷地完成相应的调整与配置,实现物体的交换。

4. 智慧融合

"集大成"者才能称之为"智慧",而技术、系统应用与经营管理的高度融合正是智慧物流"智慧"特征的重要体现。可以应用于物流产业的关键技术(如感知技术)、系统应用(如物流信息系统)与管理理论(如物流决策方法)数量众多,各有优势,而智慧物流可以实现这些技术、系统应用与管理方法的无缝集成、高度融合。

在智慧物流的情境之下,物流服务的使用者与实施者无须了解复杂的技术过程、处理手段和管理思想,就可以轻松地实现物流目标与效果,而具体的物流处理过程也会随需求的不同和技术的进步实现灵活的选择、配置。

### 三、智慧物流的功能与目标

1. 智慧物流的功能

(1)感知功能。运用各种先进技术能够获取运输、仓储、包装、装卸搬运、流通加工、配送、信息服务等各个环节的大量信息。实现实时数据收集,使各方能准确掌握货物、车辆和仓库等信息,初步实现感知智慧。

(2)规整功能。继感知之后把采集的信息通过网络传输到数据中心,用于数据归档,建立强大的数据库。分门别类后加入新数据,使各类数据按要求进行规整,实现数据的联系性、开放性及动态性。最后通过对数据和流程的标准化,推进跨网络的系统整合,实现规整智慧。

(3)智能分析功能。运用智能的模拟器模型等手段分析物流问题。根据问题提出假设,并在实践过程中不断验证问题和发现新问题。在运行中,系统会自行调用原有经验数据,随时发现物流作业活动中的漏洞或薄弱环节,从而实现发现智慧。

(4)优化决策功能。结合特定需要,根据不同的情况评估成本、时间、质量、服务、碳排放及其他标准,评估基于概率的风险进行预测分析,协同制定决策,提出最合理、有效的解决方案,使做出的决策更加准确、科学,从而实现创新智慧。

(5)系统支持功能。系统智慧集中表现于智慧物流并不是各个环节相互独立、毫不相关的物流系统,而是每个环节都能相互联系、互通有无。该功能通过共享数据、优化资源配置的系统,从而为物流各个环节提供最强大的系统支持,使得各环节协作、协调、协同。

(6)自动修正功能。在前面各个功能的基础上,按照最有效的解决方案,系统自动遵循最快捷、有效的路线运行,可在发现问题后自动修正,并且备用在案,方便日后查询。

(7) 及时反馈功能。物流系统是一个实时更新的系统。反馈是实现系统修正和系统完善必不可少的环节。反馈贯穿于智慧物流系统的每一个环节，为物流相关作业者了解物流运行情况、及时解决系统问题提供了强大的保障。

2. 智慧物流的目标

智慧物流的"智慧"，主要体现于其对"物"的操控，并最终实现五种"智慧"的状态。

(1) 自动识别与控制。它让物流更快速。传统物流中涉及的物流单元、物流工具、物流环境等多种多样，对"物"的识别与控制往往受制于工具和流程，人工读取一个条形码需要花费10秒，机器读取一个条形码花费2秒，而在智慧物流环境下，依靠电子标签和射频技术，对"物"的信息读取只需要0.1秒就可以自动完成，物流将因此变得更加快速。

(2) 全程跟踪与追溯。传统物流以"物"的送抵作为终结，无法提供流转过程中的各类相关信息。而智慧物流同样关注"过程"的质量，以农产品为例，从播种、施肥到采摘、检验、包装、运输、入库、出库，直到摆到居民的餐桌上，依托先进的信息技术，每一个过程的细节都被记录在案。智慧物流不仅关注"结果"，也关注"过程"，这实现了物流过程的全面跟踪与追溯，让物流变得更安全。

(3) 实时应对与处理。传统物流面对的是复杂多变的环境，天气状况、交通状态、特殊运输要求、各类突发事件无一不在考验着物流产业的智慧。通过实时的视频采集与分析技术，复杂环境的处理过程将变得简单、高效，物流过程可以实现自动发送视频信息、实时接收应对方案，甚至可以提前制订应急预案，实现物流全链条的有效管控。

(4) 智能决策与优化。现代物流管理将物流看作一种后勤服务，其本质是在物流服务成本与质量之间进行权衡的一种决策过程。在既定条件下，物流的成本与质量呈现出此消彼长的关系，这给物流的决策与优化工作造成了极大的困难。通过集成先进的信息技术，运用科学的管理决策理论与方法，智慧物流可以做到"鱼与熊掌兼得"，在降低物流成本的同时，提高物流的服务质量，实现精准的决策与优化。

(5) 绿色运营与环保。浓烟滚滚的尾气、轰鸣的发动机噪声、超载负重的轮胎……是都市中疾驰的大型物流货车的真实写照。而依靠智能化集成技术应用平台，合理配置与调度，智慧物流可以改变传统物流浪费资源、污染环境、不节能环保的形象，数字化、网络化、智能化的解决方案将使物流过程面貌一新，更加绿色低碳、节能环保。

## 四、智慧物流的核心技术

智慧物流是以信息技术为支撑，在物流各个环节通过系统感知、全面分析、及时处理及自我调整，实现物流规整智慧、发展智慧、创新智慧和系统智慧的现代综合物流系统。智慧物流所涉及的信息技术以物联网、云计算和大数据为核心，实现信息的捕捉、推送、处理、分析和预测，进而实现智慧物流的信息化、数字化、网络化、集成化和可视化。

1. 物联网技术

物流领域是物联网技术最重要的应用领域，物联网通过各类传感装置、射频识别技术、视频识别技术、红外感应、全球定位系统、激光扫描器等信息传感设备，按约定的协议，根据需要实现物品互联互通的网络连接，进行信息交换和通信，以实现智能化识别、定位、跟踪、监控和管理。根据物联网的特征来划分，物联网主要有三大技术体系。

（1）感知技术体系。主要有 RFID 技术、GPS 技术、传感器技术、视频识别与监控技术、激光技术、红外技术、蓝牙技术等。感知技术分类如表 12-1 所示。

表 12-1　感知技术分类

| 序号 | 物流活动 | 主要技术 |
| --- | --- | --- |
| 1 | 对物进行识别、追溯 | RFID 技术、条码自动识别技术 |
| 2 | 对物进行分类、筛选 | RFID 技术、激光技术、红外技术、条码技术 |
| 3 | 对物进行定位、追踪 | GPS 技术、GIS 地理信息系统、RFID 技术、车载视频技术等 |
| 4 | 对物进行监控 | 视频识别技术、RFID 技术、GPS 技术 |

（2）通信与网络技术体系。该体系使移动或存储中形态各异的"物"能够互联。最常采用的网络技术有局域网技术、无线局域网技术、互联网技术、4G 技术和无线通信技术。通信与网络技术在物流领域中的应用如表 12-2 所示。

表 12-2　通信与网络技术在物流领域中的应用

| 序号 | 物流活动 | 主要技术 |
| --- | --- | --- |
| 1 | 区域物流管理及运作的物流系统 | 互联网技术 |
| 2 | 物流运输管理与调度信息系统 | 互联网技术、GPS 技术、GIS 地理信息系统 |
| 3 | 仓储中心信息系统 | 现场总线技术、无线局域网技术、局域网技术 |
| 4 | 网络通信 | 无线通信技术、4G 技术、M2M 技术、直接连接网络通信技术 |

（3）智能技术体系。常采用的智能技术主要有 ERP 技术、自动控制技术等。智能技术在物流领域中的应用如表 12-3 所示。

表 12-3　智能技术在物流领域中的应用

| 序号 | 物流活动 | 主要技术 |
| --- | --- | --- |
| 1 | 社会物流运输系统 | 数据挖掘技术、智能调度技术、优化运筹技术等 |
| 2 | 以仓储为核心的物流中心 | 自动控制技术、智能机器人技术、智能信息管理系统技术、移动计算技术、数据挖掘技术 |
| 3 | 以物流为核心的智能供应链综合系统、物流公共信息平台 | 智能计算技术、数据挖掘技术等 |

2. 云计算技术

云计算是分布式处理、并行处理和网格计算的发展，或者说是这些计算机科学概念的商业实现。云计算通过使计算分布在大量的分布式计算机上，而非本地计算机或远程服务器中,企业数据中心的运行将与互联网更为相似,这使得企业能够将资源切换到需要的应用上,根据需求访问计算机和存储系统。将云计算应用到智慧物流中,加快和完善智慧物流信息服务平台的建设,进一步加快物流的信息化发展,同时云计算技术在物流中的应用实现了物流相关数据的捕捉、整理、存储、分析、处理和管理等。云计算关键技术主要包括虚拟化技术、分布式海量数据存储、海量数据管理技术、编程方式、云计算平台管理技术等。基于云计算技术的内容和优势,构建物流信息平台成为物流企业的首选,通过云计算平台为物流企业提供相关业务服务、数据存储和基础服务等。

(1) 云计算平台业务服务层面。物流企业利用经过分析处理的感知数据,通过网页浏览器为其客户提供丰富的特定应用与服务,包括物流监控、智能检索、信息查询、信息码扫描、物品的运输传递扫描等。

(2) 云计算平台数据存储层面。利用云计算平台为物流企业提供所需要的具体数据,包括数据的海量存储、查询、分析,实现资源完全共享和资源自动部署、分配和动态调整。

(3) 云计算平台基础服务层面。依靠云计算平台,为物流企业提供各种互联网应用所需的服务器,这样物流企业便能在数据存储及网络资源利用方面具备优越性,同时能够减少物流企业的经营成本;还可以在应用时实现动态资源调配,自动安装部署,为用户提供高质量的按需响应、按使用收费的基础设施服务。

3. 大数据技术

大数据是由数量巨大、结构复杂、类型众多的数据构成的数据集合。基于云计算的数据处理与应用模式,通过数据的整合共享以及交叉复用形成的智力资源和知识服务能力,可从各种类型的数据中快速获得有价值的信息。大数据处理的关键技术包括大数据采集、大数据预处理、大数据存储及管理、大数据分析及挖掘等。除了在物流领域的广泛应用,大数据技术还应用于能源、医疗、通信和零售等行业。

(1) 大数据采集技术。智慧物流系统复杂,数据繁多,数据的采集是大数据价值挖掘最重要的一环,其后的集成、分析、管理都构建于采集的数据基础。大数据采集技术就是通过不断发展的数据收集方法及技术获取海量有价值的数据,包括普通文本、照片、视频、链接信息等。

(2) 大数据预处理技术。大数据预处理技术主要完成对已接收数据的辨析、抽取、清洗等操作。由于获取的数据可能具有多种结构和类型,数据抽取过程可以帮助我们将这些复杂的数据转化为单一的或便于处理的类型,以达到快速分析处理的目的;大数据并不全是有价值的,有些数据并不是我们所关心的内容,而另一些数据则是完全错误的干扰项,因此要通过对数据的清洗转化从而抽取出有效数据。

(3) 大数据存储及管理技术。大数据存储及管理要用存储器把采集到的数据存储起来,建立相应的数据库,并进行管理和调用。只有数据与适合的存储系统相匹配,制定出管理数据的战略,才能低成本、高效率地应对大量数据。

(4) 大数据分析及挖掘技术。大数据分析涉及的技术方法很多，根据挖掘任务可分为分类或预测模型发现、数据总结、聚类、关联规则发现、序列模式发现、依赖关系或依赖模型发现、异常和局势发现等。大数据分析及挖掘就是从大量的、不完全的、有噪声的、模糊的、随机的实际应用数据中，抽取隐含在其中的、人们事先不知道的但又是潜在有用的信息和知识的过程。

## 第三节 冷链物流

### 一、冷链物流的概念与发展意义

1. 冷链物流的概念

国家标准《物流术语》(GB/T 18354-2006)将冷链(Cold Chain)定义为"为了保持新鲜食品及冷冻食品等的品质，使其在从生产到消费的过程中，始终处于低温状态的配有专门设备的物流网络"。

2010 年，国家发展与改革委员会颁布的《农产品冷链物流发展规划》指出，农产品冷链物流是指使肉、禽、水产、蔬菜、水果、蛋等生鲜农产品从产地采收(或屠宰、捕捞)后，在产品加工、储藏、运输、分销、零售等环节始终处于适宜的低温控制环境下，最大限度地保证产品品质和质量安全、减少损耗、防止污染的特殊供应链系统。随着农业结构的调整和居民消费水平的提高，我国生鲜农产品的产量和流通量逐年增加，全社会对生鲜农产品的安全和品质提出了更高的要求。加快发展农产品冷链物流，对于促进农民持续增收和保障消费安全具有十分重要的意义。

2. 发展冷链物流的意义

(1) 加快冷链物流发展是适应农产品大规模流通的客观需要。经过改革开放 40 多年的发展，我国农业结构调整取得显著成效，区域和品种布局日益优化，农产品流通呈现出了大规模、长距离、反季节的特点，这也对农产品物流服务规模和效率提出了更高的要求。一是随着农产品区域生产布局的细化，农业特色产区加快发展，生鲜农产品产出的区域规模化，迫切需要加快发展农产品跨地区保鲜运输；二是农产品反季节销售加快发展，亟须进一步提高低温储藏保鲜水平。从今后一段时期农业结构加快调整优化的需求看，加快发展农产品冷链物流也是适应我国生鲜农产品大规模流通的客观需要。

(2) 加快冷链物流发展是满足居民消费的必要保证。随着城乡居民消费水平和消费能力的不断提高，我国生鲜农产品的消费规模快速增长，居民对农产品的多样化、新鲜度和营养性等方面提出了更高的要求，特别是对食品安全的关注程度不断提高。加快发展农产品冷链物流已经成为提升农产品消费品质、减少营养流失，保证食品安全的必要手段，是满足居民消费需求的必要保证。

(3) 加快冷链物流发展是促进农民增收的重要途径。2016 年我国果蔬、肉类和水产品的冷链流通率分别达到 22％、34％和 41％，冷藏运输率分别为 35％、57％、69％，而发达国家肉禽冷链流通率已经达到 100％，蔬菜、水果冷链流通率达 95％以上。长期以来，我国冷链物流发展滞后导致农产品产后损失严重，流通腐损率较高；同时，受到生鲜农产品集中上市后保鲜储运能力的制约，农产品"卖难"和价格季节性波动的矛盾突出，农民增产不增收的情况时有发生。发展农产品冷链物流，既是减少农产品产后损失、间接节约耕地等农业资源、促进农业可持续发展的重要举措，也是带动农产品跨季节均衡销售、促进农民稳定增收的重要途径。

（4）加快冷链物流发展是提高我国农产品国际竞争力的重要举措。我国生鲜农产品生产具有较强的比较优势，但是由于冷链发展滞后，在国际市场上缺乏竞争力。特别是随着欧盟、日本、美国等发达国家不断提高进口农产品准入标准，相关质量、技术和绿色壁垒已经成为制约我国农产品出口的重要障碍。加快发展农产品冷链物流，已经成为提高出口农产品质量、突破贸易壁垒、增强国际竞争力的重要举措。

（5）加快冷链物流发展是提高人民生活质量的重要手段。随着生活节奏的加快，方便、卫生、快捷的冷冻（藏）商品日益受到人们的青睐，人们对冷冻（藏）食品等的需求不断增加，因此助推了冷链物流业的需求。冷链物流业的发展和升级有利于提高人民生活质量。

## 二、冷链物流的范围

目前，冷链物流的适用商品一般分为三类：一是初级农产品，包括蔬菜、水果、肉、禽、蛋、水产品、花卉等；二是加工农产品，如速冻食品、肉、水产品等，以及冰激凌和奶制品等；三是特殊商品，如药品和疫苗，以及部分电子器件、加工产品等。

### 1. 水果和蔬菜

水果和蔬菜采摘后仍为有生命体，果实组织中仍进行着活跃的新陈代谢过程，但当这种生命体发展到后期即过熟阶段，新陈代谢变慢至停止，果实成分与组织均发生了不可逆转的变化，使其失去了营养价值和特有风味。水果和蔬菜的呼吸实质上是果实内有机物缓慢地氧化。在有氧条件下，果实内作为基质的糖、有机酸以及复杂的碳水化合物被完全氧化分解为二氧化碳、水和热量，维持正常的生命活动。

### 2. 畜禽肉类

畜禽肉类主要包括牛、羊、猪、鸡、鸭、鹅肉等，畜禽经屠宰后即成为无生命体，对外界的微生物侵害失去抗御能力。经过一系列的降解等生化反应，出现僵直、软化成熟、自溶和酸败等四个阶段，其中自溶阶段始于成熟后期，是质量开始下降的阶段。其特点是蛋白质和氨基酸分解、腐败微生物大量繁殖，肉质变差。冷冻贮藏是古老的、传统的保存易腐食物的方法。肉类贮藏的作用是尽量推迟其进入自溶阶段。

### 3. 水产品

水产品主要包括鱼、虾、贝类。水产品死后不仅会出现僵直、成熟、自溶和酸败等四个阶段,而且鱼类在僵直前还有一个表面黏液分泌过程,这种黏液是腐败菌的良好培养基。水产品的储藏时间与温度密切相关。在正常情况下,温度每降低 10 ℃,冻藏期增加 3 倍。包装和操作方法对冻藏期也有影响,应避免货物暴露在空气中造成脂肪氧化和脱水;装、拆箱作业应快速进行,避免温度波动影响质量。

4. 冰激凌和其他奶制品

冰激凌是人们用于清凉解暑、充饥解渴的营养价值很高的食品,需要低温灭菌操作、清洁的运输、适当的温度设置和完整的包装。冰激凌包装材料有涂蜡纸、纸箱和塑料桶等。外包装对避免冰激凌损坏和热袭起到了重要的保护作用。

冷冻奶油通常是大宗货物,习惯做法是将奶油装在纸箱内,再将纸箱装在货盘上,然后再装入冷箱内运输,大部分奶油在低于 $-8$ ℃温度下没有微生物损坏并且能保持良好的质量。

5. 药品

对冷藏温度敏感的药品,从生产企业成品库到使用前的整个储存、流通过程都必须处于规定的温度环境(控温系统)下,以保证药品质量。医药药品安全直接关系着民生和社会稳定,同时对我国的物流供应链特别是冷链物流提出了更高的要求。一般的冷藏药品的温度要求是 2 ℃~8 ℃;加工药品温度要求是 8 ℃~15 ℃;冷冻药品温度要求是 $-20$ ℃,比如常见的疫苗;深度冷冻药品的温度要求在 $-70$ ℃,这些药品基本上是药品的原液。

### 三、实现冷链物流的关键因素

1. 储运温度

所有的冷冻商品根据储存温度的不同都有一个腐败的周期,大部分的冷冻食品在 18 ℃以下,其保质期会相对较长。但是相比之下,冷冻水产品需要更低的温度才能达到同样的状况。根据生产的条件不同,冷冻(藏)以及保鲜食品在储存和运输过程中保持在 $-1.5$ ℃~14 ℃。

很多商品都有低温下限,即低于这个温度,商品质量就会受到影响。对于那些在临界温度运输的商品,低温会给商品带来冷冻伤害。对于肉类等商品来说也是如此。而对于水果类商品,即使并未达到临界温度,也会给商品带来冻伤等损害。如果在比较高的温度下装货,则只能通过比较低的车辆预冷温度来达到货物快速降温的目的,这种做法可能出现的最大问题就是部分商品会因此产生冻伤。

2. 运输设施

使用的运输设施应该是密闭的,安装有良好的温控设备、合适的空气流通设施,且运行状态良好。对于冷冻集装箱,应该在装货之前一个月对集装箱进行状态检查。对于冷藏船、冷冻集装箱和冷藏运输车等冷链物流设施的操作方法是不同的,承运人应该对运输工具的操作有非常详细的了解。由于运输的货物数量庞大,设施的安全可靠性是非常重要的。

3. 产品质量

冷链物流过程可以最大限度地保持产品的质量,但是不能提高质量。如果产品本身质量不高,使用高质量的冷链就会极大地提高产品的价格,使得产品销售成为一个难题。产品质量既取决于生产者的质量标准和检验标准,也取决于相关的销售要求。

4. 装运前处理

对于水果和蔬菜,装运前处理包括收获前恰当处理方法的应用以及装运前短期的储存。对于冷冻商品,首要就是在整个冷链中温度的控制,不能出现温度失控的环节。这其中就包括了装运前的预处理环节。

5. 包装

包装必须能够对商品进行保护,因此纸箱必须在因温度失控导致商品融化、包装受潮的时候有足够的强度。同时,包装还要结合捆扎等措施来最大限度地减少受潮带来的损失。包装材料不能包含产生污染或异味的成分,纸箱必须是合适的尺寸,其形状必须能够在移动中保护商品,同时防止外来压力对货物造成损害。对于托盘化运输,置于托盘之上的纸箱必须要保证安全。

6. 预冷

预冷包括两个方面:一方面是针对商品的,另一方面是针对运输车辆的。

一般来说,在农产品收获之后就要马上将温度降到合适的运输温度。如果货物进行了预冷,而运输设施没有进行相应的预冷,这对于商品而言也是极不安全的。在所有的运输设施上,制冷率都会相对较低,并且货物处于不同的位置,制冷效果也不尽相同。在专业冷却设施里达到一定的温度只需要几个小时,但在运输途中却需要几天的时间。

7. 冷空气循环

冷空气循环使得透过车辆厢壁进入的热量得以消散,去除呼吸作用所带来的热量。冷链运输设施应该能够为包装良好的货物提供适合的冷空气循环。不当的包装和随意的堆放可能会忽略这个问题,并因此导致商品全部或者部分的质量损害。

冷空气循环在商品的展示销售上也很重要,开放式的多层货架就依赖于良好的空气流通来保持货物汽运的温度。

8. 温度控制

与冷冻货物相比,温度控制对于冷藏货物更为重要。冷冻食品要求最高温度不能高于 $-18\ ℃$,而冷藏货物通常要求在运输中温度控制在 $2\ ℃$ 左右。

9. 来自其他货物的交叉污染

最为明显的是由一种货物传播给另一种货物的污染或异味。另外一种是由于某种激素的存在而导致货物提前成熟或腐败。

10. 运输时间

一般来说运输时间是非常可靠的,但是从本质上来讲,船舶故障和暴风雨有时也会导致延误,这是承运人所不能控制的。如果类似这样的情况导致了延误,那么对于易腐败货物来讲损失就是不可避免的。类似的一些自然灾害、罢工、政变等都会导致货物运输时间延长,并此造成损失。

11. 零售

随着运输过程的进行,商品在冷链上通过批发商到达零售商,进而销售给消费者,在商店里,合适的冷藏设备也是非常必要的。在这个阶段如果商品发生了损失,那就意味着所有前面针对冷链所做的努力都化为乌有。

在冷链物流的全过程中,任何一个环节的缺失和失控都会导致商品品质的变化,进而导致公共卫生安全问题。随着人们越来越多地关注食品安全问题,有关冷链物流中的关键性控制因素的认识也越来越深刻。除了上述 11 个因素,还有其他因素会对冷链造成影响。从供应链的角度认识冷链,是冷链物流发展的当务之急。

### 四、冷链物流的技术及装备

1. 冷藏集装箱

冷藏集装箱是一种专用的集装箱,本身带有制冷装备,只要有电就可以制冷。它可以搭载到各种交通货运工具上,且很容易换乘,完成物流过程非常灵活而机动。利用其集装箱的优势,它可以一层一层地被叠放在集装箱船货舱中和甲板上,也可以置于普通船甲板上,完成大批量的长途运输。通过同样的方式,也可以将其双层叠放在火车上或汽车拖车上,完成一定距离的运输。冷藏集装箱在长距离和大批量物流的冷链中是占主体地位的技术模式。

2. 冷链运输装备

公路运输、水路运输及铁路运输这三种主要的冷链运输方式都有专门的装备。

公路运输冷藏载运装备主要有三类:保温车、冷藏车和保鲜车。自有隔热车体而无制冷机组的为保温车;有隔热车体和制冷机组,且厢内温度可调节的下限低于 $-18\ ℃$,用来运输冻结货物的称为冷藏车;有隔热车体和制冷机组,温度可调节范围在 $0\ ℃$ 左右,用来运输新鲜货物的称为保鲜车。根据制冷方式,又分为可以利用冰块、蓄冷板制冷的一般厢式货车、带有制冷机制的专用冷藏车和冷藏集装箱。

水路运输冷藏载运装备主要有冷藏船和冷藏集装箱。

铁路运输冷藏载运装备主要有加冰或蓄冷板制冷的冷藏车、机械制冷的冷藏车和冷藏集装箱。

3. 冷链工具

(1) 冷链专用箱。其保温技术的温度为 $-5\ ℃\sim15\ ℃,0\sim10\ ℃,0\sim20\ ℃$,适用于食

品、药品及生物制品的小规模物流。专门使用于疫苗的称为疫苗冷藏箱。

（2）冷链运输冰袋。它又称冷藏包、保冷袋，是无毒、无味的环保产品，富有一定弹性，用高新技术生物材料配制而成，可以重复使用，而且是冷热双用的产品。它需要在充分预冷之后使用，使用的温度范围很广泛，最低可以到－190℃，最高可以被加热到200℃，广泛应用于水产品、化学药剂、生物制品、疫苗、电子产品等小批量的远程物流。

（3）普通冰箱。普通家用冰箱和商业用冰箱可以放在商店、库房中作为冷藏设备使用，也可以放在运输工具上，有比较好的灵活机动性。由于其使用的温度范围广泛，可以作为综合性的冷链工具使用。

4. 冷链物流设施

（1）保鲜库。保鲜库又称保鲜冷藏库，在各种冷库中，这种仓库的环境温度比较高，一般维持在不至于冻结的比零度稍低的温度到13℃之间，所以又被称为高温冷库。这个温度范围可以在一定的时间范围内有效地缓解和降低生物的活性，同时保持被储存物的新鲜和活性，有非常好的保鲜作用。

（2）冷冻库。与保鲜库相比，冷冻库的环境温度低，可以达到冻结或深度冻结的温度，所以又被称为低温冷库。

（3）综合冷库。综合冷库可以划分出若干不同温度环境的冷藏室，从而使冷库的作用范围扩大、能力增强，而且可以更合理地分配和利用冷的资源。不同温度的冷藏室中，可以分别存放不同温度要求的货物，不但可以综合利用冷的资源，而且可以综合规划不同温度的区域和库房。

### 五、冷链物流的发展趋势

1. 智能化

冷链物流系统将朝着智能化方向发展。在易腐货物的冷链物流系统广泛采用自动化技术、计算机技术、数字控制技术等新技术，可提高设备的可靠性和自动化水平。

采用新材料、新技术，提高冷链设施设备的性能，可在保持易腐货物原有质量的同时降低设备造价和运输成本。例如，隔热层采用的新型隔热材料（如聚氨酯、PEF 隔热材料等），具有良好的隔热性能、化学稳定性能和机械性能；采用新制冷工艺，可提高冷链物流过程中温度控制的匀速性、准确性。目前，在冷链运输中除了机械制冷，还利用液化气体如液氮、液化二氧化碳、液化空气作为冷源制冷。在冷链基础设施和网络建设中，仓储管理系统、自动化冷库技术、预冷技术、无损检测与商品化处理技术和温度自动控制等先进技术得到广泛的应用。

2. 专业化

冷链相关产业将越来越多地选择专业化的第三方冷链物流服务。目前，在美国、日本和欧洲等经济发达国家和地区，专业物流服务已形成规模，这有利于制造商降低流通成本，提高运营效率，并将有限的资源和精力集中于自身的核心业务上。随着冷链物流系统的完善与发展,越来越多的易腐货物生产商都实行物流业务外包,希望得到专业化的第三方冷链物流服务。

专业化的第三方冷链物流企业能整合资源和物流网络,合理、有效地控制物流成本,减少易腐货物的周转时间。先进的专业化冷链物流企业具备集约化、集团化、规模化的发展能力,通过建立冷冻(藏)产品加工配送中心,推进集约化共同配送。通过重点推进生鲜农副产品市场化运作等重点项目,促进冷链行业的发展。

3. 多元化

冷链物流企业将不断地提供多元化的增值服务。目前,冷链物流企业基本上可以提供仓储、分拣、冷链运输、市内配送等服务。一些冷链物流企业提供的服务范围更加广泛,涉及采购、库存管理、数据分析等增值服务。

根据易腐货物冷链物流的要求,应充分发挥现有国家和部门相关检测机构的作用,补充和完善易腐货物的检测项目、检测内容。鼓励在大型超市、批发市场建立相应的检测平台,为生鲜农产品类、食品类易腐货物提供快速检测服务。

4. 信息化

冷链物流信息化将成为冷链物流系统未来的发展趋势。目前很多冷链物流普及的国家,已经广泛采用无线互联网技术、条码技术、RFID、GPS、GIS 以及在仓储、运输管理和基于互联网的通信方面的技术。先进的冷链企业为提高竞争力将会更加重视公司的冷链信息化建设,依托现代前沿网络技术——物联网技术,建立冷链追溯查询信息系统,构建易腐货物冷链物流信息备案制度,最终实现政府相关部门、冷链物流行业及物流企业对易腐货物冷链物流活动的检测、监督和控制。

先进的信息技术是冷链物流系统健康、有效发展的保证。通过信息化系统和网络交易平台,结合先进的物流技术如 ERP、MIS、仓储管理系统、信息发布系统、搜索引擎,最大限度地提高冷链物流效率。以冷链物流中心为核心,结合城市化运输,整合现有资源,将易腐货物的冷链供应商、生产商、承运人、消费者及相关的银行、海关、商检、保险等单位联结起来,形成高效的冷链物流运作体系,实现对易腐货物的资源共享、信息共享和全程监控,提高全社会整体冷链的运输效率。

5. 标准化

我国应尽快制定与国际接轨的冷链物流相关标准与指导准则,包括易腐货物的原料基地生产、预冷、加工、储运、储运温度控制、食品安全及检测、标签等一系列涵盖整个冷链物流节点的标准和良好操作规范。同时,以 GAP(Good Agricultural Practice,良好农业规范)、GVP(Good Veterinarian Practice,良好兽医规范)、GMP(Good Manufacturing Practice,良好生产规范)、HACCP(Hazard Analysis Critical Control Point,危害关键控制点分析)、ISO(International Standardization Organization,国际标准化组织)为基本原理,制定易腐货物冷链物流全程质量与安全控制技术规程,实现从"田间到餐桌"的全程控制。

### 6. 绿色化

冷链物流的未来方向是使用清洁能源、保护环境的绿色物流。冷链运输的污染源具有流动、分散、种类多等特点。冷链运输产生的环境污染如汽车尾气排放造成的大气污染，油船泄漏和垃圾排放造成的水污染，以及冷链运输装备造成的噪声污染，是全球面临的巨大环境问题。各国政府在交通量、交通流和污染发生源等各方面已经制定了相关政策，冷链运输日趋绿色化。

## 第四节 电子商务物流

### 一、电子商务的概念、类型与发展

#### 1. 电子商务的概念

国家标准《物流术语》(GB/T 18354-2006)将电子商务(E-commerce)定义为"以互联网为载体所进行的各种商务活动的总称"。电子商务源于英文 Electronic Commerce，指产品或服务通过使用计算机网络进行交易。电子商务利用移动商务、电子资金转移、供应链管理、网络营销、在线交易处理、电子数据交换、库存管理系统、自动数据收费系统等技术进行网络化的新型经济活动，是推动"互联网＋"发展的重要力量，是新经济的主要组成部分。

电子商务经济以其开放性、全球化、低成本、高效率的优势，广泛渗透到生产、流通、消费及民生等领域，在培育新业态、创造新需求、拓展新市场、促进传统产业转型升级、推动公共服务创新等方面的作用日渐凸显，成为国民经济和社会发展的新动力，孕育着全球经济合作的新机遇。

#### 2. 电子商务的类型

电子商务按照交易形式或参与者的关系可以分为以下几种类型：

(1) B2B。B2B 是英文 Business to Business(商家对商家)的缩写，是商家(泛指企业)对商家的电子商务模式，即企业与企业之间通过互联网进行产品、服务及信息的交换。这些过程包括发布供求信息，订货及确认订货，支付过程及票据的签发、传送和接收，确定配送方案并监控配送过程等。

(2) B2C。B2C 是英文 Business to Consumer(商家对客户)的缩写，就是通常说的商业零售，即直接面向消费者销售产品和服务。这种形式的电子商务一般以网络零售业为主，主要借助于互联网开展在线销售活动。

(3) B2B2C。B2B2C 是一种新的网络通信销售方式，是英文 Business to Business to Customer 的简称。第一个 B 指广义的卖方(即成品、半成品、材料提供商等)，第二个 B 指交易平台，即供卖方与买方的联系平台(同时提供优质的附加服务)，C 即买方。卖方不仅可以是公司，也可以是个人，即一种逻辑上的买卖关系中的卖方。平台绝非简单的中介，而是提供高附加值服务的渠道机构,是拥有客户管理、信息反馈、数据库管理、决策支持等功能的服务平台。B2B2C 定义包括了现存的 B2C 和 C2C 平台的商业模式,但更加综合化,可以提供更优质的服务。

(4) C2C。C2C 是英文 Consumer to Consumer(个人对个人)的缩写,C2C 同 B2B、B2C 一样,都是电子商务的主要模式之一。不同的是,C2C 是个人对个人的电子商务模式,最早由个人通过第三方交易平台(如 eBay、淘宝、拍拍等)进行在线交易。个人卖家最早仅出售一些二手商品,以竞价为主要手段。后逐渐演变成经营性交易,个人卖家逐步成长为商家,以团队和公司进行运营。因此,现在将以前的 C2C 商家称为"平台电子商务"可能更为合适。为 C2C 买家和卖家提供交易平台,收取服务费、佣金、广告费等,也是一种电子商务模式。

(5) B2T。B2T 是英文 Business to Team 的缩写,可以简单地归纳为一种多方共赢(消费者、商家)的电子商务和线下消费的模式。消费者、商家、网站运营商各取所需,让资源分配得到最大的优化。

(6) 电子政务。电子政务是政府机构利用网络向企业(Government to Business,G2B)或是个人(Government to Consumer,G2C)提供商品、服务和信息,或是从企业(Business to Government,B2G)、个人(Consumer to Government,C2G)那里购买商品、服务和信息。政府机构之间也可利用网络开展商务活动,即 G2G(Government to Government)。

(7) C2B。C2B 全称是 Consumer to Business,即消费者对企业,是指消费者聚集起来进行集体议价,把价格主导权从厂商转移到自身,以便同厂商进行讨价还价。真正的 C2B 应该是先有消费者需求产生而后才有企业生产,即先有消费者提出需求,后有生产企业按需求组织生产。通常情况为消费者根据自身需求定制产品和价格,或主动参与产品设计、生产和定价,产品、价格等彰显消费者的个性化需求,生产企业进行定制化生产。

(8) O2O。O2O,全称 Online to Offline,又被称为线上线下电子商务,是一种区别于传统 B2C、B2B、C2C 等的电子商务模式。O2O 就是把线上的消费者带到现实的商店中去,在线支付(或预订)商品、服务,再到线下去享受服务。通过提供信息、服务和打折等方式,把线下商店的消息推送给互联网用户,从而将他们转换为自己的线下客户。这样消费者可以线上筛选服务,成交后在线结算。

3. 我国电子商务的发展

2016 年 12 月,国家商务部、中央网信办、发展改革委三部门共同发布的《全国电子商务物流发展专项规划(2016—2020 年)》指出,经过近 20 年的积极推进和创新发展,"十二五"期间,我国电子商务交易规模从 2011 年的 6 万亿元增至 2015 年的 21.8 万亿元,已经成为全球规模最大、发展速度最快的电子商务市场。

(1) 电子商务经济成为经济增长新引擎。一是网购成为消费增长新力量。"十二五"期间,网络零售额从 7 500 亿元猛增至 3.88 万亿元,其中实物商品网络零售额为 3.24 万亿元,在社会消费品零售总额中占比达10.8%。二是电子商务成为投资与创业新热点。"十二五"末,以实物商品、在线服务及数字产品交易为代表的互联网创业年投资额达153.62亿美元,占全国创业投资总额的28.5%。电子商务基础设施投资活跃,电子商务园区数量超过1000个,全国电子商务仓储超过4000万平方米。O2O、跨境电子商务、医疗健康、B2B等成为投资与创业热点。三是跨境电子商务成为外贸增长新动力。跨境电子商务综合试验区建设取得阶段性成效,配套政策体系不断完善,交易规模快速增长,业务模式不断创新,成为新的外贸增长点。

(2)电子商务"双创"催生规模化就业新领域。"十二五"末,全国开展在线销售的企业比例增至32.6%,电子商务服务业市场规模达到1.98万亿元,传统产业与新兴业态相关从业者达2690万人。电子商务已成为各类企业创新发展的重要领域,培养了大量电子商务创业及经理人才,创造了许多新兴工作岗位,成为全面促进就业的有力支撑。

(3)"电商扶贫"开辟"脱贫攻坚"新途径。2015年,《中共中央国务院关于打赢脱贫攻坚战的决定》将"电商扶贫"正式纳入了精准扶贫工程,提出加大"互联网+"扶贫力度,实施电商扶贫工程,加快贫困地区物流配送体系建设。2014—2015年,财政部、商务部在全国256个县开展电子商务进农村综合示范建设,其中国家扶贫开发重点县和集中连片贫困县103个,占比40.2%。电子商务企业积极探索电子商务村、产业扶贫、创业扶贫、用工扶贫等"电商扶贫"方式。

《全国电子商务物流发展专项规划(2016—2020年)》提出的发展目标是,电子商务全面融入国民经济各领域,发展壮大具有世界影响力的电子商务产业,推动形成全球协作的国际电子商务大市场。电子商务经济进入规模发展阶段,成为经济增长和新旧动能转换的关键动力。电子商务全面覆盖社会发展各领域,带动教育、医疗、文化、旅游等社会事业的创新发展,成为促进就业、改善民生、惠及城乡的重要平台。预计2020年,电子商务交易额同比"十二五"末翻一番,超过40万亿元,网络零售额达到10万亿元左右,电子商务相关从业者超过5000万人。

## 二、电子商务与物流的关系

### 1. 电子商务对物流的影响

(1)电子商务改变了人们传统的物流观念。在电子商务环境下,人们在进行物流活动时,物流的各种职能及功能可以通过虚拟化的方式表现出来。在这种虚拟化的过程中,人们可以通过各种组合方式,寻求物流的合理化,使商品实体在实际的运动过程中,实现效率最高、费用最省、距离最短、时间最少的功能。

(2)电子商务改变了物流的运作方式。首先,传统物流的运动方式是紧紧伴随着商流来运动的,而在电子商务环境下,商品、广告、订货、购物、货币支付、认证等实物和事务处理呈现出虚拟化、信息化。这就使得物流的运作是以信息为中心的,通过网络上的信息传递,可以有效地实现对物流的实时控制,实现物流的合理化。另外,在传统的物流活动中,对物流实时控制都是以单个的运作方式来进行的。

(3) 电子商务改变了物流企业的经营形态。在电子商务环境下,消费者在网上的虚拟商店里购物,并在网上支付,送货的功能则由物流公司承担。也就是说,现实的商店没有了,银行没有了,而物流公司非但不能够省,反而任务加重了。物流公司不仅要将虚拟商店的货物送到消费者手里,还要从各生产企业及时进货,存放到物流仓库中。物流公司既是生产企业的仓库,又是用户的实物供应者。此外,电子商务要求物流实行系统的组织和管理,以打破传统物流分散的状态。这就要求企业在组织物流的过程中,不仅要考虑本企业的物流组织和管理,而且更重要的是要考虑全社会的整体系统。同时,在电子商务时代,物流企业之间也存在激烈的竞争,这就要求物流企业应联合起来,在竞争中形成一种协同竞争的状态,以实现物流的高效化、专业化、合理化、系统化。

(4) 电子商务促进了物流基础设施的改善和物流技术与物流管理水平的提高。电子商务需要的不是普通的运输和仓储服务,它需要的是物流服务,需要的是增值性物流服务。首先应增加便利性的服务,可以在提供物流服务的时候推行"一条龙""门到门"服务、24 小时营业、自动订货、物流全过程追踪等有利于电子商务销售的增值性服务。其次要降低成本,降低物流成本可以使得电子商务的成本降低,进而使得消费者的购买成本降低,这促进了市场的活跃和电子商务的发展。再次应加强时效性,如今时间在很多行业中成了新的竞争焦点。需求趋向多样化、个性化,快速反应市场需求是企业竞争的新定律。最后是对技术的要求更高了,随着电子商务的发展,地理信息技术、全球卫星定位技术、条码技术、RFID 技术、EDI 技术、GPS/GIS 技术等相继被开发出来,这些技术是电子商务的基础和关键。

(5) 电子商务对物流人才提出了更高的要求。电子商务要求物流管理人员既具有较高的物流管理水平,还具有较丰富的电子商务知识,并在实际运作过程中,能有效地将二者有机地结合在一起。电子商务物流人才是一种复合型的高级人才。这种人才既懂电子商务,又懂物流;既懂技术,还懂管理。因此,电子商务企业一方面要引进电子商务物流人才,另一方面也可以把有潜力的人才送出去学习。

2. 物流对电子商务的影响

(1) 物流是电子商务的重要组成部分。电子商务概念模型是对现实世界中电子商务活动的一般抽象描述,它由电子商务实体、电子市场、交易事务和信息流、商流、资金流、物流等基本要素构成。电子商务的本质是商务,商务的核心是商品交易。电子商务由网上信息传递、网上交易、网上支付、物流配送组成。

"四流"(信息流、商流、资金流、物流)是互为依存的前提和基础。信息流是由商流、资金流、物流所反映其变化的各种信息、情报、资料、指令等在传递过程中形成的经济活动。信息流制约商流、资金流和物流,它为"三流"提供预测和决策的依据。物流受商流的制约,而商流要靠物流来完成。"四流"相辅相成,紧密联系,互相促进,缺一不可。

(2) 物流是电子商务的关键与实现保证。"成也物流,败也物流"最好地说明了电子商务与物流的关系。控制物流就可以控制市场，这是很多以市场为主体的企业的生存之道，所以物流市场的争夺是必不可少的。因为物流是电子商务执行的保证。首先，物流保障生产，无论在传统的贸易方式下，还是在电子商务条件下，生产都是商品流通之本。生产的全过程从原材料的采购开始，便要求有相应的供应链物流活动，将所采购的材料运送到位，否则生产难以进行。在生产的各个流程之间，需要原材料、半成品的物流过程，即所谓的生产物流；对部分余料或可回收利用的物资进行回收则需要回收物流，对废弃物的处理需要废弃物物流。其次，物流服务于商流，在电子商务条件下，消费者完成了网上购物即商品所有权的交割过程，这个过程就叫作商流过程。而电子商务的活动并没有结束，它的结束标志是商品和服务真正地转移到消费者手中，而这个过程是要靠现代物流来完成的。最后，物流是实现"以客户为中心"理念的根本保证。周到的物流服务保障了货物的准时送达，将正确的货物送到正确的消费者手中，这样才能真正地使消费者享受到快捷满意的服务，从而更好地留住老客户、吸引新客户。现代物流保障了电子商务购物的方便快捷，吸引了更多的客户以电子商务方式购物，从而促进了电子商务的发展。

物流在电子商务中具有不可替代的重要地位，它的成功与否直接关系到电子商务的成败，它的实施与运作效率将直接影响网络所带来的经济价值。

### 三、电子商务物流的概念与特点

#### 1. 电子商务物流的概念

电子商务物流（简称电商物流）的定义可以表述为：在电子商务条件下，依靠计算机技术、互联网技术、电子商务技术和信息技术等所进行的物流（活动）。它是基于传统物流的概念，结合电子商务中的信息流、商流、资金流的特点而提出的，是电子商务环境下新的物流表现方式。

电子商务物流是主要服务于电子商务的各类物流活动，具有时效性强、服务空间广、供应链条长等特点。加快电商物流发展，对于提升电子商务水平、降低物流成本、提高流通效率、引导生产、满足消费以及促进供给侧结构性改革都具有重要意义。

#### 2. 电子商务物流的特点

（1）信息化。物流信息化表现为物流信息的商品化、物流信息收集的数据库化和代码化、物流信息处理的电子化和计算机化、物流信息传递的标准化和实时化、物流信息存储的数字化等。因此，条码技术、数据库技术、EOS、EDI、QR 及 ECR、ERP 等技术与观念在物流中将会得到普遍的应用。信息化是一切的基础，没有物流的信息化，任何先进的技术设备都不可能应用于物流领域，信息技术及计算机技术在物流中的应用将会彻底改变世界物流的面貌。

（2）网络化。网络化是电子商务模式下物流活动的主要特征之一。这里指的网络化有两层含义：一是物流配送系统的计算机通信网络，包括物流配送中心与供应商或制造商的联系要通过计算机网络，另外与下游客户之间的联系也要通过计算机网络通信。比如物流配送中心向供应商提出订单这个过程,就可以使用计算机通信方式,借助于增值网上的 EOS 和 EDI 来自动实现,物流配送中心通过计算机网络收集下游客户的订货的过程也可以自动完成。二是组织的网络化,即所谓的企业内部网。

物流的网络化是物流信息化的必然结果,是电子商务条件下物流活动的主要特征之一。当今世界互联网等全球网络资源的可用性及网络技术的普及为物流的网络化提供了良好的外部环境,物流网络化不可阻挡。

(3) 智能化。智能化是物流自动化、信息化的一种高层次应用,物流作业过程中大量的运筹和决策,如库存水平的确定、运输(搬运)路径的选择、自动导向车的运行轨迹和作业控制、自动分拣机的运行、物流配送中心经营管理的决策支持等问题都需要借助大量的知识才能解决。在物流自动化的进程中,物流智能化是不可回避的技术难题。

(4) 柔性化。柔性化本来是为实现"以客户为中心"的理念而在生产领域提出的,以便使企业能根据消费者的需求变化来灵活调节生产和工艺。但要真正做到柔性化,即能真正地根据消费者需求的变化来灵活调节生产和工艺,没有配套的柔性化的物流系统是不可能达到目的的。20 世纪 90 年代,国际生产领域纷纷推出弹性制造系统、计算机集成制造系统、制造资源系统、企业资源计划以及供应链管理等概念和技术,这些概念和技术的实质是要将生产、流通进行集成,根据需求端的需求组织生产,安排物流活动。因此,柔性化的物流正是适应生产、流通与消费的需求而发展起来的一种新型物流模式。这就要求物流配送中心要根据消费需求"多品种、小批量、多批次、短周期"的特色,灵活组织和实施物流作业。

另外,物流设施和商品包装的标准化、物流的社会化和共同化也都是电子商务条件下物流模式的新特点。

### 四、跨境电子商务物流

1. 跨境电子商务的概念

跨境电子商务是指分属不同关境的交易主体,通过电子商务平台达成交易、进行支付结算,并通过跨境物流送达商品、完成交易的一种国际商业活动。根据跨境电子商务模式的不同,平台提供支付结算、跨境物流送达、金融贷款的服务内容均有不同。

2. 跨境电子商务的类型

按照进出境货物流向,跨境电子商务可分为跨境电子商务出口和跨境电子商务进口。其中,跨境电子商务出口模式主要有外贸企业间的电子商务交易(B2B)、外贸企业对个人零售电子商务(B2C)与外贸个人对个人网络零售业务(C2C),并以外贸 B2B 和外贸 B2C 为主;进口模式以外贸 B2C 及海外代购模式为主。

(1) 跨境 B2B 电子商务。跨境 B2B 是指分属不同关境的商户通过电子商务手段将传统进出口贸易中的展示、洽谈和成交环节电子化,通常会以规模化的现代物流方式将货物送达境外商户,从而完成交易的一种国际商业活动。

(2) 跨境 B2C 电子商务。跨境 B2C 是指商户通过电子商务将商品直接出售给不同关境的消费个人,并采用快件、小包等行邮的方式通过跨境物流送达商品、完成交易的一种国际商业活动。

(3) 跨境 C2C 电子商务。跨境 C2C 是指分属不同关境的个人卖方对个人买方开展在线销售产品和服务,由个人卖家通过第三方电子商务平台发布产品和服务信息、价格等内容,个人买方进行筛选,最终通过电子商务平台达成交易并进行支付结算,最后通过跨境物流送达商品、完成交易的一种国际商业活动。

3. 跨境电子商务的物流模式

(1) B2B 跨境电子商务物流。我国进出口企业与国外批发商和零售商通过互联网进行产品的在线展示和交易,线下按一般贸易完成的货物进出口,即 B2B 跨境电子商务的进出口,本质上仍属传统贸易,该部分以货物贸易方式进出境的商品,已经全部纳入海关贸易统计。此外,有一些通过创建电子平台为外贸企业提供进出口服务的公司,这些企业所实现的商品进出口,在实际过境过程中都向海关进行申报,海关已全部纳入贸易统计。以货物方式通关的商品,由于是按传统的一般贸易方式完成的货物进出口,在通关商检、结汇及退税等方面的运作与传统贸易下的物流方式基本一样。

(2) B2C 跨境电子商务物流。它又分为三种模式:

• 直邮模式。B2C 跨境电子商务物流直邮模式的特点是先订单,后物流。物流指定人可以是卖家,也可以是平台,缺点是时间长、价格贵;优点是简单、方便,适用于小卖家、卖家临时补货或小商务平台等情景。随着 B2C 成交量不断增大,这种准入门槛较低的物流模式的发展空间相对有限。

• 集货直邮。B2C 跨境电子商务物流集货直邮模式的特点有三:一是对海外仓、清关能力、多元化的干线要求较高,而串联物流、卖家、平台、政府监管的信息传输解决方案,成熟的操作体系和员工更是核心竞争力。二是卖家商品前推至物流商海外大仓,物流商具备库存管理能力,以及根据平台反馈解决商品退、补、换货的功能,且在运量规模化后能带动干线运输、清关成本摊薄,吸引更多客户形成"雪球"效应。三是"集货"模式总体仍属"先订单,后物流",可适应不同销量的各类卖家需求。物流商能通过系统(订单)响应需求、高效管理库存和进行清关,最大限度地缩短物流过程的时间,集货直邮的性价比较直邮模式有很大程度的改善。

• 保税模式。B2C 跨境电子商务物流保税模式的特点有三:一是实际为"先物流,后订单",卖家可大规模地将货物(主要是海运)提前发至国内保税仓,前程物流如同普通一般贸易,运输成本极低,订单生成后商品实际是从国内保税仓出发,原则上 4—5 天就能送达消费者,而大量国内库存也能保障退换货等售后体验。二是该模式的核心资源是 B2C 保税库,而申请到仓库即意味着得到海关、商检等相关机构的认可,意味着后续快速清关迎刃而解,目前能获得仓库资源的机构主要是大型电子商务平台或央企、龙头物流公司。三是该模式适用于母婴、食品、化妆品等日常销量大的品类,或者是 SKU 量大、具备销量大数据分析能力的龙头电商。此外,国际电商企业在"双十一"等销售旺季,为解决大量商品集中清关的拥堵,也会采用该模式提前备货。

### 五、我国电子商务物流的发展

2016年3月,国家商务部、发展改革委、交通运输部、海关总署、国家邮政局、国家标准委6部门共同发布的《全国电子商务物流发展专项规划(2016—2020年)》指出,近年来,随着电子商务的快速发展,我国电商物流保持较快增长,企业主体多元发展,经营模式不断创新,服务能力显著提升,已成为现代物流业的重要组成部分和推动国民经济发展的新动力。

(1) 发展规模迅速扩大。2015年,全国网络零售交易额为3.88万亿元,同比增长33.3%,其中实物商品网上零售额为32 424亿元,同比增长31.6%。2015年,全国快递服务企业业务量累计完成206.7亿件,同比增长48%,其中约有70%是由于国内电子商务产生的快递量。总体来看,电子商务引发的物流仓储和配送需求呈现高速增长态势。

(2) 企业主体多元发展。企业主体从快递、邮政、运输、仓储等行业向生产、流通等行业扩展,与电子商务企业相互渗透融合速度加快,涌现出一批知名电商物流企业。

(3) 服务能力不断提升。第三方物流、供应链型、平台型、企业联盟等多种组织模式加快发展。服务空间分布上有同城、异地、全国、跨境等多种类型;服务时限上有"限时达""当日递""次晨达""次日递"等。可提供预约送货、网订店取、网订店送、智能柜自提、代收货款、上门退换货等多种服务。

(4) 信息技术广泛应用。企业信息化、集成化和智能化发展步伐加快。条码、无线射频识别、自动分拣技术、可视化及货物跟踪系统、传感技术、全球定位系统、地理信息系统、电子数据交换、移动支付技术等得到广泛应用,提升了行业服务效率和准确性。

## 延伸阅读

**我国智慧物流发展驶入快车道**

记者近来在各地调研时发现,随着投资规模的不断扩大,智慧物流产业集群效应显现,已成为物流业转型发展的新动能。专家指出,智慧物流的蓝图才刚刚打开,以互联网、大数据、云计算为基础的技术创新,将在未来十年对物流行业产生深刻的影响。

**1. "人找货"变成"货找人"**

在申通快递位于浙江义乌的分拨中心,记者看到,一个2 000平方米的平台上,700多个橙色机器人正有条不紊地分拣着包裹,并准确地将货物归置到停放点。

据申通方面介绍,这一全自动分拣系统已在义乌、天津、临沂三地启用,主要针对重量在5千克以下的小件包裹,其中正在义乌试验的机器人1小时可分拣18 000个快件,扫码、称重、分拣功能"三合一",且能24小时不间断分拣。

走进安徽华新物流公司的立体仓库,尽管货物进出繁忙,记者却见不到传统仓库里"人拉肩扛"的热闹场景:经过验收的商品由高臂叉车转移到 8 米高的高位货架上,通过电子标签分拨系统进行分拨,员工接着按照门店订单用电子标签系统进行拣货。"作为中枢神经,服务器精确调控着商品从入库、分拨、拣货到配送的全环节。"华运超市股份有限公司的副总经理丁高柱说。

目前,越来越多的仓库开始采用大型自动化流水线和智能机器人。自动化流水线改变了传统作业模式,把"人找货"变成"货找人",不但提高了作业效率,还减少了人工投入,提高了一线人员的工作效率和工作难度。

交通部科学研究院、菜鸟网络 2017 年 3 月联合发布的《中国智慧物流大数据发展报告》显示,2016 年中国智慧物流指数全年均值为 40.9(满值 100),处于快速发展阶段。其中,物流业务数据化程度相对较好;数据基础设施还处于起步阶段;物流协同化处于高速发展中期,基础协同相对成熟,末端协同仍须加强。

2. 产业集群效应显现

近几年,中国的智慧物流投资总体规模不断扩大,物流行业基础信息化建设已进入一个相对稳定的状态。采访时,多家物流企业向记者表示,软硬件投入已成为企业提升自身核心竞争力的重要手段。此背景下,技术和资本双轮驱动,智慧物流产业集群正在显现。

目前,各企业纷纷加强了物流科技的研发投入。京东物流对无人仓、无人机、无人车等新技术都在积极的尝试之中;菜鸟物流则成立了"E.T.物流实验室",研发仓内智能搬运机器人、分拨机器人;顺丰推出了"数据灯塔",让整个物流过程变得数字化、可视化;苏宁物流则积极开发全自动仓储系统,充分利用仓储信息,优化订单管理。

另外,一些物流企业开始探索资本运作,产业迎来整合。中国快递协会副秘书长杨骏说,物流是非资金密集型行业,发展初期的注意力大多集中在抢夺市场上,疏于对技术、基础设施等方面的投资。但从 2016 年起,一些社会化物流企业开始探索资本运作并陆续上市,"运输公司"性质的物流企业逐步被整合。

与此同时,产业集群效应开始显现。海尔集团日日顺联合平台企业及品牌企业,共同建立了智慧物流生态圈;菜鸟网络联合"三通一达"等快递企业,打造中国智能物流骨干网,形成一套开放的社会化仓储设施网络;在贵阳经济技术开发区,占地 1 300 余亩的"数字物流产业示范基地",丰富完善了以"物流+互联网+金融服务"为特征的中国公路物流新业态,并形成了物流大数据及相关产业的企业集群。

"不过,目前各物流企业之间协同发展的空间还可以提升。"菜鸟网络首席技术官王文彬说,所谓的智慧物流,不只有新技术,还有开放与共享的态度,因此整个物流行业协同发展非常关键。

3. 为物流业提供新动能

国家发改委 2016 年印发的《"互联网+"高效物流实施意见》提出,依托互联网,在物流领域广泛应用先进信息技术,形成开放共享、合作共赢、高效便捷、绿色安全的智慧物流生态体系;而基于互联网的物流新技术、新模式、新业态,将成为行业发展的新动力。

走进贵阳货车帮总部基地大厅,记者看到,两边墙壁大屏幕上实时滚动播放着出发地、到达地、车型与车长要求等货源信息。日交易额、货运活跃指数、全国公路物流指数等数据也一目了然。在这里,每天发布超过500万条货源信息,来自全国各地的260多万名司机和43万余名货主在平台上进行实时高效匹配。

业内专家指出,"互联网+高效物流"正助力物流业模式创新,其中包括"互联网+车货匹配""互联网+甩挂运输""互联网+专业物流"等。随着信息技术与物流活动的深度融合,依托移动互联网,未来无车承运人对零散运力和货源的整合将成为可能。

目前,传化智联线上物流平台主要依托"陆鲸"和"易货嘀",其中"陆鲸"主要为长途干线物流的货主及货运司机提供配送服务,而"易货嘀"则专注于同城配送货运。

如今,"易货嘀"的业务已在全国20多个城市落地,服务的货主和企业达到数十万家,通过该平台,车辆的平均等货时间大幅减少,空驶率大幅降低。

2016年,我国社会物流总费用与国民生产总值的比率为14.9%,比上年下降1.1个百分点。杨骏认为,近几年社会物流总费用占GDP的比率持续下降,与智慧物流的发展密不可分,不过这一数据与欧美发达国家相比仍有差距。

在此背景下,智慧物流为行业提供了降低成本、提高效益的解决方案,同时也成为物流业挖掘发展潜力的最佳方向。

"物流智能化设备的应用在一定程度上缓解了用工荒、用工贵等难题。"圆通快递一位负责人说,目前快递员流动性大、用工成本高昂,多重因素倒逼企业开始向智慧物流转型。

但在王文彬看来,智慧物流还在起步阶段,应用物联网、互联网等新兴技术的广度和深度都较低,业界对智慧物流的态度是"短期内高估、长期又低估",还应理性面对。

资料来源:经济参考报,2017-05-23。

## 本章提要

物流业与金融业的结合,不仅代表了一种全新的理念,而且也为金融业开辟了一个新的领域。物流金融是基于物流增值链中的供应商、终端用户、金融机构和物流企业等各方的共同需要而产生和发展的。

智慧物流的起源可概括为五个阶段:粗放型物流—系统化物流—电子化物流—智能物流—智慧物流。其中,粗放型物流属于现代物流的雏形阶段,系统化物流过渡是现代物流的初级发展阶段,电子化物流是现代物流的成熟阶段,而智能物流向智慧物流过渡是现代物流的发展趋势。

农产品冷链物流是指使肉、禽、水产、蔬菜、水果、蛋等生鲜农产品从产地采收(或屠宰、捕捞)后,在产品加工、储藏、运输、分销、零售等环节始终处于适宜的低温控制环境下,最大限度地保证产品品质和质量安全、减少损耗、防止污染的特殊供应链系统。随着农业结构的调整和居民消费水平的提高,我国生鲜农产品的产量和流通量逐年增加,全社会对生鲜农产品的安全和品质提出了更高的要求。加快发展农产品冷链物流,对于促进农民持续增收和保障消费安全具有十分重要的意义。

电子商务物流是主要服务于电子商务的各类物流活动,具有时效性强、服务空间广、供应链条长等特点。加快电商物流发展,对于提升电子商务发展水平、降低物流成本、提高流通效率、引导生产、满足消费和促进供给侧结构性改革都具有重要意义。

**练习与思考**

1. 简述发展物流金融的意义。
2. 智慧物流有何特征?
3. 智慧物流的核心技术有哪些?
4. 简述发展农产品冷链物流的意义。
5. 实现冷链物流的关键因素有哪些?
6. 电子商务对物流产生了什么影响?
7. 试述如何为跨境电子商务企业制订合适的物流方案?

# 主要参考书目

[1] Benjamin S. Blanchard, Wolter J. Fabrycky. *Systems engineering and analysis* [M]. New Jersey: Prentice-Hall, 1998.

[2] Edward W. Smykay, Donald J. Bowersox, Frank H. Mossman. *Physical distribution management* [M]. New York: Macmillan Company, 1961.

[3] Fred E. Clerk, Cavie P. Clerk. *Principle of marketing United States* [M]. Washington: Armed Forces Institute, 1942.

[4] Haken H. *Synergetics-an introduction* [M]. New York: Springer Verlag, 1983.

[5] James C. Johnson, Donald F. Wood, Daniel L. Waldlow, et al. *Contemporary logistics* [M]. New Jersey: Prentice Hall, 1999.

[6] Richard C. Dorf, Robert H. Bishop. *Modern control systems* [M]. New Jersey: Prentice-Hall, 1998.

[7] 白世贞,曲志华. 冷链物流[M]. 北京:中国财富出版社,2012.

[8] 毕娅. 电子商务物流[M]. 北京:机械工业出版社,2015.

[9] 陈军须. 现代物流概论[M]. 北京:北京邮电大学出版社,2008.

[10] 崔介何. 企业物流[M]. 北京:中国物资出版社,2002.

[11] 崔介何. 物流学概论(第4版)[M]. 北京:北京大学出版社,2010.

[12] 崔忠付. 中国物流与采购信息化优秀案例集(2017)[M]. 北京:中国财富出版社,2017.

[13] 丁立言,张铎. 国际物流学[M]. 北京:清华大学出版社,2000.

[14] 丁立言,张铎. 物流企业管理[M]. 北京:清华大学出版社,2000.

[15] 丁立言,张铎. 物流系统工程[M]. 北京:清华大学出版社,2000.

[16] 杜文,任民. 第三方物流[M]. 北京:机械工业出版社,2009.

[17] 方仲民. 物流系统规划与设计[M]. 北京:机械工业出版社,2003.

[18] 葛光明. 配送与流通加工[M]. 北京:中国财政经济出版社,2002.

[19] 谷口荣一,根本敏则. シティロジスティクス[M]. 东京:森北出版株式会社,2001.

[20] 顾敬岩. 国内外物流公共信息平台发展综述[R],2015.

[21] 桂寿平. 物流学导论[M]. 北京:北京师范大学出版社,2010.

[22] 国家发展改革委,国土资源部,住房城乡建设部,交通运输部,商务部,海关总署,科技部,工业和信息化部,铁路局,民航局,邮政局,国家标准委. 全国物流园区发展规划,2013.

[23] 国家发展改革委. 农产品冷链物流发展规划,2010.

[24] 国家商务部,发展改革委,交通运输部,海关总署,国家邮政局,国家标准委. 全国电子商务物流发展专项规划(2016—2020年),2016.

[25] 国家商务部,中央网信办,发展改革委. 电子商务"十三五"发展规划,2016.

[26] 国务院. 物流业发展中长期规划(2014—2020年),2014.

[27] 何黎明等. 中国物流技术发展报告(2016)[M]. 北京:中国财富出版社,2017.

[28] 何黎明.中国智慧物流发展趋势[J].中国流通经济,2017,31(6):3—7.
[29] 何黎明.中国智慧物流新未来[R].中国物流与采购网.http://www.chinawuliu.com.cn,2017-05-26.
[30] 何明珂.物流系统论[M].北京:中国审计出版社,2001.
[31] 胡安安,黄丽华,张成洪.解读"智慧物流"[J].上海信息化,2014(3).
[32] 黄慧良.迎接"智慧物流"时代[J].中国储运,2013(1).
[33] 黄中鼎.现代物流管理学[M].上海:上海财经大学出版社,2004.
[34] 霍红.第三方物流企业经营与管理[M].北京:中国物资出版社,2003.
[35] 霍红,马常红.物流管理学[M].北京:中国物资出版社,2004.
[36] 菊池康也.最新ロジスティクス入門[M].东京:税务经理协会,2003.
[37] 黎继子.电子商务物流[M].北京:中国纺织出版社,2016.
[38] 李创,王丽萍.物流管理[M].北京:清华大学出版社,2008.
[39] 李永生,郑文岭.仓储与配送管理[M].北京:机械工业出版社,2003.
[40] 林慧丹.第三方物流[M].上海:上海财经大学出版社,2005.
[41] 刘北林.流通加工技术[M].北京:中国物资出版社,2004.
[42] 刘北林.食品保鲜技术[M].北京:中国物资出版社,2003.
[43] 刘浩华,吴群,王友丽.物流学[M].北京:清华大学出版社,2016.
[44] 刘俐.现代仓储运作与管理[M].北京:北京大学出版社,2003.
[45] 刘敏.物流管理概论(第2版)[M].上海:上海交通大学出版社,2011.
[46] 刘伟.物流管理概论[M].北京:电子工业出版社,2011.
[47] 马宁.电子商务物流管理(第2版)[M].北京:人民邮电出版社,2017.
[48] 孟初阳.物流设施与设备[M].北京:机械工业出版社,2003.
[49] 彭杨,吴承建,彭建良.现代物流学概论[M].北京:中国物资出版社,2009.
[50] 苏雄义.企业物流总论[M].北京:高等教育出版社,2003.
[51] 孙宏岭,武文斌.物流包装实务[M].北京:中国物资出版社,2003.
[52] 万志坚,单华.物流企业管理[M].广东:广东经济出版社,2005.
[53] 王富喜.大数据与智慧物流[M].北京:清华大学出版社,2016.
[54] 王槐林.采购管理与库存控制[M].北京:中国物资出版社,2002.
[55] 王健.现代物流网络系统的构建[M].北京:科学出版社,2005.
[56] 王天春.物流企业客户服务[M].北京:中国物资出版社,2003.
[57] 王晓光.现代物流学[M].北京:电子工业出版社,2015.
[58] 王玉琼.物流系统工程[M].北京:中国物资出版社,2004.
[59] 王之泰.关注"智慧物流"[J].中国储运,2014,(1):55.
[60] 王之泰.新编现代物流学[M].北京:首都经济贸易大学出版社,2012.
[61] 魏国辰.物流机械设备的运作与管理[M].北京:机械工业出版社,2002.
[62] 魏葵.物流管理学概论[M].北京:清华大学出版社,2010.
[63] 魏修建.电子商务物流(第3版)[M].北京:人民邮电出版社,2017.
[64] 翁心刚.物流管理基础[M].北京:中国物资出版社,2002.
[65] 吴清一,王转.物流系统工程[M].北京:高等教育出版社,2003.

[66] 武德春. 集装箱运输实务[M]. 北京:机械工业出版社,2003.

[67] 小保罗·R.墨菲,唐纳德·F.伍德. 当代物流学[M]. 北京:中国人民大学出版社,2009.

[68] 谢如鹤,刘广海. 冷链物流[M]. 武汉:华中科技大学出版社,2017.

[69] 徐天亮. 运输与配送[M]. 北京:中国物资出版社,2002.

[70] 薛威,孙鸿. 物流企业管理[M]. 北京:机械工业出版社,2003.

[71] 颜浩龙,王晋,黄成菊.物流与供应链金融研究[M].北京:国家行政学院出版社,2016.

[72] 叶怀珍. 现代物流学[M]. 北京:高等教育出版社,2003.

[73] 尹章伟. 包装材料与技术丛书——包装材料、容器与选用[M]. 北京:化学工业出版社,2003.

[74] 于定勇,郭红亮. 现代物流法律制度[M]. 广州:暨南大学出版社,2003.

[75] 于胜英.智慧物流信息网络[M].北京:电子工业出版社,2016.

[76] 张鸿涛.物联网关键技术及系统应用(第2版)[M].北京:机械工业出版社,2017.

[77] 张敏,黄中鼎. 物流运输管理[M]. 上海:上海财经大学出版社,2004.

[78] 真虹. 物流装卸与搬运[M]. 北京:中国物资出版社,2004.

[79] 真虹,张婕姝. 物流企业仓储管理与实务[M]. 北京:中国物资出版社,2003.

[80] 中国物流与采购联合会,中国物流学会.中国物流发展报告(2016—2017)[M].北京:2016.

[81] 中国物流与采购联合会,中国物流学会.中国物流发展报告(2015—2016)[M].北京:2016.

[82] 中国物流与采购联合会,中国物流学会. 中国物流管理优秀案例集[M]. 北京:中国物资出版社,2011.

[83] 中国物流与采购网. http://www.chinawuliu.com.cn.

[84] 中国物品编码中心. http://www.ancc.org.cn.

[85] 中华人民共和国质量监督检验检疫总局,中国国家标准化管理委员会. 中华人民共和国国家标准 物流术语(GB/T 18354-2006). 北京:中国标准出版社,2006.

[86] 中田信哉.ロジスティクスネットワークシステム[M].东京:白桃书房,2001.

[87] 周启蕾. 物流学概论(第2版)[M]. 北京:清华大学出版社,2010.

[88] 朱隆亮,谭任绩. 物流运输组织与管理[M]. 北京:机械工业出版社,2003.

[89] 邹安全.现代物流信息技术与应用[M].武汉:华中科技大学出版社,2017.

# 教辅申请说明

北京大学出版社本着"教材优先、学术为本"的出版宗旨，竭诚为广大高等院校师生服务。为更有针对性地提供服务，请您按照以下步骤在微信后台提交教辅申请，我们会在 1~2 个工作日内将配套教辅资料，发送到您的邮箱。

◎手机扫描下方二维码，或直接微信搜索公众号"北京大学经管书苑"，进行关注；

◎点击菜单栏"在线申请"—"教辅申请"，出现如右下界面：

◎将表格上的信息填写准确、完整后，点击提交；

◎信息核对无误后，教辅资源会及时发送给您；
如果填写有问题，工作人员会同您联系。

**温馨提示：** 如果您不使用微信，您可以通过下方的联系方式（任选其一），将您的姓名、院校、邮箱及教材使用信息反馈给我们，工作人员会同您进一步联系。

我们的联系方式：
北京大学出版社经济与管理图书事业部
北京市海淀区成府路 205 号，100871
联 系 人： 周莹
电　　话： 010-62767312 /62757146
电子邮件： em@pup.cn
Q Q： 5520 63295（推荐使用）
微信：北京大学经管书苑（pupembook）
网址： www.pup.cn